省级精品在线开放课程教材
高等职业教育教学改革融合创新型教材 · 金融类

经济学基础

孙迎春 孟庆海 主 编
伊诺 杨薇 邢诗雨 副主编

JINGJIXUE
JICHU

东北财经大学出版社
Dongbei University of Finance & Economics Press
大连

图书在版编目（CIP）数据

经济学基础 / 孙迎春，孟庆海主编. —大连：东北财经大学出版社，2023.8

（高等职业教育教学改革融合创新型教材·金融类）

ISBN 978-7-5654-4867-6

Ⅰ.经… Ⅱ.①孙… ②孟… Ⅲ.经济学-高等职业教育-教材 Ⅳ.F0

中国国家版本馆CIP数据核字（2023）第134081号

东北财经大学出版社出版

（大连市黑石礁尖山街217号 邮政编码 116025）

网 址：http：//www.dufep.cn

读者信箱：dufep@dufe.edu.cn

大连天骄彩色印刷有限公司印刷 东北财经大学出版社发行

幅面尺寸：185mm×260mm 字数：409千字 印张：18.25

2023年8月第1版 2023年8月第1次印刷

责任编辑：李丽娟 吉 扬 责任校对：刘贤恩

封面设计：原 皓 版式设计：原 皓

定价：46.00元

教学支持 售后服务 联系电话：（0411）84710309

如有印装质量问题，请联系营销部：（0411）84710711

前言

习近平总书记在2015年6月考察贵州省机械工业学校时的讲话中提出："职业教育是我国教育体系中的重要组成部分，是培养高素质技能型人才的基础工程。"职业教育作为一种类型教育，面临着提高学生可迁移的职业素养、提升育人水平的任务。在社会数字化转型的背景下，财经商贸类专业也面临着升级转型、数字化改造、教学模式创新的挑战与机遇。经济学课程作为财经商贸类专业的基础课程，在职业素养的提高上，承担着培养经济思维、传授经济知识、提升经济意识的重任，对于财经商贸类各专业的职业素养目标培养和教学质量的提升具有重要作用。

《经济学基础》教材正是适应高职财经商贸类专业建设与发展，适应结构化、模块化专业课程教学要求，加强课程数字化建设和改造，推动混合式教学模式改革，联合企业开发的新形态教材。本教材以经济学内在逻辑联系为基础，以经济思维培养、实践操作能力培养为核心，强调经济学的应用性以及与现实生活的紧密结合性，在课程内容上对新古典经济学的宏观经济学、微观经济学以及经济学的新方向如行为经济学等进行阐述和介绍。

本教材的特色具体表现在：

1. 突出实践应用性。本教材遵循高等职业教育教学规律，结合高等职业院校学生实际情况，减少数学理论推导，重视案例、情境教学的应用，理论内容以必需、够用为原则，突出实践应用性，设置任务和技能实训项目，适应专业建设、课程建设、教学模式与方法改革创新等多方面的综合需求，有效激发学生学习兴趣和创新潜能，使学生具备系统性的经济知识架构和行为能力，培养学生利用相关知识开展经济行为实验的能力，在创新创业活动中进行实践应用，提升职业教育教学效果和质量。

2. 以项目-任务为体例设计教学内容。本教材以项目化设计为核心，按照知识逻辑设计任务，对项目进行知识点分解，以"理论知识+实验（实训）项目"为基本框架，形成每个项目的内容，有利于培养学生的经济思维和实践操作能力。

3. 有机融入课程思政元素。为了落实立德树人根本任务，本教材在专业知识中有机融入党的二十大精神和课程思政内容，以各任务知识内容为载体，通过"学思践悟"等栏目，将理论知识、能力培养、思政培育内容进行融合，实现专业知识、技能和职业素养、思政提升的同步化。

4. 数字资源丰富。为适应职业教育教学数字化转型的需要，除了教材内以二维码等形式提供的可视化和互动资源外，还以省级精品课程平台为核心开发了直接应用于教学的数字化资源，教材为教师和学生提供了可听、可视、可练、可互动的丰富的数字资源，做到教、学、做有机融合，能够满足线上线下混合式教学的需求，有效激发学生学习兴趣和创新潜能，促进教学质量的提升。

本教材主要由辽宁金融职业学院具有丰富教学经验的教师共同编写，并由具有丰富实践经验的企业专业人员参与审阅等工作。本教材由孙迎春、孟庆海任主编，共同负责教材编写思路与框架的设计，进行任务分工、协调及定稿；伊诺、杨薇、邢诗雨任副主编，协助主编进行教材编写的组织工作；刘禹希参编教材。具体编写分工如下：孙迎春编写项目一、项目八、项目九；杨薇编写项目二、项目三，刘禹希编写项目四、项目五；邢诗雨编写项目六、项目七；伊诺编写项目十、项目十一；孟庆海编写项目十二。沈阳弘朗信息技术有限公司董事长张溢宸对全书实践性内容进行了审阅，对实践项目和内容提供了相关资料和修改建议。

本教材既可以作为高等职业教育财经商贸类专业的教学用书，也可以作为相关行业从业人员的学习和培训用书。

本教材在编写过程中，参考了大量相关资料和论著，并吸收了其中的一些研究成果，在此谨向所有文献作者致谢。由于编者水平有限，书中难免有疏漏之处，敬请广大读者不吝赐教。

编　者

2023年5月

目录

项目一 走入经济学

学习目标

知识目标：

- 掌握经济学的定义、经济学相关的基本概念；
- 掌握稀缺性、机会成本的含义；
- 理解微观经济学与宏观经济学的基本内容；
- 理解经济理论的组成与表述方法。

能力目标：

- 能够用经济学的基本原理解释经济现象；
- 能够解释资源稀缺性与资源配置之间的关系。

素质目标：

- 培养学生保护稀缺资源的生态文明意识；
- 培养学生强烈的事业心和责任心。

知识结构：

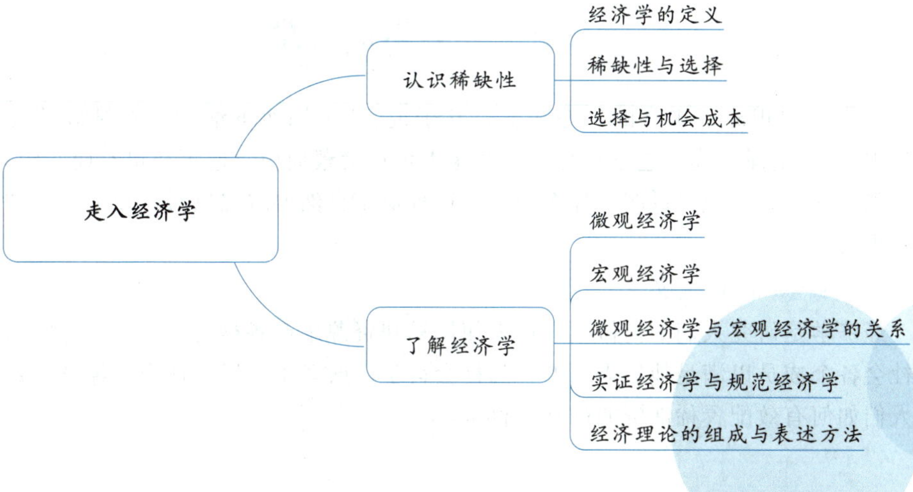

引入案例

学习经济学有什么用?

经济学是人类的智慧财产，是前人留给后人的思想财富。和自然界一样，人类社会的运行也是有法则的，经济学揭示的便是人类社会运行的法则，这些法则可以被称为“道”。人类如果违背了这些法则，就要受惩罚。世界的和平繁荣是遵循“道”的结果。经济学是使人类更自由、更繁荣的科学，一些基础性的经济学知识是每个公民都应该懂得的。

经济学帮助人们认识世界，透析事物的真相。对社会现象来说，真相往往不是被直接“观察”到的，而是通过对本质的理解“认识”到的。从这个意义上说，对原理的认识先于对世界的观察。一个人，只有当他知道什么是正确的时候，才知道什么是错误的。经济学知识提供了认识世界的原理，帮助人们正确地认识世界。经济学原理可以运用到生活的方方面面，无论你处在人生的哪个阶段，都不会为懂点经济学后悔。

经济学的一个重要作用是让我们不满足于既有的秩序，帮助我们“想象”更好的秩序。这种想象能力也是“好”的秩序得以出现的重要前提。这种秩序的想象能力是目前非常欠缺的，经济学的学习可以弥补这一不足。这种想象出来的秩序可能在当下无法实现，但在未来是有可能实现的。它不是乌托邦，因为它是建立在可靠经济学知识之上的。

经济学是社会科学的核心，是让世界变得更好的学问。人类的命运在很大程度上取决于人类在多大程度上理解和接受经济学。学习正确的经济学，就是从事有价值的生产性活动；传播正确的经济学，就是做善事。

资料来源：朱海就．学习经济学有什么用？[EB/OL]．[2021-02-19]．https://m.thepaper.cn/baijiahao_11370394.

【思考与实践 1-1】

我们为什么要学习经济学？经济学能教给我们什么？

任务一 认识稀缺性

中华文明积淀了丰富的生态智慧。孔子说：“子钓而不纲，弋不射宿。”《吕氏春秋》中说：“竭泽而渔，岂不获得？而明年无鱼；焚薮而田，岂不获得？而明年无兽。”

以上这些思想观点说明了什么现象？这种对于自然要取之以时、取之有度的思想有哪些现实意义？

一、经济学的定义

经济学是研究人们如何做出选择来使用稀缺资源生产各种物品，并把这些物品分配给社会各个成员以满足他们需求的一门社会科学。或者也可以这样说：经济学是一门教导人们如何有效配置稀缺资源的社会科学。

二、稀缺性与选择

在稀缺资源和无穷欲望面前，人们是有理性的，理性的人能做出选择：首先满足哪些欲望，然后再满足哪些欲望。选择就是用有限的资源去满足什么欲望的决策或者说如何使用有限资源的决策。美国经济学家斯蒂格利茨认为："经济学研究我们社会中的个人、厂商、政府和其他组织如何进行选择，以及这些选择如何决定社会资源的使用方式。"

对于企业来说，经济学家把选择概括为三个相关的问题：

第一，生产什么（What）、生产多少的问题。

生产什么是指创造什么样的产品，各创造多少。回答"生产什么、生产多少"就是确定生产对象。由于资源有限，如果用于生产某种产品的资源多一些，那么用于生产另一种产品的资源就会少一些。人们必须做出抉择：用多少资源生产某一种产品，用多少资源生产其他产品。假定社会资源只有一亩土地，是生产粮食还是生产棉花，生产多少粮食、多少棉花，即在粮食与棉花的可能性组合中选择哪一种。

第二，如何生产（How）的问题。

一个社会必须决定谁来生产，使用何种资源以及采用何种生产技术，即确定生产方式。不同的生产方式组合是可以相互替代的，同样的产品可以有不同的资源组合方法（劳动密集型、资本密集型或技术密集型）。人们必须决定：各种资源如何进行有效组合，才能提高经济效率。例如选择用什么方法来生产粮食与棉花，是多用资本，少用劳动，用资本密集型方法来生产；还是少用资本，多用劳动，用劳动密集型方法来生产。不同的方法可以达到相同的产量，但在不同的情况下，其经济效率并不相同。

第三，为谁生产（For whom）的问题。

为谁生产是指创造出来的产品如何在社会上进行分配。回答"为谁生产"就是确定生产产品的消费者。生产出来的粮食和棉花如何进行分配？谁来享受经济活动的成果？社会产品如何在不同的居民之间进行分配？利用各种资源的配合所创造出来的财富在各个阶层里如何被分配？产品应该遵循什么样的原则，采用什么样的机制被分配？分配的数量界限如何把握？

所以，选择即"生产什么""如何生产""为谁生产"的问题，也就是人类社会所必须解决的基本问题，这三个问题被称为资源配置问题。人类社会必须对这三个基本经济问题做出抉择，以有效地分配使用相对稀缺的资源，更好地满足人类无限多样的欲望。

三、选择与机会成本

无论是政府、厂商还是个人，在稀缺资源下产生了选择的必要性。选择就是善于利用有限的资源，"尽我们所有的，做我们最好的"。由于人们的选择有优劣之分，所以选择必然有一个得失权衡和利弊比较的问题。我们一旦做出选择，就必须放弃其他的选择，我们放弃的选择所能带来的收益就是我们选择的机会成本。

机会成本（Opportunity cost）是一种资源用于某种用途而放弃其他用途的最高收益。为了得到某种东西而放弃的另一种东西就是做出决策的机会成本，也可以说做出一种选择而放弃另一种选择的实际代价。机会成本事实上是一种选择成本，它是因选择行为而产生的成本。例如，当学生选择了看足球赛时，就意味着他放弃了晚上4个小时的学习时间，4个小时的学习可能带来的高分数就是学生看球赛的机会成本；当家庭主妇决定支付女儿旅游费用时，就意味着她无法再购买心仪的液晶电视，她所放弃的液晶电视能够带来的享受就成为支付女儿旅游费用的机会成本。生活中充满了选择，到处存在机会成本。

【学思践悟】 绿水青山就是金山银山

2005年8月15日，时任浙江省委书记的习近平来到湖州市安吉县天荒坪镇余村，他以充满前瞻性的战略眼光首次提出“绿水青山就是金山银山”。

微课1-1

稀缺性与选择

一周后的8月24日，习近平在《浙江日报》发表专栏评论：《绿水青山也是金山银山》。在文中，习近平这样说道：

“绿水青山可带来金山银山，但金山银山却买不到绿水青山。绿水青山与金山银山既会产生矛盾，又可辩证统一。”

“在鱼和熊掌不可兼得的情况下，我们必须懂得机会成本，善于选择，学会扬弃，做到有所为、有所不为。在选择之中，找准方向，创造条件，让绿水青山源源不断地带来金山银山。”

到了2018年，湖州大地发生翻天覆地的变化。根据最近5年的经济数据统计，湖州地区生产总值年均增长8.4%；城乡居民人均可支配收入分别为49 934元和28 999元，分别增长9.0%和9.4%，实实在在地拥有了“金山银山”。

悟有所得

学习测试1-1

正是因为习近平总书记的战略眼光和正确领导，让湖州市安吉县天荒坪镇余村的“绿水青山”变成了“金山银山”。

发展经济不能对资源和生态环境竭泽而渔，生态环境保护也不是舍弃经济发展而缘木求鱼。生态环境投入不是无谓投入、无效投入，而是关系经济社会高质量、可持续发展的基础性、战略性投入。

任务二 了解经济学

经济学的内容是相当广泛的，其中研究资源配置的微观经济学与研究资源利用的宏观经济学是基础。如果说微观经济学研究的是树木，宏观经济学研究的则是森林。

一、微观经济学

（一）微观经济学的基本概念

微观经济学以单个经济主体（即居民户与厂商）的行为为研究对象，通过研究单个经济单位的经济行为和相应的经济变量单项数值的决定来说明价格机制如何解决社会的资源配置问题。

1.微观经济学的研究对象

微观经济学的研究对象是单个经济主体的经济行为。单个经济主体是指组成经济的最基本单位，即居民户与厂商。居民户又称家庭，是经济中的消费者；厂商又称企业，是经济中的生产者。在微观经济学的研究中，假设居民户与厂商经济行为的目标是实现最大化，即消费者居民户要实现满足程度（即效用）最大化，生产者厂商要实现利润最大化。微观经济学研究居民户与厂商的经济行为就是研究居民户如何把有限的收入分配于各种物品的消费，以实现满足程度最大化以及厂商如何把有限的资源用于各种物品的生产，以实现利润最大化。

2.微观经济学要解决的问题

微观经济学要解决的问题就是资源配置。资源配置即以前所说的生产什么、如何生产和为谁生的问题。解决资源配置问题就是要使资源配置达到最优化，即在这种资源配置下能给社会带来最大的经济福利。微观经济学从研究单个经济单位的最大化行为入手，来解决社会资源的最优配置问题。因为如果每个经济单位都实现了最大化，整个社会的资源配置也就实现了最大化。

3.微观经济学的中心理论

微观经济学的中心理论是价格理论。在市场经济中，居民户和厂商的行为要受价格的支配，生产什么、如何生产和为谁生产都由价格决定。价格像一只“看不见的手”，调节着整个社会的经济活动。通过价格的调节，社会资源的配置实现了最优化。在追求最大化行为和优化资源配置的过程中，贯穿始终的是“无形的手”——价格。价格调节需求、供给，最后使市场达到均衡。因此，价格理论是微观经济学的中心理论，其他内容都是围绕这一中心问题展开的。

知识链接 1-1　“看不见的手”

“看不见的手”是一个隐喻，亚当·斯密（Adam Smith）用来描述这样一种原理：“于个人行为的非故意的结果，一种能产生善果的社会秩序出现了。”斯密在他的著作中从这种意义使用“看不见的手”有三次：一次是在《道德情操论》中，一次是他谈到早期宗教思想时，幽默地提到希腊神话中宙斯“这只看不见的手”，一次是在《国富论》中。这个隐喻所表达的思想是渗透在他的全部社会和道德理论之中的。

4.微观经济学的研究方法

微观经济学的研究方法是个量分析。个量分析研究的是经济变量的单项数值如何决定。例如某企业的产量，就是产量这种经济变量的单项数值；某种商品的价格，就是价格这种经济变量的单项数值。微观经济学分析不同个量的决定、变动及其相互间的关系。美国著名经济学家萨缪尔森强调了微观经济学个量分析的特征，即微观经济学是“关于经济中单个因素——诸如一种产品价格的决定或单个消费者或企业的行为——的分析”。

（二）微观经济学的基本假设

1.理性经济人假设

理性经济人假设也称为最大化原则，是指人们在经济活动中，所追求的是个人经济利益的最大化。人总是在选择的过程中按能够实现自身经济利益的方式来选择。经济生活中的每一个人，其行为均是利己的，他在做出一项经济决策时，总是深思熟虑地通过成本-收益分析或趋利避害原则来对各种可能的机会、目标以及实现目标的手段进行比较，力图以最小的经济代价去追求自身利益的最大化。而追求自身利益最大化的过程就是微观主体对自身资源进行有效配置的过程，更进一步地说，就是市场机制通过对微观主体的诱导进行资源配置的过程。理性经济人假设在假定人是利己的同时，还假定人充分关注他人的利益，不以损害他人利益为前提，并不是通常意义上的“自私自利”。

2.信息完全假设

信息完全假设也称为“信息充分”假设，是指市场上每一个经济主体对有关的经济情况具有完全信息。例如，每一个消费者能够完全了解市场上每一种商品的性能和特点，准确地判断一定量的商品给自己带来的消费满足程度，掌握商品价格在不同时期的变化等，从而能够确定最优的商品购买量。每一个厂商都能准确地掌握产量和生产要素投入量之间的技术数量关系，了解商品价格和生产要素价格的变化以及在每一个商品价格水平上消费者对产品的需求量等，从而做出最优的生产决策。

3.市场出清假设

市场出清假设是坚信价格的自由涨落可以使市场的供求处于均衡状态，包括产品价格的涨落可以使产品市场上产品供求达到均衡，利率的上升或下降可以使资本市场上资本供求处于均衡状态，工资的升降可以使劳动力市场上劳动力供求处于均衡状态等。在这种均衡状态下，社会资源可以得到充分利用，不存在资源浪费或闲置。因此，微观经济学就是在假定资源得到充分利用的条件下，研究资源的优化配置问题。

（三）微观经济学的主要内容

微观经济学包括的内容相当广泛，本书主要研究以下内容：

1.价格理论

微观经济学的核心内容是价格机制。价格是由供给和需求两种力量共同决定的，这是全部微观分析的基础。所以，微观经济学一般先讨论价格决定问题。具体内容包括需求规律、供给规律、价格决定理论、弹性理论等。微观经济学讲的价格是市场均衡价格，所以这部分内容有时也被称为均衡价格理论。

2.消费者行为理论

市场经济是以需求为导向的，社会的最终需求是消费者的消费需求。同时，消费者的需求又是决定均衡价格的重要力量。所以，微观经济学在考察价格决定时，首先要分析消费者的偏好、需求和选择行为。其基本结论是，消费者将有限的货币收入分配于各种商品的购买，以实现效用的最大化。具体内容包括基数效用论和序数效用论等。

3.生产者行为理论

在市场上，生产者或厂商作为商品或劳务的供给者，是决定均衡价格的另一重要力量。所以，微观经济学在考察了消费者行为对价格决定的影响后，接着分析生产者选择行为的影响。其基本结论是，生产者将有限的生产资源分配于各种商品的生产，以实现利润的最大化。具体内容包括生产理论和成本与收益理论等。

4.市场理论

生产者的选择行为同市场竞争程度有关。例如，在完全竞争市场上，生产者是价格接受者，其行为特征是在既定价格前提下选择最大化产量。而在完全垄断市场上，生产者是价格制定者，其行为特征是通过选择产量，决定理论最大化的价格。所以，在一般地考察了生产者行为后，还需要结合市场的特点进行更深入的分析。根据市场竞争程度的不同，市场可以分为四种类型，即完全竞争市场、完全垄断市场、垄断竞争市场和寡头垄断市场。市场理论主要分析上述市场结构的特征及其对资源配置的影响。

5.分配理论

在市场经济中，人们的收入取决于他们提供的要素数量和要素价格。要素价格取决于要素供给和要素需求两种力量的均衡。生产中的要素主要包括土地、劳动和资本。要素市场理论主要研究地租、工资和利润等要素收入是如何决定的，及其对资源配置效率的影响。要素价格关系到人们的收入分配，回答了“为谁生产”的问题，所以要素市场理论又叫分配理论。

6.市场失灵和微观经济政策

在有些情况下，如市场中出现了垄断、产出是公共产品、外部不经济、信息不对称，市场机制就会失灵，导致资源配置效率下降。政府实施适当的微观经济政策，有可能矫正失灵的市场。

本书所介绍的是传统微观经济学。现代微观经济学还包括更为广泛的内容，如产权经济学、时间经济学、家庭经济学、人力资本理论等。这些都是在传统微观经济学的基础上发展起来的。

二、宏观经济学

宏观经济学是以整个国民经济为研究对象，通过研究经济总量的决定及其变化，来说明社会资源的充分利用问题。

（一）宏观经济学的基本概念

1.宏观经济学的研究对象

宏观经济学的研究对象是整体经济。这就是说，宏观经济学所研究的不是经济中的各个单位，而是由这些单位所组成的整体；不是树木，而是由这些树木所组成的森林。这样，宏观经济学就要研究整个经济的运行方式与规律，从总体上分析经济问题。正如萨缪尔森所说，宏观经济学是“根据产量、收入、价格水平和失业来分析整体经济行为”。

2.宏观经济学要解决的问题

宏观经济学要解决的问题是资源利用问题。宏观经济学把资源配置问题作为既定的前提，研究现有资源未能得到充分利用的原因，达到充分利用的途径以及如何保持经济增长等问题。

3.宏观经济学的中心理论

宏观经济学的中心理论是国民收入决定理论。在宏观经济领域中，国民收入是一个最基本的经济总量，综合反映了其他经济总量的变动状况。宏观经济学以国民收入的决定为中心来研究资源利用问题，分析整个国民经济的运行。国民收入决定理论被称为宏观经济学的核心，其他理论运用这一理论来解释整体经济中的各种问题。

4.宏观经济学的研究方法

宏观经济学的研究方法是总量分析。总量是指能反映整个经济运行情况的经济变量。总量分析就是分析这些总量的决定、变动及相互关系，并通过这种分析说明经济的运行状况，制定经济政策。

（二）宏观经济学的基本假设

1.市场机制不完善

市场经济产生以来，市场经济国家的资源都是通过价格进行调节和配置的。但在现实经济生活中，价格对经济的调节作用并不像理论所说的那样完美，若干年一次的经济危机一直困扰着市场经济国家。

2.政府有能力调节经济，纠正市场机制的缺点

人类并不是简单地、被动地顺从市场经济机制，而是可以在遵从经济规律的基础上，发挥主观能动性，对经济进行调节。能进行这种调节的只能是政府。政府可以利用自身的地位，基于对经济运行的认识，采用适当的手段对经济进行调节。宏观经济学就是建立在政府有能力调节经济的基础之上的。

（三）宏观经济学的主要内容

本书中宏观经济学的主要内容包括以下几点：

1.国民收入核算理论

这一理论主要介绍国内生产总值理论与核算方法，以及经济中各种指标的关系。

2.国民收入决定理论

现代宏观经济学的核心内容是国民收入的决定问题。在短期内，要素数量、技术水平等生产能力是既定的，而且利用不充分，因而决定收入的主要因素是总支出水平，这就是需求决定理论。同时，在短期内，价格和工资等也是不变的，因而产出、收入和就业大体上按相同的比例变化。

3.通货膨胀和失业理论

一般来说，现代经济是在经济扩张和经济紧缩的交替中向前发展的，通货膨胀和通货紧缩是现代经济的普遍现象，通货紧缩期间往往有大量失业。通货膨胀理论分析通货膨胀的原因、类型和经济影响。失业理论分析失业的原因、类型和影响等。

4.宏观经济政策

宏观经济政策为国家干预经济提供理论依据，是宏观经济学的重要内容。现代经济的一个基本特征是有效需求不足，资源不能充分利用，需要政府管理总需求。其主要手段是实施宏观需求管理政策，重点是财政政策，并辅以货币政策。

5.经济周期理论

经济周期理论指国民收入的短期波动，这一理论要分析国民收入短期波动的原因等问题。

6.经济增长理论

经济增长主要探讨经济增长的源泉和增长方式，并由此形成了一些经济增长模型。经济长期稳定增长也是政府宏观经济政策的重要调控目标。这一理论要分析国民收入长期增长的源泉等问题，以实现经济长期稳定的发展。

【思考与实践 1-2】

有人说“中国改革开放取得的成就归功于西方经济学”，还有人说“改革开放最宝贵的经验之一就是坚持以中国特色社会主义政治经济学指导实践”。你赞同哪种说法？你了解中国特色社会主义政治经济学吗？对于不赞同的说法，你会如何反驳？

三、微观经济学与宏观经济学的关系

（一）微观经济学与宏观经济学的联系

1.微观经济学与宏观经济学是相互补充的

经济学的目的是要实现社会福利最大化。为了达到这一目的，既要实现资源的最优配置，又要实现资源的充分利用。微观经济学在假定资源已实现充分利用的前提下分析如何达到最优配置的问题；宏观经济学在假定资源已实现最优配置的前提下分析如何达到充分利用的问题。它们从不同的角度分析社会经济问题。从这个意义上说，微观经济学与宏观经济学不是互相排斥的，而是相互补充的，它们共同组成经济学的基本原理。

2.微观经济学与宏观经济学都是实证分析

微观经济学与宏观经济学都是把社会经济制度作为既定的存在，不分析社会经济制度变动对经济的影响。这也就是说，它们都是把市场经济制度作为一个既定的存在，分析这一制度下的资源配置与利用问题。这种不涉及制度问题、只分析具体问题的方法就是实证分析。从这种意义上看，微观经济学与宏观经济学都是属于实证经济学的范畴。

3.微观经济学是宏观经济学的基础

整个经济是单个经济单位的总和，微观经济学应该成为宏观经济学的基础。但如何把微观经济学作为宏观经济学的基础，不同的经济学家有着不同的理解，至今也还没有令人满意的答案。

（二）微观经济学与宏观经济学的区别

1.研究对象不同

微观经济学的研究对象是单个经济单位，如居民户、厂商等。正如美国经济学家J.亨德逊所说，居民户和厂商这种单个单位的最优化行为奠定了微观经济学的基础。而宏观经济学的研究对象则是整个经济，研究整个经济的运行方式与规律，从总量上分析经济问题。正如萨缪尔森所说，宏观经济学是根据产量、收入、价格水平和失业来分析整个经济行为。

2.解决的问题不同

微观经济学要解决的是资源配置问题，即生产什么、如何生产和为谁生产的问题，以实现个体效益最大化。宏观经济学则把资源配置作为既定前提，研究社会范围内的资源利用问题，以实现社会福利的最大化。

3.研究方法不同

微观经济学的研究方法是个量分析，即研究经济变量的单项数值如何决定。而宏观经济学的研究方法则是总量分析，即对能反映整个经济运行情况的经济变量的决定、变动及其相互关系进行分析。

4.基本假设不同

微观经济学的基本假设是完全理性、充分信息、市场出清，认为“看不见的手”能自由调节，实现资源配置的最优化。宏观经济学则假定市场机制是不完善的，政府有能力调节经济，通过“看不见的手”纠正市场机制的缺陷。

微课 1-2

经济学概述

5.中心理论和基本内容不同

微观经济学的中心理论是价格理论，还包括消费者行为理论、生产者行为理论、市场理论、分配理论等。宏观经济的中心理论则是国民收入决定理论，还包括通货膨胀和失业理论、经济周期理论、经济增长理论等。

四、实证经济学与规范经济学

无论是微观经济学还是宏观经济学，都可以采用实证分析和规范分析的方法。如果采用实证分析方法就称为实证经济学，如果采用规范分析方法就称为规范经济学，因此，经济学按其研究方法可以分为实证经济学和规范经济学。

实证分析是指企图超脱或排斥一切价值判断，只研究经济本身的内在规律，并根据这些规律，分析和预测人们经济行为的效果，它要回答“是什么”的问题，而不对事物的好坏做出评价。

规范分析是指根据一定的价值判断提出某些分析处理经济问题的标准，树立经济理论的前提，作为制定经济政策的依据，并研究如何才能符合这些标准，它要回答“应该是什么”的问题。

实证经济学与规范经济学之间既有区别又有联系，其区别在于：

第一，研究方法不同。这是实证经济学与规范经济学的根本区别。实证经济学主要使用实证分析方法，而规范经济学主要使用规范分析方法。实证分析与规范分析的不同点是：如果以一定的价值判断为依据对经济现象进行分析和研究，就是规范分析；如果超脱价值判断去研究经济本身的内在规律就是实证分析。所谓价值判断，是指对经济事物是好还是坏的判断。实证经济学为了使对经济现象和经济问题的研究过程具有客观公正性，结论具有科学合理性，就要避开价值判断问题，而规范经济学是要判断某一事物的好与坏或是与非，则要从一定的价值判断出发来分析和研究问题。

第二，分析、研究和解决的问题不同。实证经济学要解决“是什么”的问题，也就是要确认事实本身，研究经济问题与经济现象的客观规律与本质联系，分析经济变量之间的逻辑关系，并用于对经济事物的分析与预测，而规范经济学要解决“应该是什么”的问题，也就是要说明经济事物是好还是坏，是否符合某种价值判断，或者对社会有什么意义。根据这样的分析，我们可以看出，实证经济学可以避开价值判断，而规范经济学必须以一定的价值判断为基础。

第三，实证经济学研究问题的结论具有比较强的客观性，而规范经济学研究问题的结论则具有比较强的主观性。实证经济学研究的内容、过程和方法具有客观性，所得出的结论可以根据事实进行检验，结论也不会以人的意志为转移，规范经济学研究问题的过程和方法则没有客观性，它所得出的结论要受到不同价值观的影响，具有不同的价值判断标准的人，对同一事物的分析可能会得出截然相反的结论，因为价值标准是由人事先确定的，对谁是谁非问题不可能有客观统一的评价标准，因而对其客观合理性无法用统一的标准进行检验。我们常说的“实践是检验真理的唯一标准”强调的就是用实证分析方法分析客观实际情况，对经济和社会问题的分析和判断要实事求是。

必须强调指出，经济学研究是由人来进行的，不同的人由于对经济现象和问题分析的价值观念不同，即使都采用同一实证分析方法，对分析过程中的方法选择和结果分析也会有很大的差异，即使就客观问题本身去分析其规律性，也不可能把决策人本身的主观因素完全排除在外。另外，在进行规范分析过程中，如果完全脱离客观现实去进行价值分析和判断，就只能是使问题的分析过程步入主观臆想的死胡同，因此，实证分析和规范分析是以不同的假设前提为条件的两种不同分析方法。实证经济学与规范经济学之间尽管存在着差异，但二者之间不是绝对地相互排斥的。规范经济学研究要以实证经济学为基础，而实证经济学研究也离不开规范经济学的指导。一般说来，越是具体的问题，实证分析的成分越多；而越是高层次，带有决策性的问题，则越具有规范性，在对经济现象分析过程中对这两种分析方法需要结合起来进行运用。

微课 1-3

实证经济学与规范经济学

五、经济理论的组成与表述方法

（一）经济理论的组成

一个完整的理论包括定义、假设、假说和预测。

1. 定义（Definition）

定义是对经济学所研究的各种变量规定的明确的含义。

变量是一些可以取不同数值的量。在经济分析中常用的变量有内生变量与外生变量、存量与流量。内生变量是一个理论中要研究的变量，也称为因变量；外生变量是在一个理论以外的变量，也称为自变量。比如在研究需求问题时，需求量是内生变量或称为因变量，商品价格是外生变量或称为自变量。存量是指变量在某一时点上存在的数值，其数值大小与时间维度无关。流量是指一定时期内发生变化的变量，其数值大小与时间维度有关。

2. 假设（Assumption）

假设是某一理论所适用的条件。

因为任何理论都是有条件的、相对的，所以在理论形成中假设非常重要。比如供给定理就是以厂商对某种商品的供应量的变动只与其价格变动有关，而厂商的生产目标、相关商品的价格等因素相对不变作为假设条件，研究厂商对某种商品供应量的变动与其价格变动之间数量关系的理论，离开了这个假设条件，供给定理所说明的厂商在一般情况下对某种供应量与其价格之间的同方向变动关系就不存在或没有什么实际意义了。

3.假说（Hypotheses）

假说是对两个或更多的经济变量之间关系的阐述，也就是未经证明的理论。

在理论研究中提出假说是非常重要的，这种假说往往是对某些现象的经验性概括或总结。假说必须经过验证才能说明它是否能够成为具有普遍意义的理论，因此，假说并不能凭主观臆断而产生，必须来源于社会经济实践，通过对客观实际的观察分析而得出。

4.预测（Prediction）

预测是根据假说对未来进行预期，就是根据过去和现在估计未来，根据已知推断未知。

科学的预测是一种有条件的推测性说明，这种推测性说明是根据历史与现实之间的客观联系，以所掌握的过去发生的与现在存在的反映客观事物状态和发展过程的信息资料为基础，进行科学决策的一种依据条件。正确的假说的作用就在于它能够正确地预计未来，降低经济决策的风险性。

（二）理论的表述方法

理论的表述主要有以下几种方法：

（1）口述法，或称叙述法，用文字来表述经济理论。

（2）算术表示法，或称列表法，用表格来表述经济理论。

（3）几何等价法，或称图形法，用几何图形来表述经济理论。

（4）代数表达法，或称模型法，用函数关系来表述经济理论。

在实际的经济分析过程中，往往是把上述几种方法结合起来进行运用的。

【思考与实践 1-3】

马克思主义政治经济学的根本研究方法是唯物辩证法，请你通过查找资料并结合本节所学关于西方经济学研究方法相关内容，比较马克思主义政治经济学和西方经济学研究方法的异同。

微课 1-4

经济理论的组成与表述方法

学习测试 1-2

【拓展阅读 1-1】

新中国70年经济与经济学发展

在新中国成立之初，面对艰难的国际环境，我国形成了独立自主发展国民经济的理论，建立起对外经济贸易体制。毛泽东同志指出：“我们的方针是，一切民族、一切国家的长处都要学，政治、经济、科学、技术、文学、艺术的一切真正好的东西都要学。”我国还通过对外援助的方式，积极与一些亚非拉国家开展经济技术往来。毛泽东同志提出的“三个世界”划分理论，至今仍然具有重要影响。

改革开放以来，在实践发展和时代进步的推动下，我国对外开放理论与格局日臻完善。邓小平同志关于“和平和发展是当代世界的两大问题”的战略判断，继承和发展了“三个世界”理论，为对外开放提供了重要的理论指导。对外开放被确立为我国的基本国策。1992年邓小平的南方谈话和党的十四大确立建立社会主义市场经济体制的改革目标，突破了扩大对外开放的思想束缚，极大地推动了我国积极参与全球分工体系和全球价值链。

党的十八大以来，随着我国对外开放实践的深化和发展，对外开放理论取得新的重大进展，构建起全面开放理论与新格局。习近平总书记站在历史和全局的高度，提出了“百年未有之大变局”的重大论断，强调“改革开放是决定当代中国命运的关键一招，也是决定实现‘两个一百年’奋斗目标、实现中华民族伟大复兴的关键一招”。党的十八届五中全会将开放确立为五大新理念之一。党的十九大报告进一步提出“推动形成全面开放新格局”。与此同时，我国发出共商共建共享“一带一路”倡议，提供了一种反对霸权主义、不采取海陆对立“两分法”视角的国际公共品供给模式，形成了涵盖国际经济、国际关系等多学科的创新型理论框架。习近平总书记还强调中国同世界各国人民一道推动构建人类命运共同体的理念，将区域经济一体化和共同体理论上升到促进人类共同发展、共同繁荣的高度。面对近年来全球范围内单边主义、霸权主义和冷战思维抬头，我国坚定支持多边体系和开放型世界经济。我国不谋求贸易顺差，主动扩大进口，带动了世界贸易和经济的稳步增长。习近平总书记亲自谋划、部署和推动的中国国际进口博览会，是世界上第一个以进口为主题的大型国家级展会，也是国际贸易发展史上的一大创举。我国还积极参与全球治理体系改革，推动成立亚投行、丝路基金和金砖银行等。作为世界上最大的发展中国家，为了更好促进发展中国家的发展，我国于2018年专门组建国家国际发展合作署，设立南南合作援助基金等，对最不发达国家提供发展支持。这些措施超越了西方经济学中的“经济人”假设与零和博弈思维，为完善全球治理贡献了中国智慧、中国方案，赢得了国际社会的广泛认同和赞誉。

中国特色的对外开放理论，特别是习近平总书记关于新时代对外开放的重要论述，既充分吸收对外开放经典理论中的有益成分，又不断创新，体现了马克思主义与时俱进的品格。展望新时代，我国将以更高水平的对外开放，为人类发展进步做出更大贡献。

资料来源：谢伏瞻．新中国70年经济与经济学发展［EB/OL］．［2019-11-14］．http：//www.cass.net.cn/index2019/newstop/201911/t20191104_5026088.shtml.

【项目小结】

经济学是研究人们如何利用既定稀缺性资源生产出最多的物品和劳务，并分配给不同的社会成员，满足其需要的科学。经济学包括微观经济学和宏观经济学两个部分。其中，微观经济学是在假定经济资源总量既定的前提下，研究如何配置资源才能使其利用效率最高。宏观经济学是在假定微观经济主体都能有效利用资源的前提下，研究如何配置资源才能消除有效需求不足，实现充分就业。微观经济学和宏观经济学之间既有联系也有区别。经济学的功能是解释世界和改善世界，为此经济学家必须运用科学的研究方法，包括提出假设、观察现象、实证分析和规范分析以及建立模型等。

【项目训练】

一、名词解释

机会成本　微观经济学　宏观经济学　实证分析　规范分析

二、单选题

1. 我们说“资源是稀缺的”，是指（　　）。

A. 世界上大多数人生活在贫困中

B. 相对于资源的需求而言，资源总是不足的

C. 资源必须保留给下一代

D. 世界上资源最终将因生产更多的物品和劳务而消耗光

2. 当资源不能满足所有人的需要时，（　　）。

A. 政府必须决定谁的要求不能被满足

B. 人们必须做出选择

C. 必然有一套市场系统起作用

D. 价格必定上升

3. （　　）不是微观经济学所考察的问题。

A. 一个厂商的产出水平

B. 失业率的上升或下降

C. 联邦货物税的高税率对货物销售的影响

D. 某一行业中雇用工人的数量

4. 微观经济学要解决的问题是（　　）。

A. 资源配置

B. 资源利用

C. 企业效益的最大化

D. 整个国民经济的增长

5. 当经济学家说人们是理性人的时候，这是指（　　）。

A. 人们不会做出错误的判断

B. 人们总会从自己的角度做出最好的决策

C. 人们根据完全的信息而行事

D. 人们不会为自己做出的任何决策而后悔

6. 下列命题中不是实证经济学命题的是（　　）。

A.1982年8月联邦把贴现率降到10%

B.1981年失业率超过9%

C.联邦所得税对中等收入家庭是不公平的

D.社会保险税的课税基数已超过30 000美元

7.在任何一个经济社会中，(　　)。

A.因为资源是稀缺的，所以不存在资源的浪费

B.因为存在资源浪费，所以资源不稀缺

C.既存在资源的稀缺，又存在资源的浪费

D.既不存在资源的稀缺，又不存在资源的浪费

8.花10元钱理发的机会成本是（　　）。

A.10元钱的其他最好的用途

B.用来理发的时间的其他最好的通途

C.10元钱和用来理发的时间的其他最好用途

D.给理发师10元钱的价值

三、判断题

1.在经济分析中常用的变量有内生变量与外生变量、存量与流量。

2.规范经济学研究问题的结论具有比较强的客观性。

3.经济学是研究人们如何做出选择来使用稀缺资源生产各种物品，并把这些物品分配给社会各个成员以满足他们需求的一门社会科学。

4.机会成本是一种资源用于某种用途而放弃其他用途的最低收益。

5.不同的方法可以达到相同的产量，但在不同的情况下，其经济效率并不相同。

四、分析讨论题

1.现在上大学太昂贵了，既要花费时间，付出精力，又要交大笔学费。那么为什么人们还决定去上大学呢?

2.列举三个你在生活中面临的重要权衡取舍的例子。

3.看一场电影的机会成本是什么?

4.当你在食堂排队买饭菜时，你总感到所站的队特别慢。你常常会左顾右盼，略作估算，然后下决心离开原队而站到旁边的队列之后。往往没过几分钟你会发觉你新站的队至少与原先所在的队一样慢！让我们对这一有趣的现象作较为形象的描述。我们假定食堂一横排有十多个窗口，每个窗口出售完全相同的食物，又假定你进入食堂后，只能看到你附近的两三个队列。问题：当你进入食堂，是先巡逻一番，挑最短的队列站，还是只从你所能看到的两三列中挑较短的一队？试用经济学的观点分析此问题。

项目二 价格理论

学习目标

知识目标：

- 掌握需求的含义与需求定理，需求变动和需求量变动的区别；
- 掌握供给的含义与供给定理，供给变动和供给量变动的区别；
- 掌握供给与供给函数以及影响供给的因素；
- 掌握均衡价格与供求定理。

能力目标：

- 能够运用需求和供给定理，分析产品市场需求和供给的变动关系；
- 能够运用供求定理解释经济现象。

素质目标：

- 培养和树立对“中国制造”的民族自豪感和自信心；
- 培养服务社会的良好职业道德。

知识结构：

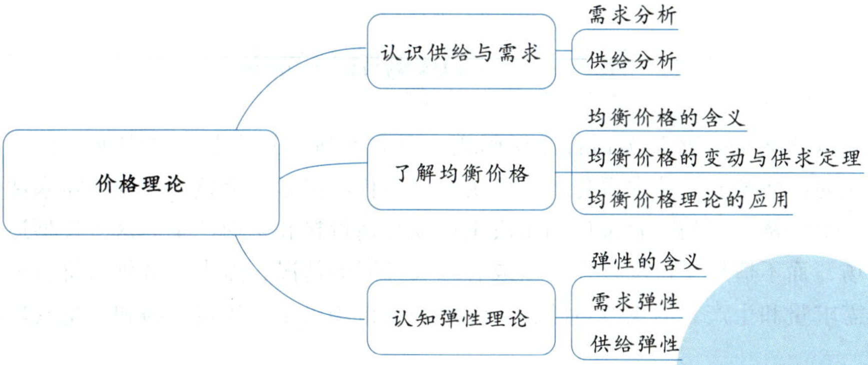

引入案例

口罩供给考验多国应对能力

新冠疫情暴发以来，全球口罩难求的现象经常发生。各国对口罩等相关医用物资的需求急剧增加。鉴于口罩在疫情防控中的特殊地位，解决口罩紧缺问题对有效开展疫情防控具有重要意义。

随着疫情在全球多点持续蔓延，全球口罩短缺情况依然严峻，多国纷纷出台各种措施逐步扩大口罩供给。专家认为，鉴于各国对口罩需求仍将持续一段时间，强化全球合作，努力维护和保障供应链产业链稳定至关重要。

抗击疫情期间，口罩被视为关键资源，面临的供需矛盾突出。在欧洲，随着下一阶段多国政府实施解禁政策及民众自我防护意识提升，未来对口罩的需求量将持续扩大。在意大利、西班牙等国，口罩仍严重短缺，价格飙升；在比利时，民众需要凭借医生开具处方限量购买口罩；德国经济部长阿尔特梅尔日前表示，如果政府强制民众在购物和乘坐公共交通工具的过程中佩戴口罩，德国的口罩供应量要达到每年80亿~100亿只；法国总统马克龙近日视察当地口罩生产部门时表示："我们的口罩产量已经从疫情前的每周330万只提升至目前的每周1 000万只，但这距离每周4 000万只的需求量仍有很大差距。"

日本帝京大学经济学部教授露口洋介认为，目前中国疫情防控取得重大战略成果，这对于稳定全球口罩供应具有重要意义。中国企业积极复工复产，将助力扩大全球口罩的生产、出口及援助，同时保障其他国家生产商的原料供应，为全球抗击疫情提供足够的医疗物资保障。

资料来源：佚名．口罩供给考验多国应对能力［EB/OL］．［2020-05-06］．https：//baijiahao.baidu.com/s? id=1665900786751957890&wfr=spider&for=pc.

【思考与实践 2-1】

为什么在新冠疫情暴发后，欧洲部分国家出现口罩供不应求的现象？为什么我国能够保持口罩价格平稳，并在满足国内需求的同时将口罩出口，在危难时刻匡助全球人民共渡难关？

任务一　认识供给与需求

有一则古老的经济学笑话曾经讽刺道：只要教懂一只鹦鹉说"需求"和"供给"，它也能成为经济学家。从中可见需求和供给是当代经济学一个核心课题。需求和供给的关系是一个经济学模型，它被应用于决定市场均衡价格和均衡产量。这个模型适用于竞争性市场，而不适用于市场存在垄断或者寡头垄断的情况，需求或者供给价格分别跟消费者的需求量和生产者的供给量挂钩，形成两种市场力量来决定价格和产量的均衡。

一、需求分析

（一）需求的含义

需求（Demand）是指消费者在一定时间内，在一定价格条件下，对某一商品愿意并且能够购买的数量。例如，你想购买一辆汽车，但要成为需求，你还必须有支付能力。只有主观上有购买汽车的愿望，客观上又具有支付能力的人，才构成对汽车的需求；相反，你虽然有支付汽车的能力，但你没有购车的欲望，也不会构成对汽车的需求，所以，需求是购买欲望与购买能力的统一，缺任何一方面都不能形成需求，即经济学上讨论的需求是有支付能力的需求，或称有效需求。在理解需求概念时，还应当注意，需求是指对于一系列价格的一系列数量，而不是一个特定的具体的数值。其中，对于某一特定价格下，消费者愿意购买的某一货物的数量称为"需求量"。

（二）需求定理

1.需求定理

在一定时期内，如果其他条件不变，某种商品的价格上升，其需求量就会减少；反之，该商品的价格下降，其需求量就会增加。需求量与价格呈负相关。对多数商品而言，这种关系是成立的，因而经济学家称之为需求规律或需求定理。

对于需求定理的理解，要注意两个方面：

一是假定前提是其他条件（主要是指收入、相关商品的性质等其他因素）不变，因为如果其他条件变了，上述关系不一定成立。例如，如果购买者的收入增加了，即使某种商品的价格上升了，其购买量完全有可能也跟着增加，而不是减少。

二是需求定理表明的商品价格与需求量呈反方向变动的关系，是替代效应和收入效应共同作用的结果。替代效应是指在实际收入不变的情况下，某种商品价格变化对其需求量的影响。即X商品价格上升而引起对其他具有同类用途商品的需求量增加，从而减少对X商品需求量所产生的替代现象。它强调的是一种商品价格变动对其他商品相对价格水平的影响。收入效应是指在货币收入不变的情况下，某种商品价格变化对其他商品需求量的影响。即由于X商品价格上升，消费者的名义货币收入不变，而实际货币收入减少，从而导致消费者对X商品的需求量减少。这种由于商品价格上升而引起的实际收入减少与需求量减少的现象就是收入效应，它强调的是一种商品价格变动对实际收入水平的影响。

2.需求定理的例外

需求定理指的是一般商品的定律，但这一定理也有例外。比较重要的例外是炫耀性商品和吉芬商品。

炫耀性商品是用来显示人的社会身份的商品，例如首饰、豪华型轿车就是这种商品。这种商品只有在高价时才有显示人的社会身份的作用，因此，价格下降时需求反而减少。

此外，在某些特定条件下，某些商品的价格上升，需求反而增加。例如，英国经济学家吉芬发现，在1845年爱尔兰大灾荒时，马铃薯的价格上升，需求量反而增加。这种价格上升、需求量增加的情况被称为“吉芬之谜”，具有这种特点的商品被称为吉芬商品。

（三）需求表与需求曲线

我们可以用需求表和需求曲线来表示需求规律。需求表是用来表示当其他条件不变时，某种商品的价格与其需求量之间对应关系的表格。表2-1是大豆的需求表，其中数据显示，当大豆的价格为1元时，需求量是1 000千克，当大豆的价格为2元时，需求量是800千克，随着价格的上升，需求量不断减少。

表2-1 大豆的需求表

项目	A	B	C	D	E
价格（元）	1	2	3	4	5
需求量（千克）	1 000	800	600	400	200

上述对应关系还可以用需求曲线来表示。需求曲线是一条表示在其他条件不变时，某种商品需求量与其价格之间关系的曲线。由于需求量随着价格的下降而增加，所以，一般情况下，需求曲线是一条向右下方倾斜的曲线。

图2-1是根据表2-1做出的需求曲线。在图2-1中，横轴表示商品（这里指大豆）的需求量Q，纵轴表示该商品的价格P。需求曲线上标出的A、B、C、D、E点分别代表表上各行的资料。例如，A点表示，大豆价格为1元时，需求量是1 000千克；B点表示，大豆价格为2元时，需求量是800千克，以此类推。

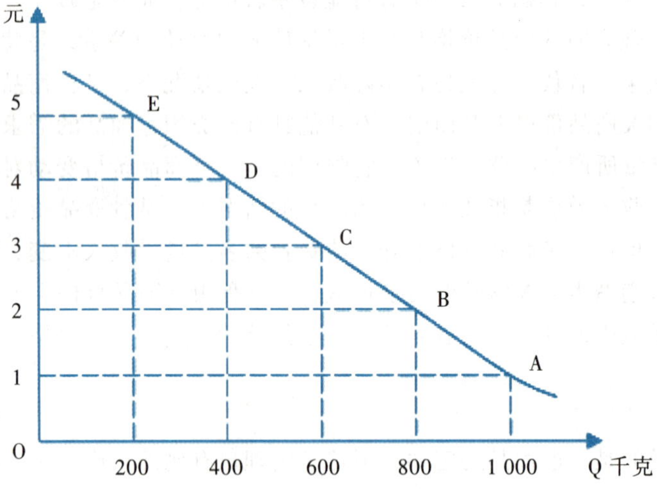

图2-1 大豆的需求曲线

（四）影响需求的因素与需求函数

1.影响需求的因素

消费者对某种商品的需求量取决于许多因素，如商品价格、消费者收入、相关商品价格、消费者对商品价格的期望、消费者个人偏好等。不同因素对商品需求量的影响方向是不同的，一般而言影响需求的主要因素如下：

（1）商品本身的价格

商品本身的价格（P_A）不影响对这个商品的需求，只影响需求量。它是对商品需求量的影响最大、最敏感的因素。一般情况下，当影响商品需求的其他因素保持不变时，商品本身的价格越高，商品的需求量越小；相反，商品本身的价格越低，商品的需求量越大，正如需求定理所述。

（2）消费者的收入水平

消费者的收入水平（I）也能够影响需求。在商品价格不变时，消费者收入水平的提高表明消费者的实际购买力提高，因此会使消费者增加购买商品的数量；而消费者收入水平的降低则会使消费者减少购买商品的数量。富裕国家或家庭几乎对于一切物品的需求，都高于不发达的国家或家庭。

（3）消费者的偏好

消费者的偏好（T）是指消费者对商品的喜好程度。在不同时期消费者对同一种商品的偏好可能不同。例如，在冬季里消费者对冬季服装的偏好较强，而在夏季里对冬季服装的偏好较弱；又如我们通常所说的现在流行某种商品就是指现在消费者对这种商品有较强的偏好，而要说某种东西过时了，则表明消费者对这种商品的偏好变得较弱了。在商品价格不变时，消费者对某种商品的喜好程度越强，则消费者对该商品的需求量越大；相反，消费者对某种商品的喜好程度越弱，则消费者对该商品的需求量越小。

（4）相关商品的价格

相关商品是指与需要购买的商品存在直接或间接关联的商品。一种商品的需求还会受到其他商品价格变动的影响。这是因为该商品与其他商品之间可能存在着这样两种相关关系：

一种是替代（Substitute）关系，即两种商品可以相互替代以用来满足消费者的同一种欲望。这时，这两种商品互为替代品。例如，对于一个既爱吃米饭又爱吃馒头的人来说，米饭和馒头就互为替代品。当一种商品本身价格不变而其替代品价格上升时，该商品的需求量会增加；相反，当一种商品本身价格不变而其替代品价格下降时，该商品的需求量会减少。例如，当进口彩电价格不变而国内彩电价格下降时，消费者对进口彩电的需求量减少。这就是说，一种商品的需求量和其替代品的价格呈同方向变动。

另一种是互补（Complementary）关系，即两种商品共同使用才能满足消费者的同一种欲望，这时，这两种商品互为互补品。例如，摄像机和摄像带互为互补品。当一种商品本身价格不变而其互补品价格上升时，该商品的需求量会减少；相反，当一种商品本身价格不变而其互补品价格下降时，该商品的需求量会增加。例如，当摄像机价格不变而摄像带价格上升时，消费者会减少对摄像机的需求。这就是说，一种商品的需求量和其互补品的价格呈反方向变动。

（5）价格预期

消费者在购买某种商品时，除了考虑该商品当前的价格外，还会考虑其未来的价格走势，即对未来的价格进行预期。价格预期（E）是指社会群体对某种商品未来价格的期望，不论这种预期是否正确，都会对某种商品当前的需求量产生影响。例如：当人们普遍预期商品房价格将会继续显著上涨时，就会增加商品房消费，这将促使人们提前购买或增加购买商品房。消费者对未来商品价格的预期效应有时会带来商品价格越高、需求量反而越大的反常现象，这是因为人们普遍存在“买涨不买跌”的心理。

另外，还有一些影响需求的其他因素，如社会收入分配平等程度、社会人口的数量及其构成、社会制度、风俗习惯，等等。例如：随着人们生活质量的提高、人们平均寿命的提高和人口自然增长率的下降，人口出现老龄化的趋势。老年人口的比例提高会增加老年人的商品需求。

2.需求函数

需求函数（Demand function）表示一种商品的需求数量和影响该商品需求数量的各种因素之间的相互关系。需求函数的一般表达式为：

$$Q_d=f(P_A, P_B, P_C, I, T, E\cdots) \tag{2.1}$$

其中：Q_d——需求量；P_A——A产品自身的价格；P_B——替代品B的价格；P_C——互补品C的价格；I——消费者的收入水平；T——消费者的偏好；E——消费者对未来商品价格的预期。

上述公式中，任何一个因素发生变动，都会引起因变量Q_d的相应变动，由于一种商品的价格是决定需求量的最基本的因素，所以，如果假定其他因素保持不变，仅仅分析价格因素对该商品需求量的影响，需求函数可以用下式表示

$$Q_d=f(P) \tag{2.2}$$

（五）需求量的变动和需求的变动

在实际生活中，影响消费者购买计划的因素变化可能会引起需求量的变动，也可能引起需求的变动。然而，不论是需求量的变动，还是需求的变动，我们能观察到的外在表现都是购买量的变动。例如，当你每月的收入从2 000元增加到3 000元时，在电影价格不变的情况下，你每月看电影的数量可能会增加两场，或者，当你的收入没有变化而电影价格从每场60元下降为40元时，你也可能每月多看两场电影。表面来看，你对电影的需求数量具有同样的增加，但是这两种增加的原因却是不同的。

1.需求量的变动

需求量的变动是由于价格的变动而引起的变动，此时，假定除商品自身价格P以外的因素（收入水平、消费者偏好、相关商品的价格、价格预期）保持不变。从需求函数上来看，需求量变动，函数不变，仅仅是随着自变量的变动所引起的因变量的变动；从需求表上来看，需求量的变动表现为随着价格的变动同一需求表中的“价格-需求量”组合的移动；从需求曲线上看，需求量的变动表现为同一条需求曲线上的点的移动。假设你对电影的需求曲线是图2-2中的D_0，在其他因素不变的情况下，当电影价格从P_1下降到P_2时，对电影的需求量从Q_1增加到Q_2，需求量沿着需求曲线D_0向下移动，从A点移到B点；反之，当电影价格上升到P_3时，对电影的需求数量下降到Q_3，需求量沿着需求曲线D_0向上移动到C点。这种移动所反映的就是需求定理。

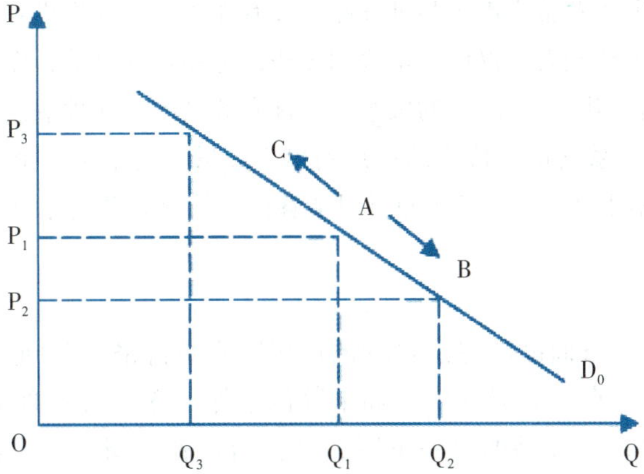

图2-2 需求量的变动

2.需求的变动

需求的变动是指在商品价格本身不变的情况下，由于其他非价格因素的变化所引起的需求量的变动。从需求表看，需求的变动不是同一需求表中“价格-需求量”组合的移动，而是整个需求表的对应关系的变动，是在同一价格水平下由于其他因素变化导致所对应的需求量发生改变；从需求曲线看，需求的变动表现为整条需求曲线的平行移动，需求减少导致需求曲线向左平行移动，需求增加导致需求曲线向右平行移动。如图2-3所示，价格P_0并未发生变化，但由于收入、偏好、预期等一系列因素的变化，引起需求曲线向左或向右的移动。例如，问题奶粉事件导致消费者对牛奶的偏好发生变化，可以肯定在既定的价格P_0时，买者现在想买的牛奶数量在减少，从而使需求减少，这样就使牛奶的需求向左平移到D_1。相反，国家如果大力宣传牛奶的好处会影响人们的偏好，牛奶的需求数量增加，使得牛奶的需求曲线向右平移到D_2。

微课 2-1

需求分析

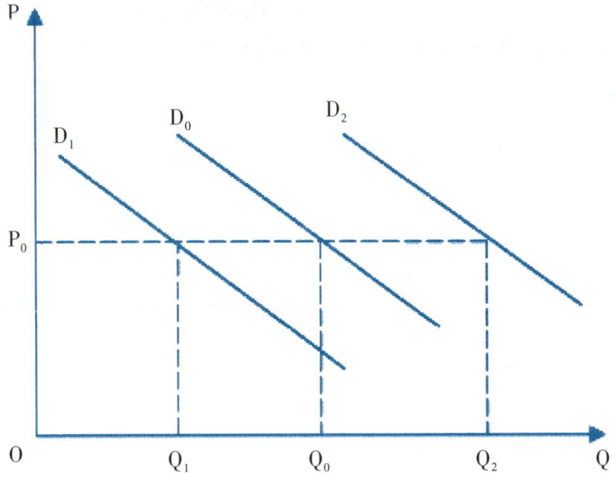

图2-3 需求的变动

二、供给分析

（一）供给的含义

供给（Supply）是指生产者在一定时期内，在不同的价格水平上愿意并且能够销售的某种商品的数量。一个生产者希望销售某种商品，又有能力生产并提供到市场上，才能形成真实的供给。如果没有生产能力，仅仅有销售的欲望，是潜在的供给，而不是现实的供给。经济学上讨论的供给是有实际生产能力的供给，或称有效供给。在理解供给概念时，还应当注意，供给是指对应于一系列销售价格的一系列出售数量，而不是一个特定的具体数值。其中，对于某一特定价格水平，生产者愿意并且能够销售的商品数量称为“供给量”。

（二）供给定理

1.供给定理

生产者在销售一定量商品时愿意接受的价格叫供给价格。对同一商品，不同的生产者有不同的供给价格。在一定时期内，如果其他条件不变，某种商品的价格上升，其供给量就会增加；反之，该商品的价格下降，其供给量就会减少。供给量与价格正相关。对多数商品而言，这种关系是成立的，因而经济学家称之为供给规律或供给定理。在这里，假定前提是其他条件不变。因为如果其他条件改变了，上述关系不一定成立。例如，如果生产成本上升了，即使某种商品的价格不变，其供给量也有可能下降。

2.供给定理的例外

供给定理指的是一般商品的定律，但这一定理也有例外。有些商品的供给量是固定的，价格上升，供给也无法增加，比如文物、艺术品等都属于此类情况；劳动力的供给也是个例外。在开始阶段，提高工资，工人愿意增加工作时数，但工资水平上升到一定高度，劳动者的一般生活需要得到了满足后，他就希望多一点休息和娱乐的时间。这时，工资提高，他用于劳动的时间反而会逐渐减少。因此劳动力供给曲线先是随工资的上升而向右上方延伸，然后向左弯曲成为向后倾斜的供给曲线，如图2-4所示；某些商品小幅度升降价时，供给按供给定理正常变动，而大幅度升降价时，供给则会出现不规则的变化。证券、黄金市场就是如此；有些商品，在正常时期，其供给量按供给定理正常变化，但在非正常时期，则会出现不正常的变化。比如粮食欠收时，粮价上涨，并不能立即引起粮食供给量的增加，甚至会因生产者囤积居奇而减少。丰收时，粮价下降也不能立即引起供给量的减少。

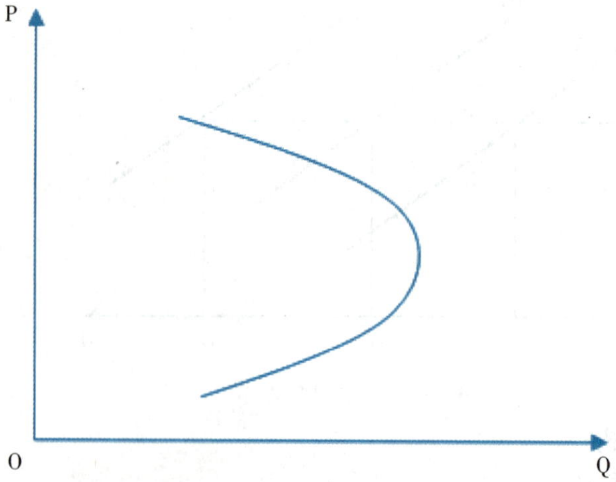

图2-4　劳动力的供给曲线

（三）供给表与供给曲线

供给定理可以用供给表和供给曲线表示。供给表是用来表示其他条件不变时，某种商品的价格与供给量之间关系的表格。表2-2是苹果的供给表，表中数据显示，当每千克苹果的价格为1元时，其供给量为200千克；当价格上升到2元时，其供给量是400千克，随着价格的上升，苹果的供给数量增加。

表2-2 苹果的供给表

项目	F	G	H	I	J
价格（元）	1	2	3	4	5
供给量（千克）	200	400	600	800	1 000

上述对应关系还可以用供给曲线来表示。供给曲线是一条表示在其他条件不变时，某种商品供给量与其价格之间关系的曲线。由于供给量随着价格上升而增加，所以，一般情况下，供给曲线是一条向右上方倾斜的曲线。供给曲线实际上是用图形的形式来表达供给这个概念。图2-5是根据表2-2做出的供给曲线。

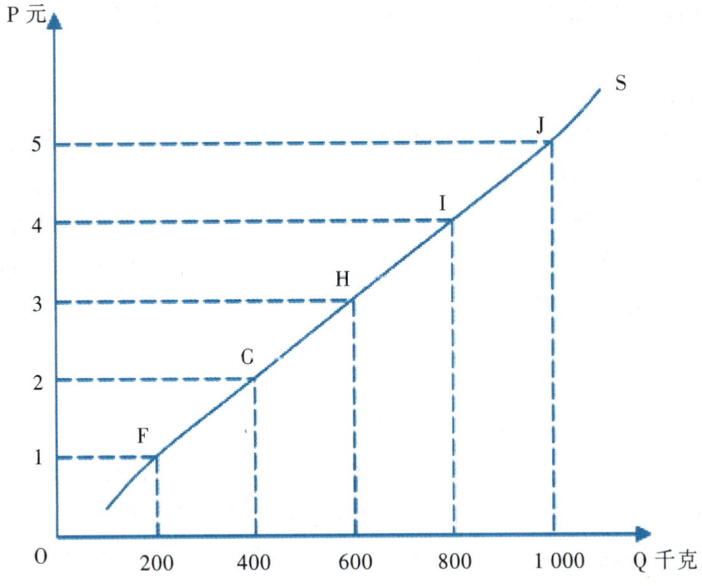

图2-5 苹果的供给曲线

在图2-5中，横轴表示商品（这里指苹果）的供给量Q，纵轴表示苹果的价格P。S就是根据供给表绘制出的供给曲线。供给曲线上的F、G、H、I、J各点分别代表供给表上各行的资料。例如，F点表示，苹果价格是1元时，生产者愿意供给的数量是200千克。I点表示，价格为4元时，供给量为800千克。以此类推。

（四）影响供给的因素与供给函数

1.影响供给的因素

在商品市场上，影响生产者对商品供给的因素很多，包括商品本身的价格、生产要素的价格、生产的技术水平、相关商品的价格、生产者的价格预期、政府税收等因素。

（1）商品本身的价格

在供给定理中影响供给的因素只限于商品本身的价格（P）。一般情况下，商品本身的价格越高，商品的供给量越大。这是因为商品价格提高后，生产者在新价格下更有利可图，生产者会进一步扩大生产量，愿意为市场提供更多数量的商品；同时，由于商品价格的提高，又会吸引更多的企业加入这一行业来投资办厂，使得企业或行业的商品供给量有所增加。相反，商品本身的价格越低，其供给量就会越少。一般情况下，商品的供给量与商品本身的价格是呈正相关的。

（2）生产要素的价格

生产要素的价格（P_R）主要指工资、利率和租金率。生产要素的价格下降，会使产品的成本减少，从而在产品价格不变的情况下，增加利润，增加供给。反之，生产要素的价格上升，会使产品的成本增加，从而在产品价格不变的情况下，减少利润，减少供给。所以，商品的供给与其生产要素的价格呈负相关。

（3）生产的技术水平

技术进步可以大大提高生产效率，使得企业有可能在既定资源条件下更便宜地生产商品，或者说同样的资源生产出更多的商品。因此，在商品价格不变时，生产技术水平越高，商品的供给量越大，否则相反。

（4）相关商品的价格

相关商品的价格（P_S）上升了，那么，生产者很可能放弃原商品的生产而被吸引到相关商品的生产中去，在原商品价格一定的前提下，就会减少原商品的生产与供给。特别是在生产设备、生产技术、生产工艺大致相近的商品之间，这种替代性尤为明显。例如，服装厂既生产西装，又生产风衣，若市场上西装的价格下降了，而风衣的价格不变，那么，厂商就会减少西装的生产量，西装的供给量就会随之减少，而风衣的生产量与供给量就会相应增加。

（5）生产者的价格预期

与消费者一样，生产者对商品未来的市场价格也有预期（E）。如果生产者预期商品价格要上涨，那么，生产者会尽量减少现在的供给量，而增加长期的供给量；反之，如果生产者预期的商品价格要下降，生产者就会减少这种商品的生产，并想方设法将现有商品销售出去，使现在供给量相应增加，但长期的供给量就会减少。

（6）政府税收

政府税收（T）直接影响生产成本，如果税收增加，则事实上使商品成本提高，在相同的价格下供给量就会减少；反之，政府补贴的作用正好相反，事实上使商品成本降低，供给量增加。

除上述影响供给量的主要因素外，其他诸如自然条件、交通运输、政府出台的政策等因素也会影响商品的供给。

2.供给函数

供给函数表示一种商品的供给数量与影响该供给数量的各种因素之间的依存关系。如果把影响供给的因素作为自变量，把供给作为因变量，则可以用函数关系来表示影响供给的因素与供给量之间的关系，即供给函数。供给函数的一般形式为

$Q_S=f(P, P_S, P_R, E, T\cdots)$ (2.3)

其中：Q_S——供给量；P——商品本身的价格；P_S——生产中可替代商品的价格；P_R——生产要素的价格；E——生产者对该商品的价格预期；T——政府税收。

如果假定影响供给的其他因素不变，只考虑供给量与价格之间的关系，以P代表价格，则供给函数公式为

$S=f(P)$ (2.4)

（五）供给量变动和供给变动

1.供给量的变动

像前面严格区分需求的变动和需求量的变动一样，在进行供给分析时，也要严格区分供给的变动和供给量的变动。同样首先分析供给量的变动，供给量是指在某一特定价格水平时，厂商愿意或计划供给的商品量。即每个供给量都是和特定的价格水平相对应的。从供给曲线上看，商品本身价格变动所引起的供给量的变动表现为同一条供给曲线上点的移动。在图2-6中，当价格为P_1时，供给量为Q_1；当价格下降到P_2时，供给量减少到Q_2；当价格上升到P_3时，供给量增加到Q_3，价格与供给量的变化在供给曲线上则是从A点到B点和从A点到C点的移动。所以，供给量的变动是在其他条件一定的情况下，由商品本身价格变动引起的。

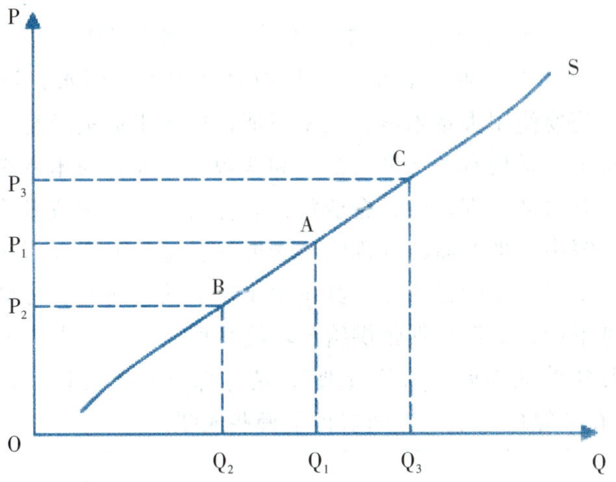

图2-6　供给量的变动

2.供给的变动

微课 2-2

供给分析

供给的变动是指在商品本身价格不变的情况下，其他因素变动引起的供给的变动。供给变动表现为供给曲线的平行移动。在图2-7中，在价格P_0不变的情况下，由于其他因素的变动，例如，生产要素价格下降了，在同样的价格水平下，厂商所获得的利润增加，从而产量增加，供给量从Q_0增加到Q_1，供给曲线从S_0移动到S_1；当生产要素价格上升后，供给量从Q_0减少到Q_2，供给曲线由S_0移动到S_2。可见，供给曲线向左移动是供给减少，供给曲线向右移动是供给增加。

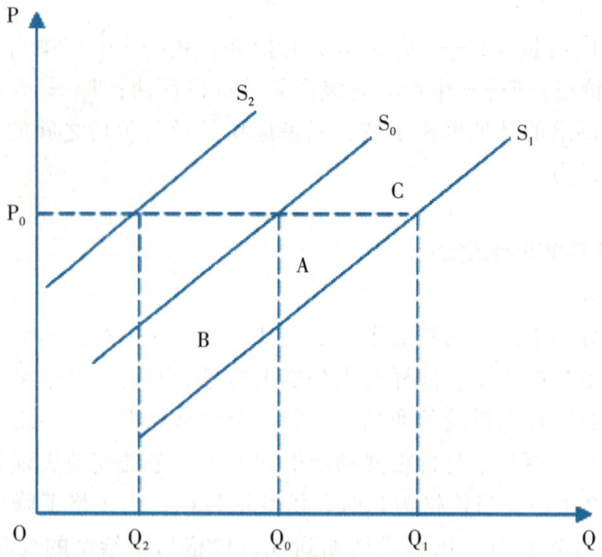

学习测试2-1

图2-7 供给的变动

【思考与实践 2-2】

纸张供给——你了解“绿色造纸”吗？

造纸是一个高污染行业，其生产过程中要排放大量污水，可能严重污染河流。同时，造纸需要使用大量木材，伐木可能造成水土流失乃至气候的变化。为此，各国都颁布了一系列有关环境的法律和法规。例如，伐木者必须同时进行绿化，企业必须安装污染处理设备，企业污染超标要支付罚款或者停产。在造纸等严重污染行业，解决污染方面的投资已经接近甚至超过生产方面的投资。

纸张是人们学习工作的必备品，其供给不可或缺，而环境污染会对人类健康造成危害，不可不治，如何在纸张供给与环境治理二者间寻求一个平衡点？

我国早在几年前就提倡“绿色造纸”，请你课下查找资料，说说什么是“绿色造纸”？我国在“绿色造纸”方面取得了哪些成绩？

任务二 了解均衡价格

前面介绍了需求与供给理论，在市场经济中价格是由需求与供给两种力量共同决定的。本任务将分析需求与供给如何决定均衡价格，以及均衡价格是如何随需求与供给而变动的。

一、均衡价格的含义

均衡，是指各种力量处于平衡状态。在市场上，市场供求达到平衡时的状态被称为市场均衡。均衡价格（Equilibrium price）是指需求曲线和供给曲线交点上的价格，此时需求价格等于供给价格，需求数量等于供给数量。如图2-8所示，S是某种商品的供给曲线，D是需求曲线。竖轴表示价格（P），横轴表示数量（Q）。

当价格为P_1时，生产者愿意提供较多商品S_1，而消费者仅愿意购买较少商品Q_1，$S_1>Q_1$，供给超过需求；这时，价格必然下降，生产者也不得不缩减生产。当价格为P_2时，生产者愿意提供较少商品S_2，而消费者愿意购买较多商品Q_2，$Q_2>S_2$，求过于供；这时，价格必然上升，生产者扩大生产。当价格为P_0时，供给和需求相等，表现为两曲线相交的点E。E即为均衡点，表示生产者和消费者都能接受并愿意保持此水平上的价格（P_0）与数量（Q_0），所以E点即为均衡价格。

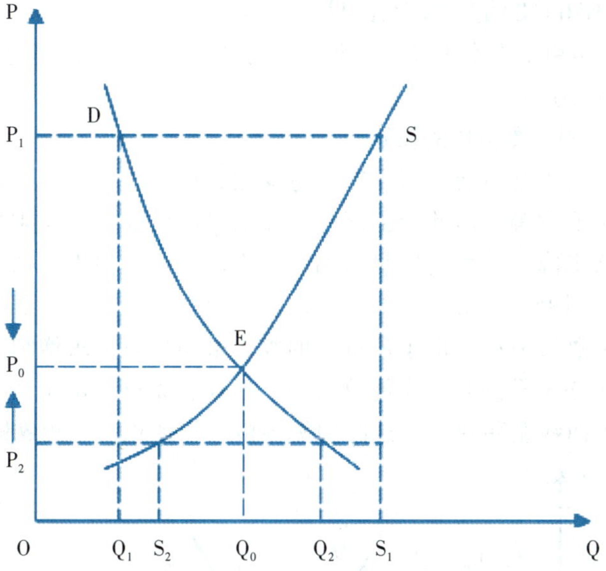

图2-8 均衡价格与均衡数量

对均衡价格的理解应注意以下几点：

第一，均衡价格是由于需求与供给这两种相反力量的作用使价格处于一种相对静止、不再变动的状态，这时的价格和数量是暂时确定的，即均衡价格和均衡数量。所以说均衡是暂时的、相对的，而不均衡是经常的，供不应求或供过于求会经常发生。

第二，决定均衡价格的是需求和供给，如果有外力的干预，那时的价格就不是均衡价格。在完全竞争市场上，需求和供给对价格的决定作用不分主次，是同等重要的。因此，需求和供给的变动都会影响均衡价格和均衡数量的变动。

第三，市场上各种商品的均衡价格是最后的结果，其形成过程是在市场背后自发进行的。

知识链接 2-1　　局部均衡和一般均衡

英国经济学家马歇尔和法国经济学家瓦尔拉斯是均衡概念的较早引入者和均衡分析方法的创立者。马歇尔运用均衡概念和均衡分析研究价格，建立了均衡价格论。他主要考察了单个市场上某一种商品的供给和需求，以及由供求所决定的商品的均衡价格和均衡数量，或单个市场的均衡的建立与破坏。这种分析方法被称为局部均衡分析。瓦尔拉斯在研究价格时，考察了各个商品市场的供给和需求，注重各个商品市场之间、各个要素市场之间以及各个商品市场和要素市场间价格和数量的相互影响和相互联系，或各个市场均衡的建立与破坏。这种分析方法被称为一般均衡分析。在现代经济学中，均衡和均衡分析方法得到广泛运用和发展。

二、均衡价格的变动与供求定理

既然均衡价格是由供求水平或供求曲线共同决定的，那么均衡价格的变动也自然是由供求曲线的移动所引起的。

（一）需求变动对均衡价格的影响

假设某种商品的供给不变，而需求发生变化，如消费者收入、偏好发生变化、相关商品的价格发生变化等，由此会引起整个需求状况的变动。需求增加会使需求曲线右移，使均衡价格下降，使均衡数量增加；而需求减少会使需求曲线左移，使均衡价格下降，使均衡数量减少。如图2-9所示，供给曲线S不变，当需求曲线为D_0时，均衡价格为P_0，均衡数量为Q_0。由于消费者的收入增加导致需求增加，使需求曲线右移到D_1，这时均衡价格上升到P_1，均衡数量增加到Q_1；相反，由于消费者收入减少导致需求减少，使需求曲线左移到D_2，这时均衡价格下降到P_2，均衡数量减少到Q_2。

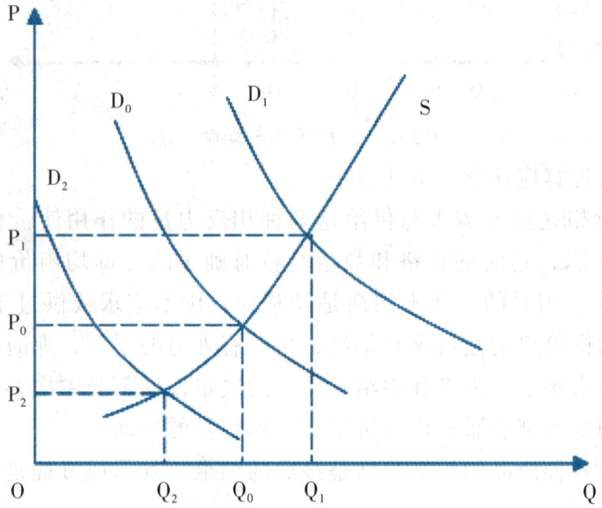

图2-9 需求变动对均衡价格的影响

（二）供给变动对均衡价格的影响

假设某种商品的需求不变，而供给由于生产要素价格的降低、技术水平的提高等而增加，供给增加导致供给曲线右移，会使均衡价格下降，使均衡数量增加；而供给减少导致供给曲线左移，会使均衡价格上升，使均衡数量减少。如图2-10所示，需求曲线D不变，当供给曲线为S_0时，均衡价格为P_0，均衡数量为Q_0。由于生产要素价格下降导致供给增加，使供给曲线右移到S_1，这时均衡价格下降到P_1，而均衡数量增加到Q_1；相反，由于生产要素价格上升导致供给减少，使供给曲线左移到S_2，这时均衡价格上升到

P_2，而均衡数量则减少到Q_2。

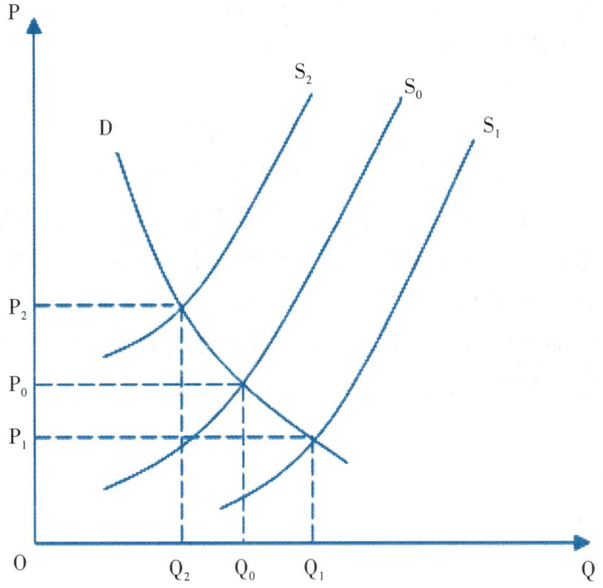

图2-10 供给变动对均衡价格的影响

（三）供求定理

从以上关于需求与供给变动对均衡价格的影响分析可以得出以下结论，也称供求定理。

当供给不变时，需求的增加引起均衡价格上升，均衡数量增加；需求的减少引起均衡价格下降，均衡数量减少。或者说，需求的变动引起均衡价格和均衡数量同方向变动。

当需求不变时，供给的增加引起均衡价格下降，均衡数量增加；供给的减少引起均衡价格上升，均衡数量减少。或者说，供给的变动引起均衡价格反方向变动而均衡数量同方向变动。

【思考与实践 2-3】

价格要听市场的

2017年10月19日，习近平总书记参加党的十九大贵州省代表团讨论。讨论过程中，六盘水市盘州市淤泥乡岩博村党委书记余留芬发言时说，村里面通过发展村集体经济，走共同富裕的道路，2013年办了一个酒厂，一瓶酒卖99元。

习近平总书记说，99元的价格也不便宜，酒的价格不在于贵，太贵的酒不一定卖得好，要按市场定价。

思考：习近平总书记说，酒“要按市场定价”，请结合供求定理解释这句话的含义。

三、均衡价格理论的应用

微观经济学的核心是要论证价格机制能够对社会经济自发地做出合理的调节，事实上价格机制的调节作用并不像理论上所讲的那样完善，比如某些生活必需品严重短缺时，价格会大幅度提高，在此价格水平上，收入水平低的家庭便难以维持最低水平的生活，从而不利于社会稳定，因而政府有必要通过制定价格政策来克服这些副作用。政府常用的价格政策主要有限制价格和支持价格政策。

（一）限制价格

所谓限制价格，又叫最高限价，是指政府为了限制某些商品（一般是某些生活必需品）的价格上涨而规定的这些商品的最高市场价格，限制价格低于市场均衡价格。如图2-11所示，某商品由供求关系所决定的均衡价格为P_0，均衡数量为Q_0，但这一价格水平使得部分生活贫困的人买不起该商品，因而政府对这一部分商品实行限制价格政策，限制价格为P_1，$P_1<P_0$，此时商品实际供给量为Q_S，需求量为Q_D，供给量小于需求量，产品供不应求，在市场力量的作用下，价格存在上涨的趋势。因而为了维持限制价格，政府就要实行配给制。否则，在超额需求下，市场上会存在抢购、黑市等现象，造成市场秩序的混乱。

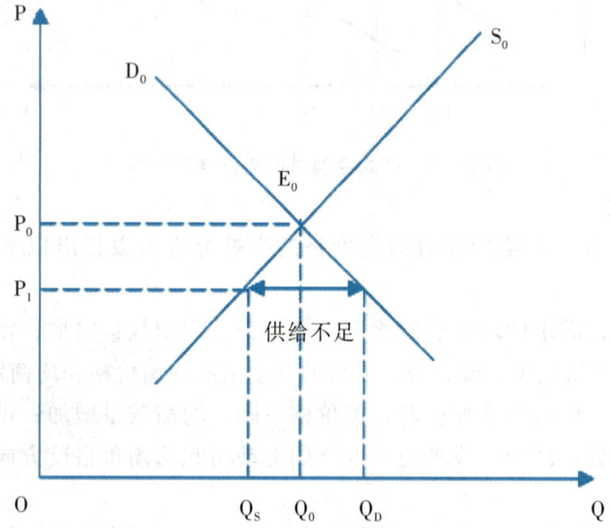

图2-11　限制价格及结果

限制价格一般是在战争或自然灾害等特殊时期使用，但许多国家对某些生活必需品或劳务，长期实行限制价格政策。如有些国家对关系到国计民生的煤炭、电力、煤气、交通与邮电服务等实行限制价格，还有一些国家对粮食等生活必需品实行限制价格政策。

限制价格政策有利于社会平等的实现，有利于社会的安定。但这种政策长期实行会引起严重的不利后果，主要体现在：第一，价格水平低打击了生产者积极性，不利于刺激生产，从而会使产品长期存在短缺现象。第二，价格水平低不利于抑制需求，从而会在资源短缺的同时又造成严重的浪费，如低水价政策可能使缺水的城市出现严重浪费水资源的现象。第三，限制价格之下所实行的配给，会引起社会风尚败坏，产生黑市和寻租活动。

（二）支持价格

所谓支持价格，又称最低限价，是指政府为了扶持某一行业的发展而规定该行业产品的最低价格，支持价格高于市场均衡价格。如图2-12所示，该行业某商品由供求关系决定的均衡价格为P_0，均衡数量为Q_0，政府为了扶持某一行业的发展而制定的支持价格为P_1，$P_1 > P_0$，此时供给量为Q_S，需求量为Q_D，供给量大于需求量，产品出现过剩。为了防止价格下跌，政府就要收购剩余产品，因而支持价格政策的实施增加了政府财政支出。

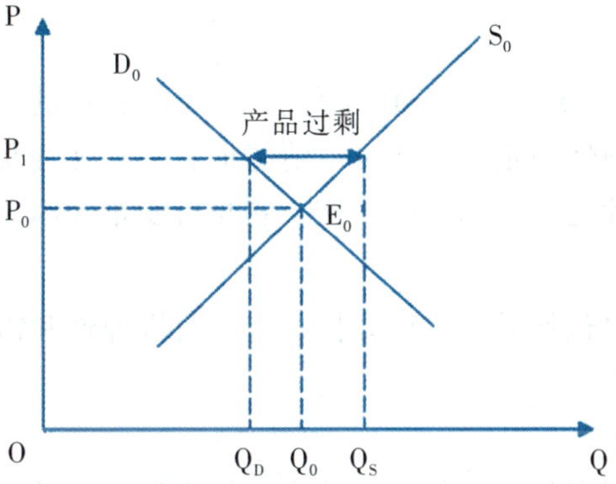

图2-12　支持价格及结果

支持价格政策的运用对于经济发展的稳定和制止投机活动有着极其重要的意义。其作用是：第一，稳定生产，减缓经济危机的冲击。第二，通过对不同产业产品制定不同的支持价格，可以调节产业结构，使之适应市场变动。第三，实行对农产品生产的支持价格政策，可以扩大农业投资，促进农业劳动生产率的提高。但支持价格会使财政支出增加，让政府背上沉重的包袱，降低政府对宏观经济的调节作用。

不论是限制价格还是支持价格，都是政府利用国家机器的力量对商品供求实行的价格管制，限制价格是低于均衡价格的商品的最高价格，支持价格则是高于均衡价格的商品的最低价格。前者的长期实行会造成商品持续的严重供不应求，后者的长期实行会造成商品持续的严重供过于求，二者都会对市场供求关系的正常实现造成不利影响，政府为了在实行价格管制的条件下，维持社会稳定，就必须对社会商品供求实行管制，由此导致经济学上一个基本定理的产生与存在：实行价格管制的国家必然导致对商品供求实行数量管制。

微课 2-3

均衡价格分析及其应用

学习测试 2-2

任务三　认知弹性理论

一、弹性的含义

弹性是一个物理学的名词，指一物体对外部力量的反应程度。在经济学中，弹性是在经济变量之间存在函数关系时，因变量对自变量变化的反应程度。弹性的大小可以用弹性系数来表示。弹性系数是因变量变动比与自变量变动比的比值，其公式为：

$$弹性系数 = \frac{因变量变动比(\%)}{自变量变动比(\%)} \tag{2.5}$$

设两个经济变量之间的函数关系为Y = f(X)，则具体的弹性公式为：

$$e=\frac{\frac{\Delta Y}{Y}}{\frac{\Delta X}{X}}=\frac{\Delta Y}{\Delta X}\cdot\frac{X}{Y} \tag{2.6}$$

式中，e为弹性系数；ΔX、ΔY分别为变量X、Y的变动量。

需要注意的是，由弹性的定义公式可以清楚地看到，弹性是两个变量各自变化比例的一个比值，所以，弹性是一个具体的数字，它与自变量和因变量的度量单位无关。

二、需求弹性

需求方面的弹性主要包括需求价格弹性、需求收入弹性和需求交叉弹性。

（一）需求价格弹性

1.需求价格弹性的含义

需求价格弹性简称需求弹性，是指一种商品价格的变动所引起的需求量变动，即需求量变动对价格变动的反应程度。显然，需求价格弹性反映了消费者对该商品价格变化的敏感程度。

各种商品的需求弹性是不同的，一般用需求价格弹性的弹性系数E_d来表示弹性的大小。需求弹性的弹性系数是需求量变动百分比与价格变动百分比的比值。其公式为：

$$|E_d|=\frac{\text{需求量变动百分比}}{\text{价格变动百分比}}=-\frac{\frac{\Delta Q}{Q}}{\frac{\Delta P}{P}}=-\frac{\Delta Q}{\Delta P}\cdot\frac{P}{Q} \tag{2.7}$$

式中，E_d为需求价格弹性系数，ΔQ为需求量的变动，Q为需求量，ΔP为价格的变动，P为价格。

根据需求弹性E_d的性质，可以发现它具有以下的特点：

第一，弹性系数是两个相对数的比值，而不是绝对数的比值，因而可以适用于任何计量单位。

第二，通常情况下需求量与价格变动的方向是相反的，因而计算出来的$\frac{\Delta Q}{\Delta P}$为负值，即需求价格弹性系数为负值。为了方便，一般取弹性系数的绝对值来比较弹性的大小。

第三，在同一条需求曲线上不同点的需求弹性系数大小并不相同。

2.需求价格弹性的计算

根据价格和需求量变动幅度的大小，需求价格弹性的计算一般包括点弹性和弧弹性，它们在表示需求量变动百分比与价格变动百分比的比值上是一样的，但它们所涉及的范围有所不同，计算方法也不同。

（1）点弹性

需求点弹性是指某种商品需求曲线上某一点的需求价格弹性，它衡量在需求曲线某一点上的需求量的无穷小的变动量对于价格的无穷小的变动量的反应程度。其公式为：

$$|E_d|=-\frac{dQ}{dP}\cdot\frac{P}{Q} \tag{2.8}$$

例：某商品的需求函数为Q=18-2P，导出点弹性的表达式，并计算价格为3和4时的点弹性。

根据上述公式，可得需求点弹性表达式如下：

$$\left|E_d\right| = -\frac{dQ}{dP}\cdot\frac{P}{Q} = -(-2)\times\frac{P}{Q} = 2\frac{P}{Q}$$

当P=3时，Q=18−2×3=12，E_d=2×（3/12）=0.5

当P=4时，Q=18−2×4=10，E_d=2×（4/10）=0.8

从此例可以看出，当商品价格从3上涨到4时与价格从4下降到3时，需求价格点弹性系数并不相同，为了避免这种情况，价格和需求量可以采用平均值，即采用弧弹性计算方式。

（2）弧弹性

需求弧弹性是指商品需求曲线上两个价格/数量点之间所具有的平均弹性。其公式如下：

$$\left|E_d\right| = \frac{\frac{\Delta Q}{Q}}{\frac{\Delta P}{P}} = -\frac{\Delta Q}{\Delta P}\cdot\frac{P}{Q} = -\frac{\Delta Q}{\Delta P}\times\frac{P_1+P_2}{Q_1+Q_2} \tag{2.9}$$

应用此公式，上例中商品的需求价格弹性计算如下：

价格从3上涨到4时，$P_1=3$，$P_2=4$，$Q_1=12$，$Q_2=10$

$$\left|E_d\right| = -\frac{\Delta Q}{\Delta P}\times\frac{P_1+P_2}{Q_1+Q_2} = -\frac{10-12}{4-3}\times\frac{3+4}{12+10} = 0.64$$

价格从4下降到3时，$P_1=4$，$P_2=3$，$Q_1=11$，$Q_2=12$

$$\left|E_d\right| = -\frac{\Delta Q}{\Delta P}\times\frac{P_1+P_2}{Q_1+Q_2} = -\frac{12-10}{3-4}\times\frac{4+3}{10+12} = 0.64$$

因此，应用弧弹性计算公式，消除了价格上升与下降时所计算的弹性系数的差别。

3.需求价格弹性的分类

根据弹性系数绝对值的大小，需求弹性可以分为五类。

（1）$\left|E_d\right| = 0$，需求完全无弹性，即无论价格如何变化，需求量都固定不变。一些特殊的药品如胰岛素等，对于一些糖尿病人至关重要，无论价格如何上升或下降，糖尿病人都不会改变购买量。这时的需求曲线是一条与横轴垂直的线，如图2−13所示。

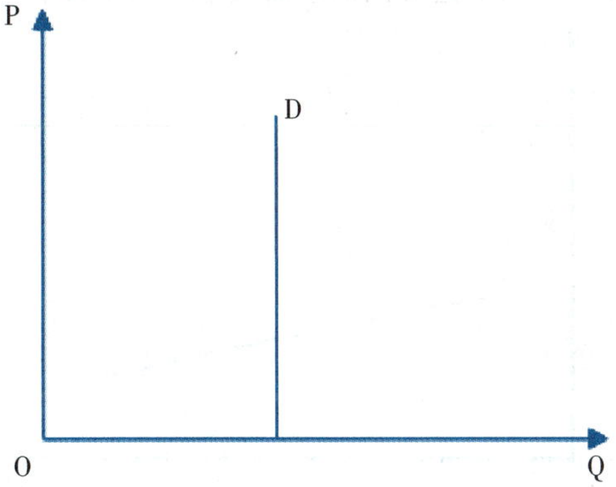

图2−13 需求完全无弹性

（2）$|E_d|<1$，需求缺乏弹性，即需求量变动的百分比小于价格变动的百分比。米、面粉、食盐等生活必需品属于这一类。这时的需求曲线是一条比较陡峭的线，如2–14所示。

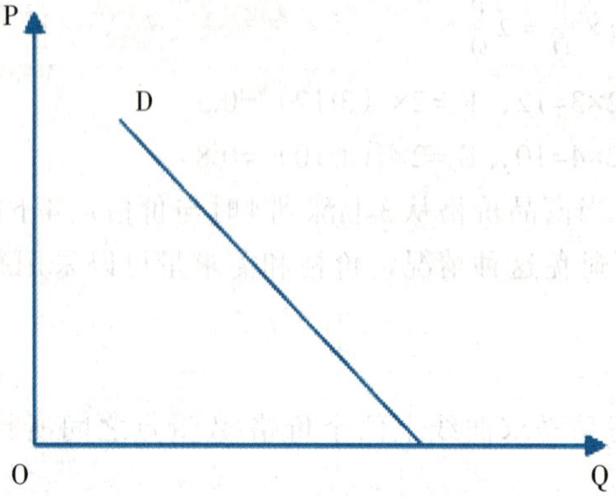

图2–14　需求缺乏弹性

（3）$|E_d|=1$，需求单位弹性，即价格变动的百分比与需求量变动的百分比相同。报纸属于这一类。这时的需求曲线是一条正双曲线，如图2–15所示。

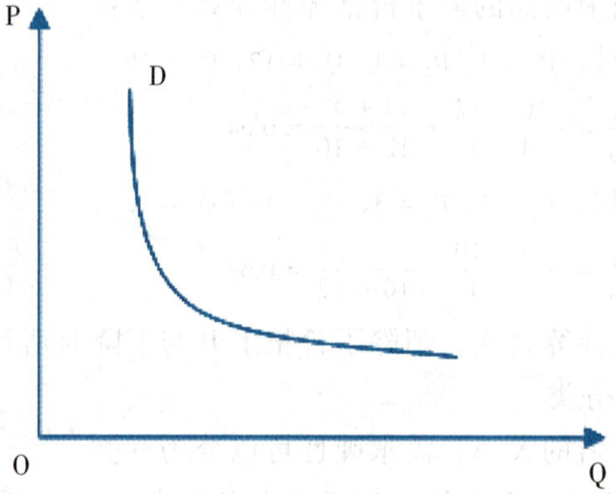

图2–15　需求单位弹性

（4）$|E_d|>1$，需求富有弹性，即需求量变动的百分比大于价格变动的百分比。空调、汽车等高端生活用品属于这一类。这时的需求曲线是一条比较平坦的线，如图2–16所示。

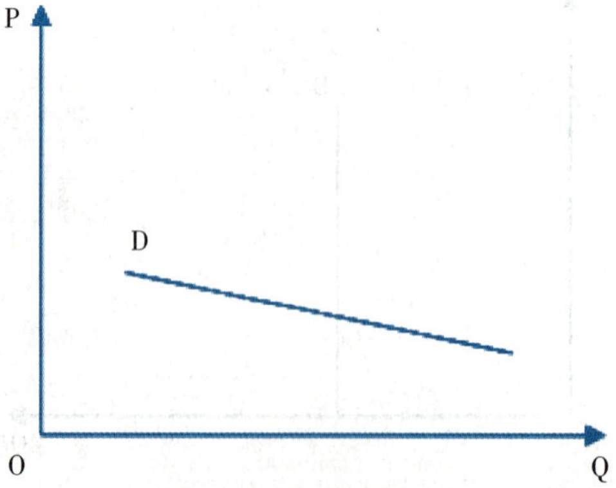

图2–16　需求富有弹性

（5）$|E_d| = \infty$，需求无限弹性，即在指定的价格水平下需求量可以任意变动，或者说对于价格的微小变动，需求量出现了无限大的反应。例如，两台相邻饮料机中的同种同质饮料，在价格相同的情况下，都会拥有一批消费者，而当一台机器中的饮料价格上涨时，即使量很小，人们也不会购买，而是购买另一台机器中的饮料。这时的需求曲线是一条与横轴平行的线，如图2-17所示。

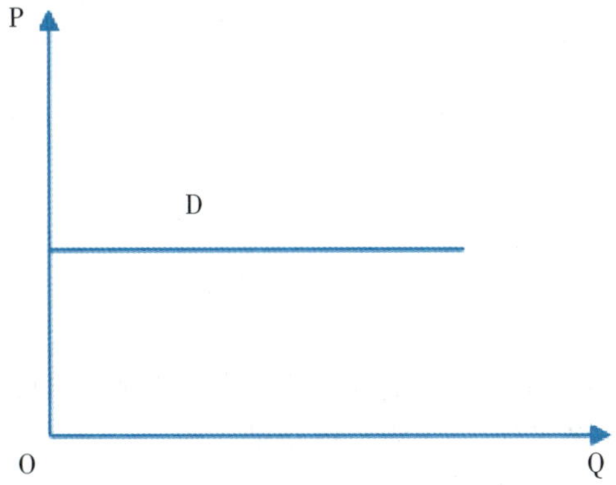

图2-17　需求无限弹性

4.需求价格弹性的影响因素

不同物品的需求弹性存在着差异，特别是在消费品的需求弹性方面。是什么原因造成不同物品需求弹性的区别呢？主要有以下几个因素：

（1）消费者对商品的需求程度

一般来说，生活必需品倾向于需求缺乏弹性，而奢侈品倾向于需求富有弹性。像粮食、油、盐、茶等生活必需品，需求程度大而稳定，因而需求价格弹性就小，而像名贵手表、提包、汽车等高档消费品的需求价格弹性就较大。

（2）商品的可替代程度

某种商品的可替代品越多，可替代程度越高，需求价格弹性越大；反之则越小。因为商品价格上升时，消费者会购买其替代品，而价格下降时，消费者会购买该商品。

（3）商品本身用途的广泛性

一般来讲，用途比较广的商品，当其价格上涨时，消费者就会只购买较少的数量用于其最重要的用途，而当其价格下降时，消费者的购买量就会逐渐增加，将商品越来越多地用于其他用途，因而其需求价格弹性就大；相反，用途较少的商品，其需求价格弹性就小。

（4）商品消费支出占消费者收入的比重

如果商品消费支出占消费者收入的比重小，商品价格变动对需求的影响就小，需求价格弹性就小，如毛巾、香皂、火柴之类的商品。反之，消费支出占消费者收入比重大的商品，像空调、珠宝之类的商品，价格变动对需求的影响大，其需求价格弹性也大。

（5）商品使用时间的长短

从商品使用时间的长短来看，一般来说，使用时间长的耐用消费品需求价格弹性大，而使用时间短的非耐用消费品的需求价格弹性就小。

（二）需求收入弹性

1.需求收入弹性的含义

消费者的收入是决定需求的一个不亚于价格的因素。所谓的需求收入弹性，简称收入弹性，是指在一定时期内消费者的收入变化对某商品需求量变动的影响。需求收入弹性用E_m表示，$\Delta Q/Q$代表需求量变动的百分比，$\Delta Y/Y$代表收入变动的百分比，则计算收入弹性系数的公式为：

$$E_m = \frac{\frac{\Delta Q}{Q}}{\frac{\Delta Y}{Y}} = \frac{\Delta Q}{\Delta Y} \times \frac{Y}{Q} \tag{2.10}$$

2.需求收入弹性的分类

需求收入弹性与需求价格弹性一样，也可分为五类。

（1）收入无弹性

$E_m = 0$，收入无弹性。在这种情况下，无论收入如何变动，需求量都不会变动。这时的收入-需求曲线是一条垂线，如图2-18中的A线。

（2）收入富有弹性

$E_m > 1$，收入富有弹性。在这种情况下，需求量变动的百分比大于收入变动的百分比。这时的收入-需求曲线是一条向右上方倾斜而平坦的线，如图2-18中的B线。

（3）收入缺乏弹性

$0 < E_m < 1$，收入缺乏弹性。在这种情况下，需求量变动的百分比小于收入变动的百分比。这时收入-需求曲线是一条向右上方倾斜而陡峭的线，如图2-18中的C线。

（4）收入单位弹性

$E_m = 1$，收入单位弹性。在这种情况下，需求量变动与收入变动的百分比相同。这时的收入-需求曲线是一条向右上方倾斜而与横轴呈45°的线，如图2-18中的D线。

（5）收入负弹性

$E_m < 0$，收入负弹性。在这种情况下，需求量的变动与收入的变动呈反方向变化。这时收入-需求曲线是一条向右下方倾斜的线，如图2-18中的E线。

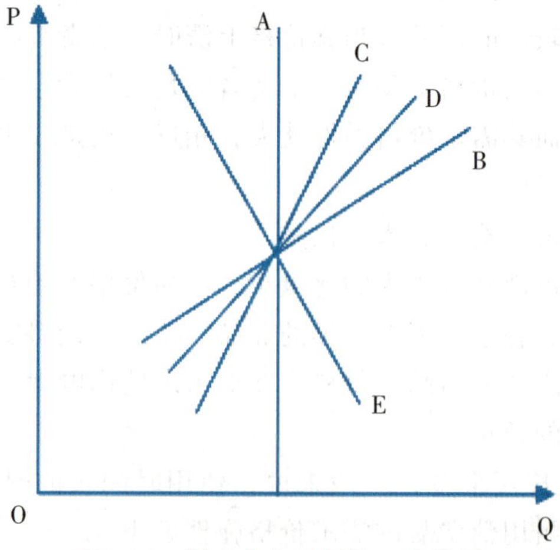

图2-18　需求收入弹性的五种类型

3.需求收入弹性的应用

一般来说，收入增加后对商品的需求量增加，符合这种特性的是正常商品。收入增加后生活必需品增加的比例小于收入增加的比例；收入增加后奢侈品增加的比例大于收入增加的比例。这两种情况无论收入弹性系数大小都是正值。但也有一些商品，例如旧货、低档面料的服装、处理品等随着消费者收入的增加而减少，收入弹性系数是负值。近几年收入不断增加，低档品从人们的生活中逐渐消失，而高档品的消费越来越多，这种变化情况符合恩格尔定律。

恩格尔是19世纪德国统计学家，他在研究人们的消费结构变化时发现了一条规律，即一个家庭收入越少，这个家庭用来购买食物的支出所占的比例就越大，反之亦然。家庭用以购买食物的支出与这个家庭的总收入之比，就叫恩格尔系数。这是因为食品缺乏弹性，收入增加几乎不增加食物的购买，收入增加后增加的几乎都是弹性大的商品。由此可以得出结论，对一个国家而言，这个国家越穷，其恩格尔系数就越高；反之，这个国家越富，其恩格尔系数就越低。这就是恩格尔定律。

（三）需求交叉弹性

1.需求交叉弹性的含义

需求交叉弹性是指相关的两种商品中一种商品的价格变动百分比所引起的另一种商品需求量变动百分比，即一种商品的需求量变动对另一种商品价格变动的反应程度。如：对羊肉需求量的增加或减少，不仅受羊肉本身价格变动的影响，还会受到与羊肉相关的牛肉、鸡肉、鱼等商品价格变化的影响。以 E_{XY} 表示交叉弹性系数，则公式为

$$E_{XY}=\frac{\frac{\Delta Q_X}{Q_X}}{\frac{\Delta P_Y}{P_Y}}=\frac{\Delta Q_X}{\Delta P_Y}\times\frac{P_Y}{Q_X} \tag{2.11}$$

如羊肉的价格下降10%，牛肉的价格不变，羊肉的需求量上升12%，牛肉的需求量下降8%，则

$$E_{XY}=\frac{-0.08}{-0.10}=0.8$$

上例表明，羊肉价格下降1%，牛肉需求量下降0.8%。

2.需求交叉弹性的分类

相关商品可以分为替代商品和互补商品两类。

（1）$E_{XY}>0$

$E_{XY}>0$ 的两种商品为替代商品。替代商品是指两种商品可以相互替代来满足同一种欲望，它们之间是互相替代的。例如，大米和面粉，牛肉和羊肉等。消费者在购买两种替代商品时，如果其中一种商品价格上涨，另一种商品的需求量就会增加。例如，大米价格上涨，人们就会增加面粉的消费。因此，两种替代商品的交叉弹性是正数，如图2-19所示。

（2）$E_{XY}<0$

$E_{XY}<0$ 的两种商品为互补商品。互补商品是指两种商品共同满足一种欲望，它们之间是互相补充的。例如，汽车和汽油、照相机和胶卷等。消费者在购买两种互补商品时，

如果其中一种商品价格上涨，对另一种商品的需求量就会减少，如汽车的价格上涨，人们就会减少对汽油的消费。因此，两种互补品的交叉弹性是负数，如图 2-19 所示。

（3）$E_{XY}=0$

$E_{XY}=0$ 的两种商品没有关系，如图 2-19 所示。

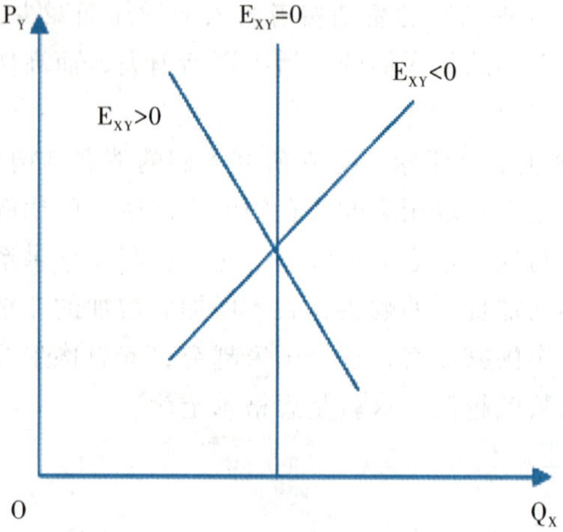

图2-19　需求交叉弹性的三种类型

【学思践悟】　谷贱伤农

汉·班固《汉书·昭帝纪》：“诏曰：夫谷贱伤农，今三辅、太常谷减贱，其令以叔粟当今年赋。”唐·陆长源《上宰相书》：“今岁丰年稔，谷贱伤农，诚宜出价以敛籴，实太仓之储。”宋·欧阳修《新五代史·杂传·冯道传》：“明宗问曰：‘天下虽丰，百姓济否？’道曰：‘谷贵饿农，谷贱伤农。’”

谷贱伤农指粮食价钱过于便宜，就会损害农民的利益。

悟有所得

谷贱伤农是指粮食获得丰收不仅不能使农民从中获益，反而还会因为粮食价格的下降而导致收入降低，用经济学原理解释，根本原因在于农产品往往是缺乏需求价格弹性的商品。

党的二十大报告提出，全方位夯实粮食安全根基，牢牢守住十八亿亩耕地红线。支持保护制度是现代化国家农业政策的核心，也是我国发展现代农业的必然要求。党的十八大以来，中央着眼于农业形势的发展变化，将健全农业支持保护制度作为深化农村改革的重要内容，做出一系列重大部署。经过多年探索，我国已经形成以保障粮食安全、促进农民增收和农业绿色发展为主要目标，由农民直接补贴、生产支持、价格支持、流通储备、灾害救助、基础设施、资源与环境保护等各类支出组成，涵盖农业产前、产中、产后各个环节和主要利益主体的农业支持保护政策体系，为稳住农业基本盘、更好发挥“压舱石”作用夯实了制度基础。系统性的农业支持保护制度不断健全，标志着中国经济社会发展进入新阶段。

三、供给弹性

所谓供给价格弹性是指供给量对影响供给因素的变量变化所做出的反应程度。同样地，供给弹性可以分为供给价格弹性、供给收入弹性和供给交叉弹性，这里主要介绍供给价格弹性。

微课2-4

需求弹性

1.供给价格弹性的含义

供给价格弹性简称供给弹性，是指价格变动百分比所引起的供给量变动的百分比，即供给量变动对价格变动的反应程度。用供给弹性系数来表示，公式为：

$$E_s=\frac{\text{供给量变动百分比}}{\text{价格变动百分比}}=\frac{\frac{\Delta Q}{Q}}{\frac{\Delta P}{P}}=\frac{\Delta Q}{\Delta P}\times\frac{P}{Q} \tag{2.12}$$

形式上，供给弹性公式与需求弹性公式完全相同，只是这里的Q所代表的是供给量，而不是需求量。

2.供给价格弹性的分类

与需求价格弹性相同，供给价格弹性也有五种分类，分别是：

（1）$E_s=0$，供给无弹性。表示无论价格怎么变化，供给量都固定不变。如土地、文物、某些艺术品的供给。此时的供给曲线是一条垂直于横轴的直线，如图2-20中的A线所示。

（2）$0<E_s<1$，供给缺乏弹性。表示供给量变动的幅度小于价格变动的幅度。此时的供给曲线比较陡峭，如图2-20中的B线所示。

（3）$E_s=1$，供给单位弹性。表示价格变动的百分比与供给量变动的百分比相同。此时的供给曲线是一条从原点出发，斜率为1的直线，如图2-20的C线所示。

（4）$E_s>1$，供给富有弹性。表示供给变动的幅度大于价格变动的幅度。此时的供给曲线比较平缓，如图2-20中的D线所示。

（5）$E_s=\infty$，供给完全弹性。表示在既定价格水平下，供给量可以任意变动。此时的供给曲线是一条与横轴平行的线，如图2-20中的E线所示。

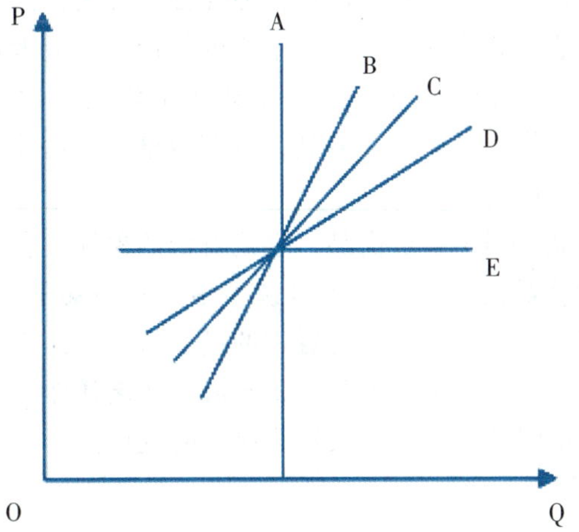

图2-20 供给价格弹性的五种类型

3. 供给价格弹性的影响因素

影响供给价格弹性的因素比影响需求价格弹性的因素复杂得多。

（1）生产时间的长短

在短期内，生产设备、劳动等生产要素无法大幅度增加，从而供给无法大量增加，供给弹性也就小。尤其在超短期内，供给只能由存货来调节，供给弹性几乎是零。在长期中，生产能力可以提高，因此供给弹性也就大。

（2）生产的难易程度

一般而言，容易生产而且生产周期短的产品对价格变动的反应快，其供给弹性大。反之，生产不易且周期长的产品对价格变动的反应慢，其供给弹性也就小。

（3）生产要素的供给弹性

供给取决于生产的供给。因此，生产要素的供给弹性大，产品的供给弹性也就大。反之，生产要素的供给弹性小，产品的供给弹性也小。

（4）生产所采用的技术类型

有些产品采用资本密集型技术，这些产品的生产规模一旦固定，变动就较难，从而其供给弹性就小。有些产品属于劳动密集型技术，这些产品的生产规模变动较容易，从而供给弹性也就大。

微课 2-5
供给弹性

在分析某种产品的供给弹性时要把以上因素综合起来。一般而言，重工业产品一般采用资本密集型，生产较为困难，并且生产周期长，所以供给弹性就小；轻工业产品，尤其是食品、服装这类产品，一般采用劳动密集型技术，生产较为容易，并且生产周期短，所以供给弹性大。农产品的生产尽管也多采用劳动密集型技术，但由于生产周期长，因此也就是供给缺乏弹性。

【思考与实践 2-4】

奢侈品的需求价格弹性：缺乏弹性还是富有弹性？

甲乙两位同学针对奢侈品的需求价格弹性分别发表自己的观点：

甲认为：人们购买奢侈品并不是看中它的使用功能或者价值，而是普通商品给予不了的优越感，它带给人们的只是心理上的满足。大部分的消费者是理性的，不会把奢侈品当作生活中的必需品，只有价格下降后才会考虑购买，所以奢侈品属于需求富有弹性商品。

乙认为：奢侈品不同于一般商品，它是身份的象征，奢侈品的购买群体是固定的，土豪们对奢侈品的价格弹性可以说为零，一辆豪车从200万元涨到250万元，不妨碍土豪出手。而且，购买者看中的是奢侈品的品牌效应，因为贵，才有魅力，所以奢侈品的需求与价格无关，属于需求缺乏弹性。

你赞同甲乙两位同学中谁的说法？谈谈你的观点。

【拓展阅读 2-1】

洛阳纸贵的故事

学习测试2-3

晋代文学家左思，小时候是个非常顽皮、不爱读书的孩子。父亲经常为这事发脾气，可是小左思仍然淘气得很，不肯好好学习。

有一天，左思的父亲与朋友们聊天，朋友们羡慕他有个聪明可爱的儿子。左思的父亲叹口气说："快别提他了，小儿左思的学习，还不如我小时候，看来没有多大的出息了。"说着，脸上流露出失望的神色。这一切都被小左思看到听到了，他非常难过，觉得自己不好好念书确实很没出息。于是，他暗暗下定决心，一定要刻苦学习。

日复一日，年复一年，左思渐渐长大了，由于他坚持不懈地发奋读书，终于成为一位学识渊博的人，文章也写得非常好。他用一年的时间写成了《齐都赋》，显示出他在文学方面的才华，为他成为杰出的文学家奠定了基础。这以后他又计划以三国时魏、蜀、吴都城的风土、人情、物产为内容，撰写《三都赋》。为了在内容、结构、语言诸方面都达到一定水平，他潜心研究，精心撰写，废寝忘食，用了整整十年，文学巨著《三都赋》终于写成了。

《三都赋》受到好评，人们把它和汉代文学杰作《两都赋》相比。由于当时还没有发明印刷术，喜爱《三都赋》的人只能争相抄阅，因为抄写的人太多，京城洛阳的纸张供不应求，一时间全城纸价大幅上涨。

这个典故揭示了当供给不变时，短期市场上需求增长导致的价格上涨，说明在封建社会的小农经济条件下，供需规律同样是适用的。

（故事出自《晋书·文苑·左思传》）

【项目小结】

需求反映了一种商品的需求量与其价格之间的内在联系。根据需求定理，当一种商品的价格下降时，其需求量会增加，因此，需求曲线向右下方倾斜。供给反映了一种商品的供给量与其价格之间的内在联系。根据供给定理，当一种商品的价格上升时，其供给量会增加，因此，供给曲线向右上方倾斜。需求曲线和供给曲线相交决定了均衡价格和均衡数量。均衡数量既是需求量也是供给量。当需求或供给变化时，需求曲线或供给曲线就会移动，形成新的均衡价格和均衡数量。需求价格弹性衡量需求量对价格变动的反应程度，需求收入弹性衡量需求量对收入变动的反应程度，需求交叉弹性衡量商品的需求量对于相关商品价格相对变动的反应程度。供给弹性衡量供给量对价格变动的反应程度。

【项目训练】

一、名词解释

需求　需求量　需求定理　供给　供给量　供给定理　均衡价格　供求定理　限制价格 支持价格　需求价格弹性　需求收入弹性　需求交叉弹性　供给价格弹性

二、单选题

1.需求定理意味着在其他条件不变的情况下，(　　)。

A.随着汽油价格上升，汽车需求量将增加

B.随着汽油价格上升，汽车需求量将减少

C.随着汽油价格上升，汽车需求量仍保持不变

D.随着汽油价格上升，汽车需求量可能增加，也可能减少，还可能不变

2.下列关于需求的变动和需求量的变动说法正确的是（　　）。

A.需求的变动由价格以外的其他因素的变动引起，而需求量的变动由价格的变动引起

B.需求量的变动是一种因素引起的，需求变动是由两种及两种以上因素引起的

C.二者都是由一种因素引起

D.二者是一回事

3.供给定理说明（　　）。

A.生产技术的提高会使商品的供给量增加

B.某种商品的价格上升将导致对该商品的供给量增加

C.由于政府采取措施鼓励某种商品的生产，使得该种商品的供给量增加

D.消费者喜欢消费某种商品，使该商品供给量增加

4.供给大于需求说明（　　）。

A.实际价格低于均衡价格

B.实际价格高于均衡价格

C.实际价格等于均衡价格

D.消除了稀缺性

5.如果某种商品的市场是均衡的，那么（　　）。

A.生产者在现行价格时会增加生产

B.消费者在现行价格时会增加购买

C.不存在过剩与短缺

D.生产者与消费者不愿意按现行价格进行交易

6.某种商品价格变动10%，需求量变动20%。则它的需求价格弹性系数为（　　）。

A.10%　　B.30%　　C.0.5　　D.2

7.如果一种商品的价格变动5%，需求量因此变动8%，那么该商品的需求属于（　　）。

A.富有弹性 B.缺乏弹性 C.无弹性 D.单位弹性

8.如果人们的收入提高，则食物支出在总支出中的比重将会（ ）。

A.大大增加 B.增加 C.减少 D.无法确定

9.（ ）应采取薄利多销的政策。

A.价格弹性小于 1 时 B.价格弹性大于 1 时

C.收入弹性大于 1 时 D.任何时候都

10.下列产品中，（ ）的交叉弹性为负值。

A.汽车和轮胎 B.花生油和大豆油

C.棉布和化纤布 D.大米和面粉

三、判断题

1.当供给不变时，需求的增加引起均衡价格上升，均衡数量增加。

2.人们普遍预期商品房价格将继续显著上涨，就会减少商品房消费。

3.在不同时期，消费者对同一种商品的偏好一定是相同的。

4.有些商品的供给量是固定的，价格上升，供给也无法增加，比如文物、艺术品等就属于此类情况。

5.在某些特定条件下，某些商品的价格上升，需求反而增加。

四、综合实践

1.试用经济学分析“谷贱伤农”的含义。

2.请分析在销售化妆品时可以采用薄利多销的对策而对药品的销售却不行的原因。

3.请解释为什么餐饮业可降价促销而教科书不可以。

4.假如你是一个大型艺术博物馆的馆长。你的财务经理告诉你，博物馆缺乏资金，并建议你考虑改变门票价格以增加总收益。你将怎么办呢？你是提高门票价格，还是降低门票价格？

项目三 消费者的选择

学习目标

知识目标：

- 理解并掌握边际效用递减规律；
- 掌握并能够分析基数效用论的消费者均衡；
- 掌握无差异曲线和消费预算线、边际替代率递减规律；
- 理解并能够分析序数效用论的消费者均衡；
- 理解收入效用与替代效用。

能力目标：

- 能够运用边际效用分析法探讨消费者选择行为背后的基本原理，解释现代市场经济条件下的市场需求模式；
- 能够运用无差异曲线分析法，探讨消费者选择行为背后的基本原理，解释现代市场经济条件下的市场需求模式。

素质目标：

- 培养服务社会的良好职业道德；
- 树立正确的消费观。

知识结构：

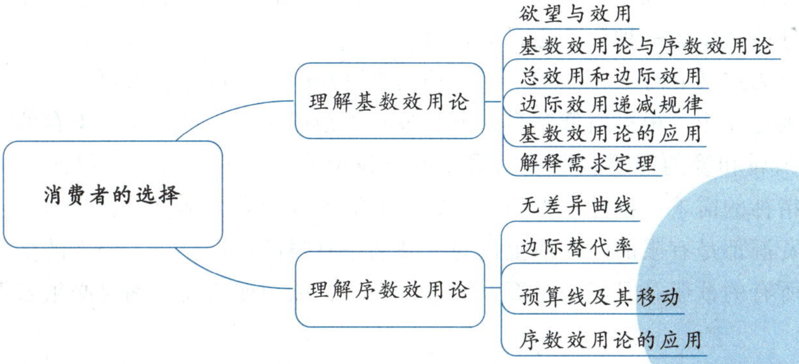

引入案例

对效用的理解——最好吃的东西

兔子和猫争论，世界上什么东西最好吃。兔子说："世界上青草最好吃！青草非常鲜嫩，而且含有丰富的营养，是世界上最好吃的食物。"猫不同意，说："世界上最好吃的东西是老鼠。老鼠的肉非常嫩，嚼起来又酥又松，味道美极了！"兔子和猫争论不休、相持不下，跑去请猴子评理。猴子听了，不由得大笑起来："瞧你们这两个傻瓜蛋，连这点儿常识都不懂！世界上最好吃的东西是什么？是桃子！桃子不但美味可口，而且长得漂亮。我每天做梦都梦见吃桃子。"兔子和猫听了，全都直摇头。

资料来源：金近．青草、老鼠和桃子［J］．创新作文，2003（10）．

【思考与实践 3-1】

为什么对于什么是世界上最好吃的东西这一问题，兔子、猫和猴子有不一样的答案，这说明了什么？

任务一　理解基数效用论

上一章供求理论中我们论述了需求与供给如何决定价格，但并没有说明需求与供给本身是如何决定的。那么，需求和供给又是由什么来决定的？经济学认为，需求来自消费者（居民户），是由消费者行为决定的，供给来自生产者（厂商），是由生产者行为决定的。因此，要更深入地了解需求与供给，必须了解消费者行为与生产者行为是如何决定的。从这种意义上说，本章的分析与后面的生产者行为理论是供求理论的继续与发展。

消费者行为理论也称效用理论，它是研究在一定收入和价格条件下，消费者为获得最大满足对各种商品做出的选择方式。考察消费者行为，可以采用两种分析方法：一种是以基数效用论为基础的边际效用分析；另一种是以序数效用论为基础的无差异曲线分析。

一、欲望与效用

1. 欲望（Wants）

消费者为何对各种商品和劳务有所需求呢？消费者的行为取决于其购买动机，这种动机主要来自他的某种欲望。欲望（Wants）也称需要（Needs），是指一种缺乏的感觉和求得满足的愿望。该种欲望或从肉体产生，或从精神产生。从经济学角度来看，消费是人满足这些欲望的一种合乎逻辑的行为。

西方行为主义心理学家亚伯拉罕·马斯洛（Maslow）认为，人可以有各种各样、不同层次的满足欲望，根据由低到高、由简单到复杂的顺序，可划分为生存的需要、安全的需要、归属和爱的需要、尊重的需要和自我价值实现的需要。这里面既有物质的满足，也有精神的需求。但是，人们的欲望不可能得到无限的满足。这是因为：第一，任何社会的资源都是有限的，因而提供的产品也是有限的；第二，一个人的生命有限，不可能满足所有的欲望，只能满足部分欲望；第三，欲望或需要的满足必须依靠他人的劳动来提供，而任何人所提供的劳动都有限，正因为资源、产品和时间有限，人们就必须在资源、产品和时间中加以最优选择，这样才能实现消费者行为的理想境界。

2.效用（Utility）

支配消费者行为的潜在力量是商品和劳务所提供的效用。所谓效用，就是指消费者从某种物品的消费中得到的满足程度。效用是人们的心理感受，是一种主观感觉。例如：面包可以满足人们充饥的欲望，衣服可以满足人们御寒和装饰的欲望。

西方经济学家认为，效用是消费者的一种主观心理感觉，它取决于消费者对商品和劳务的主观评价。因此效用会因人、因时、因地而异。对不同的人而言，同样的物品所带来的效用是不同的，甚至对同一个人而言，同一物品在不同的时间和地点，效用也不同。比如，一杯水对一个住在泉边的人来说，可能没有什么效用，但对于一个在沙漠中旅行的人来说，则效用很大；冰块在夏季对人们具有较大的效用，但在冬季对于正常的人就没有什么效用。因此，除非给出特殊的假定，否则，效用是不能在不同的人之间进行比较的，但就某一个确定的消费者而言，可以判定某种商品对他的效用的大小。

这里，我们要注意效用与使用价值的区别。使用价值是物品本身所具有的属性，是客观存在的，不以人的意志为转移；而效用则强调了消费者对某种物品带来的满足程度的主观感受。另外，效用虽是消费者的一种主观心理感觉，但它本身并不包括是非的价值判断。也就是说，一种商品或劳务效用的大小，仅仅看它能满足人们多少欲望或需要，而不考虑这一需要或欲望本身的好坏。例如吸毒，从伦理上看是坏欲望，但毒品能满足这种欲望，因而它就具有效用。

二、基数效用论与序数效用论

消费者行为理论要研究效用最大化实现的条件，其首要任务就是对效用大小的比较和评价。针对效用大小和评价问题，西方经济学家先后提出了基数效用论和序数效用论。

基数效用论认为，效用如同长度、重量等概念，可以衡量、比较大小并加总求和。我们可以用基数，如1、2、3、4，来表示效用的大小并加总求和，表示效用大小的计量单位被称作效用单位。例如，对某个人来说看一场足球赛的效用是20个效用单位，吃一顿丰盛晚餐的效用是10个效用单位，那么这两种消费的效用之和为30个效用单位，而且前者的效用是后者效用的2倍。基数效用论采用边际效用分析方法分析消费者均衡的实现。

序数效用理论认为，效用是一种主观心理感觉，不可以计量并加总求和，只能表示出满足程度的高低与顺序。因此，效用只能用序数（第一、第二、第三……）来表示。如上面的例子，消费者要选择的是偏好哪一种消费，即哪一种消费效用排第一，哪一种消费效用排第二。或者说要回答的是愿意看一场足球赛，还是更愿意吃一顿丰盛的晚餐。序数效用论采用无差异曲线分析方法来分析消费者均衡的实现。

现代经济学家通常假设效用以序数表示，而不以基数表示。多数采用无差异曲线分析方法，而不是边际效用分析方法。但是，这并不意味着两种效用论完全不相容。事实上，这两种理论得出的结论是一致的。

【思考与实践3-2】

钻石和木碗的故事

一个穷人家徒四壁，只得头顶着一只旧木碗四处流浪。

一天，穷人上一只渔船去帮工。不幸的是，渔船在航行中遇到了特大风浪，船上的人几乎都淹死了，穷人幸免于难。穷人被海水冲到一个小岛上，岛上的酋长看见穷人头顶的木碗，感到非常新奇，便用一大口袋最好的珍珠钻石换走了木碗，派人把穷人送回了家。

一个富翁听到了穷人的奇遇，心中暗想："一只木碗都能换回这么多宝贝，如果我送去很多可口的食物，该换回多少宝贝！"于是，富翁装了满满一船山珍海味和美酒，找到了穷人去过的小岛。

酋长接受了富人送来的礼物，品尝之后赞不绝口，声称要送给他最珍贵的东西。富人心中暗自得意。一抬头，富人猛然看见酋长双手捧着的"珍贵礼物"，不由得愣住了！

资料来源：董典波．一口气读懂经济学：经济学的100个关键词［M］．北京：新世界出版社，2009.

思考：酋长送给富人的"珍贵礼物"是什么？在酋长看来满满一船山珍海味加美酒的效用与一只木碗的效用是相等的，这说明什么呢？

既然效用是用来表示消费者在消费物品时所感受到的满足程度，于是就产生了对这种"满足程度"即效用的度量问题。例如，对某一个消费者来说，吃一顿丰盛的晚餐和看一场高水平足球赛的效用分别为10效用单位和8效用单位，则该消费者对这两种商品消费的效用之和为18效用单位。基数效用论者在分析消费者行为时，采用的是边际效用分析法。

三、总效用和边际效用

1.总效用（Total utility）

总效用是指某个消费者在某一特定时间内消费一定数量的某种商品所获得的满足的总和。微观经济学通常假定总效用在某个范围内是商品数量的增函数，意思是总效用随商品数量的增加而增加。总效用函数为：

$$TU = f(X) + f(Y) \tag{3.1}$$

$$TU = f(X + Y) \tag{3.2}$$

式（3.1）表示，总效用为X、Y这两种产品各自的效用之和。这意味着X的效用与Y的效用彼此无关。式（3.2）则表示，X和Y的效用会相互影响。

2.边际效用（Marginal utility，MU）

边际效用是指消费者每增加1单位某种物品的消费所增加的总效用，也就是每种物品的消费量每增加1单位而增加的效用。若以MU表示边际效用，以ΔQ表示增加的物品的数量，以ΔTU表示增加的效用量，则边际效用可表示为：

$$MU = \frac{\Delta TU}{\Delta Q} \tag{3.3}$$

3.总效用与边际效用的关系

举例说明总效用、边际效用以及两者之间的关系。假如某人在一定时期内（如一天）吃苹果，苹果的消费数量及苹果所产生的总效用和边际效用见表3-1。

表3-1 总效用与边际效用

苹果数/个	总效用/TU	边际效用/MU	苹果数/个	总效用/TU	边际效用/MU
0	0	—	3	22	4
1	10	10	4	22	0
2	18	8	5	20	-2

根据表3-1可以做出总效用曲线和边际效用曲线，如图3-1所示。横轴OQ代表苹果的消费量，纵轴代表总效用或边际效用，TU为总效用曲线，MU为边际效用曲线。从表3-1中可以看出，当吃一个苹果时，总效用为10效用单位，苹果的数量由0增加到1，增加了1个，效用增加了10效用单位，所以第一个苹果的边际效用为10效用单位。当吃两个苹果时，总效用为18效用单位，比吃第一个苹果的效用增加了8效用单位，因此边际效用为8效用单位，以此类推，当吃第5个苹果时，总效用为20单位，比吃第4个苹果时的总效用22个效用单位少了2个效用单位，所以边际效用为-2个效用单位，即这个人吃第5个苹果所带来的是负效用。

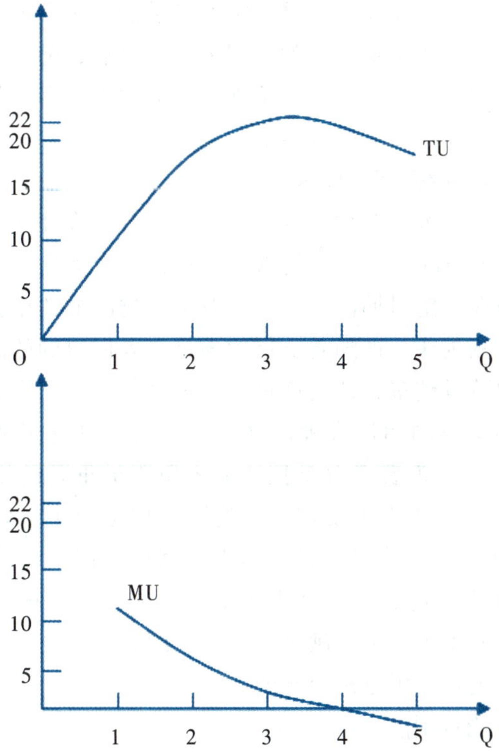

图3-1 总效用与边际效用曲线图

图3-1中，总效用曲线TU是一条从原点出发，向右上方渐升，当达到最高点后，又向右下方倾斜的曲线。它表示，随着某商品消费量的不断增加，在合理的消费阶段，消费者的满足程度会不断增加，但当消费量达到饱和以后，即消费者对该商品的消费欲望得到满足以后，如果再继续增加消费，总的满足程度不但不再增加，反而可能减少。边际效用曲线MU是一条向右下方倾斜的曲线。它表示，随着某种商品消费量的不断增加，消费者不断增加的欲望满足程度是递减的；当消费者的满足程度达到饱和，即总效用达到最大值时，边际效用为零。过了这点如果继续增加消费，由于总效用开始下降，边际效用就成了负值。

由以上分析可以看出，总效用与边际效用的关系是：总效用增加，边际效用是正值；总效用达到最大时，边际效用是零；总效用下降，边际效用是负值。

四、边际效用递减规律

（一）边际效用递减规律的内容

从表3-1可以看出，消费者每吃一个苹果，其总效用在一定范围内会增加，但边际效用却是递减的，这种现象被称为“边际效用递减规律”。德国经济学家戈森首先对这种现象进行了描述，所以又被称为“戈森第一定律”。

边际效用递减规律（Law of diminishing marginal utility）是指一定时间内，在其他商品的消费量保持不变的条件下，随着消费者对某种商品消费量的不断增加，消费者从该商品连续增加的每一消费单位中所得到的效用增量即边际效用是递减的。边际效用递减规律是人们消费时的一个普遍规律，也是微观经济学的一个重要假设。例如，某消费者在饥饿状态下，吃第一个馒头给他带来的效用最大，以后，随着消费馒头数量的连续增加，虽然总效用不断增加，但每一个馒头给他带来的效用增量却是递减的。当他完全吃饱时，再让他继续吃下去，他就会感到不适。

（二）边际效用递减规律存在的原因

关于边际效用递减的原因有多种解释，这里介绍有代表性的两种：

1.出于生理或心理的原因。来自人的欲望本身，戈森提出了欲望的两条规律：一是欲望强度递减规律，即在一定时期内，一个人对某种物品的欲望强度随着物品数量的增加而减少；二是享受递减规律，即随着欲望的满足，人们得到的满足是递减的。这说明消费者消费某一物品的数量越多，他的满足或对重复刺激的反应能力越弱。

微课 3-1

基数效用论

2.物品本身的用途多种多样。一种物品具有多种用途，不同的用途其重要性也不同。消费者总是把物品先用于最重要的用途，因而其边际效用最大。然后再用于次重要用途，边际效用会减小。以此类推，由于用途越来越不重要，边际效用就越来越小。例如，假设消费者有三杯水，他会把第一杯水用于止渴，满足基本的生理需求；第二杯水可能会给朋友，满足爱的需求；第三杯水可能用于施舍，满足自我价值的需求。因为三杯水用途的重要性依次递减，所以每杯水的边际效用也是递减的。

五、基数效用论的应用

由于边际效用具有递减规律，因而人们对一种商品的消费量增加时，就会减少另一种商品的消费量。就消费者来说，他怎样才能花费一定数量的收入使购买各种商品所获得的总效用，或者说满意与享受达到最大化？这在消费者行为中就涉及一个决策问题，决策的目标是花费一定的收入所获得的总效用达到最大值。

（一）消费者均衡

所谓消费者均衡（Consumer equilibrium）是指消费者在货币收入和商品价格既定的前提下，通过理性地购买和消费各种商品实现总效用最大化的过程。这里的均衡是指消费者实现最大效用时，既不想再增加也不想再减少任何商品的购买数量的一种相对静止状态。消费者均衡的问题就是要解决消费者如何把一定的收入分配到不同的商品上，每一种商品各分配多少。从另一个角度来说，实际上就是解决消费者对每一种物品的需求是如何决定的问题。

为了说明消费者均衡，首先必须作如下假定：①消费者的偏好是既定的，对各种商品的效用和边际效用是已知的，不会发生变动。②消费者的收入是既定的且全部用于购买商品和劳务。③消费者购买的商品和劳务的价格是已知的。④每单位货币的边际效用对消费者都相同。

在运用边际效用分析法来说明消费者均衡时，消费者均衡的条件是：消费者用单位货币所购买的各种商品的边际效用都相等，即消费者所购买的各种商品的边际效用之比等于它们的价格之比。或者说，消费者应使自己花费在各种商品购买上的最后一元钱所带来的边际效用相等，即货币的边际效用相等。

假设λ为不变的货币的边际效用，消费者用既定收入I购买n种商品，P_1、P_2、……、P_n分别为n种商品的既定价格，X_1、X_2、……、X_n分别为n种商品的数量，MU_1、MU_2、……、MU_n分别为n种商品的边际效用，则上述消费者均衡条件可以用公式表示为：

$$P_1X_1 + P_2X_2 + \cdots + P_nX_n = I \qquad (3.4)$$

$$\frac{MU_1}{P_1} = \frac{MU_2}{P_2} = \cdots = \frac{MU_n}{P_n} = \lambda \qquad (3.5)$$

式（3.4）表明，消费者要把全部收入用完，如果超过收入，购买行为无法发生；小于收入，不能得到最大满足。式（3.5）表明，每一元钱的花费都货真价实，每一元钱用在不同商品上的边际效用相等。

上述消费者均衡条件即效用最大化原则，又称为“戈森第二定律”。这里需要注意的是，花在每种商品上的每一单位货币所带来的边际效用相等，并不是指消费者在各种商品上花费总额相等，而是使消费者购买商品时的边际效用与价格比相等，即$MU_1/P_1=MU_2/P_2=\lambda$。如果$MU_1/P_1 = MU_2/P_2$，这就表示用每一元钱购买商品1的边际效用大于购买商品2的边际效用。这时，理性的消费者就要调整两种商品购买数量，即要增加对商品1的购买量，减少对商品2的购买量。根据边际效用递减规律，商品1的边际效用会随其购买量的不断增加而递减，商品2的边际效用会随其购买量的不断减少而递增，最终会达到$MU_1/P_1 = MU_2/P_2$。

反之如果$MU_1/P_1 = MU_2/P_2$，理性购买者就要减少对商品1的购买量，增加对商品2的购买量。在边际效用递减规律作用下，最终仍会达到$MU_1/P_1 = MU_2/P_2$，此时，消费者既不想再增加也不想再减少任何商品的购买数量，处于一种相对静止状态。

边际效用递减原理告诉我们，消费者连续消费一种产品的边际效用是递减的，消费者愿意支付的价格也会随之降低。因此企业要不断进行创新，生产不同的产品满足消费者需求，降低边际效用递减规律带来的不利影响。根据效用理论，消费者购买物品是为了实现效用最大化，企业在生产决策时首先要分析消费者心理，满足消费者偏好。一个企业要成功，不仅要了解当前的消费时尚，还要善于发现未来的消费时尚，并及时开发出能满足这种偏好的产品。同时消费时尚也受广告的影响，一种成功的广告会引导着一种新的消费时尚，左右消费者的偏好。

（二）消费者剩余

所谓消费者剩余是指消费者在购买商品时，所得到的总效用和实际支付的货币总效用之间的差额。或者说，消费者对某种商品所愿意付出的代价超过他实际付出的代价的余额。在西方经济学中，这一概念是马歇尔提出来的，他在《经济学原理》中为消费者剩余下了这样的定义："一个人对一物所付的价格，绝不会超过，而且也很少达到他宁愿支付而不愿得不到此物的价格；因此，他从购买此物所得的满足，通常超过他因付出此物的代价而放弃的满足；这样，他就从这种购买中得到一种满足的剩余。他宁愿付出而不愿得不到此物的价格，超过他实际付出的价格的部分，是这种剩余满足的经济衡量。这个部分可以称为消费者剩余。"消费者剩余可以用如下公式表示：

$$消费者剩余 = 愿意支付的价格 - 实际支付的价格 \tag{3.6}$$

对消费者来说，他消费某种商品，随着数量的增加而边际效用是递减的。因而他购买一定数量的商品时，愿意支付的价格是由其边际效用决定的，即它是按照一定数量中最后一个单位的效用来支付货币的。由于其他单位商品的效用都大于最后一个单位商品的效用，消费者便从前面每一单位商品中得到了效用的剩余。如图3–2所示，消费者剩余表现为需求曲线以下、价格线以上的部分。如果商品的价格下降，消费者剩余会增加。

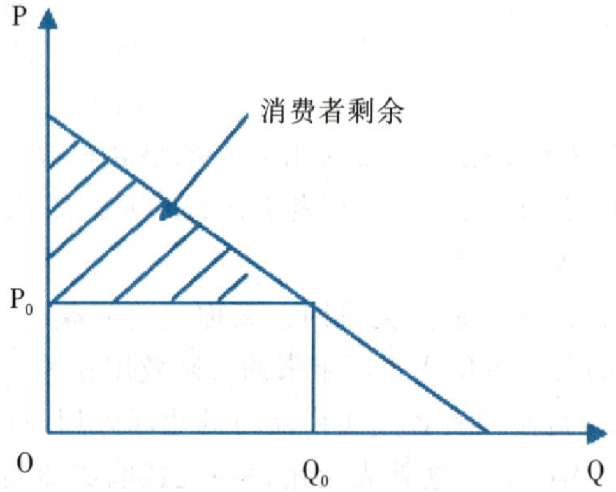

图3–2 消费者剩余分析图

消费者剩余的存在是因为消费者购买某种商品所愿支付的价格取决于边际效用，而实际付出的价格取决于市场上的供求状况，即市场价格。下面，我们以茶叶的需求为例来说明消费者剩余。如果茶叶价格为200元/斤，某个消费者只愿买1斤；如果价格再下降为140元/斤时，他买2斤；如价格再下降为100元/斤时，他买3斤。价格继续下降，这个消费者的购买量也继续增加，价格为60元/斤，他买4斤；价格为40元/斤，他买6

斤；价格为20元/斤，他买7斤，20元/斤是他实际支付的价格。在茶叶价格为200元/斤时，他恰好买1斤，这表明，他从购买1斤茶叶中所得到的和把200元用于购买其他商品所得到的满足是相等的。当茶叶价格从200元下降为140元时，他买了2斤茶叶。在他看来，他花了280元（140+140）至少得到了340元（200+140）的满足，他的消费者剩余是60元（340−280）。当价格为100元/斤时，他买3斤，这就是说，这个消费者用300元购买了3斤茶叶，在他看来，其中第一斤茶叶值200元，第二斤茶叶值140元，第三斤茶叶值100元。3斤的总效用为440元（200+140+100），而他只花了300元。这时他的消费者剩余为140元。以此类推，当价格最后降为20元/斤时，他买7斤，这7斤茶叶共值590元（200+140+100+60+40+30+20）为他的效用总额。这个总数超过他实际支付的货币额450元（590−140），450元就是他的消费者剩余。

然而消费者剩余作为一种额外的效用，仅是一种心理感觉。如上分析，并非消费者真正得到了现金，而是得到了满足感。然而正是这种满足感左右着消费者的购买行为，从而影响着市场上的需求。因此，当消费者以低于消费者预期的价格买到自己所需要的商品时，心里会很舒服，有一种划算的感觉，甚至有一种占了便宜的窃喜。当这种便宜感很大、很强烈时，消费者的购买行为完全可能再继续下去，直至购买到这种便宜感减弱、消失为止。这就是为什么人们对价格变得便宜的商品自然多买的原因所在。反之，当一个消费者的购买行为的结果使其大呼上当或感到吃亏时，那一定是失去了“消费者剩余”，从而失去了一种满足感，甚至在某些情况下还切切实实地失去了可以计算的有形的货币收入。

当我们明白了消费者价格和市场价格之间的关系后，我们就可以解释虚假广告和不法商家雇用“托儿”来害人的“原理”——通过夸大商品的效用或人为制造紧缺感，提高消费者价格，从而增加购买者的“消费者剩余感”，诱发人们的购买行为。

知识链接 3-1　　消费者剩余来自分工

马歇尔在《经济学原理》中提出“消费者剩余”后，此概念在学界广为传播，而且近百年一直热度不减。

按照马歇尔的定义，消费者剩余是指消费者通过商品交换取得的净收益。具体讲，是消费者购买某商品的意愿价格与实际成交价格之间的差额。举个例子，比如你去市场买苹果，你所愿意支付的价格是5元/斤；而结果你仅花4元就买到了1斤苹果。那节省的1元便是你的额外收益，马歇尔称此为“消费者剩余”。

消费者剩余从何而来？交换的“净收益”并非来自谁的让利，而是来自分工。第一，消费者剩余是分工带来的收益，若没有分工与交换，不可能出现消费者剩余。第二，消费者剩余等于买方意愿价与实际成交价之差。实际成交价是市价，买方意愿价要受生产成本与边际效用的约束，其大小不可能人为改变。第三，政府定价不是市价，政府定价低于市价所形成的“行政租”不归消费者，故政府不可能通过价格管控扩大消费者剩余。

资料来源：王东京. 消费者剩余来自分工［EB/OL］.［2016-04-05］.https://www.ccps.gov.cn/xrld/wdj/wdjll/201812/t20181212_118576.shtml.

六、解释需求定理

某种商品的需求量取决于价格，并与价格反方向变动。这是以前所讲的需求定理，那时并没有解释需求定理的原因。学过消费者行为理论之后，就可以用这一理论来解释需求定理。

在研究消费者行为时，有一个很重要的假设条件，就是货币的边际效用是不变的。只有货币的边际效用不变，才能用货币的边际效用去衡量其他物品的效用。同时，由于消费者的货币收入总是有限的，同样的货币可以购买不同的物品，所以这个假设在一般情况下也是合理的。

消费者为购买一定数量的某种物品所愿意付出的货币价格取决于他从这一定量物品中所获得的效用，效用大，愿付出的价格就高；效用小，愿付出的价格就低。随着消费者购买某物品数量的增加，该物品给消费者所带来的边际效用是递减的，而货币的边际效用是不变的。这样，随着物品的增加，消费者所愿意付出的价格也在下降。因此，需求量与价格必然呈反方向变动。

微课 3-2

基数效用论的应用

学习测试 3-1

任务二　理解序数效用论

序数效用论是为了弥补基数效用论的缺点而提出来的一种研究消费者行为的理论。与基数效用论不同，大多数经济学家（以帕累托、希克斯等人为代表）认为，商品的效用是无法具体衡量的，只能用顺序或等级来表示，即用第一，第二，第三……来表示商品效用谁大谁小，而不能确切地说出各种商品的效用到底是多少。例如，你可以肯定地说在一杯水、一杯咖啡和一杯茶之间，你最喜欢咖啡、然后是水，最后是茶。那么咖啡的效用第一，水的效用第二，茶的效用第三。在价格相同的情况下，消费者认为哪一种商品效用大，是通过他在购买时的选择顺序来表现的。这就是序数效用论，序数效用论采用的是无差异曲线分析法。

一、无差异曲线

（一）无差异曲线的含义

无差异曲线也称等效用线，它表示两种商品的不同数量的组合给消费者带来的效用完全相同的一种曲线。无差异曲线符合这样一个要求：如果听任消费者对曲线上的点做选择，那么，所有的点对他都是同样可取的，因为任一点所代表的组合给他所带来的满足都是无差异的。

假定某个消费者按既定的价格购买两种商品 X 和 Y，他购买 2 单位商品 X 和 6 单位商品 Y 或者 3 单位商品 X 和 4 单位商品 Y 所带来的满足是相同的，那么，这两种配合中任一种对这个消费者来说，都是无差异的。事实上，这个消费者在购买 X 和 Y 两种商品的过程中，会产生一系列无差异组合，形成无差异表。X和Y两种商品的各种组合见表3-2。

表3-2 两种商品的无差异组合

组合方式	X	Y	组合方式	X	Y
A	1	10	C	3	4
B	2	6	D	4	2.5

将表3-2中的各种不同组合在坐标系内用对应的各个点表示，连接这些点就得到一条无差异曲线，如图3-3所示。

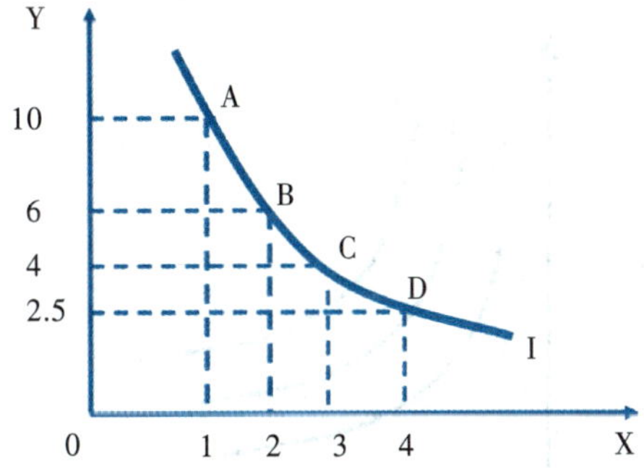

图3-3 无差异曲线图

无差异曲线表明，曲线上的任何一点所代表的两种物品的不同组合所提供的总效用或总满足水平都是相等的，因此消费者愿意选择其中任何一种组合。

（二）无差异曲线的特征

从以上对无差异曲线的描述，可以得出无差异曲线的特征。

1. 无差异曲线是一条从左上方向右下方倾斜的曲线，其斜率为负值。这就表明消费者为了获得同样的满足程度，增加一种商品的数量就必须减少另一种商品的数量，两种商品不可能同时增加或减少。

2. 在同一平面图上，任意两条无差异曲线不能相交。假设两条无差异曲线相交，如图3-4所示。M、E在同一条无差异曲线I_1上，代表相同的效用水平；M、N在同一条无差异曲线I_2上，也代表相同的效用水平。因此，N、E两点的效用水平也应该是相同的。但是在N点，X、Y两种商品的数量都要多于E点，所以，N点X和Y的组合提供的效用水平大于E点X和Y的组合提供的效用水平，即N、E两点的效用水平不可能相等。所以在同一平面图上任意两条无差异曲线不可能相交。

3. 由于消费者的偏好是无限的，因此在同一平面上就可以有无数条无差异曲线，形成无差异曲线群，曲线的全部称为消费者的偏好系统。如图3-5所示，同一条无差异曲线代表同样的满足程度，不同的无差异曲线代表不同的满足程度。离原点越远的无差异曲线代表的满足程度越高。离原点越近的无差异曲线代表的满足程度越低，即$I_1<I_2<I_3$。

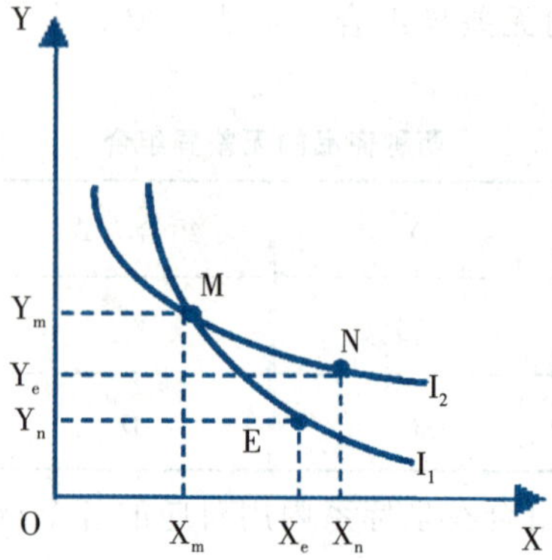

图3-4 违反偏好假定的无差异曲线

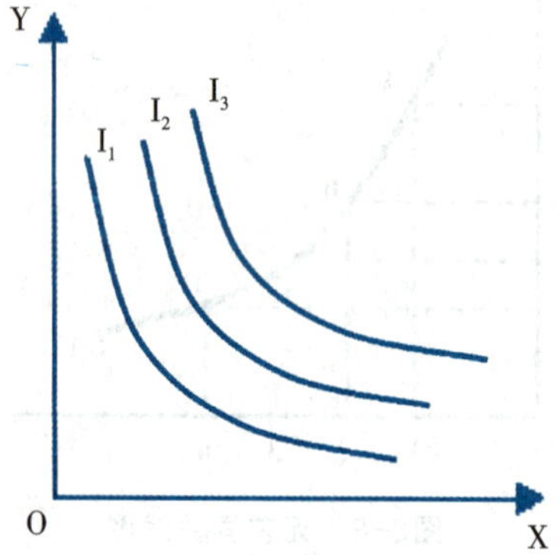

图3-5 某消费者的无差异曲线

4.一般情况下无差异曲线是凸向原点的，这是由商品的边际替代率决定的。

二、边际替代率

所谓边际替代率（Marginal rate of substitution）是指消费者在保持相同的满足程度或维持效用不变的情况下，增加1单位某种商品的消费数量时所需要放弃的另一种商品的消费数量。边际替代率的值是减少的一种商品消费量与增加的另一种商品消费量之比。如果用MRS_{XY}代表X对Y的边际替代率，为了保持相同的效用水平，消费者要增加1单位X物品就必须放弃一定数量的Y物品，则边际替代率的公式为

$$MRS_{XY} = -\frac{\Delta Y}{\Delta X} \tag{3.7}$$

例如，某消费者购买X、Y两种商品，增加1个单位的商品X和放弃2个单位的商品Y给消费者带来的满足是相同的，那么X对Y的边际替代率$MRS_{XY}=-2$。应该注意的是，在保持满足程度即总效用不变时，增加一种商品的消费量就要减少另一种商品的消费量，因此，边际替代率从理论上来说应该是负值。为了使商品的边际替代率取正值以便于比较，我们在公式中加了一个负号。

假定商品数量的变化趋于无穷小时，即当$\Delta X \to 0$时，则商品的边际替代率公式为：

$$MRS_{XY} = \lim_{\Delta X \to 0} -\frac{\Delta Y}{\Delta X} = -\frac{dY}{dX} \tag{3.8}$$

显然，无差异曲线上任一点的边际替代率等于无差异曲线在该点的斜率的绝对值。我们用图3-6表示商品的边际替代率，横轴为商品X的数量，纵轴为商品Y的数量，I为无差异曲线。X对Y的边际替代率，为X的增加数与Y的减少数之比。

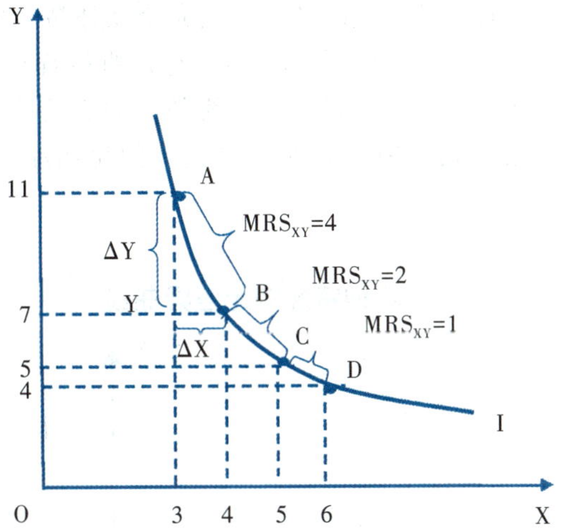

图3-6　商品的边际替代率递减规律和无差异曲线的形状

在图3-6中可以看到，该消费者等量增加商品X的购买，消费者为得到商品X而愿意放弃的商品Y的数量越来越少。这一规律被经济学家总结为边际替代率递减规律。

边际替代率递减规律（Diminishing marginal rate of substitution）是指：在维持效用水平不变的前提下，随着一种商品消费数量的连续增加，消费者为得到每一单位的这种商品所需要放弃的另一种商品的消费数量是递减的。

边际替代率递减的原因在于，当商品X的消费量不断增加时，增加的商品X的边际效用不断降低，因此商品X对商品Y的替代能力将下降。下面我们用数学表达式来分析边际替代率与边际效用之间的关系。

根据无差异曲线的定义，同一条无差异曲线上的不同商品组合，带给消费者相等的效用。如果用X商品代替Y商品，那么增加X所增加的效用必须等于减少Y所减少的效用，否则总效用就会改变。数学表达式为：

$$\Delta X \cdot MU_X = -\Delta Y \cdot MU_Y \tag{3.9}$$

$$-\frac{\Delta Y}{\Delta X} = \frac{MU_X}{MU_Y} \tag{3.10}$$

因此，边际替代率就等于两种商品的边际效用之比，即

$$MRS_{XY} = \frac{MU_X}{MU_Y} \tag{3.11}$$

随着X商品的购买量增加，MU_X是递减的，而MU_Y随着Y商品购买量减少而递增，因此MRS_{XY}递减。这说明，边际效用递减规律是边际替代率递减规律的根源。从几何意义上讲，商品的边际替代率递减表示无差异曲线的斜率的绝对值是递减的。商品的边际替代率递减规律决定了无差异曲线的形状凸向原点。

图3-7展示了完全替代品和完全互补品的无差异曲线。完全替代品的无差异曲线

为一条斜率不变的直线，商品的边际替代率 MRS_{XY} 为一常数。例如消费者认为一瓶菠萝汁与一瓶芒果汁可以完全替代，则菠萝汁与芒果汁的相互替代比例固定不变，为1∶1。

微课 3-3

无差异曲线和边际替代率

如果对于消费者来说两种商品是完全互补品，那么，相应的无差异曲线呈现直角形状，与横轴平行的无差异曲线部分的商品的边际替代率 $MRS_{XY}=0$，与纵轴平行的无差异曲线部分的商品的边际替代率 $MRS_{XY}=\infty$。例如总是要按一副眼镜架和两片眼镜片的比例配合在一起，眼镜才能够使用。

知识链接 3-2　　两种特殊的无差异曲线

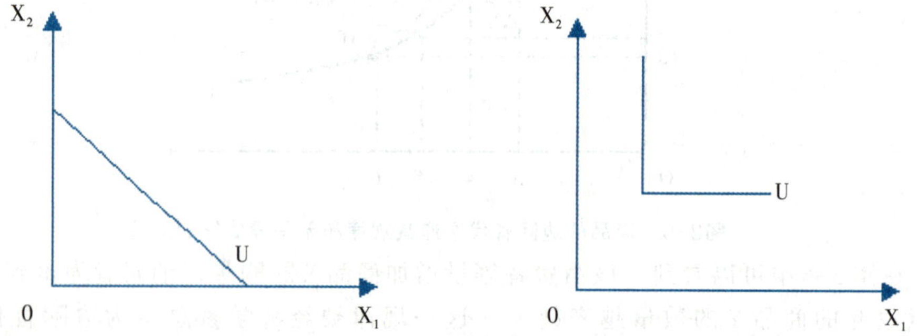

完全替代品的无差异曲线　　完全互补品的无差异曲线

图3-7　完全替代品的无差异曲线和完全互补品的无差异曲线

三、预算线及其移动

（一）预算线（Budget line）

预算线又称消费可能线、消费约束线或等支出线，它表示消费者在收入和商品价格既定的条件下所能购买到的各种商品与劳务数量的最大组合。作为理性消费者，都希望能够达到最高的无差异曲线，或者说实现效用最大化，但是消费者必须考虑自身收入和商品价格等限制因素，预算线就是消费者选择一定效用水平上的商品与劳务组合的限定条件。无差异曲线表示的是消费者的主观愿望，而预算线则表示消费者实际消费的最大可能。

为了分析的简便，我们假定某消费者只购买两种商品X和Y，他每周的收入是60美元，商品X的价格为15美元，商品Y的价格为10美元。如果消费者将其全部收入购买商品X，可得4单位的X商品，将其全部收入购买商品Y，可得6单位的Y商品，见图3-8中的B、A二点。我们将A、B二点连接成线，便可得到预算线AB。预算线AB上任何一点都是在收入和商品价格既定时，消费者所能购买的两种商品的最大组合。预算线里面的任一点（如E点）虽然在现有条件下能够实现购买组合，但并不是最大的数量组合；预算线外的任一点（如F点）超过了既定收入，是现有条件下无法实现的数量组合。

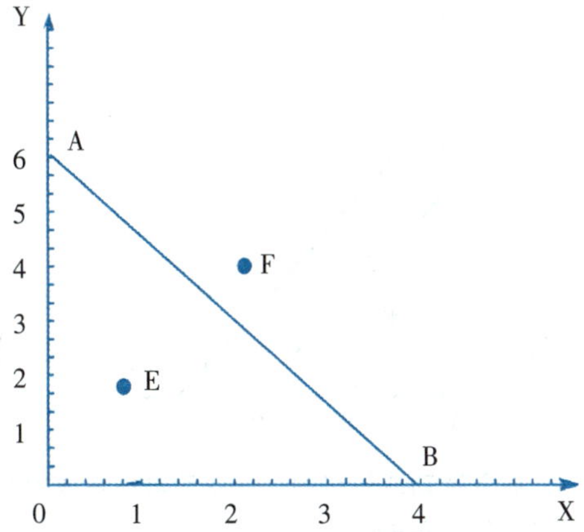

图3-8 预算线

预算线表明了消费者消费行为的限制条件，实际上就是基数效用理论中分析消费者均衡的限制条件。如果我们用M表示消费者的货币收入，X、Y表示消费者购买两种商品的数量，P_X、P_Y分别表示商品X和Y的价格，则预算线可以用下列方程来表示：

$$P_X \cdot X + P_Y \cdot Y = M$$

$$或 Y = \frac{M}{P_Y} - \frac{P_X}{P_Y} \cdot X \tag{3.12}$$

上式表明，消费者的全部收入M等于他购买商品X的支出与购买商品Y支出的总和。如果消费者全部收入购买商品X的数量为$\frac{M}{P_X}$，它是预算线在横轴的截距。消费者全部收入购买商品Y的数量为$\frac{M}{P_Y}$，它是预算线在纵轴的截距，即为图3-8中的OA段。消费者预算线向右下方倾斜，斜率为负，其斜率可表示为：

$$\frac{OA}{OB} = -\frac{\frac{M}{P_Y}}{\frac{M}{P_X}} = -\frac{P_X}{P_Y} \tag{3.13}$$

（二）预算线的移动

预算线是在消费者收入和商品价格既定的条件下做出的。无论商品价格变动还是消费者的货币收入变动，都会影响消费者的购买数量，从而导致预算线的移动。

1.商品价格既定，消费者的货币收入变动

由于商品价格未变，因此预算线的斜率相同。如果货币收入增加，消费者可以购买更多的商品，预算线向右上方平行移动，由A_1B_1平移至A_2B_2；如果货币收入减少，预算线向左下方平行移动，由A_1B_1平移至A_3B_3。图3-9表明了这种情况。

2.消费者收入不变，两种商品的价格按相同比例上升或下降

在这种情况下，预算线的斜率不变，预算线在X轴和Y轴上的截距发生变化，所以，两种商品价格按相同比例的变化将导致预算线发生平行移动。如果两种商品的价格同比例上升，消费者购买商品的数量将减少，预算线向左下方平行移动；如果两种商品的价格同比例下降，消费者购买商品的数量将增加，预算线向右上方平行移动，如图3-9所示。

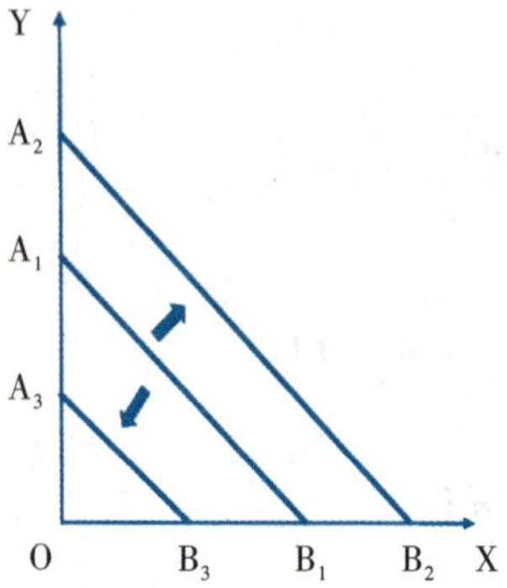

图3-9 收入变动或价格同比例变动对预算线的影响

3.消费者收入不变，商品价格变动

由于商品价格发生了变动，因此预算线斜率发生了改变，预算线不再平行移动，如果商品价格下降，预算线向外旋转。如果商品价格上升，预算线向内旋转。如图3-10（a）所示，假定商品Y的价格不变，如果商品X的价格P_X下降，则购买商品X的数量增加，预算线由A_1B_1向外移动至A_1B_2；如果商品X的价格P_X上升，则购买商品X的数量减少，预算线由A_1B_1向内移动至A_1B_3。图3-10（b）表示商品X的价格既定，商品Y的价格变动所引起的预算线的移动。

微课3-4

预算线及其移动

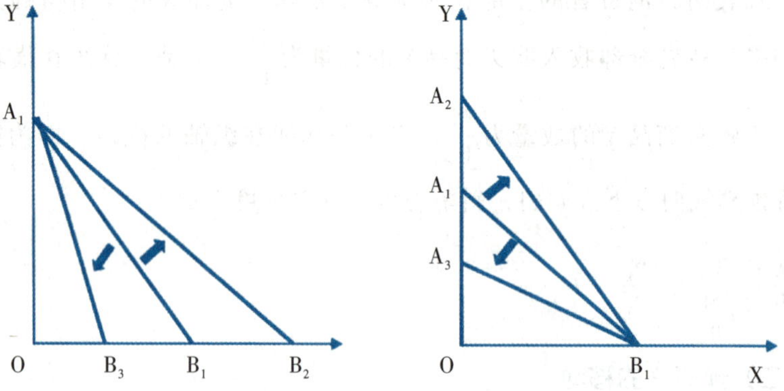

（a）　（b）

图3-10 商品价格变化对预算线的影响

四、序数效用论的应用

（一）消费者均衡分析

从上面的分析中我们知道，从主观方面讲，消费者可做出多种多样的选择以得到满足，这种选择由无差异曲线表示出来；从客观方面讲，消费者又必然受到货币收入和价格的限制，这种限制由预算线表示出来。如何把客观限制和主观选择结合起来以求得消费的最大满足，或者说，如何以有限的货币收入在可买到的商品间作合理的配置以求得最大效用，才能使消费行为达到最佳境界？消费行为的最佳境界被称为消费者均衡（Consumer equilibrium）。

序数效用论将无差异曲线和预算线相结合来说明消费者均衡。消费者的偏好决定了消费者的无差异曲线，一个消费者关于任何两种商品的无差异曲线有无数条；消费者的收入和商品价格决定了消费者的预算线，在收入和商品价格既定的条件下，一个消费者关于两种商品的预算线只有一条。只有既定的预算线与其中一条无差异曲线的相切点，才是消费者均衡点。在切点上所代表的两种商品的数量就是消费者用一定的货币收入所获得的效用最大化的最优购买量组合，如图3-11所示。

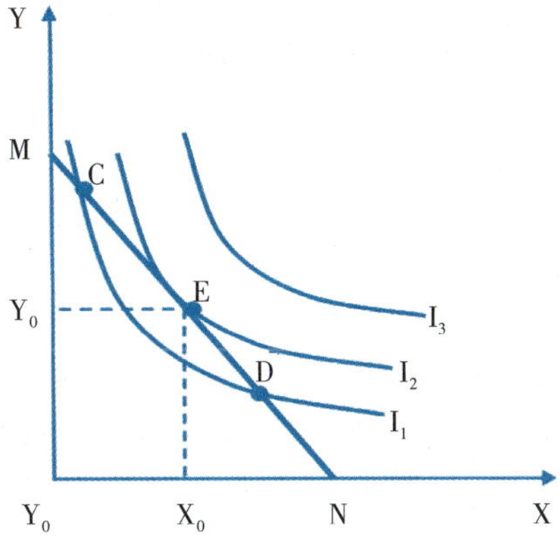

图3-11 无差异曲线下的消费者均衡

在图3-11中，预算线MN与一条尽可能高的无差异曲线I_2的切点E就是消费者的均衡点，在这一点，消费者既用尽了既定的货币收入，又得到了最大的效用满足。当然，无差异曲线I_3代表的效用水平更高，但受消费者的货币收入和现行商品价格的影响，这是不能实现的，I_1与预算线MN虽然有C、D两个交点，但I_1给消费者提供的满足水平要小于I_2所提供的满足水平，因而是不足取的。只有无差异曲线I_2与预算线MN的切点E才是消费者行为的最佳境界。在这一点，预算线与无差异曲线的斜率正好相等。预算线的斜率绝对值是两种商品的价格之比，无差异曲线的斜率绝对值是商品的边际替代率$MRS_{XY}=-dY/dX=MU_X/MU_Y$。因此，可以得出结论：消费者达到最大效用的均衡条件是，两种商品的边际替代率或边际效用之比等于两种商品的价格之比，即：

$$-\frac{\Delta Y}{\Delta X}=\frac{MU_X}{MU_Y}=\frac{P_X}{P_Y}$$

调整得：

$$\frac{MU_X}{P_X}=\frac{MU_Y}{P_Y} \tag{3.14}$$

很显然，这个结果同我们前面运用边际效用的分析方法得出的结论是一致的，即消费者均衡的条件是：单位货币所购买的两种商品的边际效用相等。或者说他购买的两种商品的边际效用之比正好等于它们的价格之比。

【思考与实践 3-3】

怎么买才划算？

假如你带1 000元去商场购物，准备买一件上衣和一条裤子，你看上了一套名牌服装，这件衣服虽然你很喜欢但价格超出了1 000元，也就是说它给你带来的效用虽然大，但超出了你的支付能力；你说你就带了1 000元，卖服装的售货员又给你推荐另一套价格为1 000元的服装，但你觉得不值，经过货比三家，在充分选择的基础上你终于挑选出自己最满意的衣服，也恰好是1 000元。女生爱逛商场，无非就是要挑选自己最满意的服装，在对一种商品决定“买不买”时，会把效用与价格进行比较。当你对自己购买的服装最满意的时候，也就是花钱最少、得到效用最大的时候。

说一说你在购物时的心得吧。

（二）替代效应与收入效应

一种商品价格的变化将对商品的需求量发生两种影响：一种是因该商品价格变化导致的消费者所购买的商品组合中，该商品与其他商品之间的替代，称为替代效应；另一种是在名义收入不变的情况下，因一种商品价格变化而导致消费者实际收入变化，从而导致消费者所购商品总量的变化，称为收入效应。

1.替代效应

替代效应是指在实际收入不变的情况下，某种商品价格的变动引起其他商品相对价格呈反方向变动，从而引起比较便宜商品的购买对比较昂贵商品的购买的替代。当一种商品价格上升时，其他商品价格相对便宜了，消费者会多购买其他商品而少购买这种商品；当一种商品价格下降时，其他商品的价格相对昂贵了，消费者会增加这种商品的购买而减少其他商品的购买。

替代效应强调的是一种商品价格变动对其他商品相对价格水平的影响。比如，在茶叶价格上升以后，其他商品相对茶叶而言显得更便宜，消费者将用其他商品的购买来替代茶叶的购买。

2.收入效应

收入效应是指在货币收入不变的情况下，某种商品价格的变动引起消费者实际收入呈反方向变动，从而也引起其他商品购买量的反方向变动。当一种商品价格上升时，消费者实际收入减少，商品购买量也随之减少；当一种商品价格下降时，消费者实际收入增加，商品购买量也随之增加。

收入效用强调价格变动对实际收入水平的影响。比如一个家庭，它的收入用来购买甲、乙两种商品，在价格未变动以前，全部收入购买的两种商品是以使它获得最大满足的方式组合的。现在假定甲商品价格下降，在购买原来数量的甲商品后，家庭的收入将有所剩余。甲商品价格的下降等于增加了这个家庭的实际收入，剩余的收入可以用来购买甲商品，也可以用来购买乙商品。

3.不同类别商品的替代效应和收入效应

对于所有商品而言，替代效应与价格都是呈反方向变动，即商品的需求量随着商品价格的上升而减少，随着商品价格的下降而增加。替代效应不引起消费者效用水平变动，而收入效应改变消费者效用水平，所以我们要讨论不同类别商品的收入效应。商品可以分为正常商品、低档商品和吉芬商品。接下来我们分别讨论正常商品、低档商品和吉芬商品的替代效应与收入效应，并以此进一步说明三类商品的需求曲线的形状特征。

（1）正常商品

正常商品是指随着收入增加需求量上升或随着收入减少需求量降低的商品。这里的收入是指实际购买力，而不是名义价格的变化。正常商品的价格与需求量呈反方向运动关系。

正常商品的收入效应：当商品价格发生变化时，人们的实际收入将呈反方向变化，人们对该商品的需求量与实际收入呈同方向变化。正常商品的替代效用：当某商品的价格上升或下降时，由于需求规律的影响，人们将增加或减少其他商品的需求量来替代对该商品的需求量。

由此可见，对于正常商品来说，替代效应与价格呈反方向的变动，收入效应也与价格呈反方向的变动，在它们的共同作用下，总效应必定与价格呈反方向的变动。正因为如此，正常商品的需求曲线是向右下方倾斜的。

（2）低档商品

低档商品的需求量与消费者的收入水平呈反方向变动。简单地说，就是当一个人的实际收入增加后，将购买更少该低档商品，以较佳的替代品取代。例如，当一个人收入低的时候，他选用的交通工具仅限低票价的汽车或火车，而当他的收入提升以后，他就会选择乘坐飞机这种快捷但价格高的交通工具。

对于低档商品而言，替代效应与价格呈反方向的变动，收入效应与价格呈同方向的变动，总效应大小取决于两种效应作用力的比较。在大多数的场合，低档商品的收入效应的作用小于替代效应的作用，所以，总效应与价格呈反方向的变动，相应的需求曲线是向右下方倾斜的。

（3）吉芬商品

在少数的场合，某些低档商品的收入效应的作用会大于替代效应的作用，于是，就会出现违反需求曲线向右下方倾斜的现象。这类特殊的低档商品，被称为吉芬商品。吉芬商品的特殊性就在于：它的收入效应的作用很大，超过了替代效应的作用，从而使得总效应与价格呈同方向的变动。这也就是吉芬商品的需求曲线呈现出向右上方倾斜的特殊形状的原因。

表3-3总结了三种商品的替代效应和收入效应。

表3-3 **正常商品、低档商品和吉芬商品的替代效应和收入效应总结**

商品类别	替代效应与价格的关系	收入效应与价格的关系	总效应与价格的关系	需求曲线的形状
正常商品	反方向变动	反方向变动	反方向变动	向右下方倾斜
低档商品	反方向变动	同方向变动	反方向变动	向右下方倾斜
吉芬商品	反方向变动	同方向变动	同方向变动	向右上方倾斜

【拓展阅读 3-1】

水与钻石的边际效用

200多年前，亚当·斯密在《国富论》中提出了价值悖论："水与钻石的价值之谜"——没有什么能比水更有用，然而水很少能交换到任何东西。相反，钻石几乎没有任何用处，但却经常可以交换到大量的其他物品。

怎样对价值悖论做出合理的解释？

一种商品的价值大小不是取决于它有多大用途（使用价值）或包含多少劳动量，而是取决于消费者对它的主观评价。商品的价值取决于边际效用。边际效用是增加一单位某种商品消费所增加的效用。随着某种商品消费量的增加，边际效用是递减的。所增加的最后一单位商品的效用，即边际效用，决定了该商品的价值。商品的市场价格是由供求关系决定的，某种商品数量多（供给多），需求少，则边际效用低，价格低；反之，价格就高。

尽管水是必需品，效用大，但其数量极多，边际效用几乎是零，水的供给大于需求，价格低是正常的。钻石虽然效用不大，但数量极少，边际效用高，钻石供给远远小于需求，价格高当然正常。总效用的规律是，开始的时候，随着消费某种东西的数量的增加，效用会不断增加，可是，增加到一定程度就不再增加了，然后就是随着消费的增加而减少。比如吃饭，开始的时候，吃得越多越满足，但是吃到一个最佳状态之后，再吃就不舒服了，总效用就会下降。

一件东西，一般都有多种用途。经济学家认为，理性的人们在拥有一件东西的多个单位后，可以按照用途的重要性，对这些单位进行从大到小的排序。比如你获得了10 000个单位的水，你会把第一单位的水用来自己喝，第二单位用来做饭，你认为，做饭的重要性不如喝，第三单位用来洗澡，洗澡的重要性不如做饭，然后继续排下去。最后一单位的水，你想了半天，也没有想起还有什么可以安排的，你就把这最后一单位的水抛洒出去了，抛洒在空中，看着水在阳光下熠熠闪光，这个效用接近于0。

我们每个人，都曾经撒过水，也看过别人撒水，所以可以说，水满足了我们所能想象的所有用途或者效用。而谁见过扔钻石的呢？没有。钻石大概只能满足一种用途，也就是满足虚荣心。

根据边际效用递减的原理，排在前面的效用大，后面的效用小。水可以满足我们非常靠后的包括最小的欲望，于是，它的边际效用很小，甚或没有。而钻石只满足了我们一个欲望，只排了一个，其边际效用当然很大。因为边际效用决定价值，所以，钻石贵而水便宜。

微课 3-5

序数效用论的应用

学习测试 3-2

【学思践悟】消费观念正从“消费主义”向“实用主义”转变

疫情冲击，给年轻人的生活带来不确定性，也让豆瓣上“抠门男性联合会”“抠门女性联合会”等小组迅速壮大“出圈”，网络上年轻人纷纷加入各种“抠组”。在网络世界，他们不讳言“抠”或“穷”，反而以“更抠”为豪。

“抠友”们总结出五花八门的省钱妙招：“购物要和公司采购一样，做成本分析和竞品对比。我曾看到酒店在卖一款特别好吃的月饼，就直接跳过酒店找到代工厂的淘宝店购买了。”“我靠想象就能‘拔草’，比如告诉自己奶茶、零食既浪费钱还会发胖，就抑制住了消费欲望。”“我上淘宝从来不看衣服鞋子，而是看拍卖不动产频道，有的不动产只要20多万元还能贷款，能提醒自己不要买贬值品。”

兰州大学管理学院85后青年教师柴民权主要研究消费行为。他认为，从社会心理机制角度分析，年轻人有追求新奇、跟风的心理，有些人觉得类似“抠组”成员的行为很有意思或者有点搞笑，所以愿意参与，随大流，赶时髦，“但这并不是一个很长期的或者很普遍的现象”。

在柴民权看来，“报复性存钱”和过去的“精致穷”一样，源于媒体、社会公众、学术研究等过多强化了年轻一代行为表现的新奇性或者异质性，不能代表年轻人真的越来越“抠门”，他们更理智的消费行为是在人生历程中体验到生活的艰辛后，自然而然产生的转变。

“我们不要去过度地渲染或者拔高这种现象，以免社会舆论反过来影响到年轻人正常的消费观。”柴民权认为，年轻人的金钱观、消费观背后是更大的社会价值观体系，需要各个层面共同引领培植。

资料来源：魏其濛，王豪．消费观念正从“消费主义”向“实用主义”转变［EB/OL］．［2020-06-19］.http：//ln.people.com.cn/n2/2020/0619/c378328-34099021.html.

悟有所得

树立正确的消费观和生活观，在日常消费过程中，消费水平要在个人承受范围之内，合理安排生活支出，做到量入为出，适度消费，避免盲目跟风，对自己负责，对家庭和社会负责。从自身做起，理性消费，科学消费，自觉抵制不良网贷和不理性的超前消费，发扬艰苦奋斗、勤俭节约的优良传统，做理性消费的文明市民。

【项目小结】

消费者从自己的偏好出发消费物品，满足欲望而获得效用。效用是一种心理感觉，每个人情况不同，消费物品的效用也不同。经济学家用基数效用论和序数效用论来解释消费者行为，得到的结论完全一致。

认为效用可以计量并加总求和的基数效用论用总效用概念和边际效用递减规律来解释消费者的需求。效用表示消费者从消费某种物品中得到的满足程度或有用性。从增加的一个单位物品消费中得到的效用增量叫作边际效用。边际效用有递减的趋势，叫作边际效用递减规律。在消费者收入既定时，消费者用单位货币所购买的各种物品的边际效用都相等，或者，消费者用所有收入所购买的各种物品的边际效用与其价格之比都相等，消费者的选择就达到均衡状态。根据消费者均衡条件，可以推导出向右下方倾斜的需求曲线。

序数效用论用无差异曲线和预算线解释消费者的需求。无差异曲线是指能给消费者带来同等效用水平的两种物品的不同数量组合的点的轨迹。预算线是指在家庭收入和物品价格既定时，消费者的收入所能购买到的两种物品不同数量组合的点的轨迹。无差异曲线与预算线相切的物品组合，可以实现效用最大化。所以消费者均衡的条件是，两种物品的边际替代率等于其价格之比。根据消费者均衡条件推导出向右下方倾斜的需求曲线。

【项目训练】

一、名词解释

效用　总效用　边际效用　基数效用论　序数效用论　边际效用递减规律　消费者均衡　消费者剩余　无差异曲线　预算线　替代效应　收入效应

二、单选题

1.某消费者逐渐增加某种商品的消费，直至达到了效用最大化，在这个过程中，该商品的（　　）。

A.总效用和边际效用不断增加

B.总效用和边际效用不断减少

C.总效用不断减少，边际效用不断增加

D.总效用不断增加，边际效用不断减少

2.如果消费者消费10个面包获得的总效用是100个效用单位，消费11个面包获得的总效用是108个效用单位，则第11个面包的边际效用是（　　）。

A.108　　B.100　　C.8　　D.208

3.如果消费者的预算为50美元，商品X和Y的价格分别为5美元和4美元，消费者打算购买6单位X和4单位Y，商品X、Y的边际效用分别为25和20，那么，要达到效用最大化，他应该（　　）。

A.按原计划购买　　B.减少X和Y的购买量

C.增加X、Y的购买量　　D.增加X购买量的同时减少Y的购买量

4.同一条无差异曲线上的不同点表示（　　）。

A.效用水平相同，两种商品的数量组合也相同

B.效用水平相同，但两种商品的数量组合不同

C.效用水平不同，但两种商品的数量组合相同

D.效用水平不同，两种商品的数量组合也不同

5.已知X商品的价格为1.5元，Y商品的价格为1元，当消费者从这两种商品的

消费中得到最大效益的时候，商品X的边际效用是30，那么商品Y的边际效用应该是（　　）。

A.20　　B.30　　C.45　　D.15

6.对正常商品而言，替代效用与价格呈（　　）变动，收入效用与价格呈（　　）变动。

A.反方向，反方向　　B.正方向，反方向

C.反方向，正方向　　D.正方向，正方向

7.基数效用论和序数效用论的主要区别是（　　）。

A.边际效用是否递减　　B.效用是否可加总

C.效用函数是否线性　　D.效用是否客观

8.对预算线的斜率说法错误的是（　　）。

A.斜率是两种商品价格比例的负值

B.斜率与商品的价格有关

C.斜率是两种商品价格比例的正值

D.斜率的大小表明在不改变总支出的前提下，两种商品可以相互替代的比值

9.某低档商品的价格下降而其他情况不变时（　　）。

A.替代效应和收入效应相互加强导致该商品的需求量增加

B.替代效应和收入效应相互加强导致该商品的需求量减少

C.替代效应倾向于增加该商品的需求量，而收入效应倾向于减少其需求量

D.替代效应倾向于减少该商品的需求量，而收入效应倾向于增加其需求量

10.下列哪一种说法不是可以达到的最好消费点的特征：（　　）。

A.这一点在预算线上

B.收入效应不等于替代效应

C.两种物品之间的边际替代率等于其相对价格

D.可以达到的最高无差异曲线与预算线斜率相同

三、多选题

1.序数效用论将（　　）和（　　）相结合来说明消费者均衡。

A.无差异曲线　　B.预算线　　C.等产量线　　D.等成本线

2.预算线又称（　　），它表示消费者在收入和商品价格既定的条件下所能购买到的各种商品与劳务数量的最大组合。

A.消费可能线　　B.消费约束线　　C.等支出线　　D.等成本线

四、判断题

1.所谓效用，就是指消费者从某种物品的消费中得到的满足程度。

2.效用是人们的心理感受，是一种客观感觉。

3.所谓消费者均衡是指消费者在货币收入和商品价格既定的前提下，通过理性地购买和消费各种商品实现总效用最大化的过程。

4.所谓边际替代率是指增加一单位某种商品的消费数量时所需要放弃的另一种商品

的消费数量。

5.无差异曲线是一条从左上方向右下方倾斜的曲线，其斜率为负值。

五、综合实践

1.免费发给消费者一定量实物与发给消费者按市场价格计算的这些实物折算的现金，哪种方法能给消费者带来更大的效用？为什么？试用无差异曲线来说明。

2.为什么消费者对大多数商品的需求曲线均是向右下方倾斜的？试用序数效用论简要说明。

3.假设在拍卖会上，有一套典藏版《红楼梦》正在进行拍卖，你和红楼迷（小明、小红、小强）出现在拍卖会上。你们每一个人都想拥有这套典藏版《红楼梦》，但每个人的支付意愿都不相同。你愿意支付1 000元，小明愿意支付750元，小红愿意支付700元，小强愿意支付500元。当卖者报出800元时，你得到了这套典藏版《红楼梦》。你的心理价位是1 000元，而实际上你用800元买到这套书，有多少消费者剩余？

项目四 生产者决策

学习目标

知识目标：

- 了解生产要素及生产函数；
- 掌握总产量、平均产量、边际产量的关系；
- 掌握边际收益递减规律；
- 理解一种可变生产要素的最优投入；
- 掌握等产量线、等成本线与最优生产要素组合；
- 了解规模收益的含义及类型。

能力目标：

- 能够运用生产理论分析生产要素的合理投入；
- 能够运用生产理论分析、解释厂商行为。

素质目标：

- 培养学生系统严谨的逻辑推理能力；
- 使学生认识正确的经济发展规律；
- 培养学生在数字经济背景下的创新思维。

知识结构：

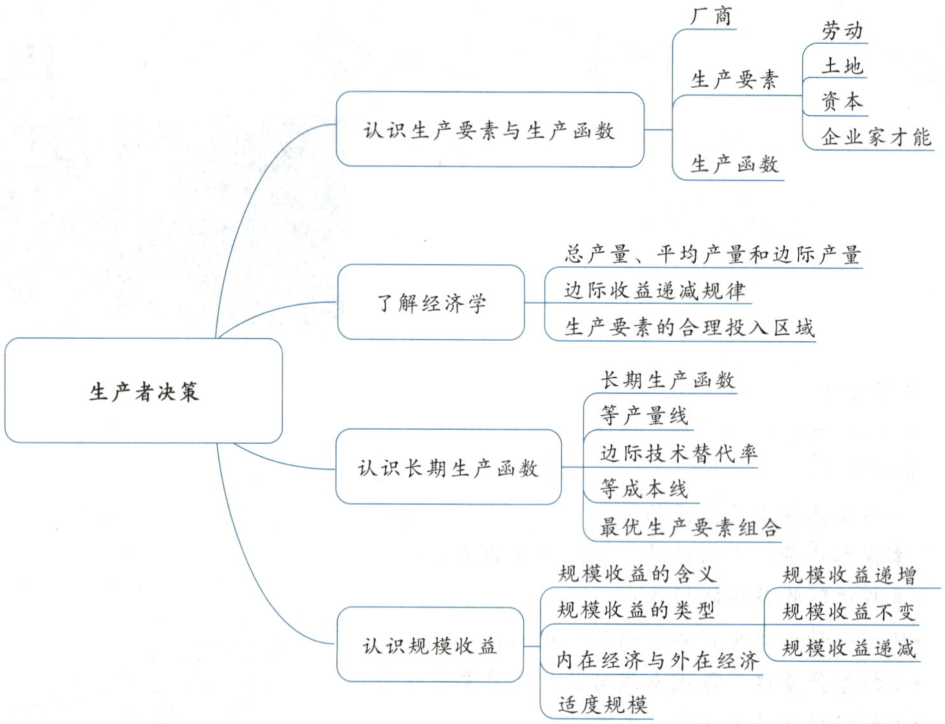

引入案例

格兰仕微波炉的成本领先战略浅析

格兰仕是中国家电行业具有广泛国际影响力的特色龙头企业之一，这种特色充分体现在两个方面：第一，它成功地战胜了外国品牌，成为中国拥有行业控制能力的企业之一；第二，它通过将国外生产线搬进来，做成了“世界制造中心”的 OEM 模式。

格兰仕在 OEM 模式之外同时也做自己的产品，获得了生产规模的优势，因此争得了微波炉的霸主地位。格兰仕成功地为这个行业竖起了一道价格门槛：如果想进入本行业，就必须投巨资去获得规模，但如果投巨资也做不到格兰仕的盈利水平，就要承担巨额亏损。于是不少竞争对手退出了竞争，很多想进入的企业望而却步，而格兰仕则越做越好，越做越强了。

资料来源：佚名．格兰仕微波炉的成本领先战略浅析［EB/OL］．［2020-08-13］．https：//wenku.baidu.com/aggs/71b0dc1dc281e53a5802ffe7.html？_wkts_=1687695247012.

【思考与实践 4-1】

请你上网查询格兰仕公司的相关资料，并总结格兰仕的竞争优势有哪些，思考为什么格兰仕会成为行业的领先者。

任务一 认识生产要素与生产函数

一、厂商

经济学中，生产者亦称厂商或企业，它是指能够做出统一的生产决策的单个经济单位。厂商主要可以采用三种组织形式：个人企业、合伙制企业和公司制企业。

个人企业指单个人独资经营的厂商组织。个人企业家往往同时就是所有者和经营者。个人业主的利润动机明确、强烈；决策自由、灵活；企业规模小，易于管理。但个人企业往往资金有限，限制了生产的发展，而且也较易于破产。“夫妻店”就是典型的个人企业。这类企业虽然规模小，但数量却很多。

合伙制企业指两个人以上合资经营的厂商组织。相对于个人企业而言，合伙制企业的资金较多，规模较大，比较易于管理；分工和专业化得到加强，但由于多人所有和参与管理，不利于协调和统一；资金和规模仍有限，在一定程度上不利于生产的进一步发展；合伙人之间的契约关系欠稳定。例如，不同专业领域的律师组成的律师事务所、不同疾病方向的医生组成的门诊。在合伙制企业中，每个合伙人都要提供一定数量的资本与劳务，分享一定比例的收益并承担相应的亏损和债务。

公司制企业指按公司法建立和经营的具有法人资格的厂商组织，是一种重要的现代企业组织形式。公司由股东所有，公司的控制权在董事监督下的总经理手中。在资本市场上，公司企业是一种非常有效的融资组织形式，它主要利用发行债券和股票来筹集资金。其中，公司债券是公司做出的债权凭证，或者说，是以公司做出在将来某一特定时间偿还固定数量的货币，并按期付息的许诺的方式，从居民户或其他厂商那里借款。债券所有人不是公司的所有者，也不参加管理。公司股票是由公司发行的一定数量的具有一定票面价值的投资凭证。股票所有者是公司的股东，股东是公司的所有者，股东有权利参加公司的管理和索取公司利润，也有义务承担公司的损失。由于公司制企业能够通过发行债券和股票的形式筹集大量的资金，所以，公司制企业资金雄厚，有利于实现规模生产，也有利于进一步强化分工与专业化。而且公司的组织形式相对稳定，有利于公司的长期发展。但公司组织往往可能由于规模庞大，给内部的管理协调带来一定的麻烦。公司所有权与管理权的分离，也带来一系列的问题，特别是管理者在经营上能否符合所有者意愿的问题。

二、生产要素

生产是指一切能够创造或增加效用的人类活动，不仅包括物质资料的生产，还包括各种劳务的生产。经济学中通常把生产过程中的投入称为生产要素，因此生产是对各种生产要素进行组合以制成产品的行为。

厂商进行生产的过程就是从投入生产要素到生产出产品的过程。在经济学中，生产要素一般被划分为劳动、土地、资本和企业家才能这四种类型。

劳动是人类在生产过程中提供的体力和智力的总和。劳动力有广义和狭义之分。广义上的劳动力指全部人口。狭义上的劳动力则指具有劳动能力的人口。在实际统计中，考虑劳动年龄和劳动能力两个因素的指标有劳动年龄人口和社会劳动力资源总数。

土地不仅指土地本身，还包括地上和地下的一切自然资源，如森林、江河湖泊、海洋和矿藏等。土地是任何经济活动都必须依赖和利用的经济资源，与其他经济资源相比，其自然特征主要是它的位置不动性和持久性，以及丰度和位置优劣的差异性。相对于其他经济资源和生产要素，土地是最难以增加的，其稀缺性比其他生产要素更显著。特别是随着人口的增多、经济活动规模的扩大和社会的发展，土地的稀缺性具有明显加强的客观趋势。

资本是人类创造物质和精神财富的各种社会经济资源的总称。资本可以表现为实物形态或货币形态。资本的实物形态又称为资本品或投资品，如厂房、机器设备、动力燃料、原材料等。资本的货币形态通常称为货币资本。

企业家才能指企业家组织建立和经营管理企业的才能。劳动、土地和资本的配置，都需要企业家来组织。

通过对生产要素的运用，厂商可以提供各种实物产品，如房屋、食品、机器、日用品等，也可以提供各种无形产品即劳务，如理发、医疗、金融服务、旅游服务等。

在研究生产要素组合的问题时，人们经常把四种生产要素比喻成围成木桶的四块木板。木桶装水的多少并不取决于木桶中最长的木板，而是取决于最短的木板。这便是生产要素的“短板理论”，任何一种生产要素的缺陷或投入不足都会造成总产出的瓶颈，只有合理搭配各种生产要素，才能使产出最大化。

三、生产函数

生产要素的数量与组合和其所能生产出来的产量之间存在着一定的依存关系。我们已经了解了生产要素，便可以在此基础上构建一个生产函数。

生产函数表示在一定时期内，技术水平不变的情况下，生产中所使用的各种生产要素的数量与所能生产的最大产量之间的关系。

我们以Q代表总产量，L、K、N、E四个字母分别代表劳动、资本、土地和企业家才能这四种生产要素，则生产函数的一般形式为：

$$Q=f(L、K、N、E)$$

也就是说，总产量Q是因变量，会受到L、K、N、E这四种自变量的影响。

在分析生产要素与产量的关系时，一般把土地作为固定要素，而企业家才能属于无形资产，难以准确计量，因此生产函数又可缩减为：

$$Q=f(L、K)$$

这一函数式表明，在一定技术水平下，生产Q的产量，需要一定数量劳动与资本的组合。

需要注意的是，任何生产函数都以一定时期内的生产技术水平作为前提条件，一旦生产技术水平发生变化，原有的生产函数就会发生变化，从而形成新的生产函数。新的生产函数可能是以相同的生产要素投入量生产出更多或更少的产品，也可能是以变化了的生产要素的投入量进行生产。

【拓展阅读 4-1】

我国的人口红利

经济学家马尔萨斯认为，随着人口的膨胀，有越来越多的劳动力耕种土地，地球上有限的土地将无法提供足够的食物，会产生大的饥荒。幸运的是，人类的历史并没有按照马尔萨斯的预言发展。

曾几何时，饥饿也是我国的一大隐患。新中国诞生之际，时任美国国务卿的艾奇逊就放言："历代政府都没有解决中国人的吃饭问题，未来也解决不了这个问题。"但几十年过去了，中国人已经实现了由"吃不饱"到"吃饱"再到"吃好"的全面升级，中国的粮食安全发展之路令世界瞩目。2016年，时任联合国粮农组织助理总干事劳伦特·托马斯接受记者采访时表示，这些年来，粮农组织非常自豪地见证了中国以仅占世界9%的可耕地面积和6%的淡水资源养育了世界22%人口的瞩目成就，欣喜地看到中国从早年的粮食受援国转变为向许多南半球国家提供技术援助和其他粮食解决方案的主要援助国。在"一带一路"倡议的实施中，中国粮食技术正在走进沿线粮食短缺国家，助力它们生产出更多粮食。

马尔萨斯的预言没有成真，中国用实践证明了，依靠科技进步我们实现了粮食的增收，养活了14亿人口，推动了国家的繁荣昌盛。我们用事实证明了人口并不是国家的负担，相反，人口是一个大国最重要的战略资源之一，人口红利是影响一个国家经济增长的关键因素，正是丰富的劳动力推动了中国经济的增长奇迹。

资料来源：武晓慧，宋旭冬.联合国粮农组织助理总干事：中国为世界农业发展和粮食安全作出了重要贡献［EB/OL］.［2015-04-17］.http：//world.people.com.cn/n/2015/0417/c1002-26861719.html.

【学思践悟】 数据是新的生产要素

习近平总书记在视察中国科学院时曾指出："大数据是工业社会的'自由'资源，谁掌握了数据，谁就掌握了主动权。"2020年4月，中共中央、国务院发布的《关于构建更加完善的要素市场化配置体制机制的意见》中，将"数据"与土地、劳动力、资本、技术并称为五种生产要素。2021年11月，《"十四五"大数据产业发展规划》发布，宣布大数据发展的主要任务是加快培育数据要素市场、夯实产业发展基础、构建稳定高效的产业链、打造繁荣有序的产业生态，我国大数据产业从规模增长向结构优化、质量提升转型。

大数据提升了国家治理现代化水平。为解决政务服务"盖章流程烦琐""办事手续复杂"等问题，我国地方政府纷纷开展电子政务系统改造升级工作，"一云一网一平台"成为很多地方政府的"标配"。我国省一级政府已经全部开通政务服务网站，涵盖全部36座典型城市，其中27个省级行政区专门成立了数据管理的专业运营机构。"网上治理"成为政府工作新方式：浙江省上线运行全省统一执法监管系统，2020年累计开展掌上执法221万次，掌上执法率已达90.6%；山东省深入推进"互联网+政务服务"，省级共享平台累计提供服务44.3亿余次，全省政务服务事项可网办率超90%，291项高频民生事项"全省通办"，98个高频政务服务事项"跨省通办"，238类证照"亮证即用”；平台化治理优化重塑业务流程、压缩审批时间，使政务服务更高效：山西省使用政务服务平台，使采矿权审批效率提升了15倍，煤成气项目审批时限由原360个工作日以上压缩至73个工作日。河南省推行企业登记全程电子化服务，业务流程得以优化，审批环节得以精简，企业开办所需时间从4个工作日压缩到3个工作日，其中9个省辖市实现了1天办结。

大数据提高了行业数字化水平。近十年来，工业、农业、服务业等各个领域数据化应用创新快速推进。我国大数据产业快速起步，产业规模年复合增长率超过30%。产业基础日益巩固，产业创新日渐活跃，以专利受理总数占全球近20%的比例，成为全球第二大相关专利受理国。2021年，我国大数据产业规模突破1.3万亿元，大数据产业链初步形成。工业大数据创新应用深度推进，市场规模连年上升，在全国形成了环渤海、珠三角、东北、西北、中部、长三角、西南地区七大区域。农业大数据覆盖到耕地、播种、施肥、杀虫、收割、存储、育种等各个环节，可基于遥感估算农作物种植面积、单产与灾害信息等，既能够为生产种植提供建议，又能够预测农产品生产需求，辅助农业决策，达到规避风险、增产增收的目的。在服务业，大数据技术不仅能够帮助服务型企业更好地进行服务行业市场定位，实现基础业务优化升级，还同5G、区块链、云计算等技术一道催生了数字经济的发展，提升了我国数字产业化与产业数字化规模，2015年至2020年，我国数字经济规模从不到20万亿元发展为将近40万亿元，规模翻了一番，其中服务业数字经济规模占比最高、增长最快。

大数据提升了居民生活幸福感。网上一体化政务服务平台的建设简化了办事流程：安徽省开发上线的7×24小时政务服务地图，推行既有空间位置又有服务事项，无须等待工作日，用户可实现查询、办事的“随时办”；山东省将小学报名纳入到网上政务系统中，家长无须为孩子入学报名彻夜排队，只需通过APP便能实现孩子入学报名；浙江省机关内部“最多跑一次”实现率达100%，71家省级单位895个部门间办事事项实现“一网通办”。医疗大数据的应用为患者居民就医提供了更多科学参考：电子病历实现了患者个人病史、家族病史、过敏症、医疗检测结果等数据在不同医疗机构之间的存储和共享，既能够辅助医生科学决策，又能够帮助病人掌握自己的用药、诊疗等历史情况。交通大数据将公交车到站时间、地面交通拥堵情况、停车场空余车位等信息公开，打开手机APP，平台便能为用户出行推荐最快捷、方便的出行方式，降低了城市拥堵率，也提升了居民出行便利程度。

这十年，大数据的发展应时而动。未来十年，时代也将赋予其新的历史使命。大数据在中国的故事，未完待续。

资料来源：姬晓婷.大数据成数字经济助推器［EB/OL］.［2022-07-06］.http：//www.xinhuanet.com/techpro/20220706/4636e2bfa0c047d9b0603096e6344118/c.html .

悟有所得

在数字经济时代，数据是新的生产要素，是基础性资源和战略性资源，也是重要生产力。因此，要构建以数据为关键要素的数字经济，就要推动实体经济和数字经济融合发展，推动互联网、大数据、人工智能同实体经济深度融合，推动制造业加速向数字化、网络化、智能化发展，推进工业互联网基础设施和数据资源管理体系建设，做好信息化和工业化深度融合。

科技赋能发展，创新决胜未来。党的二十大报告提出，要加快实施创新驱动发展战略。我们人人都是数字经济的生产者和消费者，创新发展理念正在作为数字经济的重要推动力，引领数字经济走向蓬勃发展。同学们应加强数字化认知、数字化技术和数字化思维，用数据说话，靠数据决策，依数据执行，培养数据定位与获取能力、数据分析与解读能力，以及数据决策与反思能力。

微课4-1

生产要素与生产函数

学习测试4-1

任务二 认识短期生产函数

一、总产量、平均产量和边际产量

经济学的短期生产理论是指生产者来不及调整全部生产要素的数量，通常采用一种可变生产要素的生产函数的形式进行生产的理论，其中的生产函数被称为短期生产函数。

我们用TP来表示总产量，是指一定量的某种生产要素所生产出来的全部产量。例如，在一块麦田中施用10千克化肥，生产出400千克小麦，则400千克小麦就是施用10千克化肥的总产量。

平均产量用AP表示，是指平均每单位生产要素所生产出来的产量。在上面的例子中，每千克化肥的平均产量就是40千克小麦。

边际产量用MP表示，是指每增加1单位生产要素所增加的产量。在上面的例子中，如果田里再增加施用1千克化肥，小麦产量便又增加20千克，那么这20千克小麦就是增加的1千克化肥的边际产量。

假设生产某种产品所用的生产要素是资本与劳动，其中资本是固定的，劳动是可变的，则总产量、平均产量和边际产量的关系用公式表示为：

$TP=AP\times L$

$AP=TP/L$

$MP=\Delta TP/\Delta L$

我们还可以用表格来展现总产量、平均产量和边际产量的变动规律，见表4-1。

从表中我们可以看到，随着劳动投入的增加，总产量、平均产量和边际产量都是先增加后减少的。

根据表4-1画出图4-1，可以看出总产量、平均产量和边际产量曲线的特点，以及三者之间的关系。

表 4-1 **总产量、平均产量和边际产量的变动规律**

劳动投入	总产量	平均产量	边际产量
0	0	0	0
1	8	8	8
2	20	10	12
3	36	12	16
4	48	12	12
5	55	11	7
6	60	10	5
7	60	8.6	0
8	56	7	-4

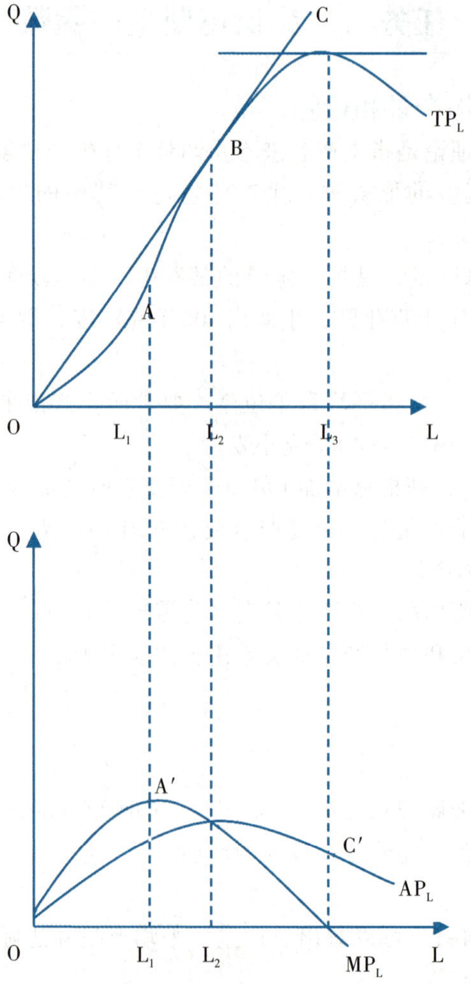

图4-1 总产量、平均产量和边际产量曲线

（1）总产量的变化。总产量曲线先是以较快的速度递增，接着以较慢的速度递增，到达最高点后，逐渐下降。

（2）总产量与平均产量的关系。平均产量是总产量曲线上任一点与原点连线的斜率。从图4-1中可以看出，总产量曲线上B点在各点与原点连线中斜率最大，所以平均产量达到最大，相应的劳动投入量是L_2。

（3）总产量与边际产量的关系。边际产量是总产量曲线上任一点切线的斜率。当总产量以递增的速度增加时，边际产量是逐渐增加的；当总产量以递减的速度增加时，边际产量是逐渐减少的；当总产量达到最大时，边际产量为零；当总产量递减时，边际产量为负值。图4-1中，A点在各点切线中斜率最大，这时边际产量最大；C点切线的斜率为零，边际产量为零，总产量达到最大值。

（4）平均产量和边际产量的关系。当边际产量大于平均产量时，平均产量递增；当边际产量小于平均产量时，平均产量递减；边际产量等于平均产量时，平均产量达到最大值。图4-1中，总产量B点与原点的连线正好是B点的切线，即在劳动投入量为L_2时，边际产量等于平均产量，平均产量达到最大值。

二、边际收益递减规律

对一种可变生产要素的生产函数来说，边际产量表现出先上升而后下降的特征，这一特征被称为边际收益递减规律。边际收益递减规律是短期生产的一条基本规律。

在技术水平不变的条件下，在连续等量地把某一种可变生产要素增加到其他一种或几种数量不变的生产要素中去的过程中，当这种可变生产要素的投入量小于某一特定值时，增加该要素投入所带来的边际产量是递增的；当这种可变要素的投入量连续增加并超过这个特定值时，增加该要素投入所带来的边际产量是递减的。这就是边际收益递减规律。

在理解边际收益递减规律时，要注意以下几点：

（1）这一规律发生作用的前提是技术水平不变。技术水平不变是指生产中所使用的投入技术没有发生重大变革。一旦某种技术水平形成，会有一个相对稳定的时期，在这一时期内，就可以称为技术水平不变。

（2）它是以其他生产要素投入固定不变，只有某种生产要素的投入变动为前提的。也就是说明生产要素分为可变和不变的两类。在保持其他生产要素不变而只增加其中某种生产要素投入量时，边际收益才会发生递减。

（3）递减是在可变要素投入增加到一定程度之后才出现的。在可变要素增加的初期，边际产量是递增的，当可变要素投入超过一定量之后，边际产量才开始递减。

边际收益递减规律成立的原因在于：对于任何产品的短期生产来说，可变要素投入和固定要素投入之间都存在着一个最佳的数量组合比例。在开始时，由于不变要素投入量给定，而可变要素投入量为零，因此，生产要素的投入量远远没有达到最佳的组合比例。随着可变要素投入量的逐渐增加，生产要素的投入量逐步接近最佳的组合比例，相应的可变要素的边际产量呈现出递增的趋势。一旦生产要素的投入量达到最佳的组合比例时，可变要素的边际产量达到最大值。在这一点后，随着可变要素投入量的继续增加，生产要素的投入量越来越偏离最佳的组合比例，相应的可变要素的边际产量便呈现出递减的趋势了。

【思考与实践 4-2】

为什么要推进农村剩余劳动力转移?

我国是一个农业人口大国，农村劳动力供给远远大于农业能够承受的劳动力需求。大量的农村剩余劳动力需要从农业中转移出来，转移到非农产业和城镇。我国一直致力于加快农村结构调整，拓宽农村剩余劳动力就业空间，鼓励农村剩余劳动力向第二、三产业转移。推进农村剩余劳动力转移是解决“三农”问题的重大举措之一。

请你用边际报酬递减规律解释我国农村剩余劳动力向第二、三产业转移的必要性。

【拓展阅读 4-2】

用养猪理论理解边际收益递减规律

当在一个既定大小的猪栏里仅养一只猪时，这头猪吃食的积极性较低，而且还挑食，经常有食剩下未吃完。因为猪挑食且吃食的积极性不高，所以猪生长的速度较慢，在同一时间内严重影响养猪的经济效益。但是在一个猪栏里养两头猪时，这两头猪吃食的积极性非常高，都抢着吃，由于它们抢着吃，吃饱后就睡，这样猪长膘也就快了，猪肉的增长量呈递增态势。与此同时，假定一个猪栏里养两头猪时达到最佳状态，也就是空间等各方面刚好合适，如果此时在这个猪栏里养三头猪，它们在吃食时虽然也会抢着吃，但是由于空间太小，睡不下三头猪，所以当猪吃饱后睡不好，当然也就长不好了，猪肉的增长量开始由递增转向递减，养猪的经济效益也就因此下降。

微课 4-2

边际收益递减规律

这正好符合经济学中的边际收益递减规律。在第一个阶段，随着生产要素不断地增加，边际产量是递增的，也就是说在既定的猪栏大小的生产要素情况下，当增加另一种生产要素时，边际收益是递增的。但当不断增加另一种生产要素，即猪的数量时，养猪的效益不但不增加反而减少。这是因为猪栏这种资源达到了充分利用时，如果还不断地增加另一种生产要素，边际产量，即猪所增长的重量不但不会增加，反而减少。

三、生产要素的合理投入区域

根据短期生产的总产量曲线、平均产量曲线和边际产量曲线之间的关系将短期生产划分为三个阶段，如图 4-2 所示。

在第Ⅰ阶段，产量曲线的特征为：劳动的平均产量始终是上升的，且达到最大值；劳动的边际产量上升达到最大值，然后开始下降，且劳动的边际产量始终大于劳动的平均产量；劳动的总产量始终是增加的。这说明：在这一阶段，不变要素资本的投入量相对过多，生产者增加可变要素劳动的投入量是有利的。或者说，生产者只要增加可变要素劳动的投入量，就可以较大幅度地增加总产量。因此，任何理性的生产者都不会在这一阶段停止生产，而是连续增加可变要素劳动的投入量，以增加总产量，并将生产扩大到第Ⅱ阶段。

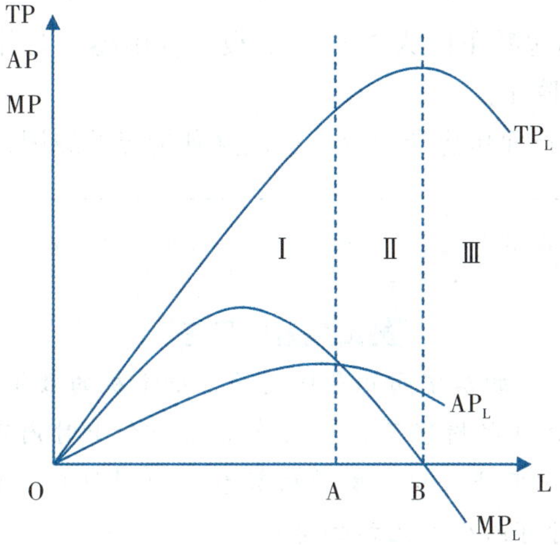

图4-2 生产要素的投入区域

在第Ⅲ阶段，产量曲线的特征为：劳动的平均产量继续下降，劳动的边际产量降为负值，劳动的总产量也呈现下降趋势。这说明：在这一阶段，可变要素劳动的投入量相对过多，生产者减少可变要素劳动的投入量是有利的。因此，这时即使劳动要素是免费供给的，理性的生产者也不会增加劳动投入量，而是通过减少劳动投入量来增加总产量，以摆脱劳动的边际产量为负值和总产量下降的局面，并退回到第Ⅱ阶段。

微课4-3
生产要素的合理投入区域

由此可见，任何理性的生产者既不会将生产停留在第Ⅰ阶段，也不会将生产扩张到第Ⅲ阶段，所以，生产只能在第Ⅱ阶段进行。在生产的第Ⅱ阶段，生产者可以得到由第Ⅰ阶段增加可变要素投入所带来的全部好处，又可以避免将可变要素投入增加到第Ⅲ阶段而带来的不利影响。因此，第Ⅱ阶段是生产者进行短期生产的决策区间。在第Ⅱ阶段的起点处，劳动的平均产量曲线和劳动的边际产量曲线相交，即劳动的平均产量达最高点。在第Ⅱ阶段的终点处，边际产量曲线与水平轴相交，即劳动的边际产量等于零。如果厂商的目标是使平均产量达到最大，那么劳动投入增加到A点就可以了；如果厂商的目标是使总产量达到最大，那么劳动投入就可以增加到B点。

【思考与实践 4-3】

面包房应该雇用几个面包师？

有一家面包房刚刚开业，老板只雇用了一个面包师，这个面包师每天能生产20个面包，因为只有一个人，他每天除了做面包之外还要负责卖面包、采购原料与打扫卫生。后来老板又雇用了一个面包师，现在面包房每天可以生产46个面包，平均每个面包师生产23个。过了一段时间，老板觉得面包销量很好，于是又雇用了第三个面包师，现在面包房每天可以生产面包72个，平均每个面包师生产24个。面包销量越来越好，老板尝到了甜头，于是又雇用了两个面包师，现在一共有五个面包师。小小的面包房因为面包师的增加而变得拥挤，现在平均每个面包师生产的面包数下降为20个。老板陷入困惑，为什么雇用的面包师多了，平均产量反而下降了。

请你用所学知识帮面包房老板分析造成这种情况的原因，并提出解决方案。

【拓展阅读 4-3】

员工数量的思考

假设有一个咖啡厅，它的店铺面积是固定的，咖啡机的数量也是固定的，原材料固定，且拥有一名店员。在这种情况下，一名店员在一个小时内可以生产10杯咖啡。然后我们在保持其他要素（店铺面积、咖啡机数量、原材料）不变的同时，增加一名店员，那么请问现在一小时可以生产几杯咖啡？

或许有人会说是20杯，即10+10=20杯，但是这个结论却是错的。为什么呢？其实道理很简单，大家可以想象实际场景，当只有一名店员的时候，他既要收银，又要做咖啡，还兼顾打扫卫生等工作，效率就会比较低，所以一小时只能生产10杯咖啡。而当店里增加了另一名店员，那么就可以让一个人专门收银，一个人专门做咖啡，两个人一块儿打扫卫生，就可以提高效率了。所以两个人一起生产的时候，一个小时生产出的咖啡数量肯定是大于20杯的。

学习测试4-2

同样的道理，如果增加到三名店员，那生产的总量会大于30杯。结论就是在技术水平（其他元素）不变的条件下，连续等量地把一种可变要素增加到其他生产要素上，它所带来的边际产量是递增的。我们再进一步思考，如果继续增加店员到一百名，会让生产咖啡的效率无限制地提高吗？

答案是不会，大家可以想象另一个场景，咖啡厅里一个人收银，一个人做咖啡，一个人打扫卫生，其他人虽然待在咖啡厅却无事可做。由此可见，在咖啡厅的面积、咖啡机的数量和原材料都保持不变的前提下，咖啡店里的店员数量也有一个“合适”的数字，而不是越多越好。

就好比企业在招聘的时候，招聘的人数如果太少，就满足不了企业的需求，工作会做不完。而招聘的人数过多，也会给企业带来负效应。这其实就是边际收益递减规律的现实应用。

思考与实践 4-4

三个和尚没水喝

俗话说，一个和尚挑水喝，两个和尚抬水喝，三个和尚没水喝。庙里只有一个小和尚时，他每天自己挑水、念经、敲木鱼，虽然劳累但也安稳自在；不久，来了个高和尚，两人抬一个水桶，放在扁担中间，两人都节省了力气；后来，又来了个胖和尚，三个人互相推诿，没人愿意去打水，也就没水喝了。

1. 通过本节课的学习，说说这个家喻户晓的故事中所蕴含的经济学道理吧。

2. 在日常生活实践中，遇到类似的问题，该如何避免“三个和尚没水喝”的后果？

任务三 认识长期生产函数

一、长期生产函数

在长期内，所有的生产要素投入量都是可变的，在生产理论中，为了简化分析，通常以两种可变生产要素的生产函数来考察长期生产问题。

假定生产者使用劳动和资本两种可变生产要素来生产一种产品，则两种可变生产要素的长期生产函数可以写为：

$Q=f(L, K)$

式中，L为可变要素劳动的投入量；K为可变要素资本的投入量；Q为产量。

二、等产量线

既然可变的生产要素不是一种，而是两种，两种生产要素又可以相互替代，那么我们可以通过等产量线来研究生产者如何把既定成本分配于两种不同的生产要素，以实现利润最大化。

等产量曲线是在技术水平不变的条件下生产同一产量的两种生产要素投入量的所有不同组合的轨迹。

如图4-3所示，横轴代表劳动L的投入量，纵轴代表资本K的投入量，Q代表等产量线，A、B、C、D四点表示劳动与资本的四种组合方式。在等产量曲线的任何一点上，劳动L与资本K不同数量的组合给生产者所带来的产量都是相同的。

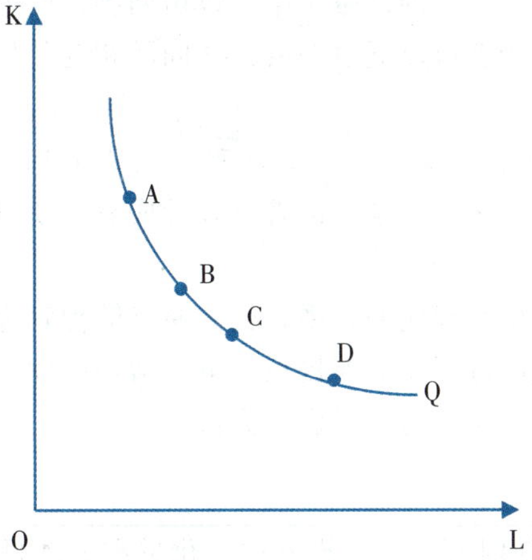

图4-3 等产量线

等产量线有以下三个特点：

（1）等产量线是一条向右下方倾斜并凸向原点的曲线，其斜率为负值。这表明，生产者在资源与生产要素价格既定的条件下，为了达到相同的产量，在增加一种生产要素投入时，可以减少另一种生产要素的投入。

（2）在同一平面上，可以有无数条等产量线。等产量曲线与坐标原点距离的远近表示产量水平的高低：离原点越近的等产量曲线代表的产量水平越低；离原点越远的等产量曲线代表的产量水平越高。如图4-4所示，Q_1、Q_2、Q_3是三条不同的等产量线，其中Q_1代表的产量水平最低，Q_2代表的产量水平大于Q_1，Q_3代表的产量水平最高。

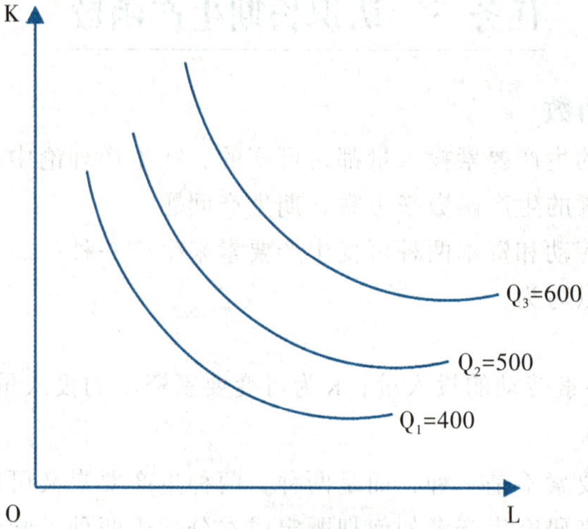

图4-4 三条不同产量的等产量线

（3）同一平面坐标上的任意两条等产量曲线不会相交。假设有两条等产量线相交于某一点，那么它们在这一点上就有相等的产量，这与不同的等产量线代表不同的产量水平是矛盾的。因此，不同的等产量线只会是平行的，绝不会相交。

三、边际技术替代率

与等产量线相关联的一个概念是边际技术替代率，它的英文缩写为MRTS。

一条等产量线表示一个既定的产量水平可以由两种可变要素的各种不同数量的组合生产出来。这意味着，生产者可以通过两要素之间的相互替代，来维持一个既定的产量水平。

例如，为了生产10单位的某种产品，生产者可以使用较多的劳动和较少的资本，也可以使用较少的劳动和较多的资本。前者可以看成是劳动对资本的替代，后者可以看成是资本对劳动的替代。

通过两要素之间这种相互替代的关系，我们便能够理解边际技术替代率的概念。边际技术替代率是指在产量保持不变的前提条件下，增加一种生产要素的数量与可以减少的另一种生产要素的数量之比，用公式表示为：

$$MRTS_{LK}=-\frac{\Delta K}{\Delta L}$$

公式中的ΔK和ΔL分别表示资本投入的变化量和劳动投入的变化量。公式中加一个负号是为了使边际技术替代率的值在一般情况下为正值，方便比较。

显然，从几何意义上看，在一条等产量曲线上的任意一点，投入L对投入K的边际技术替代率，等于等产量曲线上这一点的斜率。

因此，边际技术替代率具有如下特点：

（1）当等产量曲线的斜率为负值时，两种生产要素可以互相替代，一种生产要素增加，另一种生产要素必须减少方能使产量维持在同一个水平上。

（2）当等产量曲线的斜率为正值时，两种生产要素必须同时增加才能达到与从前相同的产量水平。

（3）等产量曲线的斜率也可以是无穷大或为零，此时表明两种生产要素不能相互替代。

在两种生产要素相互替代的过程中，普遍地存在一种现象：在维持产量不变的前提下，当一种生产要素的投入量不断增加时，每一单位的这种生产要素所能替代的另一种生产要素的数量是递减的。这一现象被称为边际技术替代率递减规律。

如图4-5所示，在两要素的投入组合沿着既定的等产量线Q_1由A点顺次运动到B和C点的过程中，劳动投入量等量地由L_1增加到L_2，再增加到L_3，即有$OL_2-OL_1=OL_3-OL_2$，而相应的资本投入量减少量为$OK_1-OK_2>OK_2-OK_3$。这意味着，在产量不变的条件下，在劳动投入量不断增加和资本投入量不断减少的替代过程中，边际技术替代率是递减的。

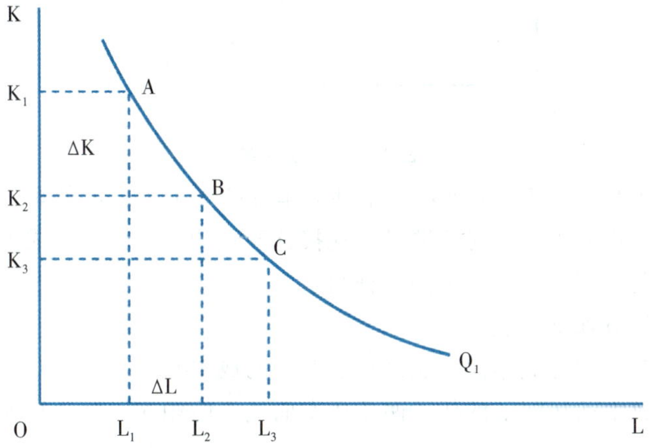

图4-5 边际技术替代率递减曲线

边际技术替代率递减的主要原因在于：任何一种产品的生产技术都要求各要素投入之间有适当的比例，也就是说要素之间的替代是有限制的。简单地说，以劳动和资本两种要素投入为例，在劳动投入量很少和资本投入量很多的情况下，减少一些资本投入量可以很容易地通过增加劳动投入量来弥补，以维持原有的产量水平，即劳动对资本的替代是很容易的。但是，在劳动投入增加到相当多的数量，和资本投入量减少到相当少的数量的情况下，再用劳动去替代资本就将是很困难的了。

四、等成本线

通过学习等产量线，我们了解了生产同一数量产品所需的劳动和资本投入的组合。

在实际应用中，厂商往往成本预算有限。那么，在既定的成本和既定生产要素价格条件下生产者可以购买到的两种生产要素的不同数量组合，可以用另一条曲线来表示，我们称之为等成本线。

在生产要素市场上，厂商对生产要素的购买支付，构成了厂商的生产成本。成本问题是追求利润最大化的厂商必须考虑的一个经济问题。假定要素市场上既定的劳动的价格即工资为w，既定的资本的价格即利率为r，厂商既定的成本支出为C，则成本方程为：

$C=wL+rK$

根据该方程可以得到等成本线，如图4-6所示。

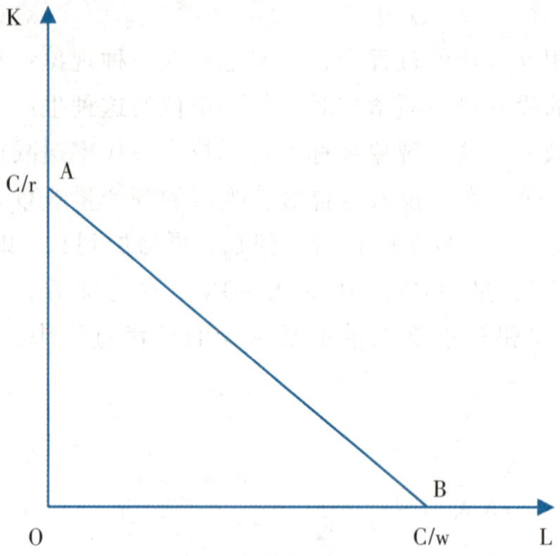

图4-6 等成本线

图4-6中横轴上的B点表示既定的全部成本都购买劳动时的数量，纵轴上的A点表示既定的全部成本都购买资本时的数量，连接这两点的线段就是等成本线。它表示既定的全部成本所能购买到劳动和资本的各种组合。

等成本曲线具有如下特点：

（1）离原点较远的等成本曲线总是代表较高的成本水平。

（2）同一等成本曲线图上的任意两条成本曲线不能相交，这一特点跟等产量线是一样的。

（3）等成本曲线向右下方倾斜，其斜率是负的。要增加某一种要素的投入量而保持总成本不变，就必须相应地减少另一种要素的投入。

（4）在要素价格给定的条件下，等成本曲线是一条直线，其斜率是一个常数，即两种投入要素的价格之比。

举个例子，假设一台机器的价格是1 000元，每个员工的工资是2 500元，企业预算总成本为15 000元。

则有：$15\,000=1\,000K+2\,500L$

这就是说，这15 000元的总成本如果全部买机器，可买15台；全部雇用劳动力，可雇用6个劳动力。在生产中，企业会在等成本线上选择一点，安排若干名员工操作若干台机器，完成生产。

因此，有的经济学家也把等成本线称为企业预算线。等成本线向右移动表示生产者的总预算成本增加，能够购买到更多数量的要素；等成本向左移动表示总预算成本减少，能够购买的要素数量减少。

五、最优生产要素组合

如果我们将等产量线和等成本线结合在一起，便可研究生产者如何选择最优的生产要素组合，从而实现既定成本条件下的最大产量，或者实现既定产量条件下的最小成本。

最优的生产要素组合可以是产量一定时成本最低的要素组合，也可以是成本一定时产量最高的要素组合。表现在图形上，都是等成本线和等产量线的切点，称为生产者均衡点。

（一）既定成本条件下的产量最大化

假定在一定的技术条件下厂商用两种可变生产要素劳动和资本生产一种产品，且劳动的价格w和资本的价格r是已知的，厂商用于购买这两种要素的全部成本C是既定的。把厂商的等产量线和相应的等成本线画在同一个平面坐标系中，就可以确定厂商在既定成本下实现最大产量的最优要素组合点，即生产的均衡点。

如图4-7所示，有一条等成本线和三条等产量线Q_1、Q_2和Q_3。Q_1代表的产量水平最低，Q_2代表的产量水平大于Q_1，Q_3代表的产量水平最高。C_0与Q_1相交，与Q_2相切，与Q_3既不相交也不相切。这意味着，较低水平的产量Q_1，可以在既定的成本条件下生产，但不经济，成本预算没花完；较高水平的产量Q_3，虽然经济，但在既定的成本条件下不可能达到；只有在C_0与Q_2的切点E上才实现了生产要素的最优组合。由此可见，E点为生产者均衡点。

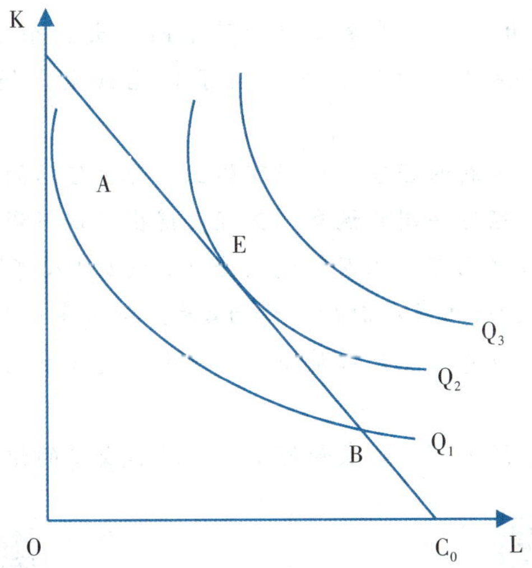

图4-7 既定成本下最大产量的生产要素最优组合

（二）既定产量下的成本最小化

在另一种情况下，我们假定厂商的既定产量是Q_0，也可以用图形分析既定产量下的成本最小的最优生产要素组合。

如图4-8所示，由于产量既定，所以只有一条等产量线Q_0，C_1、C_2、C_3为三条等成本线，等产量线Q_0与C_3相交，与C_2相切，与C_1既不相交也不相切。这表示，用较高的成本C_3可以生产产量Q_0，但不经济；用较低成本C_1虽然经济，但无法达到产量Q_0；而用成本C_2生产产量Q_0，既可能也最经济。既定的等产量曲线Q_0和等成本线C_2的切点E为生产者均衡点，它表示该点的要素投入组合是既定产量下成本最小的组合。

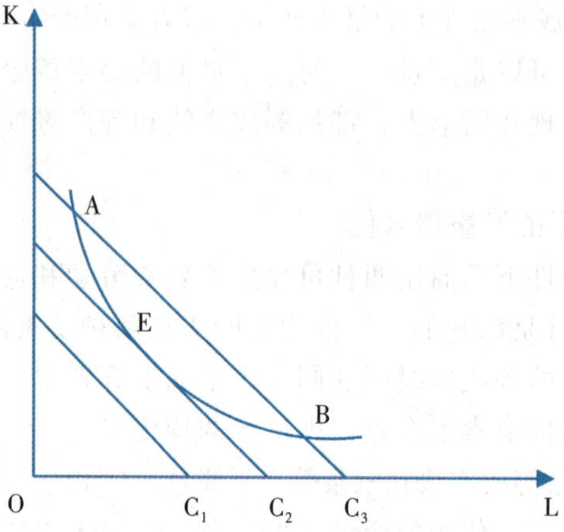

图4-8　既定产量下最小成本的生产要素最优组合

【拓展阅读 4-4】

男女搭配干活不累

红冠玩具厂是一家中型玩具生产企业，前几年企业的发展比较迅速，产量连年增长，市场份额也稳步上升。可随着企业规模的不断扩大，企业的生产似乎出现了瓶颈，投入和产出始终无法达到均衡，虽然换了好几位生产经理，但情况依然没有好转。

这次，企业又换了一名新的经理。该经理姓王，他上任后的第一件事是下到车间了解生产一线员工的状况。经过一周的调查，王经理得出了以下资料：企业现有女工和男工各一半，且女工和男工之间可以相互替代；女工每增加1人可增产10件玩具，男工每增加1人可增产8件玩具；女工每小时的工资为4元，男工每小时的工资为2.5元。从掌握的资料来看，王经理可以肯定生产人员组合比例失调是导致投入与产出无法达到均衡的主要原因。

俗话说，男女搭配干活不累，到底如何安排男工和女工的组合比例才是最优的呢？

微课 4-4

长期生产函数

学习测试 4-3

任务四　认识规模收益

一、规模收益的含义

规模收益分析涉及的是企业的生产规模变化与所引起的产量变化之间的关系。企业只有在长期内才可能变动全部生产要素，进而变动生产规模，因此，企业的规模报酬分析属于长期生产理论问题。

在长期生产理论中，通常是以全部的生产要素都以相同的比例发生变化来定义企业的生产规模的变化。规模收益，又称规模报酬，是指在其他条件不变的情况下，企业内部各种生产要素按相同比例变化时所带来的产量变化。

二、规模收益的类型

企业的规模收益变化可以分规模收益递增、规模收益不变和规模收益递减三种类型。

（一）规模收益递增

当产量增加的比例大于各种生产要素增加的比例，我们称之为规模收益递增。

例如，当全部的生产要素劳动和资本都增加100%时，产量的增加大于100%，就构成了规模收益递增。

规模收益递增主要源于四个方面：

（1）劳动分工使生产的专业化程度提高，从而提高劳动生产率。

（2）资源的集约化使用。同时集中使用数量较多且性能相似的机器设备，可以使厂商提高机器的使用效率，如因故障停工的概率降低，相同工种的劳动力集中在一起使统一培训的成本降低等。

（3）生产要素的不可分性。不可分性意味着某些生产要素只有在一定的限度和范围内才能发挥最大的生产能力，生产规模较大的生产者比小规模的生产者能更有效地利用这些生产要素。

（4）大规模厂商的较强的讨价还价能力。生产规模大的厂商往往在原材料采购、分销渠道、产品运输等方面有着较强的讨价还价能力，可以以较低的价格购买原材料，建立分销渠道能力较强，单位分销成本也较低。

大规模生产给企业带来的这些好处在经济学上又称为规模经济。一定的产量范围内，可以认为固定成本变化不大，那么新增的产品就可以分担更多的固定成本，从而使总成本下降。人们根据生产力因素数量组合方式变化规律的要求，自觉地选择和控制生产规模，求得生产量的增加和成本的降低，从而取得最佳经济效益。规模经济或生产力规模的经济性，就是确定最佳生产规模的问题。

（二）规模收益不变

当产量增加的比例等于各种生产要素增加的比例时，我们称之为规模收益不变。

例如，当全部生产要素劳动和资本都增加100%时，产量也增加100%。

一般可以预计两个相同的工人使用两台相同的机器所生产的产量，是一个这样的工人使用一台这样的机器所生产的产量的两倍。这就是规模报酬不变的情况。

（三）规模收益递减

当产量增加的比例小于各种生产要素增加的比例时，我们称之为规模报酬递减。

例如，当全部生产要素劳动和资本都增加100%时，产量的增加却小于100%。

造成规模收益递减的主要原因有两个：

（1）生产要素可得性的限制。随着厂商生产规模的逐渐扩大，由于地理位置、原材料供应、劳动力市场等多种因素的限制，可能会使厂商在生产中需要的要素投入不能得到满足。

（2）生产规模较大的厂商在管理上效率会下降，如内部的监督控制机制、信息传递等，容易错过有利的决策时机，使生产效率下降。

与规模经济相对应，规模收益递减又被称为规模不经济。

三、内在经济与外在经济

经济学家常用内在经济与外在经济来解释规模收益的变动问题。

内在经济是指一个厂商在生产规模扩大时自身内部所引起的收益增加。例如，一个厂商的生产规模扩大，可以实现更加精细的内部分工，可以充分发挥管理人员的效率，减少管理人员的比例，可以对副产品进行综合利用，可以减少生产和购销费用等等。但是，如果一个厂商的生产规模过大则会引起收益的减少，这就是内在不经济。例如，一个厂商的生产规模过大，会使得管理不便，管理效率降低，内部通信联系费用增加，在购销方面需要增设机构等等。

外在经济是指整个行业规模扩大时给个别厂商所带来的收益增加。例如，整个行业的发展可以使个别厂商在交通、信息、人才等方面获得某些好处而增加了收益。但是，如果一个行业的规模过大也会给个别厂商带来损失，使它们的成本增加，收益减少，这就是外在不经济。例如，整个行业扩大引起生产要素的供给不足，产品销售困难，交通运输紧张，环境污染等等，从而使个别厂商的收益减少。

由此可见，一个行业或一个厂商生产规模过大或过小都是不利的，每个行业或厂商都应根据自己生产的特点确定一个适度规模。

四、适度规模

一般说来，在长期生产过程中，企业的规模收益的变化呈现出如下规律：当企业从最初的很小的生产规模开始逐步扩大的时候，企业面临的是规模收益递增的阶段。在企业得到了由生产规模扩大所带来的产量递增的全部好处之后，一般会继续扩大生产规模，将生产保持在规模收益不变的阶段。这个阶段有可能比较长。在这以后，企业若继续扩大生产规模，就会进入一个规模收益递减的阶段。

因此，如果一家企业想要实现适度规模，就应该在得到了生产规模扩大所带来的收益递增的全部好处后，将规模保持在规模收益不变的阶段，而绝不应将规模扩大到规模收益递减的阶段。

规模收益理论是经济学中在解决实际问题时非常实用的理论，很多企业、单位要想在竞争中获得最大收益，同时避免资源浪费，就要尽可能在规模收益理论的框架内行事，每个企业决策者在做出决策时一定不能忽视这个理论的现实价值。

【拓展阅读 4-5】

天津药业：不畏强手直面竞争

天津药业集团有限公司作为新中国成立后地地道道的老国有企业，是天津最大的综合性制药企业，也是目前全国最大的皮质激素类药物科研、生产和出口基地。20世纪80年代随着国家的改革开放，外国大制药公司的地塞米松凭借高质量、低价格的优势长驱直入中国市场。当外国产品的价格降到国内产品生产成本以下时，国内制药厂只好停产地塞米松，将国内市场全部让与外商。

天津药业集团有限公司意识到，要夺回市场首先要充分掌握、消化专利技术，并通过不断的开发和研制，保持技术的先进性；其次，因为药品生产是一系列化学反应的集合，有显著的规模经济性，所以要最大限度地扩大产量。据此，企业制定了“高科技+规模经济”的战略。新的科技体制调动了全部科研力量。科技人员反复试验，研制成功生物脱氢新工艺，使6种激素类药物受益。其中，地塞米松的成本降低了40%，收益率提高50%，质量超过美、意等国的产品。除此之外，公司科研人员还先后开发研制了十几个新产品和十几项新工艺，均取得不小的成果。

思考：为何天津药业集团扩大产量后就降低了生产成本呢？

资料来源：佚名.天津药业有限公司的规模收益案例分析［EB/OL］.［2011-12-23］.https：//wenku.baidu.com/view/ea0ca333f111f18583d05abf.html? _wkts_=1687696557248.

【学思践悟】 供给侧结构性改革助力钢铁行业去产能

我国是一个钢铁大国，钢铁行业一直处于规模收益递增阶段，但前些年出现了产能过剩的问题。随着供给侧结构性改革的实施，我国钢铁行业去产能取得了实质性的进展。一方面，改革最直接的效果是帮助行业走出了亏损“泥沼”，解决了困扰行业多年的产能过剩问题，提振了信心；另一方面，从更深层次来说，是帮助行业矫正了扭曲的要素配置，提高了供给质量，抑制了“劣币驱逐良币”的现象，奠定了转型升级、实现高质量发展的良好基础，抑制了钢铁行业向规模收益递减趋势转移。

从市场行情来看，随着供给侧结构性改革的不断落实，钢铁行业的供需关系基本处于一个较为稳定的状态之中。目前，市场环境明显改善，产能严重过剩矛盾有效缓解，优质产能得到发挥，企业效益明显好转。通过积极转型升级，钢铁企业逐步摒弃以量取胜的传统观念，转向追求高质量发展。

悟有所得

任何一个行业，都应找到其适度规模所在，才能维持良好的经营秩序。

对于钢铁行业在供给结构存在的问题，国家自 2016 年开始对钢铁行业开展供给侧结构性改革，在过去的若干年中成效显著。目前我国通过正确预测钢铁工业的未来发展趋势，明确钢铁工业在未来社会中应发挥的作用，使钢铁工业在国民经济中的地位更加稳定。通过一段时间的政策实施，多家企业创下年度最优业绩。钢铁行业“去产能”已取得了丰硕成果，同时国家的措施也得到了有力的证明。

2023 年的政府工作报告提出，要把实施扩大内需战略同深化供给侧结构性改革有机结合起来。这是党中央基于国内外发展环境变化提出的重大战略举措，对于今后一个时期加快构建新发展格局、推动高质量发展具有重要意义。我们应该正确认识经济发展规律，从马克思主义政治经济学理论出发，深刻理解这一系列战略部署的理论依据。

请思考，我国钢铁行业为什么要去产能？

微课 4-5

规模收益

学习测试4-4

【项目小结】

生产者或厂商是指能够做出统一的生产决策的个体经济单位。

厂商的生产可以分为短期生产和长期生产。短期指在生产中厂商至少有一种生产要素来不及调整的时期；长期指在生产中厂商对于所有的生产要素都可以进行调整的时期。

短期生产的基本规律是边际收益递减规律。该规律强调：在任何一种产品的短期生产中，在其他条件不变的前提下，任何一种可变要素的边际产量必然会从递增阶段发展为递减阶段。也就是说，任何一种可变要素的短期边际产量曲线呈现出先上升后下降的倒U形的特征。由短期边际产量曲线的特征可以推导出短期总产量曲线与短期平均产量曲线。短期生产可以分为三个阶段，厂商生产的合理区间是第Ⅱ阶段。

长期生产理论的主要分析工具是等产量线和等成本线。等产量线表示在技术水平不变的条件下生产同一产量的两种生产要素投入量的所有不同组合。等产量线的斜率可以用边际技术替代率表示，边际技术替代率是递减的。等成本线是在生产成本和要素价格给定的条件下，生产者可以购买到的两种生产要素的各种不同组合的轨迹。等成本线的斜率可以用两要素的价格之比来表示。

在长期生产中，厂商无论是实现既定成本下的最大产量，还是实现既定产量下的最小成本，生产的均衡点都发生在等产量线和等成本线的相切点。在切点上，等产量线和等成本线的斜率相等，即两要素的边际技术替代率等于两要素的价格之比。或者说，只有当厂商将最后一单位的货币成本无论用来购买哪一种要素所带来的边际产量都相等时，它才能够实现既定成本下的最大产量，或者实现既定产量下的最小成本。

规模收益属于长期生产的概念。规模收益递增、规模收益不变和规模收益递减分别指长期生产中全部生产要素增加的比例小于、等于或大于它所导致的产量增加的比例。在企业扩大规模的长期生产过程中，一般会先后经历规模收益递增、规模收益不变和规模收益递减这三个阶段。

【项目训练】

一、名词解释

厂商　生产要素　生产函数　总产量　平均产量　边际产量　边际收益递减规律　边际技术替代率　等产量线　等成本线　规模收益　适度规模

二、单选题

1.习惯上，生产要素包括（　　）。

A.劳动和资本　　B.土地　　C.企业家才能　　D.A、B和C

2.当其他生产要素不变，一种生产要素增加时，（　　）。

A.总产量会一直增加　　B.总产量会一直减少

C.总产量先增加后减少　　D.总产量先减少后增加

3.当边际产量大于平均产量时，（　　）。

A.平均产量增加　　B.平均产量减少

C.平均产量不变　　D.平均产量达到最低点

4.总产量达到最大时，（　　）。

A.边际产量为最大　　B.边际产量为零

C.边际产量为正　　D.边际产量为负

5.如果连续增加某种生产要素，在总产量达到最大时，边际产量曲线（　　）。

A.与纵轴相交　　B.经过原点

C.与平均产量曲线相交　　D.与横轴相交

6.下列说法中，正确的是（　　）。

A.只要总产量减少，边际产量就一定为负

B.只要边际产量减少，总产量就一定减少

C.只要边际产量大于平均产量，平均产量就一定减少

D.只要边际产量减少，平均产量就一定减少

7.边际收益递减规律所研究的问题是（　　）。

A.各种生产要素同时变动对产量的影响

B.其他生产要素不变，一种生产要素变动对产量的影响

C.一种生产要素不变，其他生产要素变动对产量的影响

D.所有生产要素都没有变动，自身规律的变化

8.等产量曲线（　　）。

A.向右上方倾斜　　B.向右下方倾斜

C.是一条水平线　　D.是一条垂直线

9.一条等成本线和等产量线既不相交也不相切，此时要达到等产量线所表示的产出水平，应该（　　）。

A.增加投入　　B.减少投入

C.保持原始投入不变　　D.以上各项都不正确

10.规模报酬递减是在（　　）的情况下发生的。

A.按比例连续增加各种生产要素

B.不按比例连续增加各种生产要素

C.连续地投入某种生产要素而保持其他要素不变

D.以上各项都正确

11.当平均产量曲线与边际产量曲线相交时，（　　）。

A.总产量最大　　B.总产量最小

C.平均产量最大　　D.边际产量为零

12.当其他生产要素不变，而一种生产要素连续增加时，（　　）。

A.总产量会一直增加　　B.总产量会一直减少

C.总产量会先增加后减少　　D.边际产量不会有最大值

13.生产理论中，长期与短期的划分依据是（　　）。

A.以1年为界限

B.以3年为界限

C.以实际产量能否达到计划产量为界限

D.以所有生产要素能否都得到调整为界限

14.生产技术不变时，达到同一产量的两种投入的各种不同组合所形成的曲线是（　　）。

A.无差异曲线　　B.等产量线

C.生产扩展线　　D.等成本线

15.等产量线是指在这条曲线上的各点代表（　　）。

A.为达到同等产量，投入要素的各种组合比例是不能变化的。

B.为达到同等产量，投入要素的价格是不变的。

C.不管投入的各种要素量如何，产量总是相等的。

D.投入要素的各种组合所能达到的产量都是相等的。

16.等产量线的斜率衡量的是（　　）。

A.商品的边际替代率　　B.规模收益

C.边际收益　　D.边际技术替代率

17.在保持既定产量下，减少的一种投入量与增加的另一种投入量的比值是（　　）。

A.机会成本　　B.商品替代率

C.边际技术替代率　　D.成本替代率

18.两种生产要素形成的等产量线凸向原点意味着边际技术替代率（　　）。

A.可变　　B.不变　　C.递减　　D.递增

19.规模收益考察的是（　　）。

A.长期生产　　B.短期生产　　C.平均生产　　D.边际生产

20.当某厂商以最小成本生产出既定产量时，那么该厂商（　　）。

A.总收益为零　　B.一定获得最大利润

C.一定未获得最大利润　　D.无法确定是否获得最大利润

三、多选题

1.生产要素可分为（　　）。

A. 土地　　B. 劳动　　C. 资本

D. 企业家才能　　E. 资本家才能

2.等产量曲线具有（　　）的特点。

A.凸向原点

B.斜率为负

C.任何两条等产量曲线不能相交

D.离原点越远的等产量曲线表示产量越大

E.等产量曲线向右下方倾斜

3.边际收益递减规律（　　）。

A.以生产技术进步为前提

B.以生产技术水平不变为前提

C.假定所有的可变要素投入是同质的

D.以其他生产要素固定不变，只有一种可变要素的生产为前提

E.在可变要素投入增加到一定程度之后才显现

4.如果只有一种生产要素可以变动，那么，该要素合理投入量应处于（　　）。

A.生产要素投入的第二阶段

B.平均产量和边际产量都递增的阶段

C.平均产量和边际产量都递减并且大于0的阶段

D.平均产量递增，而边际产量递减的阶段

E.平均产量递减，而边际产量小于0的阶段

5.因为总产量等于所有边际产量之和，所以（　　）。

A.在边际产量曲线上升时，总产量曲线以越来越慢的速度上升

B.在边际产量曲线上升时，总产量曲线以越来越快的速度下降

C.在边际产量曲线下降时，总产量曲线以越来越快的速度上升

D.在边际产量曲线下降时，总产量曲线以越来越慢的速度上升，至边际产量曲线降到0时开始以较快的速度下降

E.在边际产量曲线开始下降时，总产量曲线就以越来越快的速度下降

四、判断题

1.生产函数表示投入品价值与产出品价值的数量关系。

2.只要边际产量减少，总产量就一定减少。

3.生产要素的边际技术替代率递减源于边际收益递减规律。

4.在技术不变的条件下，只要各种投入不同步增加，某些投入的边际产出最终必然递减。

5.规模收益递减的原因主要是规模过大造成管理费用的增加和管理效率的降低等。

五、简答题

1.什么是生产要素与生产函数？

2.什么是边际收益递减规律？

3.总产量、平均产量和边际产量之间的关系是什么？

4.什么是等产量线？它有什么特征？

5.用图形说明生产要素的最适组合。

六、综合实践

已知某厂商的生产函数$Q=KL-0.5L^2-0.32K^2$，其中Q代表产量，K代表资本，L代表劳动，且$K=10$。求：

（1）劳动的平均产量函数和边际产量函数。

（2）当总产量、平均产量和边际产量达到极大值时，该厂商雇用的劳动量是多少？

项目五 成本理论

学习目标

知识目标：

•掌握机会成本、沉没成本、显性成本、隐性成本的概念；
•掌握短期成本的类型、曲线的特点和关系；
•掌握长期成本的类型、曲线的特点和关系；
•了解不同行业的长期平均成本；
•理解利润最大化原则。

能力目标：

•运用机会成本的相关知识，能够在生活中有进行合适决策选择的能力；
•运用利润最大化，能够解决企业生产中的经营选择的问题。

素质目标：

•培养学生系统严谨的逻辑推理能力；
•使学生认识正确的经济发展规律；
•培养学生对于中国创造、中国质量和中国品牌的认同感和自豪感。

知识结构：

- 成本理论
  - 认识成本
    - 机会成本
    - 沉没成本
    - 显性成本与隐性成本
    - 会计成本与经济成本
  - 分析短期成本
    - 短期成本的类型
      - 短期总成本
      - 短期平均成本
      - 短期边际成本
    - 短期成本的关系
  - 分析长期成本
    - 长期成本的类型
      - 长期总成本
      - 长期平均成本
      - 长期边际成本
    - 长期成本的关系
    - 不同行业的长期平均成本
  - 认识利润最大化原则
    - 收益
    - 利润
    - 利润最大化原则

引入案例

为什么家长舍得把大把的钱花在子女教育上?

人们都知道，为了上大学，要放弃直接工作的机会。假设一个人不上大学而去工作，每年挣 5 万元，4 年能挣 20 万元，再加上不用交学费、书本费等，又能省下 4 万元，共计 24 万元。

通常情况下，普通人通过上大学可以提高工作能力，以后会得到更多的收入。例如，没上过大学的人每年收入 5 万元，从 18 岁工作到 60 岁，共收入 210 万元。上过大学的人每年收入 8 万元，从 22 岁工作到 60 岁，共计 304 万元。上过大学的人一生总收入比没上过大学的人多 94 万元，94 万元减 24 万元等于 70 万元，这就是上大学的经济利润。这还没考虑高学历所带来的名誉、地位等其他效应。所以上大学是值得的，家长舍得在子女教育上投入就在情理之中了。

但也有特殊情况，一个有足球天赋的人，若在高中毕业后做职业足球运动员，每年可获得 200 万元的收入，4 年就能挣 800 万元，远远高于一个大学生一生的收入。因此对他来说，应该去踢足球而不是上大学。

这个案例中，上大学的成本是如何计算的呢？对于不上大学直接工作与有体育天赋这两种情况，上大学的机会成本一样吗？

任务一　认识成本

成本是商品经济的价值范畴，是商品价值的组成部分。人们要进行生产经营活动或达到一定的目的，就必须耗费一定的资源，其所费资源的货币表现及其对象化称为成本。

一、机会成本

经济学家认为，经济学是研究一个经济社会如何对稀缺的经济资源进行合理配置的问题。从经济资源的稀缺性这一前提出发，当一个社会或一个企业用一定的经济资源生产一定数量的一种或者几种产品时，这些经济资源就不能同时被使用在其他的生产用途方面。这就是说，这个社会或这个企业所获得的一定数量的产品收入，是以放弃用同样的经济资源来生产其他产品时所能获得的收入作为代价的。由此，便产生了机会成本的概念。

生产某种商品的机会成本是指生产者所放弃的把相同生产要素使用在其他生产用途中所能得到的最高收入。

例如，当一个厂商决定利用自己所拥有的经济资源生产1辆汽车时，这就意味着该厂商不可能再利用相同的经济资源来生产200辆自行车。于是，可以说，生产1辆汽车的机会成本是所放弃生产的200辆自行车。如果用货币数量来代替对实物商品数量的表述，且假定200辆自行车的价值为10万元，则可以说，1辆汽车的机会成本是10万元。

其实，不仅在生产问题上有机会成本，在消费问题、时间利用上都有机会成本。

日常生活中，在我们注意不到的地方，有许多志愿者们不辞辛苦、不分昼夜地服务大众。对于这些志愿者来说，他们所提供服务的机会成本便是自己的休息时间和与家人团聚的欢乐，但是他们没有任何怨言，放弃“小家”守护“大家”。因为对他们来说，为人民服务的收益远高于机会成本。

【思考与实践 5-1】

小丽将自家旺市居所的底楼空出来，开了一家小面馆。一家三口辛苦了一个月，算算账，赚了 5 000 元，小丽感到很高兴，似乎勤劳致富的道路就在眼前。而她的邻居却说，小丽这是吃力不讨好，做的是亏本生意。

你认为小丽家的面馆是亏本生意吗？为什么邻居会这样说？请结合所学知识做出解释。

资料来源：道客巴巴．经济学基础（B卷）[EB/OL]．[2014-06-28]．https：//www.doc88.com/p-4951069607741.html.

二、沉没成本

微课5-1

机会成本

沉没成本是一种过去已经支付的成本，不管你目前的决策是什么，该成本都不会变化。就好比花出去的钱、泼出去的水，是收不回来的。

在制定目前的决策时，我们最理性的做法是应该忽略沉没成本，因为它属于已经完成、无法改变的事项。

【拓展阅读 5-1】

假设你花了50元买了一张电影票，你对这场电影是否值50元表示怀疑。看了半小时后你的怀疑果然应验：电影太无聊了！你已经昏昏欲睡，没有看下去的欲望。那么此时，你会选择中途离场，还是坚持在座位上睡到电影结束呢？

这个问题就涉及经济学中的沉没成本理论。你在做决定时，你应该忽略买电影票花的50元。这50元是沉没成本，不管是去还是留，这50元已经花出去了，无法再收回。既然电影无法给你带来愉悦感，相比于在电影院里睡觉，如果你有能够带来更多效用的其他选择，你就应该中途离场，而不是因为已经花了钱就一定要坚持留在座位上。

（一）沉没成本与经济思维

经济学家在做决策时对于成本的考虑，与日常思维方式可能有一些不同：经济学家重视普通人可能会忽略的机会成本，而忽略普通人不愿忽略的沉没成本。

第一，要做到向前看，也就是对机会成本要“斤斤计较”；第二，要做到既往不咎，也就是对沉没成本要“随它去”，不让沉没成本影响关于未来的生产或销售决策，避免一错再错。这两点都是非常重要的经济学思维。

【拓展阅读 5-2】

假如你对一场新上映电影的心理价格为50元，结果你只用40元就买了一张票，但在进电影院之前，你把票弄丢了。此时你选择放弃看电影还是再买一张票呢？

有些同学可能会纠结，认为花两张票的价格去看这部电影不值得。

但最理性的回答是，在经济条件允许的情况下，你应该再买一张票。因为看电影的效用（50元）仍然大于机会成本，也就是第二张票的40元。至于你丢了的那第一张40元的票已经是沉没成本了。覆水难收，不要为此而懊恼，也不要因此影响看电影的决策和好心情。

【思考与实践 5-2】

如果有一天，你和你的朋友花一个月的零花钱买了演唱会的门票，结果演唱会当天有暴风雪，你们因为天气原因没能去成，你的朋友对此懊恼不已，一整天上课都在走神。

请你思考，该如何使用所学知识劝解你的朋友呢？

（二）生活中的沉没成本

需要注意的是，沉没成本不仅仅是金钱的概念，在生活中，我们花费的时间、精力等等都属于沉没成本的范畴。

例如，你有没有经历过，等了很久公交车依然不来，因为已经等了很久，觉得现在换出租车，之前就是白等了。

再比如，两个人恋爱久了，发现了彼此身上的问题，但一想到在对方身上已经投入的时间和精力，只好继续容忍下去。

这样的例子在生活中比比皆是，沉没成本让人难以放手，难以释怀。人有时是非理性的，因此我们要意识到自己的非理性，无论是个人还是企业，在做重要决策时，都应忽略沉没成本，才能获得更大的收益。

【拓展阅读5-3】

狡猾的农场主

一个生产小麦的农场主向他的工人发布了这样一则坏消息："今年的小麦价格很低，而且我从今年的粮食中最多只能获得3.5万元毛收入。如果我付给你们与去年相同的工资（3万元），我就会亏本，因为我不得不考虑3个月以前已经为种子和化肥花了2万元。如果为了那些仅值3.5万元的粮食而让我花上5万元，那么我一定是疯了。如果你们愿意只拿去年一半的工资（1.5万元），我的总成本将为3.5万元（2万元+1.5万元），至少可以收支相抵。如果你们不同意降低工资，那么我也就不打算收割这些小麦了。"

于是，工人们围坐在一起以投票来决定是否同意降低工资。这时，有一位略懂一点经济学知识的工人很快进行了一番计算，然后，他肯定地说："农场主在吓唬我们，即使我们不同意降低工资，他也会让我们为他收割小麦的。"他的理由在于：农场主数月前用来支付种子和化肥的2万元固定成本已经是沉没成本了，不管他是否打算收割小麦，这2万元固定成本都已经发生，而且是无法收回的，因此，在决定是否收割小麦时是可以忽略不计的。农场主是否收割小麦取决于总收益与总可变成本的比较，只要总收益不小于总可变成本，他就会收割小麦，因为此条件下收割小麦的总损失比不收割的总损失要小。而现在农场主的总收益（3.5万元）超过了总的可变成本（支付给工人的3万元），所以，即使工人们不接受降低工资的建议，他仍将收割小麦。

资料来源：佚名.狡猾的农场主［EB/OL］.［2018-09-10］. https://ishare.iask.sina.com.cn/f/1GYHYQ52kKRy.html.

三、显性成本与隐性成本

微课5-2

沉没成本

企业的生产成本可以分为显性成本和隐性成本两部分。

显性成本是指厂商在生产要素市场上购买或租用所需要的生产要素的实际支出，即企业支付给企业以外的经济资源所有者的货币额。例如支付的生产费用、工资费用、市场营销费用等，因而它是有形的成本。

例如，厂商雇用了一定数量的工人，从银行取得了一定数量的贷款，并租用了一定数量的土地。为此，这个厂商就需要向工人支付工资，向银行支付利息，向土地出租者支付地租，这些支出便构成了该厂商的生产的显性成本。

隐性成本是厂商本身自己所拥有的且被用于企业生产过程的那些生产要素的总价格。它是一种隐藏于企业总成本之中、游离于财务审计监督之外的成本，是由于企业或员工的行为而有意或者无意造成的具有一定隐蔽性的将来成本和转移成本，是成本的将来时态和转嫁的成本形态的总和，如管理层决策失误带来的巨额成本增加，领导的权威失灵造成的上下不一致，信息和指令失真，效率低下等。相对于显性成本来说，这些成本隐蔽性大，难以避免，不易量化。

例如，为了进行生产，一个厂商除了雇用一定数量的工人、从银行取得一定数量的贷款和租用一定数量的土地之外（这些均属于显性成本支出），还动用了自己的资金和土地，并亲自管理企业。

经济学家指出，既然借用了他人的资本需付利息，租用了他人的土地需付地租，聘用他人来管理企业需付薪金，那么，同样的道理，在这个例子中，当厂商使用了自有生产要素时，也应该得到报酬。所不同的是，现在厂商是自己向自己支付利息、地租和薪金。所以，这笔价值就应该计入成本之中。由于这笔成本支出不如显性成本那么明显，故而被称作隐性成本。

举个例子，有一对夫妻开了一家餐馆，店铺是由自家所有的门市改造，若不经营餐馆，租出去每年可获得30 000元租金。夫妻俩每天早上8点就开门，晚上8点关门，平均每天工作12小时，购买碗筷、冰箱、餐桌等投入5 000元，日常营业购买粮油、蔬菜和肉等原材料以及交税一年花费20 000元。夫妻俩的显性成本和隐性成本见表5-1。

表5-1 餐馆的显性成本与隐性成本

显性成本		隐性成本	
原材料成本和税款	20 000元	自有店铺（预计租金）	30 000元
购买固定资产	5 000元	店主的时间（预计劳动收入）	每天12小时的工钱

四、会计成本与经济成本

会计学和经济学对成本的理解不尽相同。

会计成本是会计记录在公司账册上的客观和有形的支出，是显性成本，包括生产、销售过程中发生的原材料、工资、租金、广告费用等支出。

经济成本是公司使用的所有资源的机会成本，是显性成本和隐性成本之和，不仅包括实际支付的成本，还包括机会成本。

如果企业拥有自己的大楼，而不需要交付办公室房租，会计人员认为办公室成本为零。而经济学家却不这么认为，他们知道，如果将办公室租给其他公司会带来租金。这项放弃了的租金便是使用办公室的机会成本，应包含在经营活动的成本之中。

【拓展阅读5-4】

假设王先生用自己的银行存款30万元收购了一个小企业，王先生的会计师计算一年的利润是3万。我们用经济学的理论分析王先生的成本和利润。

王先生如果不支取这30万元钱收购企业，而是把钱存在银行里，在市场利息5%的情况下他每年可以赚到1.5万元的银行存款利息。王先生为了拥有自己的工厂，每年放弃了1.5万元的利息收入。这1.5万元就是王先生开办企业的机会成本之一。经济学家和会计师以不同的方法来看待成本。经济学家把王先生放弃的1.5万元也作为他收购企业的成本，因此一年的利润是1.5万元。但是会计师并不把这1.5万元作为成本，因为在会计的账面上并没有货币流出企业去进行支付，所以一年的利润是3万元。由此可见，利润在经济学家与会计师眼中是不同的。

利润一般是指经济利润，也称超额利润，是指厂商总收益和总成本的差额。由于经济学家和会计师用不同方法衡量企业的成本，他们也会用不同的方法衡量利润。经济学家衡量企业的经济利润，即企业总收益减生产所销售物品与劳务的所有机会成本。会计师衡量企业的会计利润，即企业的总收益只减企业的显性成本。此案中王先生用自己的储蓄开办工厂的机会成本是1.5万元，会计成本是30万元，从经济学的角度讲，总成本是31.5万元（会计成本与机会成本之和）。会计利润是3万元，经济利润是1.5万元。

资料来源：戴琨．利润在经济学家与会计师眼中是不同的［EB/OL］．［2021-06-30］．https：//blog.csdn.net/weixin_42302418/article/details/118377309.

【拓展阅读5-5】

成本管理的六个环节

1.成本预测

成本预测是指根据企业成本统计的历史资料和市场调查预测，研究企业外部环境和内部影响因素的变化对成本变化的影响作用关系，运用专门的方法，科学地估算一定时间内的成本目标、成本水平，以及成本变化的趋势。

成本预测同时也是成本计划的基础，是编制成本计划的依据。没有成本预测，成本控制计划也就必然是主观臆断。这种计划，以及建立在这种计划基础上的预算也就没有作用。

2.成本决策

成本决策是按照既定的总目标，在充分收集成本信息的基础上，运用科学的决策理论和方法，从多种可行方案中选定一个最佳方案的过程。它是以提高经济效益为最终目标，强调划清可控与不可控因素，在全面分析方案中的各种约束条件并比较费用和效果的基础上，进行的一种优化选择。

它是成本管理工作的核心，成本管理的思路、方法都得由成本决策确定。

3.成本计划

成本计划是在成本预测和成本决策的基础上，根据计划期的生产任务和利润目标，通过“由下而上”和“由上而下”的两条路线，在充分发挥和调动全体员工积极性的基础上，汇总编制而成的、具有可操作性的成本控制计划体系。成本计划一经决策机构批准，就具有了权威性，必须坚决贯彻执行，不得随意改动。

它是成本控制和成本考核的依据。

4.成本核算

成本核算是通过对成本的确认、计量、记录、分配、计算等一系列活动，确定成本控制效果，为成本管理的各个环节提供准确的信息。只有通过成本核算，才能全面准确地把握企业生产经营管理的效果。企业劳动生产率的高低、固定资产的利用程度、原材料和能源的消耗情况、生产单位（车间）的管理水平等，都会直接或间接地表现在成本上。

5.成本分析

成本分析主要是运用成本核算所提供的信息，通过同行比较和关联分析，包括对成本指标和目标成本的实际完成情况，成本计划和成本责任的落实情况，上年的实际成本、责任成本，国内外同类产品成本的平均水平、最好水平进行比较，分析确定导致成本目标、计划执行差距的原因，以及可挖潜的空间。同时通过分析，把握成本变动规律，总结经验教训，寻求降低成本的途径。

6. 成本考核和奖惩

学习测试5-1

成本考核和奖惩是把成本的实际完成情况与应承担的成本责任进行对比，考核、评价目标成本计划的完成情况。其作用是对每个成本责任单位和责任人，在降低成本上所作的努力和贡献给予肯定，并根据贡献的大小，给予相应的奖励，以提升员工进一步努力的积极性。同时对于缺少成本意识、成本控制不到位、造成浪费的单位和个人，给予处罚，促其改进。

任务二　分析短期成本

一、短期成本的类型

短期是指企业不能根据它所要求达到的产量来调整其全部生产要素的时期。

在短期内，企业只能在既定的生产规模下，调整原材料、工人等可变生产要素，而不能调整土地、厂房、大型设备等固定生产要素。

短期成本分为短期总成本、短期平均成本和短期边际成本。

（一）短期总成本

短期总成本是短期内生产一定量产品所需要的成本总和，由固定成本和可变成本构成。

固定成本是指厂商在短期内必须支付的不能调整的生产要素的费用。这种成本不随产量的变动而变动，是固定不变的，例如厂房和设备的折旧，以及管理人员的工资。

可变成本是指厂商在短期内可以调整的生产要素的费用。这种成本随产量的变动而变动，是可变的，例如原材料、燃料的支出以及生产工人的工资。

我们以STC代表短期总成本，以TFC代表总固定成本，以TVC代表总可变成本，则有：

$$STC=TFC+TVC$$

如图5-1所示，横轴Q表示产量，纵轴C表示成本，TFC曲线是一条水平线。它表示在短期内，无论产量如何变化，TFC是固定不变的。

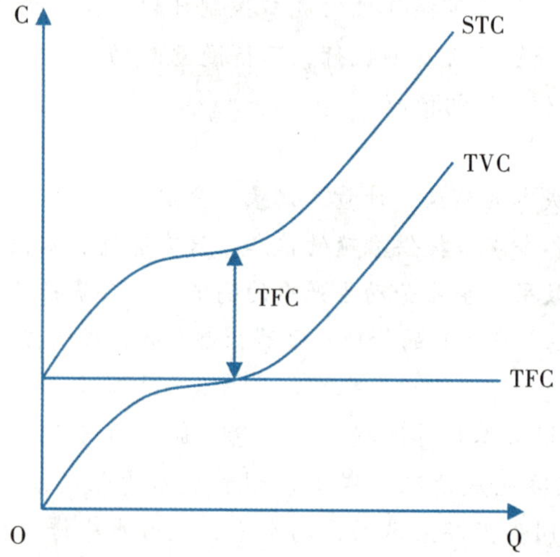

图5-1　TFC、TVC和STC曲线

总可变成本TVC曲线是一条由原点出发向右上方倾斜的曲线，随产量的变动而变动。

总成本STC曲线是从纵轴上相当于固定成本高度的点出发的一条向右上方倾斜的曲线。STC曲线表示：在每一个产量上的总成本由固定成本和可变成本共同构成。

STC与TVC之间的距离就是TFC。

（二）短期平均成本

短期平均成本是指短期内生产每一单位产品平均所需要的成本。短期平均成本由平均固定成本和平均可变成本构成。

平均固定成本是指平均每单位产品所消耗的固定成本。

平均可变成本是指平均每单位产品所消耗的可变成本。

我们以SAC代表短期平均成本，以AFC代表平均固定成本，以AVC代表平均可变成本，则有：

SAC=AFC+AVC

如图5-2所示，平均固定成本AFC曲线是一条向两轴渐近的双曲线。在总固定成本不变的前提下，随着产量的增加，平均固定成本是越来越小的。

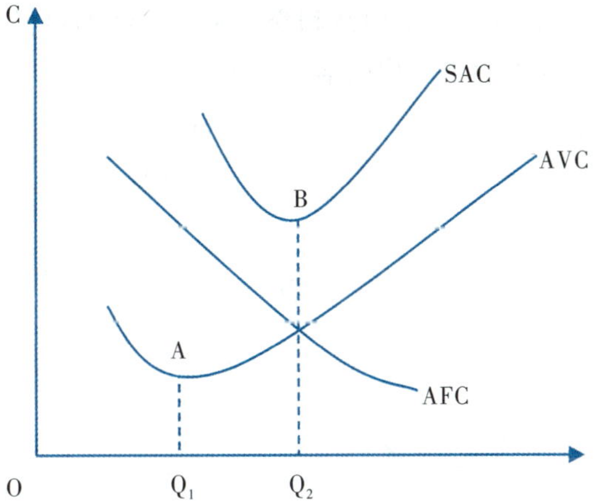

图5-2 AFC、AVC和SAC曲线

平均可变成本AVC曲线表现为U形，这表明平均变动成本随着产量的增加先递减后递增。

将AFC曲线与AVC曲线相加可以得到SAC曲线。因此SAC曲线也是U形曲线。

SAC曲线的位置在AVC曲线上方，两条曲线之间的垂直距离即为AFC。

（三）短期边际成本

短期边际成本是在短期内厂商每增加1单位产量所增加的总成本量。

我们以SMC代表短期边际成本，以ΔQ代表增加的产量，则有：

SMC=ΔSTC/ΔQ

用图形表示，SMC曲线也是一条先递减后递增的U形曲线，如图5-3所示。

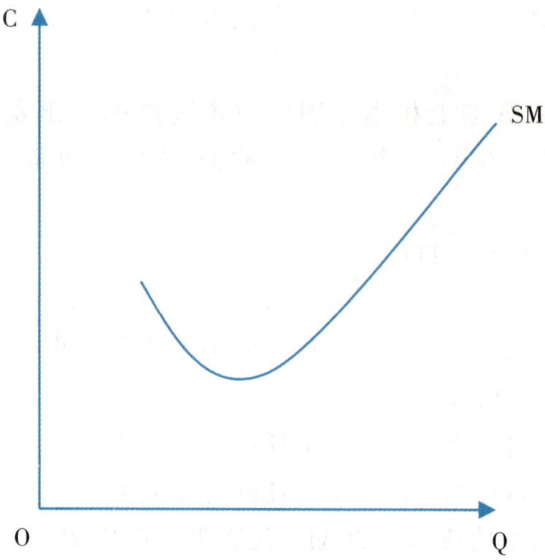

图5-3 SMC曲线

二、短期成本的关系

如果我们将短期边际成本、短期平均成本和平均可变成本放在同一个坐标中，就可以分析它们之间的关系。

如图5-4所示，SMC曲线与SAC曲线相交于SAC曲线的最低点B。在B点上，SMC = SAC，也就是短期边际成本等于平均成本。

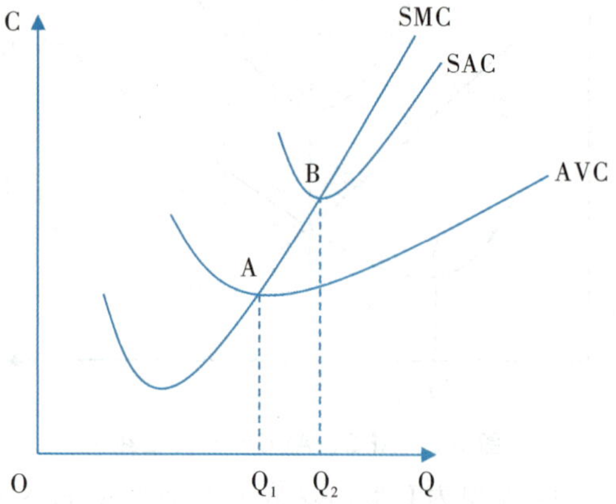

图5-4 SMC、SAC和AVC曲线

如果此时的市场价格等于平均成本，则P=SAC=SMC，那么厂商的成本与收益相等，所以我们也把B点称为收支相抵点。此时厂商仍愿意继续经营，因为可以获得正常利润。

我们再来看SMC与AVC的曲线，两者相交于AVC的最低点A。在A点上，SMC=AVC，就是短期边际成本等于平均可变成本。

如果此时市场价格P等于平均可变成本，厂商损失的是不生产也要支付的平均固定成本；如果价格低于平均可变成本，厂商就会停止营业，因为如果此时继续生产，厂商不仅要蒙受固定成本的损失，还要蒙受可变成本的损失。因此，我们把A点称为停止营业点。

判断一家企业是否应该继续经营，要看价格是否高于平均可变成本。若价格高于平均可变成本，就应该继续经营；若价格低于平均可变成本，就应该停止营业。

【拓展阅读 5-6】

门庭冷落的保龄球场为何还在营业?

一些保龄球场门庭冷落，但仍然在营业。这时打保龄球的价格相当低，甚至低于成本，它们为什么还不停业呢?

在短期内，保龄球场经营的成本包括固定成本与可变成本。保龄球场的场地、设备、管理人员是短期内无法改变的固定投入，用于场地租金、设备折旧和管理人员工资的支出是固定成本。固定成本已经支出无法收回，也称为沉没成本。保龄球场营业所支出的各种费用是可变成本，如电费、服务员的工资等。如果不营业，这种成本就不存在，营业量增加，这种成本就增加。

由于固定成本已经支出，无法收回，所以，保龄球场在决定短期是否营业时，考虑的是可变成本。

假设每场保龄球的平均成本为20元，其中固定成本为15元，可变成本为5元。当每场保龄球价格为20元以上时，收益大于平均成本，经营当然有利。当价格为20元时，收益等于成本，这时称为收支相抵点，仍然可以经营。当价格低于20元时，收益低于成本。乍一看，保龄球场应该停止营业，但事实并非如此。

假设现在每场保龄球价格为10元，是否应该经营呢? 可变成本为5元，当价格为10元时，在弥补可变成本5元之后，仍可将剩下5元用于弥补固定成本。固定成本15元是无论经营与否都要支出的，能弥补5元，当然比一点也弥补不了的好。因此，这时仍然要坚持营业。此时企业考虑的已经不是利润最大化，而是损失最小化。

当价格下降到与可变成本相等的5元时，保龄球场经营不经营是一样的。当价格低于5元时，营业会损失得更多，所以要停止营业。

门庭冷落的保龄球场仍在营业，说明此时价格仍高于平均可变成本。保龄球场如此，路边的饭店、服装店等也是如此。

资料来源：佚名. 门庭冷落的保龄球场为什么不停业［EB/OL］. https：//wenku.baidu.com/view/e7ea78bb866a561252d380eb6294dd88d1d23d71.html.

微课 5-3

短期成本分析

学习测试 5-2

任务三 分析长期成本

一、长期成本的类型

长期是指企业能根据它所要达到的产量来调整其全部生产要素的时期。从长期来看，所有的生产要素都是可以调整的。生产理论中的规模经济问题就属于长期成本分析。

厂商的长期成本可以分为长期总成本、长期平均成本和长期边际成本。

（一）长期总成本

长期总成本是长期中生产一定量产品所需要的成本总和，用LTC表示，如图5-5所示。在长期中没有固定成本与可变成本之分，一切生产要素都是可以调整的。

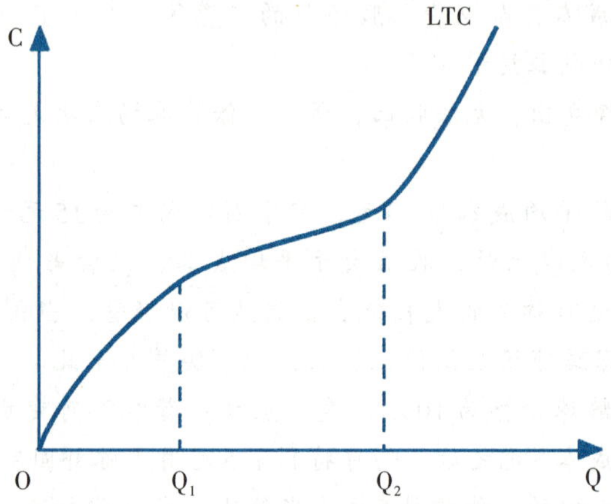

图5-5 LTC曲线

长期总成本随产量的变动而变动。当产量增加时，总成本增加。没有产量时，就没有总成本。

开始生产时，往往要投入大量生产要素，如果产量少，这些生产要素就无法得到充分利用，因此成本增加的比例大于产量增加的比例。当产量增加到一定程度后，生产要素开始得到充分利用，长期总成本曲线趋于平坦，这时成本增加的比例小于产量增加的比例，这也是规模经济的效益。最后，由于规模收益递减的影响，成本增加的比例又大于产量增加的比例，长期成本曲线又变得陡峭。

（二）长期平均成本

长期平均成本是长期中平均每单位产品的成本，用LAC表示，如图5-6所示。

由于长期平均成本是由生产各种产品所需的最低平均成本点轨迹构成，可由短期平均成本曲线SAC推导得出。它是各个短期平均成本曲线的包络线。

因此，长期平均成本曲线LAC也是一条先下降而后上升的U形曲线，说明随着产量的增加，规模收益递增，平均成本减少；之后随着产量的增加，规模收益递减，平均成本增加。

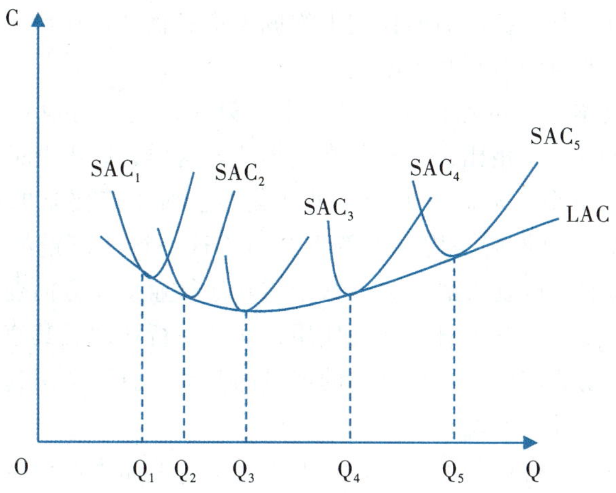

图5-6　LAC曲线

（三）长期边际成本

长期边际成本是长期中增加生产一单位产品所增加的成本，用LMC表示。

长期边际成本也是随着产量的增加先减少而后增加的，因此长期边际成本曲线也是一条先下降而后上升的U形曲线，但它比短期边际成本曲线要平坦。

二、长期成本的关系

长期边际成本LMC曲线与长期平均成本LAC曲线相交于LAC的最低点，如图5-7所示。

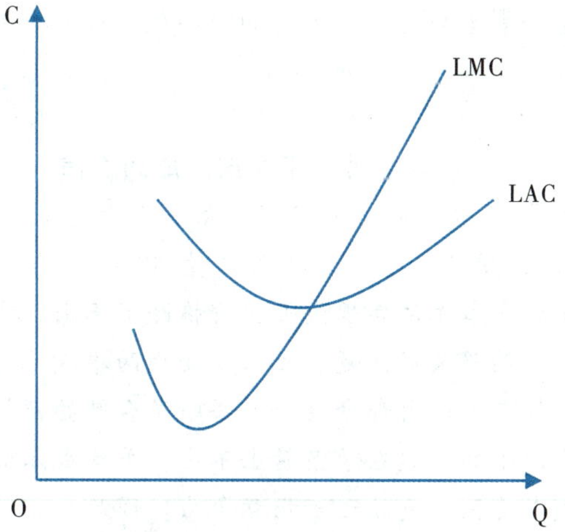

图5-7　LMC与LAC的关系

在长期平均成本下降时，长期边际成本小于长期平均成本；在长期平均成本上升时，长期边际成本大于长期平均成本；在长期平均成本的最低点，长期边际成本等于长期平均成本。

三、不同行业的长期平均成本

根据长期平均成本变动的情况，我们可以把生产行业分为3类：成本不变的行业、成本递增的行业和成本递减的行业。

(1) 成本不变的行业中各厂商的长期平均成本不受整个行业产量变化的影响，无论产量如何变化，长期平均成本是基本不变的。

形成这些行业成本不变的原因主要有两个：第一，这一行业在经济中占的比重很小；也就是说，与其他行业相比，它是非常微小的。这样，它需要的生产要素在全部生产要素中所占比例也很小，从而它的产量的变化不会对生产要素的价格发生影响。因此，这一行业中各企业的长期平均成本就不会由于这一行业产量的变动而变动了。第二，这一行业所使用的生产要素的种类与数量与其他行业呈反方向变动。例如，其他行业都在增加对资本的使用，减少对劳动的使用，而这一行业却反其道而行之，减少对资本的使用，增加对劳动的使用。这样，它的产量的变动也就不会引起生产要素价格的变动，从而保持长期平均成本不变。

具有成本不变特点的行业并不多见，一般是一些小商品生产或特殊行业。

(2) 在成本递增的行业中，各个厂商的长期平均成本要随整个行业产量的增加而增加。这种行业在经济中属于普遍的情况。

形成这些行业成本递增的原因是，由于生产要素是有限的，所以整个产业产量的增加就会使生产要素价格上升，从而引起各个企业长期平均成本增加。这种情况在以自然资源为主要生产要素的行业，如农业、渔业、矿业中更为突出。

(3) 在成本递减的行业中，各个厂商的长期平均成本随整个行业产量的增加而减少，这种情况可能是外部原因引起的，也可能是内部原因造成的。

例如，在同一地区建立若干汽车制造厂，各企业就会由于在交通、辅助服务等方面节约而成本递减。但这一现象只是在一定时期内存在，长期将无法维持下去。

【拓展阅读 5-7】

“经营之神”王永庆的成功之道

台塑是“经营之神”王永庆成功地经营的第一个大企业。这个企业生产聚氯乙烯(PVC)塑胶粉。开始时，该企业规模仅为月产量100吨，尽管产量很低，但仍然供大于求。由于产量低，平均成本无法实现最低，价格降不下来，市场也完全被日本企业占领。如果扩大产量，产品销路又成问题。王永庆处于两难境地。这时台塑的股东纷纷要求退股，王永庆毅然卖掉自己的大部分企业，买断了台塑的产权，独自经营。

王永庆知道，企业困难的关键在于产量上不去，平均成本降不下来。如果只考虑需求，减少产量，平均成本更高，更缺乏市场竞争力。因此，扩大产量使平均成本降到最低是转败为胜的关键。于是，他决定把产量扩大到平均成本最低的月产1 200吨，有了这种优势就可以打入世界市场。结果，王永庆成功了。

王永庆的成功说明，长期来看，要实现规模经济，企业应该达到平均成本最低的产量。

资料来源：梁小民.生活中的经济学［M］. 贵阳：贵州人民出版社，2023.

【学思践悟】中国制造2025调研行——智能制造：品质保证、成本最优

“看，这款空调不仅可以进行自动人体冷热感检测，还可进行语音对话和手势控

制，同时还支持手机远程遥控。”美的集团武汉制冷设备有限公司总经理杨浩自豪地给记者介绍美的i+智能王空调。

这款智能空调是美的智能制造的成果之一。截至目前，美的武汉工厂已引入200余台机器人进行生产制造、包装等工序的智能改造，2015年投入2亿元，未来还将投入40亿~50亿元持续进行智能化改造升级。

“我们之所以选择智能制造，就是为了满足消费者‘多、快、好、省’的新需求。”杨浩说。多，多选择，产品功能要更多地满足消费者需求；快，快响应，从制造到销售到服务须全面提速；好，好产品，保证全流程监控让产品品质更可靠；省，省成本，追求产品服务综合性价比更高。

“好产品”：进行智能化改造后，美的空调单线体的信息化品质控制点从原有的6个增加到了108个，把控能力更强。相对应地，单条生产线的一次组装合格率也从97%上升到了99.9%。

“快响应”：通过智能化改造，美的武汉工厂单线体自动化覆盖率由4%提高到70%，信息化实现了全工位覆盖。在武汉工厂的空调外机装配线上，46台工业机器人挥舞着“手臂”有序进行焊接、组装等工序。经过安放底盘、装载压缩机、外壳装配、运行检测等几大环节，从零部件到组装成合格产品，仅18秒，一台空调外机便成功下线。

“省成本”：改造升级后，工厂单线体所需人工由160人下降到51人；人均产能从2011年峰值50万产能/11 000人提升至2015年峰值63万产能/4 300人，实现产能提升26%；仓储面积由原有的96万平方米下降至50万平方米。2015年，美的武汉工厂总体生产效率提升30%，产量提升20%，实现总产量550万套，产值110亿元。

“我们的最终目标是通过智能化改造实现品质保证、成本最优、柔性交付。”杨浩说，预计美的武汉工厂智能化改造升级完成后，生产效率将提高30%以上，运营成本降低22%以上，不良品率降低20%以上，能源利用率提高10%以上，产品研制周期缩短50%，交付周期缩短50%。

杨浩介绍，美的的经验是从单点工序开始寻求突破，然后拓展至区域工序，再到整条线体、到整个车间，一步一步逐渐达成。武汉工厂就是从最易着手的总装区域开始，成功实现了压缩机自动上线、自动锁螺母等工序，再推广至检测段实现自动安检，包装段实现自动套袋、装箱、封箱及码垛运输，从而有了目前的智能化生产示范线。

“智能制造是中国制造必由之路，不是如何选择的问题而是如何做好的问题。”美的家用空调事业部总经理吴文新说。

资料来源：佚名. 中国制造2025调研行——智能制造：品质保证、成本最优［EB/OL］.［2016-11-20］. http：//www.gov.cn/xinwen/2016-11/20/content_5134743.htm.

悟有所得

制造业是我国国民经济的主体，是立国之本、兴国之器、强国之基。打造具有国际竞争力的制造业，是我国提升综合国力、保障国家安全、建设世界强国的必由之路。

“中国制造 2025”为我国制造业设计了顶层规划和路线图，通过努力实现中国制造向中国创造、中国速度向中国质量、中国产品向中国品牌三大转变，推动中国到2025

年迈入制造强国行列。

在这个过程中，企业通过智能生产优化成本是其中的关键一步。

微课5-4

长期成本分析

学习测试5-3

任务四　认识利润最大化原则

一、收益

厂商的销售收入也被称为厂商的收益。收益可以分为总收益、平均收益和边际收益，分别用TR、AR和MR表示。

总收益指厂商按一定价格出售一定量产品时所获得的全部收入。以P表示既定的市场价格，以Q表示销售总量，总收益用公式表示为：

$TR=P\times Q$

平均收益指厂商在平均每一单位产品销售上所获得的收入。用公式表示为：

$AR=TR/Q$

边际收益指厂商增加一单位产品销售所获得的总收入的增量。用公式表示为：

$MR=\Delta TR/\Delta Q$

二、利润

企业所有的显性成本和隐性成本之和构成总成本。企业的经济利润则是企业的总收益和总成本之间的差额，简称企业的利润。它代表一个企业或厂商能够用于股东分红、投资于资产和设备，或用于金融投资的资金数量，而所有这些活动都能提高企业对于其所有者的价值。

利润分为正常利润与超额利润。正常利润是企业家才能的价格，也是企业家才能这种生产要素所得到的收入。它包括在成本之中，其性质与工资相类似，也是由企业家才能的需求与供给所决定的。从机会成本的角度看，当一个企业所有者同时又拥有管理企业的才能时，他将会面临两种选择机会：一种选择是在自己的企业当经理，另一种选择是到别人的企业当经理。如果他到别人的企业当经理，他可以获得收入报酬。如果他在自己的企业当经理，他就失去了到别人的企业当经理所能得到的收入报酬，而他所失去的这份报酬就是在自己的企业当经理的机会成本。换句话说，他在自己的企业当经理的话，他应该向自己支付报酬，数额应该等于他在别人的企业当经理所能得到的最高收入。所以，从机会成本的角度看，正常利润属于成本，并且属于隐性成本。

超额利润是指超过正常利润的那部分利润，又称为纯粹利润或经济利润。一般来说，产生超额利润主要有三个原因：第一个原因是风险，风险是指某种事件尤其是不利事件发生的可能性，该事件发生的可能性越大，则风险越大。由于大多数人倾向于回避风险，在预期收益给定的情况下，人们比较愿意接受较为稳定的收益。在企业经营管理活动中，决策效果是充满风险的，因此为了使人们愿意承担一定的风险，必须有一定的经济利润对之进行补偿。第二个原因是创新，创新是指厂商提供新产品、引入新的生产方法和新工艺、采用新原料、开辟新市场、建立新的销售方式和组织等，由此获得了经济利润。事实上正是人们追逐经济利润，才使得新产品等创新层出不穷，整个经济向前发展。第三个原因则是垄断或者不完全竞争，即一个市场上少数几家厂商独占了某种产品的生产和销售，这时垄断者就可以通过限制产量、提高价格，获得经济利润。此外，垄断者通过一定的手段限制新的进入者进入本行业以维持垄断地位，从而阻止经济利润流出本行业，或者阻止其他厂商进入本行业分享经济利润。

利润是社会进步的动力，体现在以下几个方面：

第一，正常利润作为企业家才能的报酬，鼓励企业家更好地管理企业。

第二，由创新而产生的超额利润鼓励企业家大胆创新。

第三，由风险而产生的超额利润鼓励企业家勇于承担风险。

第四，追求利润的目的使企业按社会的需求进行生产。

第五，整个社会以利润来引导投资，使投资与资源的配置符合社会的需要。

三、利润最大化原则

利润是总收益与总成本之间的差额，企业的经营目标便是实现利润最大化。利润最大化原则的实现条件是边际收益等于边际成本，即MR=MC。

厂商的MR>MC，表明这时厂商每多生产一件产品所增加的收益大于为增加生产这件产品所增加的成本，显然增加生产是有利的，说明厂商还有潜在的利润。

厂商的MR<MC，表明这时厂商每多生产一件产品所增加的收益小于为增加生产这件产品所增加的成本，显然增加生产是不利的，会减少厂商的利润。

只有MR=MC时，企业才能实现利润最大化。

这个规律具有普遍意义。尤其是在完全竞争下经营的厂商，其产品价格为市场所确定，厂商只是既定价格的接受者，它要解决的只是按市场价格提供多少数量的产品。

举个例子，企业在雇用员工时一般会遵循利润最大化原则。

影响企业人员雇用的不只是边际成本。边际成本低不等于雇员给企业带来的正的利润就多。例如新雇用一个大学生的边际成本是5 000元，而新雇用一个高中生的边际成本仅为3 000元，但我们不能由此确定应该雇用大学生还是高中生，也不能由此确定企业应不应该增加人员雇用，因为边际成本大小不能说明企业的新增利润情况。

影响企业人员雇用的也不只是边际收益。边际收益高不等于雇员给企业带来的正的利润就多。例如新雇用一个大学生的边际收益是6 000元，而新雇用一个高中生的边际收益仅为2 500元，但我们不能由此确定应该雇用大学生还是高中生，也不能确定企业应不应该增加人员雇用，因为边际收益大小不能说明企业的新增利润情况。

真正影响企业人员雇用的变量是边际收益减去边际成本（正的利润增量最大化）。不管新增员工的边际收益和边际成本是多少，只要新员工的边际收益与边际成本的差额为正值，企业雇用这个新员工就是理性的；相反，新员工的边际收益与边际成本的差额为负值，企业就不应该雇用这个新员工。同样，大学生与高中生相比，谁带来的正的经济利润更大，企业就应该雇用谁。这个变量之所以重要是因为这个变量符合利润最大化原则，只要企业按照这个原则进行人员的雇用，企业总能得到最大的经济好处。

【拓展阅读 5-8】

大商场平时为什么不延长营业时间?

节假日期间许多大型商场都延长营业时间，那为什么平时不延长呢？本节学习的利润最大化原则就可以解释这个问题。

从理论上说延长时间1小时，就要支付1小时所耗费的成本，这种成本既包括直接的物耗，如水、电等，也包括由于延时而需要支付售货员的加班费，这种增加的成本就是边际成本。如果延长1小时增加的成本是1万元，增加的收益大于1万元，一个精明的企业家还应该将营业时间在此基础上再延长，因为这时他还有一部分该赚的钱还没赚到手。

相反如果在延长的1小时里增加的成本是1万元，增加的收益不足1万元，他在不考虑其他因素情况下就应该取消延时的经营决定，因为他延长1小时成本大于收益。

【拓展阅读 5-9】

“断舍离”生活理念的经济学分析

其实，不只是企业，即便是个人，只要比较边际收益与边际成本，就能够做出最明智的抉择。

近些年，“断舍离”的生活理念受到很多人追捧。

“断舍离”的“断”，就是少买。你家中的衣柜里已经有许多条丝巾了，但周末逛商场时，又遇见了一条合心意的，于是没忍住买下来了，结果买回家后一年只戴了一次。其实，你多买一条丝巾的效益就相当于边际收益。为了“断”，下次买的时候，你需要把家中所有的丝巾都考虑进来，然后分析这条新丝巾的边际收益是否大于边际成本，如果边际收益不够大就不应该买。

“断舍离”的“舍”，就是果断扔。一些过时的衣服许多年都不穿了，一些老旧的书籍已经开始发霉了，不管你当初购买它们的理由多么充分，都可以考虑扔掉。因为这些商品的购买成本已经是沉没成本了，但它们仍在家中占据着宝贵的储藏空间，显得家中十分拥挤，机会成本其实很高。而对你来说又无用处，边际收益为零。边际收益为零，边际成本不低的东西，从经济学角度来看当然要扔了。除了扔，其实还可以考虑有没有捐赠点，为社会做一份小小的贡献。

“断舍离”的“离”，就是减少对物质的依恋。幸福感不仅包括物质层面的，还有精神层面的。一直都是物质的刺激，必然会出现边际收益递减。而精神上的满足感在心理学上被认为是更高级的一种感受，比如享受锻炼身体的快乐，安静阅读的乐趣。

这样看，“断舍离”的生活理念受到人们的追捧果然是有一定道理的。

微课 5-5

利润最大化原则

学习测试5-4

【项目小结】

厂商的生产成本不能简单地仅从厂商向他人购买生产要素的成本支付的角度来理解。一个重要的成本概念是机会成本。所谓机会成本是指厂商运用一定的生产要素进行生产时所放弃的运用相同的生产要素在其他场合的生产中所能得到的最高收入。由此，厂商生产的成本不仅包括显性成本，还包括隐性成本。其中，显性成本指厂商使用或者购买他人所拥有的生产要素时支付的成本；隐性成本指厂商使用自己所拥有的生产要素时应该得到的收入报酬。厂商生产的总成本等于显性成本与隐性成本之和。

沉没成本是一种过去已经支付的成本，不管你目前的决策是什么，该成本都不会变化。在制定目前的决策时，我们最理性的做法是忽略沉没成本。

成本理论以生产理论为基础。由于生产理论区分为短期生产理论和长期生产理论，相应地，成本理论也区分为短期成本理论和长期成本理论。无论是短期成本，还是长期成本，它们都是产量的函数。

短期成本有七种：总成本TC、总固定成本TFC、总可变成本TVC、平均成本AC、平均固定成本AFC、平均可变成本AVC，以及边际成本MC。在理解七条短期成本曲线的各自特征及其相互之间的关系时，关键是抓住短期生产的基本规律，即边际收益递减规律。根据该规律，我们可以由短期生产的先上升而后下降的倒U形的边际产量曲线出发，推导出相应的先下降而后上升的U形的短期边际成本曲线。并且，进一步由边际成本曲线出发，推导出其他六条短期成本曲线。

判断一家企业是否应该继续经营，要看价格是否高于平均可变成本。若价格高于平均可变成本，就应该继续经营；若价格低于平均可变成本，就应该停止营业。

长期成本有三种：长期总成本LTC、长期平均成本LAC和长期边际成本LMC。在理解三条长期成本曲线的各自特征及其相互之间的关系时，关键是抓住：在长期中，厂商在每一个产量上都是通过对最优生产规模的选择来将生产成本降到最低水平。也就是说，在长期中，厂商通过对最优生产规模的选择，使得每一单位的产量都以最小的成本被生产出来。由此，可以推导出长期总成本LTC曲线是无数条短期总成本STC曲线的包络线，长期平均成本LAC曲线也是无数条短期平均成本SAC曲线的包络线，并进一步推导出长期边际成本LMC曲线。

经济利润与正常利润的概念及其区别。厂商生产的经济利润等于总收益减去总成本。经济利润也称超额利润，而正常利润通常指付给企业家才能的报酬。根据机会成本的概念，正常利润应该以隐性成本的形式计入总成本。很清楚，从本质上说，正常利润不是利润，而是成本。因此，当经济利润等于零时，正常利润全部实现。

企业的经营目标便是实现利润最大化。利润最大化原则的实现条件是边际收益等于边际成本，即MR=MC。

【项目训练】

一、名词解释

机会成本　沉没成本　显性成本　隐性成本　短期成本　长期成本　可变成本　边际成本　收益　经济利润　正常利润　利润最大化

二、单选题

1.不随产量变动而变动的成本称为（　　）。

A.可变成本　　B.固定成本　　C.平均成本　　D.总成本

2.经济学中的零利润是指（　　）。

A.会计利润为零

B.会计利润等于厂商投入生产的自由要素的机会成本

C.正常利润为零

D.以上都不正确

3.会计账目一般无法反映（　　）。

A.显性成本　　B.可变成本　　C.沉没成本　　D.机会成本

4.对任意一个产量水平，（　　）。

A.平均可变成本一定大于平均固定成本

B.平均固定成本一定大于平均可变成本

C.固定成本一定大于可变成本

D.以上都不正确

5.下列说法正确的是（　　）。

A.厂房设备投资的利息是可变成本

B.贷款利息的支出是可变成本

C.总成本在长期内可以划分为固定成本和可变成本

D.补偿固定资本无形损耗的折旧费是固定成本

6.假定大学生决定参加外语培训班而放弃获取1 000元收入的打工机会，参加培训班需要交的学费为1 000元，课本费为500元，参加培训班期间的生活费为500元。请问参加培训班的机会成本为（　　）。

A.1 500元　　B.2 000元　　C.2 500元　　D.3 000元

7.某先生辞去月薪2 000元的工作，取出自有存款100 000元（月息1%），创办了一家独资企业。如果不考虑商业风险，则该先生自办企业按月计算的机会成本是（　　）。

A.2 000元　　B.1 000元　　C.3 000元　　D.102 000元

8.短期内在每一产量上的MC值应该（　　）。

A.是该产量上TVC曲线的斜率，但不是该产量上TC曲线的斜率

B.是该产量上TC曲线的斜率，但不是该产量上TVC曲线的斜率
C.既是该产量上TC曲线的斜率，又是该产量上TVC曲线的斜率
D.以上都不正确

9.平均可变成本曲线是一条呈现为（　　）。
A.先下降后上升的曲线　　B.先上升后下降的曲线
C.向右下方倾斜的曲线　　D.向左上方倾斜的曲线

10.短期总固定成本曲线呈现为（　　）。
A.U形　　B.向右上方倾斜　　C.水平状　　D.向右下方倾斜

11.边际成本低于平均成本时，（　　）。
A.平均成本上升　　B.平均可变成本可能上升也可能下降
C.总成本下降　　D.平均可变成本上升

12.假定短期内生产厂商在某一产量水平上实现了平均成本的最小值，这意味着（　　）。
A.边际成本等于平均成本　　B.厂商已获得最大利润
C.厂商已获得最小利润　　D.厂商的经济利润为零

13.边际成本曲线位于平均成本曲线下方时，（　　）。
A.平均成本是减函数　　B.平均成本是增函数
C.边际成本是增函数　　D.边际成本是减函数

14.长期总成本曲线是（　　）。
A.从原点开始，以递增的速度上升
B.从固定成本高度开始，以递减的速度上升
C.从原点开始，先以递减的速度上升，后以递增的速度上升
D.从原点开始，先以递增的速度上升，后以递减的速度上升

15.在LAC曲线的最低点，（　　）。
A.LAC曲线与LMC曲线相交
B.代表最优规模的SAC曲线过LAC曲线与LMC曲线的交点
C.代表最优规模的SMC曲线过LAC曲线与LMC曲线的交点
D.以上都正确

16.某厂商每年从企业的总收入中取出一部分作为自己管理企业的报酬，这部分报酬属于（　　）。
A.显性成本　　B.隐性成本　　C.经济利润　　D.正常利润

17.企业购买生产要素所引起的成本为（　　）。
A.显性成本　　B.隐性成本　　C.固定成本　　D.机会成本

18.边际成本大于平均成本时，（　　）。
A.平均成本上升　　B.平均可变成本可能上升也可能下降
C.总成本下降　　D.平均成本下降

19.假如增加一单位产量所带来的边际成本大于产量增加前的平均可变成本，那么在产量增加后平均可变成本（　　）。
A.减少　　B.增加　　C.不变　　D.都有可能

20.已知产量为99单位时，总成本等于995元；产量增加到100单位时，平均成本等于10元，由此可知边际成本为（　　）。

A.10元　　B.5元　　C.15元　　D.7.5元

21.短期边际成本曲线与短期平均成本曲线相交之后，（　　）。

A.边际成本等于平均成本　　B.边际成本大于平均成本

C.边际成本小于平均成本　　D.平均成本最低

22.随着产量的增加，短期平均成本的变动规律是（　　）。

A.先减少而后增加　　B.先增加而后减少

C.按固定比例减少　　D.按固定比例增加

23.短期平均成本曲线呈U形，是因为（　　）。

A.外部经济问题　　B.内部经济问题

C.边际收益问题　　D.规模收益问题

24.厂商获取利润最大化的原则是（　　）。

A.边际收益等于边际成本　　B.边际收益小于边际成本

C.边际收益大于边际成本　　D.无法确定

25.关于长期平均成本和短期平均成本的关系，以下正确的是（　　）。

A.长期平均成本线上的每一点都与短期平均成本线相交

B.短期平均成本线上的每一点都在长期平均成本线之上

C.长期平均成本线是短期平均成本线的最低点连线

D.每一条短期平均成本线的最低点都在长期平均成本线之下

三、多选题

1.下列生产要素的购买中，属于可变成本的有（　　）。

A.设备、厂房　　B.工人的工资

C.原材料、燃料　　D.管理人员的工资

E.支付的地租

2.厂商的长期平均成本曲线呈U形，是因为（　　）。

A.外部经济问题　　B.外部不经济问题

C.规模收益问题　　D.边际收益问题

E.以上都正确

3.以下说法中正确的有（　　）。

A.MC大于AC时，AC下降　　B.MC小于AC时，AC下降

C.MC等于AC时，AC下降　　D.MC等于AC时，AC达到最低点

E.MC等于AC时，AC达到最高点

4.企业购买生产要素所引起的费用有（　　）。

A. 隐性成本　　B. 显性成本　　C. 变动成本

D. 经济成本　　E. 固定成本

5.厂商获取最大利润的条件有（　　）。

A.边际收益与边际成本的差额为最大

B.边际收益等于边际成本

C.价格与平均成本的差额为最大

D.价格与平均变动成本的差额为最大

E.收益与成本的差额为最大

四、判断题

1.酒店投资成本不可逆性是指由于投资失败导致投资成本部分或全部变成沉没成本，使得成本无法收回。

2.在短期内，企业既能调整原材料、工人等可变生产要素，也能调整土地、厂房、大型设备等固定生产要素。

3.某方案的机会成本是指决策者为采取该方案而放弃的任何其他方案的利益。

4.在成本理论中，当边际成本递增时，平均成本也是递增的。

5.在长期中没有固定成本与可变成本之分，一切生产要素都是可以调整的。

6.在固定比例的生产技术下，使成本最小的要素需求与生产要素的价格无关。

7.如果要素组合（X_1，X_2）能使企业的成本最小，那么它一定能使该企业的利润最大。

8.绝大多数SAC曲线的最低点之所以不在长期生产的最优轨迹上，是由于生产规模的改变可以寻求到更低的SAC。

9.在LTC曲线与STC曲线相切的产量水平上，LAC曲线与SAC曲线必相切。

10.在LAC曲线与SAC曲线相切的产量水平上，LMC与SMC未必相等。

11.短期平均成本曲线最低点总是处于长期平均成本曲线上。

12.长期总成本LTC曲线是所有短期成本STC曲线的最低点的连线。

13.长期总成本曲线和长期边际成本曲线都是先下降而后上升的U形曲线。

14.如果规模收益不变，长期平均成本等于边际成本且不变。

15.若厂商的MR<MC，表明这时厂商每多生产一件产品所增加的收益大于为增加生产这件产品所增加的成本，显然增加生产是有利的，说明厂商还有潜在的利润。

五、简答题

1.短期边际成本的变动规律是什么？ 它与短期平均成本的关系如何？

2.长期平均成本曲线是如何构成的？其特征是什么？

3.什么是收益和利润？两者有什么关系？

4.经济学家眼中一个企业的经济利润与会计师核算出来的该企业的会计利润有何不同？

六、综合实践

（一）计算题

某企业短期总成本函数$STC=1\,000+240Q-4Q^2+1/3Q^3$。求：

（1）当SMC达到最小值时，产量是多少？

（2）当AVC达到最小值时，产量是多少？

（二）案例分析

某旅行社在旅游淡季打出从天津到北京世界公园1日游38元（包括汽车和门票）的广告。许多人不信，认为不可能这么便宜，但其实这是真的，因为旅行社在淡季游客不足，而旅行社的大客车、旅行社的工作人员这些生产要素是不变的，一个游客都没有，汽车的折旧费、工作人员的工资等固定费用也要支出。任何一个企业的生产经营都有长期与短期之分，从长期看如果收益大于成本就可以生产。更何况即使是38元，旅行社也还是有钱赚的。我们来算一笔账：一个旅行社的大客车载客50人，收入1 900元，高速公路费和汽油费假定是500元，门票价格每人10元，总共也是500元，旅行社净赚900元。在短期不经营也要损失固定成本的支出，因此只要收益弥补可变成本，就可以维持下去，换个说法，每位乘客支付的费用高于平均可变成本，就可以经营。另外公园在淡季门票打折、团体票打折也是这个道理。

结合本案例，请你思考以下几个问题：

1.什么固定成本？什么是可变成本？什么是平均可变成本？

2.旅行社在什么情况下就可以继续经营？

项目六 财富的分配

学习目标

知识目标：

- 掌握生产要素价格的含义；
- 理解工资理论、利息理论、地租理论；
- 理解以均衡理论为基础的分配理论；
- 理解洛伦兹曲线和基尼系数的含义。

能力目标：

- 能够运用生产要素供求分配理论，分析生产要素的价格决定问题；
- 能够通过基尼系数来判断一个经济体的收入分配均衡情况。

素质目标：

- 增强学生对我国分配制度的自信；
- 培养良好的道德品质，树立服务人民、服务社会的理念。

知识结构：

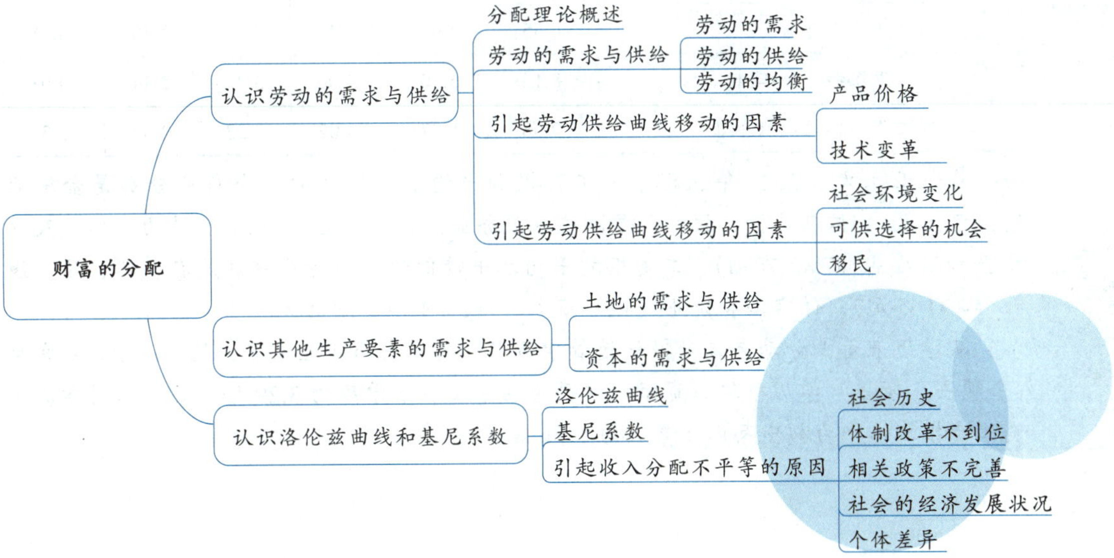

引入案例

辽宁发布2021年企业薪酬信息 劳动者学历水平与工资报酬呈正相关

本网从辽宁省人社厅获悉，2021年辽宁省人力资源市场工资价位和人工成本信息，2021年辽宁省部分行业企业人力资源市场工资价位信息（以下简称“薪酬信息”）发布，见表6-1。

表6-1 国民经济行业薪酬信息

国民经济行业门类	工资报酬水平（单位：万元/年）					
	90%	75%	50%	25%	10%	平均值
农、林、牧、渔业	6.77	5.28	4.20	3.28	2.57	4.71
采矿业	11.34	7.72	5.31	3.62	3.00	6.50
制造业	9.60	6.28	4.31	3.39	2.72	5.64
电力、热力、燃气及水生产和供应业	15.35	8.61	5.42	4.00	3.11	7.82
建筑业	7.27	5.01	3.84	3.36	2.74	4.82
批发和零售业	8.76	5.76	4.08	3.30	2.65	5.32
交通运输、仓储和邮政业	9.99	6.60	4.65	3.46	2.97	5.88
住宿和餐饮业	6.00	4.45	3.46	3.00	2.40	4.26
信息传输、软件和信息技术服务业	15.00	9.35	6.00	4.20	3.36	7.91
金融业	23.68	15.08	10.32	7.17	4.98	13.67
房地产业	10.73	6.00	3.96	3.04	2.40	5.85
租赁和商务服务业	8.45	5.50	3.94	3.24	2.60	5.22
科学研究和技术服务业	15.06	8.51	5.04	3.60	3.08	7.60
水利、环境和公共设施管理业	9.43	6.00	4.04	3.33	2.63	5.45
居民服务、修理和其他服务业	7.92	4.93	3.60	2.74	2.17	4.80
教育业	6.55	4.05	3.46	2.70	2.40	4.18
卫生和社会工作	8.16	5.70	4.00	3.24	2.44	4.98
文化、体育和娱乐业	9.68	5.87	4.02	3.23	2.62	5.39

从行业来看，2020年，辽宁省工资报酬平均水平较高的三个行业分别是金融业（13.67万元）、信息传输、软件和信息技术服务业（7.91万元）、电力、热力、燃气及水生产和供应业（7.82万元）；工资报酬平均水平较低的三个行业分别是农、林、牧、渔业（4.71万元）、住宿和餐饮业（4.26万元）、教育业（4.18万元）。

从学历来看，劳动者工资报酬随着学历水平的提高而明显上涨，见表6-2。研究生（含博士、硕士）学历平均工资报酬水平为初中及以下学历的3.29倍，大学本科学历平均工资报酬水平为初中及以下学历的1.91倍。

表 6-2 不同学历薪酬信息

学历	工资报酬水平（单位：万元/年）					
	90%	75%	50%	25%	10%	平均值
研究生（含博士、硕士）	27.52	16.09	9.78	5.88	3.84	13.71
大学本科	15.09	9.35	5.57	3.94	3.29	7.95
大学专科	9.60	6.24	4.35	3.46	2.87	5.62
高中、中专或技校	7.56	5.43	3.86	3.20	2.58	4.69
初中及以下	6.29	4.80	3.60	3.00	2.40	4.17

从技术能力和技能水平看，技术、技能等级越高，工资报酬水平越高，见表 6-3。专业技术岗位中，高级职称、中级职称、初级职称及以下的平均工资分别为 10.51 万元、7.26 万元和 5.88 万元。职业技能岗位中，高级技师、技师、高级技能、中级技能、初级技能和没有取得技能资格证书的平均工资分别为 8.21 万元、6.83 万元、6.47 万元、5.08 万元、4.70 万元和 4.55 万元。

表 6-3 不同专业技术职称、职业技能等级薪酬信息

专业技术职称、职业技能等级	工资报酬水平（单位：万元/年）					
	90%	75%	50%	25%	10%	平均值
高级职称	20.57	13.78	7.80	4.50	3.36	10.51
中级职称	14.06	9.05	5.27	3.60	3.03	7.26
初级职称及以下	10.60	6.60	4.56	3.46	2.88	5.88
高级技师	12.40	9.33	6.107	4.007	3.24	8.21
技师	11.94	8.53	5.57	3.70	3.10	6.83
高级技能	11.33	7.94	5.26	3.46	3.00	6.47
中级技能	8.42	6.11	4.20	3.36	2.67	5.08
初级技能	7.30	5.37	3.91	3.36	2.66	4.70
没有取得技能资格证书	7.26	5.27	3.81	3.00	2.40	4.55

资料来源：王斯文. 辽宁发布 2021 年企业薪酬信息 劳动者学历水平与工资报酬呈正相关［EB/OL］.［2022-03-07］. http://ln.people.com.cn/n2/2022/0307/c378315-35162280.html.

【思考与实践 6-1】

工资是怎么决定的呢？在招聘网站上搜索你感兴趣的职位，看看工资是多少？你觉得合理吗？

任务一　认识劳动的需求与供给

一、分配理论的概述

分配理论所探讨的是生产要素所有者取得收入的过程。由于生产要素所有者取得的收入取决于生产要素的价格，因此，收入分配理论实际上是在讨论生产要素的价格决定。

生产要素（Factors of production），指进行社会生产经营活动时所需要的各种社会资源，是维系国民经济运行及市场主体生产经营过程中所必须具备的基本因素。生产要素，是经济学中的一个基本范畴。现代西方经济学认为生产要素包括劳动、土地、资本、企业家才能，随着科技的发展和知识产权制度的建立，技术、信息也作为相对独立的要素投入生产。这些生产要素进行市场交换，形成各种各样的生产要素价格及其体系。

生产要素的需求来自厂商，厂商购买生产要素不是为了满足自己的消费需要，而是满足生产需要，即最终生产出满足消费需要的商品和服务。正因如此，最终消费需求也就决定了生产要素的需求。或者说，对生产要素的需求是由对消费品的需求派生出来的，因而是一种“派生需求”，如果消费者对某种产品需求增加，则厂商对生产该产品的生产要素的需求也会增加，反之则反是。同时，假定其他因素不变，生产要素的需求弹性也取决于用这种要素所生产的商品的需求弹性。如果所生产的商品需求弹性较大，则此生产要素的需求弹性也较大。

二、劳动的需求与供给

1.劳动的需求

与经济中的其他市场一样，劳动力市场也是由供求力量支配的。以面包工厂为例（见表6-4），观察面包工人的数量是如何决定的。

表6-4　面包工人数量的决定

面包工人数量	面包的产量（个）	面包的边际产量（个）	面包价格（元）	边际产量值（元）	工资（元）	边际利润（元）
L	Q	MP	P	P×MP	W	P×MP-W
0	0					
		100		1 000	500	500
1	100		10			
		80		800	500	300
2	180		10			
		60		600	500	100
3	240		10			
		40		400	500	-100
4	280		10			
		20		200	500	-300
5	300		10			

第一列是雇用的面包工人数量，第二列是面包的产量，这样可以清晰地看出面包工厂的生产能力。用生产函数来描述生产中所有投入量与产量之间的关系。这里投入量指的是面包工人数量，产量是面包的产量，其他固定资产投入固定，根据表格可以得到生产函数图（如图6-1所示）。

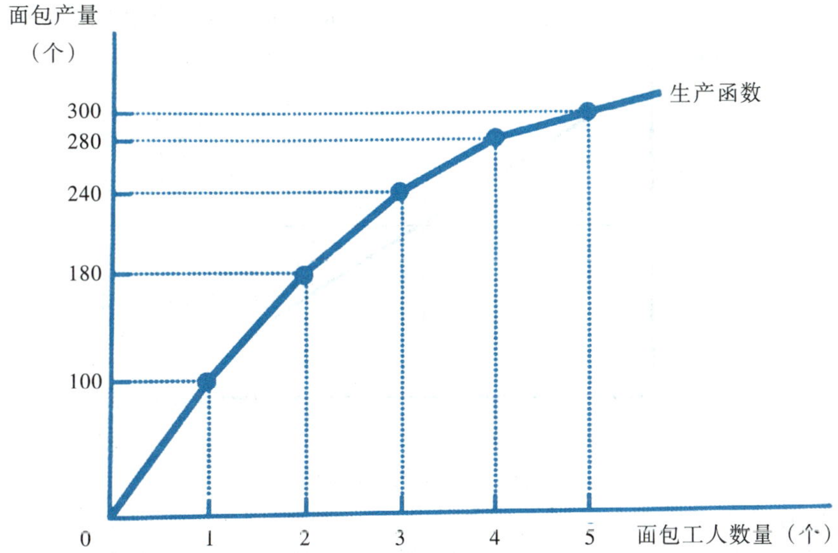

图6-1 生产函数

最终雇用多少面包工人取决于边际产量。表6-4中第三列给出了面包的边际产量，即增加一单位劳动所引起的产量增加量。随着工人数量的增加，边际产量递减。这就是说，生产过程表现出边际产量递减。起初当只雇用少数几个人时，他们可以随便使用烤箱等固定资产，但随着工人数量的增加，固定资产数量不足，增加的工人不得不排队使用烤箱。因此随着雇用的工人越来越多，每个增加的工人对面包产量的贡献越来越小。所以生产函数随着工人数量的增加变得越来越平坦。

厂商追求利润最大化，因此会考虑每个工人能带来多少利润。利润是总收益减总成本，因此增加的1个工人的利润是工人对收益的贡献减去工人的工资。为了确定工人对收益的贡献，必须把用面包产量来衡量的劳动的边际产量，变为用人民币来表示的劳动边际产量值。用面包的价格来表示，如果每个面包卖10元，而且如果1个增加的工人生产80个面包，那么，这个工人就产生800元收益。

任何一种投入的边际产量值就是该投入的边际产量乘以产品的市场价格。在上面的例子中，假设每个面包的价格是10元，表中第五列表示的就是劳动的边际产量值。由于一个竞争厂商的市场价格是不变的，随着工人越来越多，边际产量在递减，因此边际产量值随着工人数量的增加而递减。劳动的边际产量值代表厂商从增加一个劳动工人中得到的额外收益，可以发现在第3个工人之后，雇用工人就无利可图了，第4个工人只产生400元的额外收益，但是工人的工资是500元，雇用第4个工人意味着利润减少100元。因此，厂商只雇用3个工人。

用图6-2描述边际产量值，这条曲线之所以向右下方倾斜，是因为劳动的边际产量随着工人数量的增加而递减。该图还包括一条市场工资的水平线。为了使利润最大化，厂商雇用的工人数要达到这两条曲线相交的那一点。低于这个雇用水平，边际产量值大于工资，因此再雇用1个工人会增加利润；高于这个雇用水平，边际产量值低于工资，边际工人是无利可图的。因此，一个竞争性的、追求利润最大化的厂商雇用的工人数要达到劳动的边际产量值等于工资的那一点。边际产量值曲线也是劳动需求曲线。

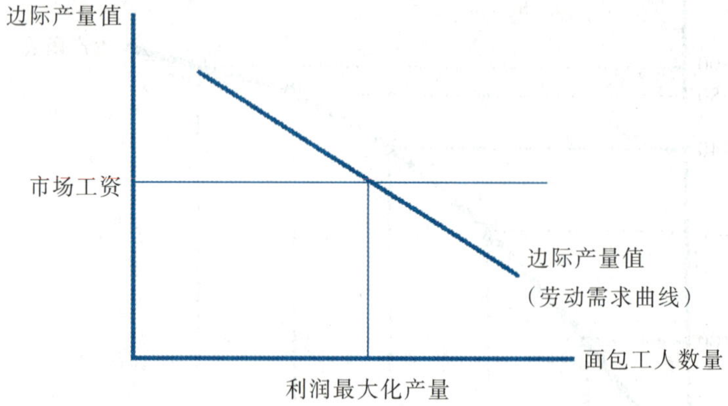

图6-2 劳动的需求曲线

2.劳动的供给

劳动供给涉及消费者对其拥有的既定时间资源的分配。消费者拥有的时间资源是既定的，这里有两层含义：首先，每天只有24小时，这是不会改变的；其次，在这固定的24小时之中，有一部分必须用于睡眠而不能挪作他用。必需的睡眠时间虽不是绝对不变，但对于特定的消费者而言，短期内不会变化很大。如果将必需的睡眠时间挪作他用，则消费者的满足程度即效用以及劳动生产效率都将受到很大的影响。为了方便起见，这里假定消费者每天必须睡8个小时。因此，消费者可以自由支配的时间资源每天为固定的16小时（24–8）。

由上述假定，消费者可能的劳动供给只能来自16小时之中，而不能超过它。其最大劳动供给为16小时。若用H表示闲暇时间，则16–H就代表消费者的劳动供给量。因此，劳动供给问题就可以看成是消费者如何决定其固定的时间资源16小时中闲暇时间H所占的部分，或者说，是如何决定其全部资源在闲暇和劳动供给两种用途上的分配。

消费者选择一部分时间作为闲暇来享受，选择其余时间作为劳动供给。闲暇时间提供了效用，后者则可以带来收入，通过收入用于消费再增加消费者的效用。劳动供给曲线具有一个鲜明的特点，即具有“向后弯曲”的部分（如图6–3所示）。

当工资较低时，随着工资的上升，消费者为较高的工资吸引将减少闲暇，增加劳动供给量。在这个阶段，劳动供给曲线同其他供给曲线一样向右上方倾斜。但是，工资上涨对劳动供给的吸引力是有限的。当工资涨到一定程度（W_1）时，消费者的劳动供给量达到最大。此时如果继续增加工资，劳动供给量非但不会增加，反而会减少。也就是在高工资时，人们会选择少工作，多休闲。于是劳动供给曲线从工资W_1处开始向后弯曲，形成一条向后弯曲的劳动供给曲线。

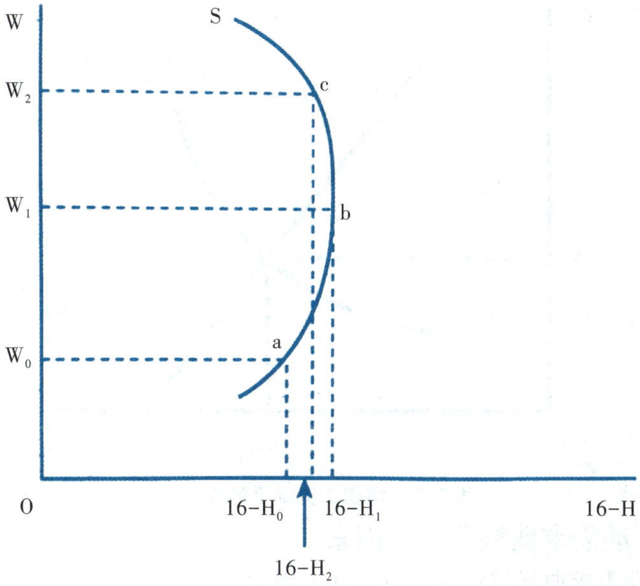

图6-3　劳动的供给曲线

将所有单个工人的劳动供给曲线水平相加，即得到整个市场的劳动供给曲线（如图6-4所示）。尽管许多单个工人的劳动供给曲线可能会向后弯曲，但劳动的市场供给曲线不一定也是如此。在较高的工资水平上，也许现有的工人提供较少的劳动，但高工资也会吸引新的工人进来，因而总的市场劳动供给一般还是随着工资的上升而增加，从而市场劳动供给曲线仍然是向右上方倾斜的。

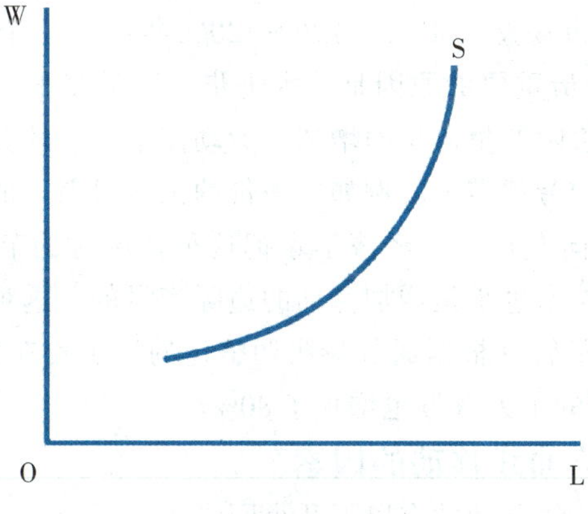

图6-4　市场劳动供给曲线

3.劳动的均衡

微课6-1

劳动的需求与供给

劳动需求曲线是向右下方倾斜的，劳动供给曲线是向右上方倾斜的，将向右下方倾斜的劳动需求曲线和向右上方倾斜的劳动供给曲线综合起来，即可决定均衡工资水平。

图6-5中劳动需求曲线D和劳动供给曲线S的交点是劳动力市场的均衡点。该均衡点决定了均衡工资为W_0，均衡劳动数量为L_0。因此，均衡工资水平由劳动力市场的供求曲线决定，且随着这两条曲线的变化而变化。

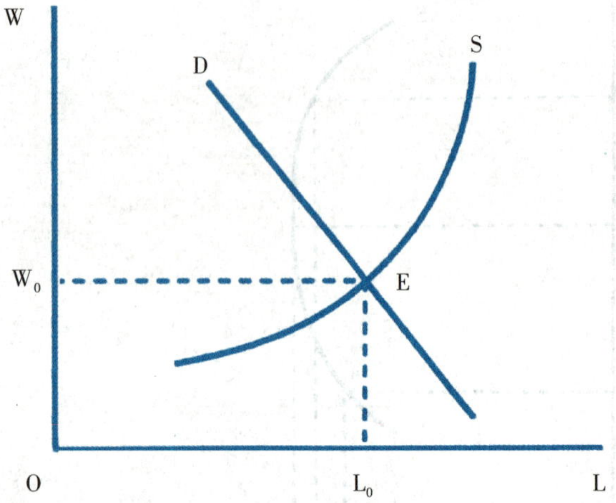

图6-5 均衡工资水平的决定

三、引起劳动需求曲线移动的因素

能够引起劳动需求曲线移动的有以下几个因素：

1.产品价格

边际产量值是边际产量乘以产品的价格。因此，当产品价格变动时，边际产量值变动，劳动需求曲线移动。例如，面包价格上升增加了每个做面包工人的边际产量值，从而增加了生产面包的厂商对劳动力的需求。相反，面包价格下降减少了边际产量值，也减少了劳动需求。

2.技术变革

技术变革对劳动力市场意义重大。1960—2000年间，一个普通美国工人一小时的产量增加了140%，其中最重要的原因是技术进步，科学家和工程师不断地创新。技术进步通常增加了劳动的边际产量，从而增加了劳动需求，并使劳动需求曲线向右移动。

技术变革也可能减少劳动需求。例如，廉价的工业机器人的发明就可能减少劳动的边际产量，使劳动曲线向左移动。经济学家把这种情况称为节约劳动的技术变革。但是，历史表明，大多数技术进步是增加劳动的边际产量的。这种技术进步解释了在工资上升时就业持续增加，尽管（根据通货膨胀调整过的）工资在20世纪的最后40年间上升了131%，但企业雇用的工人数量也增加了80%。

四、引起劳动供给曲线移动的因素

能够引起劳动供给曲线移动的有以下几个因素：

1.社会环境变化

比如原来妇女基本上不参加工作，至少在一两代人之前，妇女留在家里照料孩子是正常的。但是随着社会环境的改变，更多的妇女选择了参加工作，进入到社会，增加了劳动供给。

2.可供选择的机会

在任何一个劳动力市场上，劳动的供给都取决于其他劳动力市场上可以得到的机会。如果厨师赚到的工资突然上升了，一些面包工人就会选择改变职业，结果，面包工人市场上的劳动供给减少了。

3.移民

工人从一个地区向另一个地区，或从一个国家向另一个国家的流动是劳动供给曲线移动的另一个重要原因。例如，当移民来到美国时，美国的劳动供给增加了，而移出国的劳动供给减少了。

微课6-2

劳动的市场均衡

劳动供给与劳动需求共同决定了均衡工资，劳动供给曲线或劳动需求曲线的移动会引起均衡工资的变动。

知识链接6-1　劳动合同与劳务合同有区别吗

劳动合同和劳务合同虽然只有一字之差，但法律意义大不相同。劳动合同是用人单位与劳动者之间确定劳动关系的用工合同，以劳动者成为用人单位内部员工为目的；劳务合同是提供劳务一方为接受劳务一方提供服务的合同，以提供劳务方的劳动行为作为合同标的。

在权利义务方面：劳动合同的双方主体间不仅存在财产关系，还存在着人身关系，劳动者必须遵守用人单位的规章制度，用人单位负有为劳动者缴纳社会保险等法律责任；劳务合同的双方主体之间只存在财产关系，提供劳务一方无须成为用工单位的成员。

在救济途径方面：劳动合同纠纷出现后，争议一方应先到劳动仲裁委员会申请劳动仲裁，不服仲裁结果的，只有在法定期间内才可到法院起诉；劳务合同纠纷出现后，争议双方可直接向法院起诉。

资料来源：倪弋．劳动合同与劳务合同一字之差意义不同（以案说法）[EB/OL]．[2021-05-27]．http：//society.people.com.cn/n1/2021/0527/c1008-32114332.html.

【学思践悟】　千万片酬还要哭穷？

对于明星的“天价片酬”，社会上一直不乏抨击之声。近些年，随着多份“限酬令”的出台及几大影视制作公司的联合抵制，片酬水平虽有所下降，但最高片酬仍有5 000万元之多。为了拉高收入，个别明星还热衷于“片酬+分红”模式，挂名担任制片人、监制。除了片酬，明星们代言、走秀等方面的收入同样高得离谱。就这样还哭穷卖惨，那赚多少才够？

“文变染乎世情。”更值得警惕的是，文艺圈这种不正与不公的影响正在外溢。“流量为王”的逻辑下，资本群魔乱舞，狂吹娱乐之风，注意力资源滥用与失衡极其严重。而“一条微博顶一年工资”“拍一集剧胜过数年打拼”带来的心理冲击，更是放大价值错位，加剧社会浮躁。当世人的目光都投向光鲜亮丽的行当，少男少女即便无艺傍身也热衷于选秀成名，许多行业言必称“热度”“流量”，甚至否定默默奋斗的意义，更不知社会价值为何物，这无疑是极其危险的。

广电总局："十四五"时期将规范演员片酬

记者2月10日从国家广电总局获悉，《"十四五"中国电视剧发展规划》于日前印发。按照规划，"十四五"时期将规范包括演员片酬在内的收入分配秩序，推广使用标准化、制度化、制式统一的片酬等劳务合同。

在规范电视剧市场秩序方面，规划同时提出，促进电视剧市场公平竞争，坚决反对恶性竞争、不正当竞争和市场垄断行为，防止资本无序扩张，鼓励资本与产业良性互动。引导电视剧制作机构科学合理安排制作成本结构，加强成本管理和收入核算。

规划指出，将持续优化市场环境，健全事前事中事后全链条全流程监管机制，严肃处理有偷逃税、"阴阳合同"、"天价片酬"等违法违规行为的演员和相关机构，禁止违法失德艺人通过电视剧发声出镜。规范电视剧行业经纪人、经纪公司等市场主体管理。

此外，规划提出，发挥电视剧行业组织作用，对从业行为进行行业规范，对违法违规从业人员实施行业惩戒。健全导演、编剧、制片人、演员、经纪人等电视剧领域从业人员常态化培训机制，加强思想政治引领，明确红线底线，推动从业人员自觉践行社会主义核心价值观，坚守高尚职业道德，引领良好社会风尚。

资料来源：何若．北京日报：千万片酬还要哭穷？[EB/OL]．[2020-07-10]．http：//media.people.com.cn/n1/2020/0710/c40606-31778073.html；王鹏．广电总局："十四五"时期将规范演员片酬[EB/OL]．[2022-02-10]．http：//ent.people.com.cn/n1/2022/0210/c1012-32349677.html.

悟有所得

习近平总书记强调，当代中国，江山壮丽，人民豪迈，前程远大。时代为我国文艺繁荣发展提供了前所未有的广阔舞台。推动社会主义文艺繁荣发展、建设社会主义文化强国，广大文艺工作者义不容辞、重任在肩、大有作为。广大文艺工作者要增强文化自觉、坚定文化自信，以强烈的历史主动精神，积极投身社会主义文化强国建设，坚持为人民服务、为社会主义服务方向，坚持百花齐放、百家争鸣方针，坚持创造性转化、创新性发展，聚焦举旗帜、聚民心、育新人、兴文化、展形象的使命任务，在培根铸魂上展现新担当，在守正创新上实现新作为，在明德修身上焕发新风貌，用自强不息、厚德载物的文化创造，展示中国文艺新气象，铸就中华文化新辉煌，为实现第二个百年奋斗目标、实现中华民族伟大复兴的中国梦提供强大的价值引导力、文化凝聚力、精神推动力。

学习测试6-1

文艺工作者要坚持正确导向，身体力行，勇于做时代风气的先觉者、先行者、先倡者。要讲格调，做有深厚家国情怀的文艺工作者；讲品位，做有高尚道德情操的文艺工作者；讲责任，做有强烈社会担当的文艺工作者。要健全组织，推动全省各级文联组织高质量开展职业道德和行风建设；要加强组织领导，尽快成立本地区、本协会文艺工作者职业道德和行风建设委员会；要发挥文艺评论的作用，针对文艺界存在的突出问题，展开及时、深度、有效的批评，倡导正确的创作方向、审美风向、价值取向。

任务二　认识其他生产要素的需求与供给

一、土地的需求与供给

土地作为不可或缺的生产要素之一，其市场供给值得讨论。经济学上的土地，泛指一切自然资源，这种资源是不能被生产出来的，而且在数量上不会减少。土地的自然供给数量是固定不变的，它不会随着价格的变化而变化。

土地的所有者可以向市场提供土地服务，土地服务价格称为地租。单个土地所有者为了使其效用最大化，需要考虑将在一定时期内既定且有限的土地资源进行分配，那么如何将既定数量的土地资源在保留自用和供给市场这两种用途上进行分配以获得最大的效用呢？

与供给劳动的情况类似，供给土地本身不直接增加效用。土地所有者供给土地的目的是获得土地收入，而土地收入可以用于各种消费目的，从而增加效用。因此，土地所有者实际上是在土地供给可能带来的收入与自用土地之间进行选择。自用土地可以用来建造花园或高尔夫球场等，土地的这些消费性使用会增加土地所有者的效用，就像劳动者闲暇时间的作用一样。一般来说，土地的消费性使用只占土地的一个很微小的部分，因此实际上可以忽略其消费性使用，效用只取决于土地收入而与自用土地数量大小无关。在这种情况下，为了获得最大效用就必须使土地收入达到最大，因此会尽可能地多供给土地。如图6-6所示，由于土地所有者拥有的土地数量是既定的，因此，土地供给将在$\overline{Q}$的位置上与横轴垂直。

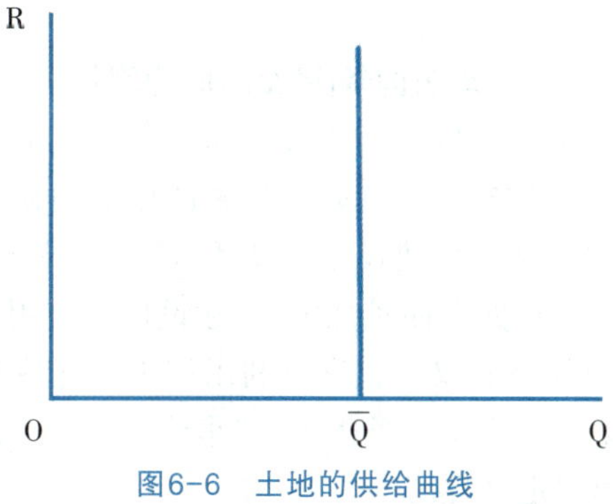

图6-6　土地的供给曲线

值得注意的是，我们之所以得到土地供给曲线垂直的结论，并不是因为自然赋予的土地数量是固定不变的，而是因为我们假定了土地只有一种用途，即生产性用途，而没有自用用途。

如果假定土地没有自用价值，则单个土地所有者的土地供给曲线为垂直线，市场的土地供给曲线也是垂直线。将所有单个土地所有者的土地供给曲线水平相加，即得到整个市场的土地供给曲线。

再将向右下方倾斜的土地的市场需求曲线与土地供给曲线结合起来，如图6-7所示，即可确定使用土地的均衡价格。由于此时土地的供给曲线垂直且固定不变，故地租完全由土地的需求曲线决定，而与土地的供给曲线无关，它随着需求曲线的上升而上升，随着需求曲线的下降而下降。如果需求曲线下降到D′，则地租将消失，即等于0。

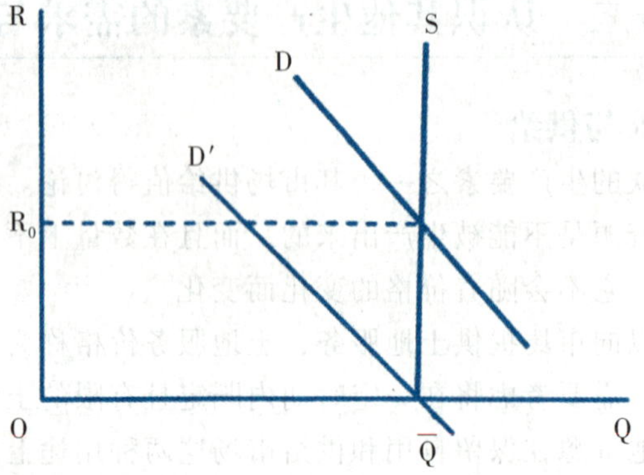

图6-7 地租价格的决定

微课 6-3

土地的需求与供给

地租价格是如何变化的呢？假设一开始时，土地供给量固定不变为S，土地的需求曲线为D′，从而地租为0。现在由于技术进步使土地的边际生产力提高，或由于人口增加使粮食需求增加，从而粮食价格上涨，对土地的需求曲线便开始向右边移动，从而地租开始出现。因此，可以这样来说明地租产生的原因：地租产生的根本原因在于土地的稀少，供给不能增加；如果给定了不变的土地供给，则地租产生的直接原因就是土地需求曲线的右移。土地需求曲线右移是因为土地的边际生产力提高或土地产品（如粮食）的需求增加从而使粮价提高。如果假定技术不变，则地租就由土地产品价格的上升而产生，且随着产品价格的上涨而不断上涨。

知识链接 6-2　　普法词条|建设用地使用权

建设用地使用权，是指自然人、法人或非法人组织依法对国家所有的土地享有的建造并保有建筑物、构筑物及其附属设施的用益物权。建设用地使用权可以分为国有建设用地使用权和集体建设用地使用权。《中华人民共和国民法典》（以下简称《民法典》）第三百四十四条规定："建设用地使用权人依法对国家所有的土地享有占有、使用和收益的权利，有权利用该土地建造建筑物、构筑物及其附属设施。"《民法典》第三百六十一条规定："集体所有的土地作为建设用地的，应当依照土地管理的法律规定办理。"

一、建设用地使用权的设立

《民法典》第三百四十六条规定："设立建设用地使用权，应当符合节约资源、保护生态环境的要求，遵守法律、行政法规关于土地用途的规定，不得损害已经设立的用益物权。"这是设立建设用地使用权的基本要求。

出让与划拨是设立建设用地使用权的两种基本方式。《民法典》第三百四十七条规定："设立建设用地使用权，可以采取出让或者划拨等方式。工业、商业、旅游、娱乐和商品住宅等经营性用地以及同一土地有两个以上意向用地者的，应当采取招标、拍卖等公开竞价的方式出让。严格限制以划拨方式设立建设用地使用权。”

以出让方式设立建设用地使用权，是指国家以国有土地所有人的身份将土地使用权在一定年限内让与土地使用权人，并由土地使用权人向国家支付土地使用权出让金的行为。

《民法典》第三百四十八条规定：“通过招标、拍卖、协议等出让方式设立建设用地使用权的，当事人应当采用书面形式订立建设用地使用权出让合同。建设用地使用权出让合同一般包括下列条款：（一）当事人的名称和住所；（二）土地界址、面积等；（三）建筑物、构筑物及其附属设施占用的空间；（四）土地用途、规划条件；（五）建设用地使用权期限；（六）出让金等费用及其支付方式；（七）解决争议的方法。”

二、建设用地使用权的转让

建设用地使用权的转让，是指已经产生或者已经存在的建设用地使用权的主体发生变更的情形，即建设用地使用权人将自己拥有的土地使用权再让渡给相对人，使其成为新的土地使用权受让人。建设用地使用权转让的具体方式包括三种：买卖、互易及赠与。

建设用地使用权的买卖，是指建设用地使用权的初始受让人将土地使用权出售给第三人而使土地使用权发生移转。互易，是指两个或两个以上的建设用地使用权人互相交换各自享有的建设用地使用权。赠与，是指建设用地使用权人将自己享有的建设用地使用权无偿赠送给第三人，由该第三人取得土地使用权。

建设用地使用权属于一种不动产上设立的用益物权，采取的是登记生效要件主义。《民法典》第三百五十五条规定：“建设用地使用权转让、互换、出资或者赠与的，应当向登记机构申请变更登记。”

资料来源：中国法律咨询中心. 法治百科・普法词条|建设用地使用权［EB/OL］.［2003-02-15］. https://www.xuexi.cn/lgpage/detail/index.html? id=7300722325231229695& item_id=7300722325231229695.

二、资本的需求与供给

资本是由经济制度本身生产出来并被用作投入要素以便进一步生产更多的商品和劳务。它具有三个特点：第一，它的数量是可以改变的，即它可以通过人们的经济活动生产出来；第二，它之所以被生产出来，其目的是以此获得更多的商品和劳务；第三，它是作为投入要素，即通过用于生产过程来得到更多的商品和劳务的。

作为生产服务的源泉，资本本身具有一个市场价格，即所谓资本价值。利息是资本供给与需求均衡时的均衡价格。利息不涉及资本品所有权，不是资本品的价格，而是使用资本（或资本服务）的价格。例如，一台价值为1 000元的机器被使用一年得到的收入为100元。100元就是该机器服务的价格（利率r=10%）。

个人完全可以在不影响其他人资本拥有量的情况下来增加自己的资本资源，这就是"储蓄"，即保留其收入的一部分不用于当前的消费。当一个人进行储蓄而非消费时，他就增加了自己拥有的资本数量。他可以运用储蓄生产新资本，以期在将来能够得到更多的收入，从而有可能在将来进行更多的消费，资本供给成为如何将既定收入在消费和储蓄两方面进行分配的问题，或者可以看成是在现在消费和未来消费之间的选择。

资本数量的变化是储蓄的结果。如图6-8所示，从短期来看，储蓄当然还是在增加资本，但增加的数量与原有的庞大资本存量相比可能微不足道，无论利率高低，资本提供者对市场的供给都保持不变，资本的短期供给曲线是一条垂直线，这时利率高低由需求决定。不管利率高低，资金供应者都只供给不变的资金存量（供给曲线S），它与需求曲线D相交于E点，表示资金需求者愿意以每年10%的利率借款购买资本品。

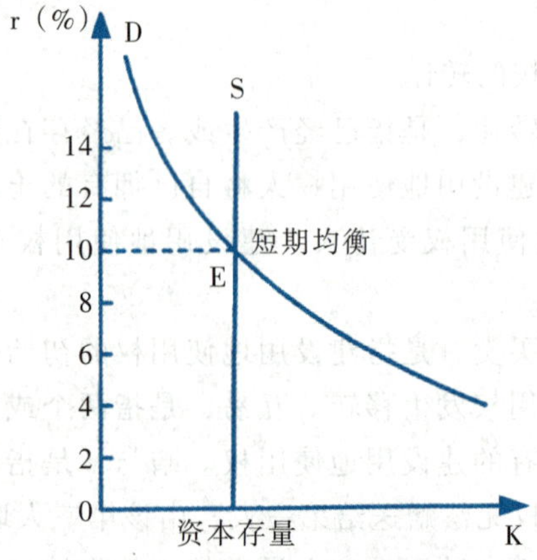

图6-8 资本的短期均衡

在长期中，货币资本的需求提高了利率，利率提高，储蓄增加。储蓄通过投资将不断转化为资本，厂商或设备租赁公司会购买新机器，从而引起长期资本供给上升。如图6-9所示，供给曲线S表示资本或资金的长期供给，它向上倾斜说明人们愿意以较高的实际利率供给更多的资本品。需求曲线D与供给曲线S相交于E点，在这一点上，便是长期资本市场的均衡利率。

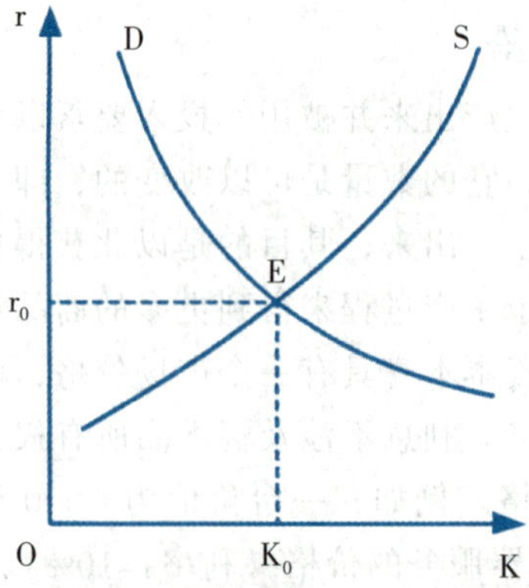

图6-9 资本的长期均衡

知识链接 6-3 提前还款后，利息如何计算？

小李向小刘借款10万元，为期1年，年利率为14%。半年后，小李因为彩票中奖，就与小刘协商提前还款。小刘同意了，但要求小李按1年借款期限来支付利息。小李不同意，只愿意支付半年的利息。小刘的做法合法吗？

违法。《民法典》第六百七十七条规定：“借款人提前返还借款的，除当事人另有约定外，应当按照实际借款的期间计算利息。”

资料来源：佚名. 以案说法丨提前还款后，利息如何计算？[EB/OL]. [2022-09-09]. http://society.people.com.cn/n1/2022/0909/c1008-32523118.html.

微课6-4

资本的需求与供给

学习测试6-2

任务三 认识洛伦兹曲线和基尼系数

我们已经分析了西方经济学分配理论中的要素价格决定理论。生产要素价格的决定理论是分配理论的一个重要部分，但并不构成分配理论的全部内容。除了要素价格决定之外，分配理论还包括收入分配的不平等程度等。

一、洛伦兹曲线

为了研究国民收入在国民之间的分配，美国统计学家M.O.洛伦兹提出了著名的洛伦兹曲线。洛伦兹首先将一国总人口按收入由低到高排队，然后考虑收入最低的任意百分比人口所得到的收入百分比，见表6-5。

表6-5 收入分配资料

人口累计百分比	收入累计百分比
0	0
20%	3%
40%	7.5%
60%	29%
80%	49%
100%	100%

例如，收入最低的20%人口、40%人口等所得到的收入比例分别为3%、7.5%等，最后，将这样得到的人口累计百分比和收入累计百分比的对应关系描绘在图形上（如图6-10所示），即得到洛伦兹曲线。

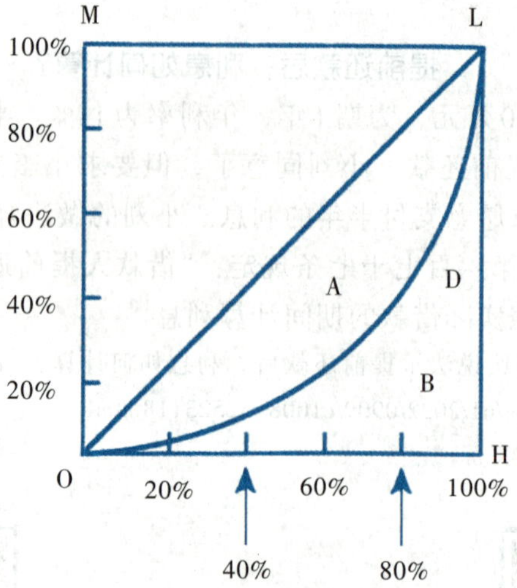

图6-10 洛伦兹曲线

图中横轴OH表示人口（按收入由低到高分组）的累计百分比，纵轴OM表示收入的累计百分比，曲线ODL为该图的洛伦兹曲线。由该曲线可知，在这个国家中，收入最低的20%人口所得到的收入仅占总收入的大约3%，而收入最低的80%人口所得到的收入还不到总收入的一半。

显而易见，洛伦兹曲线的弯曲程度具有重要意义。一般来说，它反映了收入分配的不平等程度。弯曲程度越大，收入分配程度越不平等；反之亦然。特别是，如果所有收入都集中在某一个人手中，而其余人口均一无所获时，收入分配达到完全不平等，洛伦兹曲线成为折线OHL；相反，如果任一人口百分比均等于其收入百分比，从而人口累计百分比等于收入累计百分比，则收入分配就是完全平等的，洛伦兹曲线成为通过原点的直线OL。

二、基尼系数

一般来说，一个国家的收入分配，既不是完全不平等，也不是完全平等，而是介于两者之间；相应的洛伦兹曲线，既不是折线OHL，也不是45°线OL，而是像ODL那样向横轴凸出，尽管凸出的程度有所不同。收入分配越不平等，洛伦兹曲线就越是向横轴凸出，从而它与完全平等线OL的面积就越大。因此，可以将洛伦兹曲线与45°线之间的部分A叫作“不平等面积”。当收入分配达到完全不平等时，洛伦兹曲线成为折线OHL，OHL与45°线之间的面积A+B就是“完全不平等面积”。不平等面积与完全不平等面积之比，称为基尼系数，是衡量一个国家贫富差距的标准。若设G为基尼系数，则：

$$G = \frac{A}{A + B}$$

微课6-5

洛伦兹曲线和基尼系数

显然，基尼系数不会大于1，也不会小于0，即有$0 \leqslant G \leqslant 1$。

三、引起收入分配不平等的原因

在任何一个社会都存在程度不同的收入分配不平等，在市场经济社会中这一问题更加突出，在不同的社会中，引起收入分配不平等的原因既有相同之处，又有不同之处。

第一，社会历史的原因。分配不公看起来是近些年的事情，但实际上，有些是长期发展过程中积累下来的问题。比如，长期形成的城乡二元结构就是导致城乡之间分配不公的重要原因。另外，由于自然、历史等客观条件形成的区域之间发展不平衡，也是造成分配不公的重要原因。

第二，体制改革不到位的原因。目前我国还处于体制改革和社会转型的过程中，有些发展社会主义市场经济需要的体制机制还没建立起来，而有些不符合市场经济要求的规则仍然存在，体制的不健全必然造成分配的不公平。同时，由于不同地区、领域、行业改革推进的先后和力度不同，因而享有的机会、占有的资源也不尽相同，这就会导致利益分配的差异。在发达国家，工会制度的存在也是引起不平等的原因，工会会员受到工会保护获得较高工资，而非工会会员则无力与雇主抗争，工资较低。在欧洲、北美这类传统上工会力量强大的地区，工会在引起收入分配不平等中起到的作用还相当大。

第三，相关政策不完善的原因。分配问题并不单单是经济领域的问题，也受到很多政策的制约。比如，受户籍制度和公共服务政策的限制，农民工在融入城市的过程中仍然面临诸多问题：劳动权益得不到充分保障、基本社会保障欠缺等。比如，覆盖城乡居民的社会保障制度还不健全，对社会困难群体的保障力度不够，保障覆盖面窄、保障水平低。据统计，在城镇就业人员中，养老、医疗保险参保率仅为62%和60%，农民工参加养老和医疗保险的不足20%和31%。

第四，社会经济发展状况的原因。根据美国经济学家库兹涅茨的研究，一个社会收入分配状况变动的一般规律是，在经济开始发展时，收入分配不平等随着经济发展而加剧，只有发展到一定程度之后，收入分配才会随经济发展而较为平等。他根据一些国家的资料做出了反映这种收入分配变动规律的库兹涅茨曲线。库兹涅茨曲线表示在经济发展的初始阶段，收入分配不平等程度加剧；但当经济发展到一定程度时，收入分配逐渐平等。

第五，个体差异的原因。每个人在能力、勤奋程度、机遇等方面存在差异。就能力而言，既有先天的才能差异，也有后天受教育程度的不同。有的人勤奋好学，而有的人正好相反。经济学家认为，人的受教育程度与个人收入之间有强烈的相关性。受教育越多，能力越强，收入水平越高，这已是一个不争的事实。

【思考与实践 6-2】

登录世界银行官网（https：//data.worldbank.org.cn/），搜索框里输入“基尼系数”并选择弹出的“基尼（GINI）系数”，查看所有国家和经济体公布的基尼系数，和同学探讨基尼系数最大和最小的国家是哪个？并查找其原因。

微课 6-6

引起收入分配不平等的原因

学习测试 6-3

【拓展阅读 6-1】

《中国的全面小康》白皮书新闻发布会答记者问

彭博新闻社记者：贫富差距现在有多大？国家会怎样控制、缩小贫富差距？税务方面的政策会不会起大的作用？

国家发展改革委党组成员、副主任兼国家统计局党组书记、局长宁吉喆：这是个很重要的问题。可以说，我国全面建成小康社会的进程，是贫困现象不断减少的过程，也是人民日益富裕起来的进程。党的十八大以来，我国经济实力持续跃升，人民生活水平全面提高，居民收入分配格局逐步改善。虽然存在贫富差距，但城乡、地区和不同群体居民收入差距总体上趋于缩小。

一是城乡之间居民收入差距持续缩小。随着国家脱贫攻坚和农业农村改革发展的深入推进，农村居民收入增速明显快于城镇居民，城乡居民相对收入差距持续缩小。从收入增长上看，2011—2020年，农村居民人均可支配收入年均名义增长10.6%，年均增速快于城镇居民1.8个百分点。从城乡居民收入比看，城乡居民人均可支配收入比逐年下降，从2010年的2.99下降到2020年的2.56，累计下降0.43。2020年，城乡居民人均可支配收入比与2019年相比下降0.08，是党的十八大以来下降最快的一年。

二是地区之间居民收入差距逐年下降。在区域协调发展战略和区域重大战略实施作用下，地区收入差距随地区发展差距缩小而缩小。2011—2020年，收入最高省份与最低省份间居民人均可支配收入相对差距逐年下降，收入比由2011年的4.62（上海与西藏居民收入之比）降低到2020年的3.55（上海与甘肃居民收入之比），是进入21世纪以来的最低水平。2020年，东部与西部、中部与西部、东北与西部地区的收入之比分别为1.62、1.07、1.11，分别比2013年下降0.08、0.03和0.18。

三是不同群体之间居民收入差距总体缩小。基尼系数是衡量居民收入差距的常用指标。基尼系数通常用居民收入来计算，也用消费支出来计算，世界银行对这两种指标都进行了计算。按居民收入计算，近十几年我国基尼系数总体呈波动下降态势。全国居民人均可支配收入基尼系数在2008年达到最高点0.491后，2009年至今呈现波动下降态势，2020年降至0.468，累计下降0.023。同时居民收入分配调节在加大。“十三五”时期，全国居民人均转移净收入年均增长10.1%，快于居民总体收入的增长。还要看到，在世界银行数据库中，2016年中国消费基尼系数为0.385，比当年收入基尼系数0.465低0.080，而消费的数据更直接地反映了居民实际生活水平。

四是基本公共服务均等化加快推进。看居民收入，不仅要看家庭可支配收入，还要看政府为改善民生所提供的公共服务。在全面建成小康社会进程中，各地区各部门积极推进基本公共服务均等化。完善多层次社会保障体系成效明显，目前我国已经建成世界上最大的社会保障网，基本医疗保险覆盖超13.5亿人，基本养老保险覆盖超10亿人。住房保障和供应体系建设稳步推进，全国已累计建设各类保障性住房和棚改安置住房8 000多万套，帮助2亿多困难群众改善了住房条件。教育公平和质量不断提升，2020年九年义务教育巩固率为95.2%。基本医疗和公共卫生服务改善，2020年一般公共预算卫生健康支出1.92万亿元。人民群众通过自己劳动得到的收入、经营得到的收入、转移支付得到的收入在增加。同时，有一些收入并没有进入家庭，而是通过公共服务提供给广大群众，在我们这样的中国特色社会主义国家，各部门各地区做的这方面工作尤其多。

“十四五”时期，进一步控制和缩小贫富差距，既要做大蛋糕，又要分好蛋糕。要坚持发展是第一要务，通过发展经济、辛勤劳动、扩大就业增加居民收入。同时，坚持按劳分配为主体、多种分配方式并存，提高劳动报酬在初次分配中的比重，健全工资合理增长机制，着力提高低收入群体的收入，扩大中等收入群体；完善按要素分配政策制度，增加中低收入群体的要素收入；完善再分配机制，加大税收、社保、转移支付等调节力度和精准性；发挥第三次分配的作用，发展慈善事业；构建初次分配、再分配、三次分配协调配套的基础性制度安排，促进社会公平正义，促进人的全面发展，使全体人民朝着共同富裕目标扎实迈进。

你刚才专门提到税收，税收在收入分配中已经发挥重要作用，今后无论是在初次分配，还是在再分配、三次分配当中，都要发挥好税收杠杆的作用。谢谢。

资料来源：国家统计局.《中国的全面小康》白皮书新闻发布会答记者问［EB/OL］.［2021-09-29］. http：//www.stats.gov.cn/xxgk/jd/zcjd/202109/t20210930_1822661.html.

【项目小结】

生产要素的价格同一般商品一样，取决于生产要素的需求与供给。

工资是劳动的价格，它的大小取决于劳动的需求与供给，劳动的供给曲线是一条向后弯曲的曲线，劳动的需求曲线是一条向右下方倾斜的曲线，其交点决定的工资水平就是均衡工资。

地租是土地的价格，土地的供给曲线是与横轴垂直的直线，土地的需求曲线是一条向右下方倾斜的曲线，它们的交点决定的地租水平就是均衡地租。

利率是资本的价格，资本的供给曲线是一条向右上方倾斜弯曲的曲线，资本的需求曲线是一条向下方倾斜的曲线，其交点决定的利率水平就是均衡利率。

洛伦兹曲线是反映社会收入分配平等程度的曲线，基尼系数是根据洛伦兹曲线得到的反映社会收入分配平等程度的指标。

【项目训练】

一、名词解释

生产要素　劳动的边际产量　生产函数　资本　洛伦兹曲线　基尼系数

二、单选题

1.某一时期科技进步很快，人们越来越倾向于资本密集型生产方式，这将导致（　　）。

A.劳动的供给曲线向右移动　　B.劳动的需求曲线向右移动

C.劳动的供给曲线向左移动　　D.劳动的需求曲线向左移动

2.在完全竞争市场上，生产要素的边际收益取决于（　　）。

A.该要素的边际生产力　　B.该要素的平均收益

C.该要素的平均水平　　D.该要素的边际成本

3.随着工资水平的提高，（　　）。

A.劳动的供给量会一直增加

B.劳动的供给量会一直减少

C.劳动的供给量先增加，但工资提高到一定水平后，劳动的供给量不仅不增加，反而会减少

D.劳动的供给量增加到一定程度后既不会增加也不会减少

4.地租不断上升的原因是（　　）。

A.土地的供给与需求共同增加

B.土地的供给不断减少，而需求不变

C.土地的需求日益增加，而供给不变

D.土地的需求和供给共同减少

5.洛伦兹曲线代表了（　　）。

A.贫困的程度　　B.税收体制的效率

C.收入不平等的程度　　D.税收体制的透明度

6.如果收入是平等分配的，则洛伦兹曲线（　　）。

A.与横轴重合　　B.与45°线重合

C.与纵轴重合　　D.难以确定

7.如果收入是完全平等分配的，基尼系数将等于（　　）。

A.1　　B.0.5　　C.0.25　　D.0

三、多选题

1.劳动、土地、资本和企业家才能等生产要素的价格分别为（　　）。

A.工资　　B.利润　　C.利息　　D.利率　　E.地租

2.生产要素的需求属于（　　）。

A. 派生需求　　B. 直接需求　　C. 联合需求

D. 最终产品的需求　　E. 引致需求

3.工会提高工资的主要方法有（　　）。

A.增加对劳动的需求　　B.减少对劳动的供给

C.最低工资法　　D.减少对劳动的需求

E.增加对劳动的供给

四、判断题

1.劳动需求是一种“派生需求”。

2.劳动供给曲线具有“向后弯曲”的部分。

3.与劳动供给的情况不同，土地供给本身直接增加效用。

4.地租产生的根本原因在于土地的稀少，供给不能增加。

5.资本供给可以看成是现在消费和未来消费之间的选择。

6.一个国家的收入分配应该是完全平等的。

五、综合实践

（一）分析讨论题

1.说明下列每个事件对电脑制造行业劳动力市场的影响：

a.国家为每名新入学的大学生配备电脑；

b.更多的大学生选择学习计算机专业；

c.各地纷纷建立新的电脑制造厂；

d.学习计算机专业免学费，并且每月有500元补贴。

2.假设冰雹摧毁了部分广东的柑橘收成。

a.解释由于冰雹的发生，柑橘的价格和摘柑橘者的边际产量发生了什么变动？你能说出柑橘的需求会发生什么变动吗？为什么？

b.假设柑橘的价格翻了一番，而边际产量下降了20%。摘柑橘者的均衡工资会发生什么变动？

c.假设柑橘的价格上升了20%，而边际产量下降了50%，摘柑橘者的均衡工资会发生什么变动？

（二）模拟实践

你开了一家雇用4个员工的奶茶店，他们的工资是每小时10元，奶茶的均价是7元。第二个员工的边际产量为50杯/小时，每增加一个员工，边际产量减少10杯/小时。假设你追求利润最大化，计算出雇用最后一个员工的边际产量值是多少？这个员工的边际利润是多少？

项目七 外部性与公共物品

学习目标

知识目标：

- 理解市场结构的分类和特点；
- 掌握四种市场的特点和产生原因；
- 掌握外部性的含义及其解决办法；
- 掌握物品的分类及其特点；
- 掌握市场失灵的含义及其对策；
- 理解政府失灵。

能力目标：

- 能够根据不同的市场类型，分析相应的定价策略制定的原因；
- 能够辨别公共物品的类型，并能理解其管理方法；
- 针对外部性问题，能够提出初步的解决方案；
- 能够运用经济学知识对国家政策的背后逻辑进行解读。

素质目标：

- 坚定制度自信；
- 培养社会责任感；
- 建立反贪反腐的意识。

知识结构：

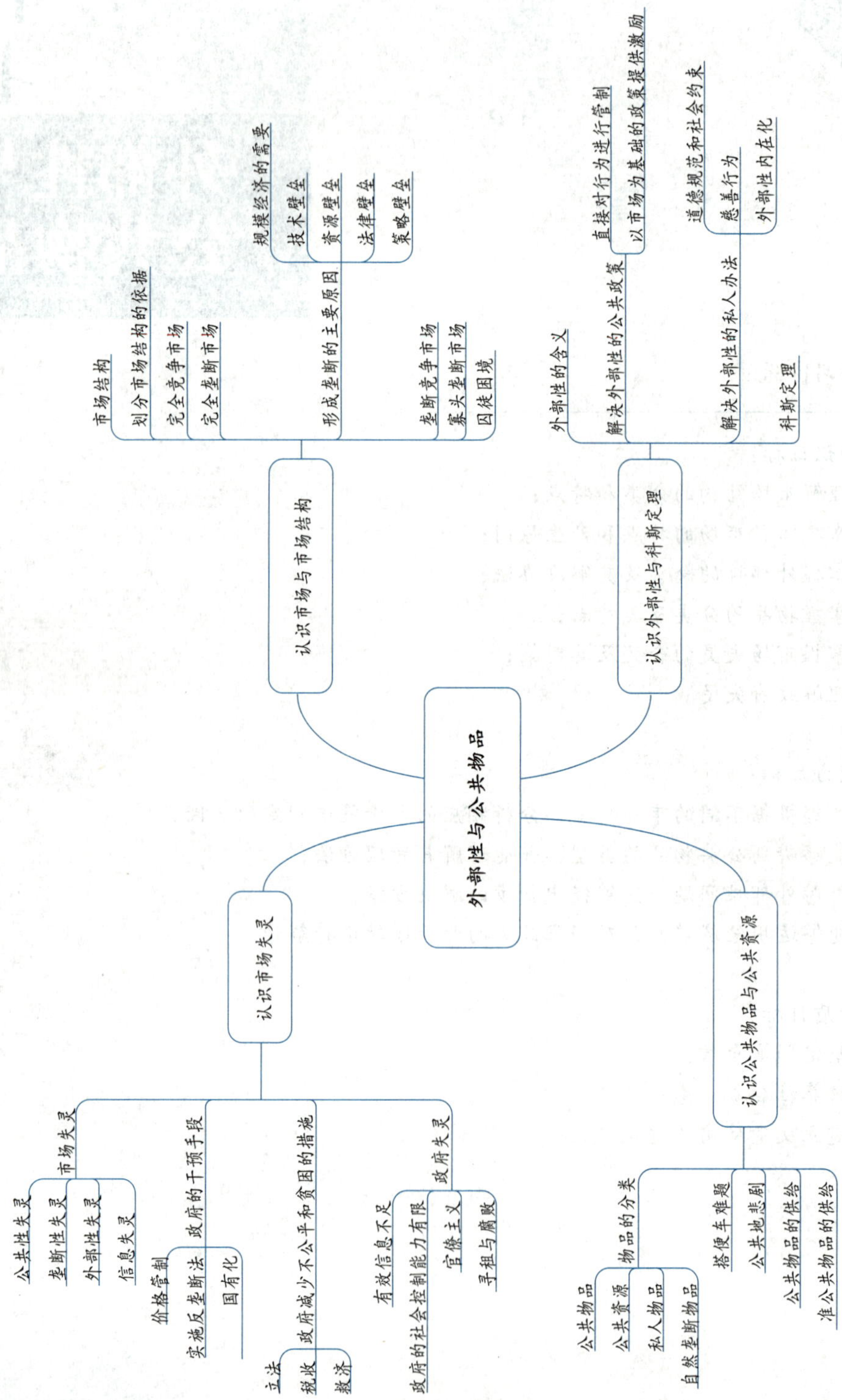
外部性与公共物品
认识市场与市场结构
市场结构
划分市场结构的依据
完全竞争市场
完全垄断市场
形成垄断的主要原因
规模经济的需要
技术壁垒
资源壁垒
法律壁垒
策略壁垒
垄断竞争市场
寡头垄断市场
囚徒困境
认识外部性与科斯定理
外部性的含义
解决外部性的公共政策
直接对行为进行管制
以市场为基础的政策提供激励
解决外部性的私人办法
道德规范和社会约束
慈善行为
外部性内在化
科斯定理
认识市场失灵
市场失灵
公共性失灵
垄断性失灵
外部性失灵
信息失灵
政府的干预手段
价格管制
实施反垄断法
国有化
政府减少不公平和贫困的措施
立法
税收
救济
政府失灵
有效信息不足
政府的社会控制能力有限
官僚主义
寻租与腐败
认识公共物品与公共资源
物品的分类
公共物品
公共资源
私人物品
自然垄断物品
搭便车难题
公共地悲剧
公共物品的供给
准公共物品的供给

引入案例

再“牛”的企业也不能搞垄断

9月27日，插座龙头企业公牛集团发布公告称，公司因违反《中华人民共和国反垄断法》，被处以2.9481亿元罚款。虽然公牛集团表示处罚不会对公司经营造成重大影响，但此事再次向全社会传递国家维护公平竞争市场环境的坚定决心：搞垄断，再“牛”的企业也不行！

近两年，互联网平台企业常因强制“二选一”等垄断行为被处罚，这些行为对消费者利益的损害比较明显。作为制造企业，公牛集团垄断行为主要通过固定和限定价格的垄断协议来实现，消费者很难察觉。例如，公牛集团会制定限价的《市场运营规范》《经销商管理规则》，要求经销商遵守价格管控体系；在实际经营中，会随时下发“价格指令”，具体到“G06（白色）终端零售指导价调整为公司价格表的6.5折，终端零售和促销活动可以按照公司价格表的6折成交”。

公牛集团被罚，给全国市场主体敲响了警钟。《中华人民共和国反垄断法》是为了保护市场公平竞争，提高经济运行效率，维护消费者利益和社会公共利益，促进社会主义市场经济健康发展而制定，适用于中国境内的所有市场主体及所有经济活动。以公牛集团为鉴，企业必须不断强化法律意识，守法合规经营，才能实现可持续发展。

资料来源：佘颖．再“牛”的企业也不能搞垄断［EB/OL］．［2021-09-29］．http：//finance.people.com.cn/n1/2021/0929/c1004-32241219.html.

【思考与实践7-1】

什么是垄断？为什么要反垄断？搜一搜《中华人民共和国反垄断法》并谈谈你的想法。

任务一 认识市场与市场结构

一、市场结构

企业的生存与发展都离不开市场，所谓市场是指对某种产品有现实需求和潜在需求的消费者群体，这是企业生存和发展的基础，也是各个经济单位产生经济关系进行交易的制度框架。

市场结构指的是某一个行业中垄断与竞争的程度，不同的行业具有不同的结构，这些结构影响着管理者制定的决策。划分市场结构的依据主要有以下几个方面：

1.市场上厂商的数量

同一市场内，厂商数量的多与少，决定了单个厂商对市场价格的影响程度。市场厂商的数量越多，单个厂商的产量在整个市场中所占的份额就越小，相应地对于市场价格的影响也就越小。反之，占有的份额越大，对市场价格的影响也越大。

2.产品的差异性

产品差异性是指在同一市场中，各个厂商提供的产品的基本功能相同，但也存在着品质、性能、外观等方面的不同，还包括由于厂商的广告宣传力度大而导致的消费者主观感受上的差异。

3.资源流动自由度

资源流动自由度是由生产要素从一种用途转到另一种用途中所受到的阻力强弱所决定的。资源在转变中受到的阻力越小，资源的流动性就越大。反之，流动性就越小。

4.信息的对称性

信息的对称性包括消费者、厂商和投资者等各种经济主体对自己及相关方的信息和技术方面的信息有充分完整的了解。消费者、厂商、投资者等相互了解的信息越多，信息的对称性越强，市场的竞争程度越高。

二、划分市场结构的依据

按照以上划分依据，市场结构可以分为四类（见表7-1）：一种极端类型是完全竞争，即存在着非常多的相互竞争的企业，每一企业相对于整个行业来说都非常小，没有影响价格的能力。另一种极端类型是完全垄断，即在该行业内只有一个企业，因此不存在来自行业内部的竞争。处于中间状态的两种类型是垄断竞争和寡头垄断，前者是指有很多的相互竞争的企业，新企业可以自由进入该行业，后者是指只有几个企业，而且新企业的进入受到严格的限制。

表7-1 市场类型的划分和特征

市场结构	厂商数目	产品差异	厂商对价格的控制	资源流动性	类似市场举例
完全竞争	很多	完全无差别	接受者	很容易	粮食市场
垄断竞争	较多	差别很大	一定控制能力	较容易	零售市场
寡头垄断	几个	差别很小	较大控制能力	比较难	钢铁、石油等市场
完全垄断	一个	唯一的产品	制定者	几乎不可能	水、电等公共事业市场

三、完全竞争市场

完全竞争又称纯粹竞争，是指一种不受任何阻碍和干扰的竞争。完全竞争市场是指没有任何垄断因素的市场。要形成这一市场，必须满足以下四个条件：

1.市场存在大量的生产者和消费者

市场存在大量的生产者和消费者，每一个行为者只占极微小的市场份额，以至于没有谁能够独自影响市场价格，他们面对的是一条完全水平的需求曲线（如图7-1所示）。单个买者或卖者只是“价格的接受者”，而不是价格的制定者。市场中的任何一方只是根据自己的利益独自决定如何行动，这些行动汇集起来共同决定市场价格。

2.市场上的产品差别不存在

这种产品差别不是指不同产品之间的差别，而是指同种产品在质量、包装、牌号等方面的差别。例如，产品差别不是指自行车与汽车的区别，而是指不同自行车在质量、包装、牌号等方面的差别。因为不存在产品差别，厂商之间的产品完全可以互相替代，所以厂商就无法以自己产品的特点来形成垄断优势，在不存在垄断的情况下才能实现完全竞争。

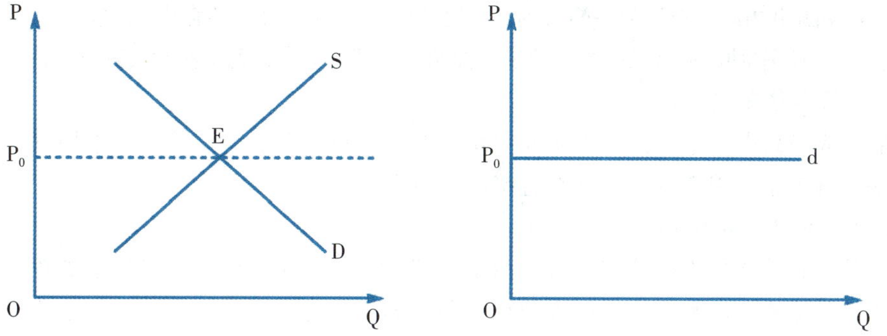

（a）完全竞争市场的需求曲线　　（b）完全竞争厂商的需求曲线

图7-1　完全竞争厂商的需求曲线

在这种市场中，消费者购买哪一个厂商生产的产品不存在偏好，影响消费者选择的唯一因素是价格。这就意味着如果一个厂商只是稍微提高其产品的价格，所有的消费者就转而购买其竞争者的产品。当产品的价格相同时，消费者在选择购买哪个厂商的产品时是完全随机的。

3.生产要素可以自由流动

当外部条件（如产品价格或消费者的需求）发生变化时，行业会对产量进行相应的调整，而这种调整往往会带来部分资源流入或流出该行业。在完全竞争条件下、这种流动是自由的，要素进入或退出没有人为和自然的壁垒。人为的壁垒主要包括政府要求的对进入某一行业要求的执照或特许、某种产品的生产专利等；自然壁垒包括行业的规模经济、自然条件等。在完全竞争市场中，厂商可以根据自己的意愿，不受任何阻碍地进入或退出某个行业。

4.市场信息畅通

生产者和消费者都可以获得有关现在和将来市场情况的完整而充分的市场供求信息，他们可以据此做出正确的决策。对生产者来说，充分的信息包括产品的生产方法（生产函数）、投入要素的价格、产品的价格；对消费者来说，充分的信息包括他们自己的偏好、收入、产品的价格等。买卖双方的信息是对称的。

在上述四个条件中，前两个条件是最基本的。事实上，要寻找一种完全符合上述条件的市场是非常困难的，但是作为一种理想的市场结构，它提供了一个标准，基于这种标准，我们就可以比较一个实际产业部门所具有的特征。并且，这一理论模型分析说明了完全竞争以外的市场中所具备的各个变量之间的重要关系。因此，对它进行分析是非常有意义的。

现实中，接近于这些条件的市场是农产品市场。因为农产品是由众多农户提供的，消费者也很多，农产品基本属于无差别产品，厂商可以自由进入或退出该行业。当然，随着农业科技的不断提升，产品间的差异化程度会不断增加，加上不同人群的消费偏好不同，农产品市场的结构也会发生改变。

微课 7-1

完全竞争市场

四、完全垄断市场

完全垄断市场通常被称为垄断市场，与完全竞争市场相比，它是另一种极端的市场结构。在这种市场中，一种产品被某一家企业独家控制。从理论上讲，完全垄断具有以下特点：

1. 市场不存在竞争者

在一种产品市场上，由一家企业提供所有的产量，企业就是行业。市场没有任何可与之替代的产品，垄断企业不存在直接的竞争者。

2. 垄断企业制定价格

垄断企业是产品价格的制定者，而不像完全竞争企业那样是价格的接受者。它能够自行决定产品的产量和价格，以实现企业利润的最大化。

3. 垄断企业实行差别定价

为实现利润最大化，垄断企业可在不同的销售条件下对产品制定不同的价格，即实行差别定价。

4. 非价格竞争

完全垄断企业生产的产品可能是标准化的（如天然气和电力），也可能是差异化的（如 Windows）。生产标准化产品的垄断企业主要是为开展公共关系做广告；而生产差异化产品的垄断企业有时候会为它们的产品品质和品牌形象做广告。

五、形成垄断的主要原因

形成垄断的主要原因有以下几个方面：

1. 规模经济的需要

某些行业的生产，由于规模报酬递增的存在，当企业规模扩大时，它的平均成本会随着产量的扩大而降低，这个企业在扩大产量的同时降低产品的价格，最终使其他企业由于在本行业无利可图而退出，于是，该企业就垄断了这个行业。这样的行业需要巨额资本和大型设备才能有效地经营，如自来水、煤气、电力供应等，因为生产量大，所以可以有效地降低成本。这种由生产的技术特性造成规模经济所引起的垄断，一般称为自然垄断。大规模公用事业，像电话、供电、高速公路等都具有自然垄断的特点。

2. 技术壁垒

如果除垄断者之外别无他人掌握某种生产技术或诀窍，这个市场就自然成为完全垄断市场。当然，技术诀窍一旦为他人所知，企业的垄断地位也将不复存在。

3. 资源壁垒

这是指由于资源分布的空间性、区域性，而使其他企业因无法取得相应资源而不能进入某一行业。这往往在某一特定资源被企业独家控制的情况下发生。比如南非的戴比尔斯公司是钻石市场的垄断者，因为南非的钻石资源几乎全部被该公司占有，其产量占世界产量的80%以上。

4. 法律壁垒

有些独家经营的特权是由法律规定并受其保护的，专利和版权便是法律特许的垄断。为了鼓励发明创造，保护发明家和投资者的利益，几乎所有的国家都制定了专利法。这些发明创造和版权一旦经过审核批准，发明家或投资家就获得了独家经营的特权，在其有效期内便是垄断者。

5.策略壁垒

有时候，企业可以高筑壁垒以确立或巩固其垄断地位，这就是策略壁垒。

知识链接 7-1　　什么是版权

版权是知识产权的重要组成部分。在我国，版权又称著作权，是作者或者其他著作权人依法对文学、艺术和科学作品享有的民事权利，著作权法中明确规定著作权保护期限制度。

北京市京师律师事务所合伙人、律师王正宇介绍，法律明确规定，在著作权保护期内，其他人使用作品需依法征得著作权人许可并需支付相应的报酬。对于自然人作品，版权保护期为作者在世期间及其去世后五十年；对于法人及非法人组织作品、视听作品，版权保护期为其创作完成或首次发表后五十年。

版权保护期到期后，哪些权益可以开放给公众使用？哪些仍然是受保护的呢？王正宇告诉记者，在我国，《中华人民共和国著作权法》规定："作者的署名权、修改权、保护作品完整权的保护期不受限制。"也就是说，公众在任何时候都不能对作品进行冒名、对作品原作进行修改以及对作品进行歪曲、篡改。

而复制权、发行权、发表权、出租权、展览权、表演权、放映权、广播权、信息网络传播权、摄制权、改编权、翻译权、汇编权以及其他应当由著作权人享有的权利，在版权保护期到期后则可以向一般公众进行开放，所有人都对进入公有领域的作品自由行使上述权利。

王正宇认为，版权制度不仅要考虑保护作者的权利，同时也应当考虑让作品在合适的时间进入公有领域为大众所用，激发群体创造力，一味延长版权保护期对版权保护起到的作用并不完全是正面的。

资料来源：杨曦．带货大V售卖盗版"玲娜贝儿"IP版权保护哪些权利？[EB/OL]．[2022-08-19]．http：//finance.people.com.cn/n1/2022/0819/c1004-32506290.html.

六、垄断竞争市场

垄断竞争市场是由许多出售相似而不相同产品的企业构成的市场，是既有竞争因素又有垄断因素的一种市场类型。它的基本特征如下：

1.市场产品是异质的

同一行业中的每个厂商的产品都具有自己的特色，不同厂商的产品之间存在着差异，这种差异可能是因为设计、技术不同或原材料不同，也可能是因为产品外观形状、包装、商标等不同而产生的，甚至厂商的地理位置、服务态度的不同也构成了产品差异的一个方面。当然，这些不同厂商生产的产品又是相似的，它们之间有很大的替代性。一方面，由于产品有差别，每个厂商的产品特色便构成了垄断因素，产品的差别越大，垄断程度也就越高。另一方面，由于产品之间有替代性，因此不同厂商之间存在着激烈的竞争，替代程度越高，竞争也就越激烈。

2.厂商对市场价格都有影响，但作用有限

同一个行业中有许多厂商，它们都能对市场价格产生一些影响，但这种影响是有限的。这些厂商是独立行动的，并不互相勾结以控制市场价格。由于同一行业中有许多厂商，一个厂商的决策不至于引起其他厂商的对抗行动。

3.厂商进出市场较容易

厂商比较容易进出这个市场。一般说来，垄断竞争厂商主要是指日用工业品、手工业、零售商业及维修服务业等行业中的厂商，这些行业中的厂商规模并不太大，因而进出行业的障碍不大。

在现实经济中，垄断竞争是一种普遍现象，特别是在零售业和服务业中表现得更为明显。

七、寡头垄断市场

寡头垄断市场是指少数几家厂商控制整个（或绝大部分）市场产品的生产和销售的市场组织。汽车工业、石油工业、钢铁工业等行业的市场，通常被认为是典型的寡头垄断市场。寡头垄断市场更偏重于垄断。

寡头垄断市场的特征主要有三个：

1.厂商数量少

这里所说的厂商数量少是指该市场只有极少数的大生产商。

2.厂商对价格有控制力，但相互依赖

这是寡头垄断市场最基本、最突出的特征，也导致了寡头的价格和产量的决定成为一个很复杂的问题。其主要原因在于：寡头垄断市场中企业数目很少，每个企业的产量在市场的总产量中占据一个较大的比重，价格和产量的变动都会对其竞争对手以及整个行业的产量和价格产生举足轻重的影响。因而，每个寡头厂商在采取某种行动时必须考虑其他厂商可能的反应，然后才能在考虑到这些反应方式的前提下采取最有利的行动。这使得寡头垄断厂商的决策在结果上具有很大的不确定性，也使寡头垄断市场的理论变得非常复杂。

3.寡头厂商相互影响

为了减少这种不确定性，寡头厂商之间会相互影响。在这方面，因假设条件的不同，会有许多不同的寡头垄断模型。所以，价格不是由市场供求决定，而是由少数寡头通过有形或无形的勾结、价格领导、形式不同的协议、默契等方式决定。寡头厂商的竞争手段是多种多样的，一旦价格和产量确定之后，就具有相对的稳定性，所以各个寡头厂商相互之间容易达成某种形式的相互勾结和妥协，也就是通常所说的在竞争中达成妥协，在妥协中展开竞争。

八、囚徒困境

寡头市场中有一个很经典并且有趣的模型——囚徒困境。囚徒困境博弈的基本模型是这样的：警察抓住了两个合伙犯罪的罪犯，但却缺乏足够的证据指证他们所犯的罪行。如果其中至少有一人供认犯罪，就能确认罪名成立。为了得到所需的口供，警察将这两名罪犯分别关押以防止他们串供或结成攻守同盟，并给他们同样的选择机会：如果他们两人都拒不认罪，则他们会被以较轻的妨碍公务罪各判1年徒刑；如果两人中有一人坦白认罪，则坦白者从轻处理，立即释放，而另一人则将重判8年徒刑；如果两人同时坦白认罪，则他们将被各判处5年监禁（见表7-2）。

表7-2　　囚徒困境

		囚徒2	
		坦白	不坦白
囚徒1	坦白	（-5，-5）	（0，-8）
	不坦白	（-8，0）	（-1，-1）

囚徒面临着两难的选择：坦白或抵赖。显然最好的策略是双方都抵赖，结果是都只被判一年，因为都“不坦白”各得-1显然比都“坦白”各得-5好得多。但是由于两人在隔离的情况下无法串供，并且各自都追求自己的最大利益而不会顾及同伙的利益，双方又都不敢相信或者指望对方有合作精神，因此只能实现对他们都不理想的结果（都坦白）。由于这种结果具有必然性，很难摆脱，因此这个博弈被称为“囚徒困境”。

微课7-2

不完全竞争市场

学习测试7-1

任务二　认识外部性与科斯定理

一、外部性的含义

生活中是否遇到这样的场景？在寝室里，室友外放流行歌曲，正好遇到你喜欢的歌曲，你不由自主地跟着哼哼起来；或是室友半夜和朋友大声打电话，严重影响你的睡眠。这样的情况在经济学中也会加以讨论，称为外部性。

外部性是指某个社会成员（消费者或生产者）的经济活动给别的社会成员造成的影响，而这种影响并未通过市场机制加以补偿。外部性被用来分析市场机制以外的人与人之间的相互影响，但这种关系仍属于经济关系。在经济活动中，当事人之间的相互影响如能通过市场机制加以补偿，则这种影响不属于外部性。

根据对他人造成的影响是有利影响还是不利影响，外部性可分为正外部性和负外部性。正外部性也称为有利的外部性或外部经济，它是指某个人的经济活动给社会上的其他成员带来的好处。受益者对此无须花费代价，带来好处的那个人也就不能由此得到补偿。例如，一个养蜂人将蜂箱放置在一个梨园旁，蜜蜂从梨花中采集花粉用来酿蜜，同时它们在花丛中传递花粉，这有助于花朵受精。于是产生了两个正的生产外部性：养蜂人从梨园园主那儿获取了正的生产外部性，同时梨园园主也从养蜂人那儿得到了正的生产外部性。如果梨园园主扩大梨树的种植面积，养蜂人会因花粉更充足而使酿的蜜更多、质量更好，而养蜂者无须向果园主付费。

如果某人从事的经济活动具有正的外部性，此时私人收益就会小于该经济活动所带来的社会收益，我们就可以这样认为，该项经济活动产生了外部收益（如图 7-2 所示）。

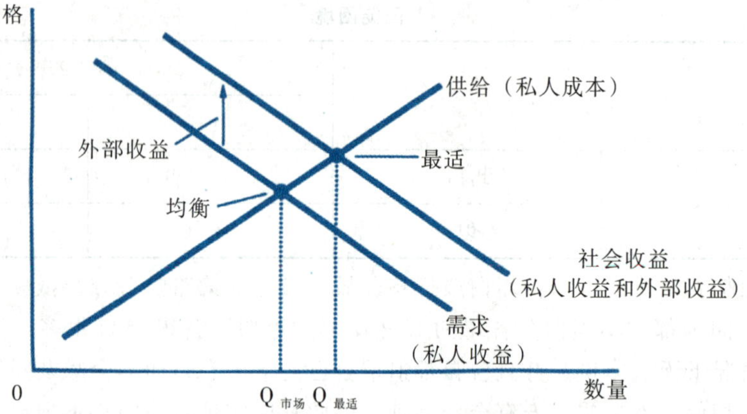

图7-2　正外部性

与正外部性相对应的，还有负外部性。负外部性也称为有害的外部性或外部不经济，它是指某个人的经济活动会给社会上的其他成员带来危害，而受损者对此伤害无法要求补偿，造成损害的一方也没有为此损害承担成本。炼油厂在生产过程中排放的废水会给其他生产者与消费者造成损害，但污染物的排放者却没有给受害者以应有的赔偿，这种损害就是负外部性。

如果某人从事经济活动具有负的外部性，此时私人成本就会小于该经济活动所带来的社会成本，我们就可以这样认为，该项经济活动产生了外部成本（如图 7-3 所示）。

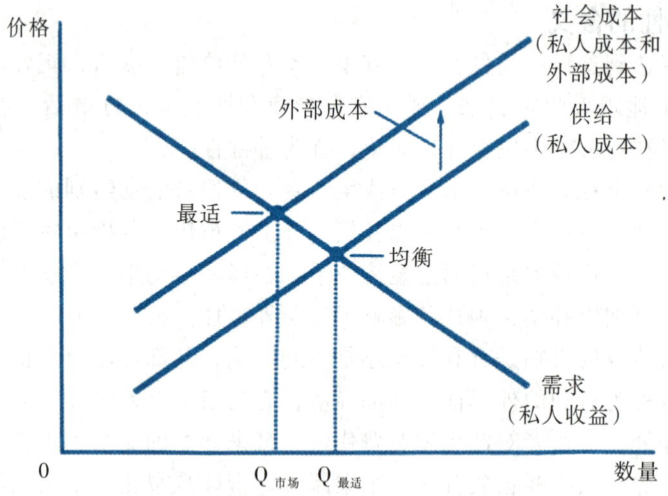

图7-3　负外部性

在存在外部性时，社会对市场结果的关注扩大到参与市场的买者与卖者的福利之外，还包括那些间接受影响的旁观者的福利。由于买者与卖者在决定其需求量或供给量时忽略了他们行为的外部效应，因此当存在外部性时，市场均衡并不是有效的。

二、解决外部性的公共政策

微课 7-3

外部性

当外部性引起市场达到一种无效率的资源配置时，政府可以选择以下两种方式。

1.直接对行为进行管制

政府可以通过规定或禁止某些行为来解决外部性，例如规定将污染的废水直接倒入河流中是一种犯罪行为。在这种情况下，社会的外部成本远远大于排污者的利益。因此，政府制定了完全禁止这种行为的命令与控制政策。

但是在现实生活中，事情并非如此简单，因为完全禁止所有的污染需要付出相当大的代价，并且在实施、监督方面也存在很大的难度，基本上是不可能实现的。比如我们不可能因为汽车尾气污染严重，就禁止生产和使用汽车。因此，社会不是要完全消除污染，而是要权衡成本与收益，确定最优污染量，制定排放标准。如果生产者超过了这一标准，根据法律，它就要面临严重的经济处罚甚至刑事处罚。这种惩罚会迫使生产者遵守排污规定，安装降低污染的设备，从而保证污染符合社会最优标准。

2.以市场为基础提供激励政策

政府对外部性的反应也可以是不采取管制行为，而以市场为基础向私人提供符合社会效率的激励政策。例如，政府可以通过对那些有负外部性的活动征税和补贴那些有正外部性的活动来使外部性内在化。用于纠正负外部性影响的税收被称为庇古税，以纪念最早提出这种税收用法的经济学家阿瑟·庇古（Arthur Pigou，1877—1959）。经济学家对税收作为解决污染的一种方法的偏爱通常大于管制，因为税收可以以较低的社会成本达到减少污染的目的。

大多数经济学家偏爱税收。他们首先指出，在减少污染总水平上税收和管制同样有效。环境保护署可以通过把税收确定在适当的水平上，而达到它想达到的任何污染水平。税收越高，减少的污染也越多。实际上，如果税收足够高，工厂将完全关门，污染减少为零。

实际上，庇古税规定了污染权的价格。正如市场把物品分配给那些对物品评价最高的买者一样，庇古税把污染权分配给那些减少污染所需成本最高的工厂。无论环保当局选择的污染水平是多少，它都可以用税收以最低的总成本达到这个目标。

对于正外部性，采取补贴、减免税等措施补偿私人收益低于社会收益的部分。补贴分为补贴消费者、补贴生产者和政府提供三种。例如，政府补贴接种疫苗的消费者。给予生产者的补贴，通过补贴减少生产者的成本，从而鼓励其多生产，产生更多的正外部性。当正外部性涉及人群庞大时，政府就采用自己提供公共物品的方式来进行。例如，国家向所有儿童实行免费接种疫苗，从而消灭了某些疾病。

三、解决外部性的私人办法

虽然外部性往往使市场无效率，但解决这个问题并不总是需要政府行为。在一些情况下，人们可以提出私人解决方法。

1.道德规范和社会约束

有时外部性问题可以用道德规范和社会约束来解决。“己所不欲，勿施于人。”这个道德规范告诉我们，要考虑到我们的行动如何影响其他人。

2.慈善行为

许多慈善行为的产生是为了解决外部性问题。比如大学接受校友、公司和基金会的捐赠，部分是因为教育对社会有正外部性。政府通过允许计算所得税时扣除慈善捐赠的税制来鼓励这种外部性的私人解决方法。

3.外部性内在化

私人市场往往可以通过依靠有关各方的利己行为来解决外部性问题。例如，梨园园主和养蜂人互为邻里，蜜蜂在梨树上采花粉，帮助果树授粉结果，蜜蜂也用从梨树上采集的花粉来酿造蜂蜜，每个人的经营都给对方带来了正外部性。但是，当梨园园主决定种多少梨树和养蜂人决定养多少蜜蜂时，他们都没考虑到正外部性，很难匹配到最适合的梨树数量和蜜蜂数量。这时可以把不同类型的经营整合在一起，养蜂人购买梨树，或梨园园主购买蜜蜂，这些外部性就内在化了。通俗来讲，就是将互相提供正外部性的双方经营变成一方的不同经营。

四、科斯定理

私人市场在解决这些外部性中的有效性如何？最著名的结论认为在某些情况下，这种方法是极为有效的，这个结论被称为科斯定理。这个定理，是为纪念提出这个结论的经济学家罗纳德·科斯（Ronald Coase）而命名。根据科斯定理，如果私人各方可以无成本地就资源配置进行协商，那么，私人市场就将总能解决外部性问题，并有效地配置资源。

假设一家化工厂将其污水排入河流，造成下游六户居民的供水污染，结果每户损失100元，共计600元。污物有两种方法消除：（1）工厂花费300元安装污水过滤器；（2）为每个居民安装净水器，每家75元，共450元。显然最好的办法是工厂安装过滤器，因为它仅用300元就消除了600元的危害。

如果法律赋予家庭使用清洁水的权利，工厂将花费300元安装污水过滤器或花费450元为每个居民安装净水器来净水。所以，工厂最有效的办法是自己花300元安装污水过滤器。如果法律赋予工厂排污的权利，最终结果为，居民合资300元为工厂安装污水过滤器。

尽管科斯定理的逻辑很吸引人，但私人主体本身经常不能解决外部性所引起的问题，只有利益各方在达成和实施协议中没有麻烦时科斯定理才适用。但是，在世界上，甚至在多方有利的协议可能的情况下，协商并不总有效。

微课 7-4

外部性的治理

科斯定理提到的私人协商使得资源有效配置，是在假设交易成本为零的前提下，无论法律如何配置初始权利，都可达成最有效的方法，也就是花费300元在工厂安装净水过滤器。若交易费用很高、交易人数很多，比如化工厂与上千户居民达成一致的协议是十分困难的。因此科斯定理认为，在财产权利只涉及少数参与者且交易费用低的情况下，个人之间的交易是有效率的。这时不存在外部性，因为交易各方会考虑所有的成本和收益，而且谁拥有产权是不重要的。

当私人协商无效时，政府有时候可以发挥作用。政府可以通过要求决策者承担他们行为的全部成本来解决外部性问题。

【学思践悟】　绿交所助力低碳转型：解决负外部性难题

所谓排碳负外部性，是指排碳企业和用户没有为排出的碳付出应有成本，对社会有负的外部性。易纲表示，排碳多的单位是以自己的低成本实现盈利，但对整个社会和公众造成了负的外部性。

中金公司首席经济学家彭文生解释："传统金融机构主要依靠市场力量分配信贷资源，但是由于外部性，很难有效地将资源分配到绿色产业。"易纲指出，未来，绿交所就是要逐步把负外部性内部化，使碳定价逐步接近其社会成本，谁排碳谁承担成本。

所谓碳定价，就是给碳排放制定一个价格（即碳价），把企业技术改造、绿色金融、社会消费等隐性的减排成本"放在台面上"，用碳价表现出来。而绿交所这样的碳市场，可通过市场机制实现供给和需求的匹配，实现均衡的价格。

中金研究结果表明，碳价信号越显著，对低碳技术创新的诱导作用就越强，越能激发企业开发和采用低碳技术的意愿，进而更好推动实现"双碳"目标。

"可以通过补贴、罚款等措施将外部性内部化，但这些措施也面临着谁来执行、仲裁等道德风险问题。根据'科斯定理'，对公共物品的供给界定产权，通过市场机制让产权进行有效的交易定价，让那些提供产品的厂商和市场主体通过价格机制得到补贴、实现利益，已经在大量实践中被证明是有效的，可以实现最优的帕累托配置。"中国人民银行金融研究所所长周诚君表示。

资料来源：马梅若．绿交所助力低碳转型：解决负外部性难题 稳步降低绿色溢价［EB/OL］．［2023-02-06］．https：//baijiahao.baidu.com/s？id=1757068863419661864&wfr=spider&for=pc.

悟有所得

坚持以加强党的政治建设为统领，增强"四个意识"、坚定"四个自信"、做到"两个维护"，深入学习贯彻习近平新时代中国特色社会主义思想，把推动绿色低碳发展作为一项重大政治任务。

学习测试7-2

习近平总书记指出，"杀鸡取卵、竭泽而渔的发展方式走到了尽头，顺应自然、保护生态的绿色发展昭示着未来"。推动绿色低碳发展是国际潮流所向、大势所趋，绿色经济已经成为全球产业竞争制高点。加快发展方式绿色转型，就是要尽快彻底改变过去那种以牺牲生态环境为代价换取一时一地经济增长的做法，推动形成绿色低碳的生产方式和生活方式，从根本上缓解经济发展与资源环境约束的矛盾。

党的二十大报告指出，"推动经济社会发展绿色化、低碳化是实现高质量发展的关键环节。"要健全资源环境要素市场化配置体系。市场化配置是引导各类资源要素向绿色低碳发展集聚的有效方式。要深入推进资源要素市场化改革，完善自然资源有偿使用制度。加快自然资源统一确权登记，建立健全用水权、排污权、碳排放权初始分配制度。健全水流产权制度，加快推进水流产权确权登记，完善水资源有偿使用制度。推进水权市场化交易，培育和发展水权交易市场。全面实行排污许可制，加快建设全国用能权、碳排放权交易市场。完善碳定价机制，加强碳排放权交易、用能权交易、电力交易衔接协调。

任务三 认识公共物品与公共资源

一、物品的分类

私家车坏了我们会立刻送去维修，但是马路边的灯坏了，我们并不会积极地进行修理。我们之所以会有不同的反应，是因为汽车和路灯属于不同类型的物品。

我们根据排他性和竞争性将物品分为四种：私人物品、自然垄断物品、公共资源、公共物品。所谓排他性，是指一种物品具有的可以阻止一个人使用该物品的特性。也就是说当一种商品或服务在购买者做出支付行为之后，购买者可以有效地把他人排除在消费该物品的利益之外，他人不能够享用此种商品或服务带来的利益。比如小张买了一个苹果后，不让小李吃，小李就不能吃。所谓竞争性，是指一个人使用一种物品将减少其他人对该物品的使用的特性。也就是说同一单位产品在一个人享用时，如果其他人同时来享用，必然会降低使用者的效用。比如桌子上有三个苹果，如果小张吃了两个，小李就只能吃一个了。

如表7-3所示，私人物品在消费中既有排他性又有竞争性，汽车就是私人物品。经济中大多数物品都是像汽车这样的私人物品：除非你花钱，否则就得不到东西，而且一旦你得到了它，你就是唯一获益的人。

表7-3 物品的分类

	非竞争性	竞争性
非排他性	公共物品：国防、红绿灯、灯塔	公共资源：海洋鱼类、免费公园
排他性	自然垄断物品：有线电视、消防	私人物品：汽车、衣服、食品等

当一种物品在消费中有排他性但没有竞争性时，这就是自然垄断的物品。例如看电影收门票，一个人一个固定位置，具有排他性，但是电影院有很多空位，增加观众并不会降低其他观众的效用，具有非竞争性。

公共资源在消费中有竞争性但没有排他性。例如，海洋鱼类具有消费中的竞争性：当一个人捕到鱼时，留给其他人捕的鱼就少了。但这些鱼并不是排他性物品，因为在海洋浩瀚无边的情况下，阻止渔民在海中捕鱼是很困难的。

公共物品在消费中既无排他性又无竞争性。这就是说，不阻止人们使用一种公共物品，而且一个人享用一种公共物品并不减少另一个人对它的使用。例如，防空警报是一种公共物品。一旦警报器响起来，要阻止任何一个人听到它都是不可能的（所以它不具有排他性）。而且，当一个人得到警报的利益时，并不会减少其他任何一个人的利益（所以它不具有消费中的竞争性）。

公共物品和公共资源是具有非排他性的。也就是说这些有价值的东西并没有价格，而且无法阻止人们使用这些物品，任何人都可以免费得到它。这便出现了一些问题，我们称之为搭便车难题和公共地悲剧。

二、搭便车难题

所谓搭便车是指某些社会成员只愿意享用公共物品消费带来的效用，而不愿意为公共物品的生产付出代价，总是希望别的社会成员为公共物品的生产付出成本。如果所有的社会成员都作如此打算，都希望别人来承担公共物品的生产成本，就没有一个私人生产者愿意提供公共物品，即使这种公共物品带来的收益远远大于生产成本。价格机制无法给公共物品的生产者带来刺激作用，价格机制在公共物品的供给上失灵了。

搭便车问题的存在，使得公共物品在私人经营的情况下，收费成为不可能。比如看焰火时，多一个人观看，并不会使焰火的成本有任何增加，也就是说边际成本为零。我们知道，在市场交换的条件下，一种商品或服务的价格，不是取决于它的平均成本，而是取决于它的边际成本。按照边际成本的等价原则，看焰火的每个人根本不该付费，免费消费成为必然，在这种情况下，没有人愿意向市场免费提供商品。因此国防等各类公共物品不能通过市场供给。

三、公共地悲剧

相似地，公共资源由于具有非排他性和竞争性会造成公共地悲剧。在一片公共的草地上，牧民们都可以在那里放牧。对于每个牧民来说，都希望自己能够多养一头牛，因为牧民可以从自己饲养的牲畜中得到私人收益，这部分收益是他的私人物品。但当牧场过度放牧时，公共草地上被放养的牛会不断地增加，最后草地会因为无法承受过度的放牧压力而被破坏，草地上放养的牛无法获得食物而被饿死，同样地，公共河流里的鱼也会发生过度捕捞的情况，这就是公共地悲剧。

公共资源具有开放性，要想排他性地使用非常困难，人人都想多占用，获取个人利益，对保护公共资源却没有动力。如果某个成员维护草地资源，维护的时间、成本、费用由维护者个人承担，其他未参加维护者仍然可免费享用，好处由大家共享，那么最后维护草地资源的成员也会放弃维护。

公共地悲剧是一个有一般性结论的故事：当一个人使用公共资源时，他减少了其他人对这种资源的享用。由于这种负外部性，公共资源往往被过度使用，政府可以通过管制或税收来解决这个问题。此外，政府有时也可以把公共资源变为私人物品。

【思考与实践 7-2】

上网搜索“共享单车悲剧”的新闻，和同学们讨论，为什么会出现这一情况（提示：可以从社会责任感缺失的角度深入思考），这类问题应该如何解决？

四、公共物品的供给

公共物品想要依靠市场机制进行供给是非常困难的。一方面，公共物品的生产也要支付成本；而另一方面，由于消费上的非排他性和非竞争性，公共物品一旦生产出来，又很难像普通的商品那样，实行谁付费、谁消费的原则。根据公共物品的特点，如果公共物品依靠市场供给，那么就会出现零供给或者供给不足，市场机制无法有效配置社会资源，出现公共性失灵。

但是很多公共物品都具有极高的社会效益，在我们的经济和社会生活中不可或缺，一旦公共物品过于缺乏时，就会影响到经济的正常运行，甚至导致整个社会经济无法正常运行。

那么公共物品由谁来提供呢？一般由政府提供。由于公共物品具有非排他性和非竞争性的特征，对它的需要或消费是公共的。如果由市场提供，那么每个消费者都不会自愿掏钱去购买，而是等待他人去购买，自己则免费搭车。在这种情况下，公共物品显然是不能由市场提供的。政府必须通过无偿征税来负担公共物品的成本。

五、准公共物品的供给

公共资源或自然垄断物品和公共物品不同，这些物品要同时借助于政府和市场的力量共同提供。一般来说，由于市场机制的提供方式更有利于提高供给效率、降低运行成本，而政府机制的提供方式虽然效率较低，却更加有利于社会公平目标的实现。因此，是选择市场机制提供还是选择政府机制提供，需要综合考虑社会在某一时期内对这些准公共物品的需求偏好。

比如，在一条高速公路的建造上，如果人们认可通过交费的方式，就应该让市场机制在此发挥主要作用。如果人们对交费方式不予认可，就需要考虑采取政府收税筹集资金并在建成后免费使用的方式来替换。更多时候采取由市场机制和政府机制协同提供的方式，例如卫生保健的一部分由政府提供，另一部分通过向当事人收费有偿提供，既可以保障居民的医疗需要，又可以避免病床过分拥挤和药品的浪费。

微课 7-5

公共物品与公共资源

学习测试 7-3

任务四　认识市场失灵

一、市场失灵

市场失灵是指市场无法有效地分配商品和劳务的情况。市场失灵主要包括以下几个方面：

1. 公共性失灵

由于公共物品的非排他性和非竞争性的特点，如果公共物品依靠市场供给，那么就会出现零供给或者供给不足，这种无法通过市场机制进行有效供给、影响经济正常运行的情况，我们称之为公共性失灵。

2. 垄断性失灵

在完全竞争市场中，市场存在大量的生产者和消费者且市场上的产品同质，生产要素可以自由流动，市场信息畅通，市场机制能够充分发挥作用。但是在现实经济中，并没有理想的完全竞争市场，更多的是不完全竞争市场，这些市场结构使得厂商具有定价权。一旦厂商可以自行决定价格，必然会导致其产品价格超过边际成本，出现高价格、低产量和垄断者超额利润。例如，某产业的产能过剩，如果让市场机制充分发挥作用，一部分资源就应从该产业中退出。但由于市场垄断扼杀了自由竞争，处于垄断地位的企业就有可能通过在暗地达成协议来限制产量，维持较高的价格，从而使这些企业在开工不足、设备闲置的情况下安然无恙地生存下去，不发生资源的移动。反之，某一产业的产能不足，垄断寡头又通过设置种种进入壁垒，阻止资源的流入和新企业的出现，从而使自己安享超额利润。一旦垄断价格得以形成，企业间的价格竞争就不存在了，垄断企业的市场地位就会相对稳定下来。竞争的压力大大减小了，企业追求技术进步的动力也就相应地减弱了。不完全竞争损害了资源的配置效率，出现了垄断性失灵，此时需要由政府来加以干预。

3.外部性失灵

当出现外部性时，意味着某种经济活动给与这项活动无关的第三方带来了有利（正外部性）或不利（负外部性）的影响，而这些影响也没有支付任何报酬或进行任何补偿。这种活动会产生一些不由生产者或消费者承担的成本或不由生产者或消费者获得的利益，且没有任何经济补偿。存在外部性的情况下，市场机制并没有实现资源的最优配置，这就是市场失灵的表现。

4.信息失灵

现实市场中的信息存在两个特征：信息本身具有公共物品的特征，极易导致在市场中的供给不足；同时信息又是不对称的，市场交易中的买者和卖者关于所交换的商品信息可能是不同的，这就导致许多决策在信息不充分的条件下做出。一般来说，生产者比消费者对商品的特性等信息知道得要多一些，这种不对称性，使买家在与卖家交易过程中处于弱势地位，导致商品不能按照应有的价格交易，使买家受损。

除此之外，市场失灵还表现为失业、经济波动以及收入分配不公平等方面。市场经济下，会周期性地出现失业、通货膨胀现象，但市场机制对此则显得无能为力。同时，市场机制也只能保证经济效率，即通过市场竞争，优胜劣汰，按要素在生产中的贡献来分配收入，而不能保证收入分配的社会公平，因此会出现贫富差距。

二、政府的干预手段

微课7-6

市场失灵

针对垄断性失灵，政府会对其进行干预，手段主要有以下三种：

1.价格管制

所谓价格管制就是指政府有关当局对自然垄断行业产品的价格进行限制，规定某些垄断行业的产品或服务的最高售价，在此之下由企业自行定价。

2.实施反垄断法

政府对垄断的强烈反应是制定反垄断法或反托拉斯法，认定限制贸易的协议或共谋、垄断或企图垄断市场、兼并、排他性规定、价格歧视、不正当竞争或欺诈行为等都是非法的。

3.国有化

国有化即对垄断性的企业实行国有，由政府经营。

三、政府减少不公平和贫困的措施

市场机制不能保证收入分配的社会公平，因此会出现贫富差距，政府依靠立法、税收和救济来减少不公平和贫困。

1. 立法

立法是政府通过一系列的政策、法规来改变那些引起或增加不公平长久存在的社会制度。这类政策包括消除特权、建立广泛的全面教育制度、鼓励各行业在高失业地区投资建厂等方面。比如最低工资法就是由国家规定最低工资标准来减少贫困的措施。

2. 税收

对富人的课税高于对穷人的课税，税后收入分配会比税前分配更加公平。比如政府对个人所得进行累进征税，收入越高，税负越重，在一定程度上缩小了富人和穷人收入的差距。

3. 救济

救济有两种，第一种为现金补助。现金补助又可以分为两类，一类是根据经济状况确定的救济，另一类是普遍性救济。根据经济状况确定的救济一般适用于其收入低于一定生活水平的人。这种救济的方式可能是补助或是贷款。它们可能作为一般性收入资助或为满足特定需要，以租金、家庭用品等形式提供。普遍性救济属于某一类的每个人都享有的救济，与他们的收入可能无关，如政府养老金以及失业疾病和伤残救济金等。工作的人按其收入缴纳社会保障金，当他们退休、失业或生病时，就有权获得救济金。

第二种为实物救济。这种救济是以免费提供或受到补贴的商品和服务的形式向救济对象发放，而不是直接以现金的形式进行发放。在很多国家，实物救济的主要项目是保健和教育。

知识链接 7-2　　我国有哪些税种

中国的税制有18个税种，即增值税、消费税、车辆购置税、关税、企业所得税、个人所得税、土地增值税、房产税、城镇土地使用税、耕地占用税、契税、资源税、车船税、船舶吨税、印花税、城市维护建设税、烟叶税和环境保护税。企业所得税、个人所得税和资源税等税种实现了法定。

通过税制税种改革，中国的税制进一步简化、规范，税负更加公平并有所减轻，税收的宏观调控作用进一步增强，在促进经济持续稳步增长的基础上实现了税收收入的持续稳步增长，有力地支持了中国的改革开放和各项建设事业的发展。展望未来，中国将继续全面深化税制改革，不断完善税制，主要内容应当包括落实税收法定原则、合理调整宏观税负、优化税制结构和完善各个税种。在完善税种方面，近期的主要内容应当包括完善增值税制度，调整消费税的征收范围、税负和征收环节，完善综合征收与分类征收相结合的个人所得税制度，改革房地产税收制度，社会保险费改税，等等。

资料来源：佚名. 全面深化改革时期的税制税种改革（2013年以后）[EB/OL]. [2019-09-27]. http://www.chinatax.gov.cn/chinatax/n810219/n810744/c101448/c101451/c5137484/content.html.

四、政府失灵

市场失灵的存在使得政府不得不采取某种干预行动。为了矫正市场失灵，几乎所有政府都采用它的“看得见的手”对市场进行调节，以达到提高效率、提倡公平和扶持经济增长及稳定的目的。政府调节在经济运行中起着重要作用，弥补了市场机制所存在的缺陷，但是政府机制也存在失灵的问题。

政府在干预经济过程中，信息的有限性以及官僚主义、腐败与寻租等原因，会造成“政府失灵”。政府失灵就是政府为了矫正和弥补市场机制的功能缺陷所采取的立法、行政管理及各种经济政策手段，在实施过程中往往会出现各种事与愿违的结果，最终导致政府干预经济的效率低下和社会福利损失。

政府失灵主要表现在以下几个方面：

1.有效信息不足

市场信息的不足是造成市场失灵的一个因素，政府往往要承担提供信息的职能或替代某些交易者进行决策。但由于现实经济生活相当复杂并难以预计，私人难以掌握完全的信息，政府同样面临这一问题。

2.政府的社会控制能力有限

政府采取某种公共政策后，市场反应可能与预想情况发生偏离，削弱政府公共政策的实施效力。比如法律法规不健全、不完善，存在钻法律法规空子的情况；或者执法人员与黑社会势力、经济犯罪分子相互勾结，破坏正常的市场经济秩序。

3.官僚主义

由于政府行政部门的制度中存在一些缺陷，官僚在执行公共政策过程中难免会产生官僚主义。官僚主义的表现之一就是政府制定决策时会经过几个时滞：第一是认识时滞，指从问题产生到被纳入政府考虑日程的这一段时间；第二是决策时滞，指从政府认识到某一问题到政府最后得出解决方案的这一段时间；第三是执行与生效时滞，指从政府公布某项决策到付诸实施以致引起私人市场反应的这一段时间。任何公共决策都难逃上述时滞。有时当针对某个问题的决策真正起作用时，该问题可能已不是什么重要问题了，而新问题的对策又需要经过上述时滞。

4.寻租与腐败

寻租行为是指个人或利益集团为了牟取自身经济利益而对政府决策或政府官员施加影响的行为。人们为获取行政干预的好处而贿赂讨好政府官员，在监督体制不健全的情况下，权钱交易极易发生，贪污腐败盛行。寻租行为的蔓延具有恶性循环的趋势，一旦遏制不住，人们就会为获得超额利润而投入更多资源去获取更多的寻租机会。政府干预造成的市场行为越扭曲，寻租行为就越盛行，社会经济的内耗就越大，资源浪费就越严重。

微课 7-7

市场失灵的解决与政府失灵

学习测试 7-4

【拓展阅读 7-1】

坚决打赢反腐败斗争攻坚战持久战

始终以最彻底的自我革命精神反腐败。腐败是危害党的生命力和战斗力的最大毒瘤，对党同人民群众的血肉联系最具杀伤力，反腐败是一场输不起也决不能输的重大政治斗争，必须永远吹冲锋号，持续巩固来之不易的压倒性胜利。要以零容忍态度反腐惩恶，完善动态清除、常态惩治工作机制，更加有力遏制增量，更加有效清除存量。严查重点问题，坚决查处政治问题和经济问题交织的腐败，坚决防止领导干部成为利益集团和权势团体的代言人、代理人，坚决防止政商勾连、资本向政治领域渗透等破坏政治生态和经济发展环境。突出重点领域，深化整治金融、国有企业、政法等权力集中、资金密集、资源富集领域和粮食购销等行业的腐败，坚决纠治政商“旋转门”“逃逸式辞职”问题，坚决清理风险隐患大的行业性、系统性、地域性腐败。紧盯重点对象，把党的十八大以来不收敛不收手、胆大妄为者作为重中之重，严肃查处领导干部配偶、子女及其配偶等亲属和身边工作人员利用影响力谋私贪腐问题。坚决查处新型腐败和隐性腐败。

坚决整治各种损害群众利益的腐败问题。群众对发生在身边的腐败问题深恶痛绝，感受尤为深切，必须高度重视、坚决纠治，切实增强群众获得感、幸福感、安全感。要聚焦就业创业、教育医疗、养老社保、生态环保、安全生产、食品药品安全、执法司法等领域，严肃查处贪污侵占、截留挪用、虚报冒领、吃拿卡要等行为，坚决惩治群众身边的“蝇贪”，着力消除基层消极腐败现象。推动加大对“村霸”“街霸”“矿霸”等的整治力度，决不允许其横行乡里、欺压百姓。积极开展乡村振兴领域不正之风和腐败问题专项整治，加强对重点项目、重大资金、重要环节的监督检查，看住国家资产、集体财产，维护农民合法权益。推动“打伞破网”常态化、机制化，严查黑恶案件背后腐败和“保护伞”。

坚决铲除腐败滋生土壤和条件。深入推进反腐败斗争，总的方略就是不敢腐、不能腐、不想腐一体推进。要标本兼治、系统治理，坚持“全周期管理”，深化以案为鉴、以案促改、以案促治，使严厉惩治、规范权力、教育引导紧密结合、协调联动。坚持受贿行贿一起查，加大对行贿行为惩治力度，重点查处多次行贿、巨额行贿、向多人行贿、危害一方政治生态的行贿人，建立全国行贿人信息库，推动完善惩治行贿相关法律法规，强化对行贿人的联合惩戒。完善防治腐败滋生蔓延的体制机制，健全行业部门内部监管体系，强化对政策制定、决策程序、审批监管等关键权力的制约和监督，减少权力对微观经济活动的不当干预。加强新时代廉洁文化建设，树立良好家教家风，营造和弘扬崇尚廉洁、抵制腐败的良好风尚，构建清廉社会生态。

一体构建追逃防逃追赃机制。反腐败斗争必须统筹国际国内两个战场，深化反腐败国际合作，有逃必追、一追到底，让已经外逃的无处藏身，让企图外逃的丢掉幻想。要持续开展“天网行动”，加大对“百名红通人员”等外逃腐败分子追捕力度，强化对涉腐洗钱行为的打击惩处，对境外赃款应追尽追。推进“一带一路”廉洁建设，健全跨境腐败治理工作协调机制，完善我国有关法律域外适用的配套制度，加快形成反腐败涉外法律法规体系。加强反腐败国际传播，把反腐败成功经验和生动实践转化为国际反腐败治理的话语权和影响力。

资料来源：李希. 深入学习贯彻党的二十大精神 在新征程上坚定不移推进全面从严治党——在中国共产党第二十届中央纪律检查委员会第二次全体会议上的工作报告［EB/OL］.［2023-02-23］. https：//baijiahao.baidu.com/s？id=1758626338772183352&wfr=spider&for=pc.

【项目小结】

完全竞争是指一种不受任何阻碍和干扰的竞争，完全竞争市场是指没有任何垄断因素的市场。

完全垄断市场中，一种产品被某一家企业独家控制。

垄断竞争市场是由许多出售相似而不相同产品的企业构成的市场，是既有竞争因素又有垄断因素的一种市场类型。

寡头垄断市场是指少数几家厂商控制整个（或绝大部分）市场产品的生产和销售的市场组织。

外部性是指某个社会成员（消费者或生产者）的经济活动给别的社会成员造成的影响，而这种影响并未通过市场机制加以补偿。如果某人从事的经济活动具有正的外部性，此时私人收益就会小于该经济活动所带来的社会收益，该项经济活动产生了外部收益。如果某人从事经济活动具有负的外部性，此时私人成本就会小于该经济活动所带来的社会成本，该项经济活动产生了外部成本。

科斯定理：如果私人各方可以无成本地就资源配置进行协商，那么私人市场就总能解决外部性问题，并有效地配置资源。

私人物品在消费中既有排他性又有竞争性，自然垄断物品有排他性但没有竞争性，公共资源在消费中有竞争性但没有排他性，公共物品在消费中既无排他性又无竞争性。

一般公共物品由政府提供，准公共物品采取由市场机制和政府机制协同提供的方式。

市场失灵是指市场无法有效地分配商品和劳务的情况。

政府失灵就是政府为了矫正和弥补市场机制的功能缺陷所采取的立法、行政管理及各种经济政策手段，在实施过程中往往会出现各种事与愿违的结果，最终导致政府干预经济的效率低下和社会福利损失。

【项目训练】

一、名词解释

囚徒困境　搭便车难题　公共地悲剧　科斯定理　垄断性失灵　信息不对称

二、单选题

1.近似于完全竞争市场结构的是（　　）。

A.农产品市场　　B.汽车市场

C.啤酒市场　　D.航空业市场

2.垄断竞争市场与完全竞争市场的根本区别是（　　）。

A.产品差别　　B.价格差别　　C.成本差别　　D.厂商差别

3.下列产生了正外部性的情况是（　　）。

A.邻居家有一个游泳池，并经常聚会，吵闹到深夜

B.邻居家有一个游泳池，并允许你免费使用

C.邻居家有一个游泳池，强烈的氯的气味飘进了你家的餐厅

D.邻居家有一个游泳池，允许你使用，作为交换，你让他家的孩子玩你家的秋千

4.私人物品的特征是（　　）。

A.既无竞争性又无排他性　　B.既有竞争性又有排他性

C.有竞争性，无排他性　　D.有排他性，无竞争性

三、多选题

1.造成市场失灵的主要原因有（　　）。

A.垄断　　B.不完全信息　　C.供求关系

D.外部性　　E.公共物品

2.造成政府失灵的主要原因有（　　）。

A.有效信息不足

B.政府的社会控制能力有限

C.官僚主义

D.寻租与腐败

四、判断题

1.在经济活动中，当事人之间的相互影响如能通过市场机制加以补偿，这种影响属于外部性。

2.科斯定理认为，在财产权利只涉及少数参与者且交易费用低的情况下，个人之间的交易是有效率的。

3.寡头市场的特点之一是厂商对市场价格都有影响，但作用有限。

4.公共物品可以通过市场供给。

5.政府调节在经济运行中起着重要作用，可以弥补市场机制所存在的缺陷，解决所有问题。

五、综合实践

1.商家为产品做广告，一般是运用在什么市场结构下？可以获取更大的利益吗？

2.大多数高速路旁都有垃圾，但是人们自己的院子里却很少有垃圾，对这一事实给出经济学的解释。

3.举出政府创造的垄断的例子。制造这种垄断必定是一种坏政策吗？解释原因。

项目八 国民收入核算

学习目标

知识目标：

- 掌握国内生产总值的含义；
- 了解国内生产净值、国民收入、个人收入和个人可支配收入等核算指标；
- 掌握GDP核算方法；
- 掌握名义GDP与实际GDP的关系。

能力目标：

- 能够运用收入核算方法计算简单的GDP；
- 能够分析政府工作报告中GDP的含义及计算。

素质目标：

- 坚定中国特色社会主义制度自信和道路自信；
- 树立正确的经济发展观。

知识结构：

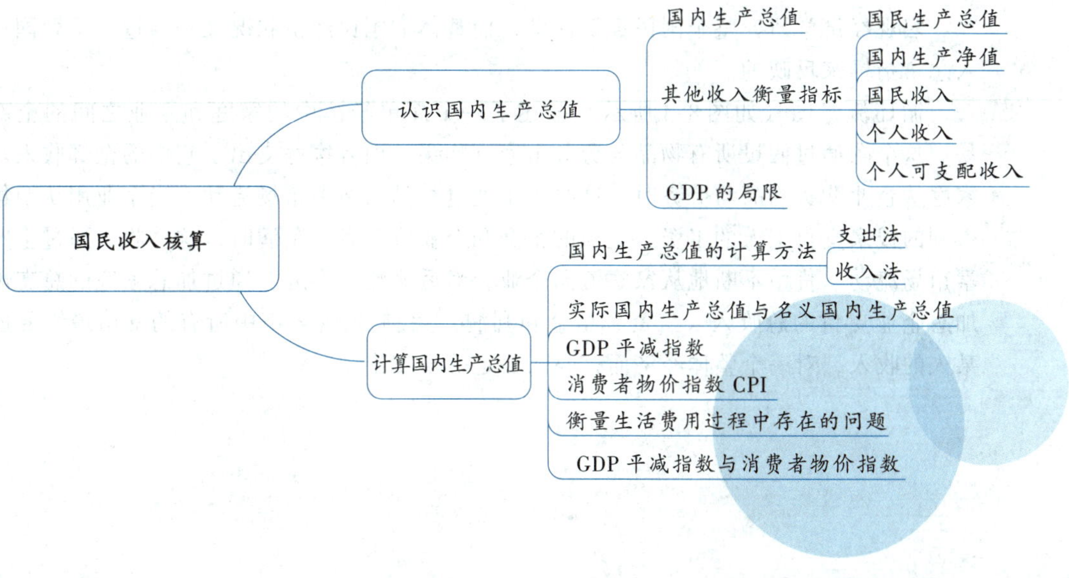

引入案例

2022年我国GDP突破120万亿元

国家统计局17日发布数据表示，初步核算，2022年全年国内生产总值（GDP）为1 210 207亿元，按不变价格计算，比上年增长3%。国民经济顶住压力持续发展，经济总量再上新台阶。

统计数据显示，按年均汇率计算，120万亿元折合美元约18万亿美元，稳居世界第二位。2022年我国人均GDP达到85 698元，比上年实际增长3%，按年平均汇率折算，达到12 741美元，连续两年保持在1.2万美元以上。

“经济总量和人均水平持续提高，意味着我国的综合国力、社会生产力、国际影响力、人民生活水平进一步提升，意味着我国发展基础更牢、发展质量更优、发展动力更为充沛，意味着我国经济韧性强、潜力大、空间广且长期向好的基本面没有改变。”国家统计局局长康义说。

资料来源：魏玉坤，周圆. 2022年我国GDP突破120万亿元 增长3%［EB/OL］.［2023-01-17］. https://www.gov.cn/xinwen/2023-01/17/content_5737514.htm? eqid=8b930ec10005c235000000003645a0413.

【思考与实践8-1】

国内生产总值（GDP）是什么？搜索自2000年以来国内生产总值的数值，思考它的增长说明什么？

任务一　认识国内生产总值

如果想要判断一个人在经济上是否成功，我们会看他的收入。同样的逻辑也适用于一国的整体经济。当判断一国是富裕还是贫穷时，自然就会考察经济中所有人赚到的总收入。

一、国内生产总值

宏观经济学研究整个国民经济活动，而整体的国民经济状况又是通过一系列国民收入总量指标来反映的。

循环流量图（如图8-1所示）描述了一个简单经济中的家庭和企业之间的全部交易。这个图通过假设所有物品与劳务由家庭购买，而且家庭支出了它们的全部收入。当家庭从企业购买物品与劳务时，这些支出通过物品与劳务市场流动。当企业用从销售中得到的钱来支付工人的工资、土地的租金和企业所有者的利润时，这些收入通过生产要素市场流动。货币不断地从家庭流向企业，然后又流回家庭。通过加总家庭的总支出或加总企业支付的总收入（工资、租金和利润），我们发现经济中所有的支出最终要成为某人的收入，对一个整体经济而言收入必定等于支出。

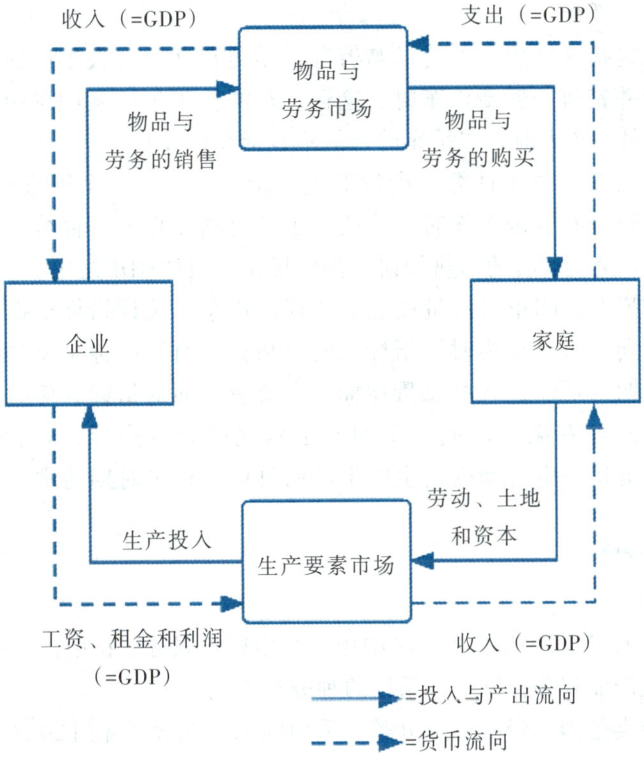

图8-1　循环流量图

我们从总支出的角度对整体的经济做出衡量。

国内生产总值（Gross Domestic Product，GDP），是指一个经济社会（一个国家）在某一给定时期内（通常指一年）运用生产要素所生产的全部最终产品（包括产品和劳务）的市场价值的总和。理解这　定义时，应注意以下几点：

第一，GDP衡量的是总的市场价值。GDP要把许多种不同物品加总为一个经济活动价值的衡量指标。由于市场价格衡量人们愿意为各种不同物品支付的量，所以市场价格反映了这些物品的价值。GDP的数值不仅受到计算时期产量变动的影响，也受到计算时期价格水平变动的影响。例如，某国一年生产20万件上衣，每件上衣售价为40元，则该国一年生产的市场价值就为800万元。

第二，GDP要衡量在经济中生产并在市场上合法出售的所有东西。GDP不包括非法生产与销售的东西，例如非法的毒品。GDP也不包括在家庭内生产和消费，那些没有进入市场的东西。比如你在菜市场买的蔬菜是GDP的一部分，但你在自己花园里种的蔬菜却不是。

第三，GDP只包括最终物品的价值。所谓最终物品是指最后供人们消费的产品，在现实经济中，许多产品难以区分是最终产品还是中间产品，故常运用增值法，即只计算在生产各阶段上所增加的价值，因为各生产阶段上增加价值之和等于最终产品价值。

第四，GDP既包括有形的物品，又包括无形的劳务。比如，买一张喜欢的唱片，购买的是一种物品，购买价格是GDP的一部分。花钱去听音乐会时，购买的是劳务，票价也是GDP的一部分。

第五，GDP包括现期生产的物品与劳务，不包括涉及过去生产的东西的交易。比如汽车公司生产并销售一辆新汽车时，这辆汽车的价值包括在GDP中。当一个人把一辆二手车出售给另一个人时，二手车的价值不包括在GDP中。

第六，GDP按属地原则计算，衡量的生产价值局限于一个国家的地理范围之内。当一个中国公民暂时在美国工作时，他的产出是美国GDP的一部分。如果东西是在一国国内生产的，无论生产者的国籍如何，都包括在该国的GDP之中。

微课 8-1

国内生产总值

第七，GDP是流量概念而非存量概念。统计指标根据其反映的时间状态不同，可以分为时期指标和时点指标。时期指标是反映事物总体在某一段时期内活动过程的总量指标，是流量方面的指标，而时点指标则是反映事物总体在某一时间（瞬间）上状况的总量指标，是存量方面的指标。GDP衡量一定时期内发生的生产的价值，这个时期通常是一年或一个季度（三个月）。

知识链接 8-1

我国GDP核算频率为季度。在GDP核算中行业划分依据中国国民经济行业分类标准和三次产业划分标准，并采用两种分类方式。

第一种分类是国民经济行业分类，采用国家标准管理部门2017年颁布的《国民经济行业分类（GB/T 4754－2017）》。在实际核算中采用两级分类。

第一级分类以国民经济行业分类中的门类为基础，分为农、林、牧、渔业，工业，建筑业，批发和零售业，交通运输、仓储和邮政业，住宿和餐饮业，金融业，房地产业，信息传输、软件和信息技术服务业，租赁和商务服务业，其他行业等11个行业。其中工业包含采矿业，制造业，电力、热力、燃气及水生产和供应业3个门类行业；其他行业包含科学研究和技术服务业，水利、环境和公共设施管理业，居民服务、修理和其他服务业，教育，卫生和社会工作，文化、体育和娱乐业，公共管理、社会保障和社会组织等7个门类行业。

第二级分类在第一级分类的基础上，将国民经济行业分类中的一部分门类细化为行业大类。

第二种分类是三次产业分类，依据国家统计局2018年修订的《三次产业划分规定》，分为第一产业、第二产业和第三产业。第一产业是指农、林、牧、渔业（不含农、林、牧、渔专业及辅助性活动）；第二产业是指采矿业（不含开采专业及辅助性活动），制造业（不含金属制品、机械和设备修理业），电力、热力、燃气及水生产和供应业，建筑业；第三产业即服务业，是指除第一产业、第二产业以外的其他行业（剔除国际组织）。

资料来源：佚名．中国GDP季度核算说明［EB/OL］．［2022-01-18］．http：//www.stats.gov.cn/sj/zxfb/202302/t20230203_1901345.html.

二、其他收入衡量指标

1. 国民生产总值

国民生产总值（GNP）是一个国民概念，计算某国国民所拥有的全部生产要素在一定时期内，所生产的最终产品的市场价值。国民的范围包括：

（1）居住在本国的本国公民；（2）暂住在国外的本国公民；（3）常住在本国但未加入本国国籍的居民。其他类型居民在国外或国内所生产的产品的价值则不计入本国的GNP中。

例如，一个在中国工作的美国公民收入要计入美国的GNP，但不计入美国的GDP，而应计入中国的GDP。反之，一个在美国制造业中开设公司的中国老板取得的利润是中国GNP的一部分，不是美国GNP的一部分。因此，若某国一定时期内的GNP超过GDP，说明该时期该国公民从外国获得的收入超过了外国公民从该国获得的收入，而GDP超过GNP时，说明的情况正好相反。

2. 国内生产净值

国内生产净值（NDP）是指一个国家在一定时期内（通常是一年）新增加的价值，等于国内生产总值中扣除当年消耗掉的资本（折旧）后的价值余额，任何产品的价值中不但包含消费掉的原材料、燃料等的价值，还包含使用的资本设备的折旧。只有扣除了资本折旧，才是真正的新增价值。GDP与NDP的区别体现在总投资额与净投资额的差额，可表示为：

国内生产净值=国内生产总值-折旧

3. 国民收入

国民收入（National Income，NI）是指一国生产要素在一定时期内提供服务所获得的报酬总和，即工资、利息、租金和利润的总和。如果说GDP是从生产的角度来表示一国在一定时期内所提供的最终产品和劳务的价值总和，那么NI就是从分配的角度表示一国在一定时期内从这些产品和劳务中所得的以要素成本计算的收入总和。国民收入的核算用公式表示为：

国民收入=国民生产净值-企业间接税+政府津贴+来自国外净收入

=工资+租金+利润+利息+津贴+国外净收入

4. 个人收入

个人收入（Personal Income，PI）是指一国在一定时期内个人所得收入的总和。个人收入与国民收入是两个不同的指标。首先，国民收入中有三个主要项目即公司未分配利润、公司所得税和社会保险税不会成为个人收入。其次，个人所获得的实际收入中有一部分不是要素收入，没有被列在国民收入指标中，如转移支付，政府对个人支付的失业保险金、退休金和公债利息等；利息调整，即不包括在上述利息净额之中的个人利息收入。个人收入用公式表示为：

个人收入=国民收入-（公司未分配利润+公司所得税+公司和个人缴纳的社会保险费）+（政府对个人的转移支付+企业对个人的转移支付+政府对个人支付的利息）

=工资和薪金+企业主收入+个人租金收入+个人利息收入+政府和企业对个人的转移支付-公司和个人缴纳的社会保险费

5.个人可支配收入

个人可支配收入（Disposable Personal Income，DPI）是指一国在一定时期内（通常是一年）个人可支配的全部收入。它是个人收入减去个人所得税和其他非税收性支付的余额。核算公式为：

个人可支配收入=个人收入-（个人所得税+非税支付）=个人消费支出+个人储蓄

上述国民收入核算中的指标，与国内生产总值一起构成六大总量指标，它们的关系如下：

NDP=GDP-折旧

NI=NDP-间接税

PI=NI-公司未分配利润－企业所得税＋政府转移支付＋政府向居民所支付的利息

DPI=PI-个人所得税

虽然各种收入衡量指标在细节上不同，但是它们几乎总是说明了相同的经济状况。GDP迅速增长时，这些收入衡量指标通常也迅速增长；GDP减少时，这些衡量指标通常也会减少。这些指标都可以监测整体经济的波动。

三、GDP的局限

我们运用GDP尤其是人均GDP衡量一国经济和国民富裕程度，但是GDP并不能完全衡量一国生活水平或者福利水平的好坏。这主要有以下几个原因：

1.GDP是市场交易指标而非生产指标。GDP不能反映出未经过市场交易的产出。比如家务经济或者家庭生产。在劳动力市场上雇用一个整理师来整理房间会记录到GDP统计数字中去，但如果是自己整理就不会计入GDP中了。再比如物物交易活动，由于没有以货币作为等价物的市场价格，所以不计入GDP中。另外地下经济也是经济的一部分，比如走私、黑市交易等非法活动，也包括服务员赚取的小费等合法经济活动，但却不计入GDP中。如果一个国家的物物交易活动和地下经济过多，则该国真实的GDP较难统计。

2.GDP是产出指标而非消耗指标。GDP仅能反映经济活动中产出的部分，体现了经济发展、繁荣的一面，而不能反映经济增长的成本。经济高速增长的背后往往存在着对社会、资源、环境的消耗，一味追求GDP的高速增长往往忽略了经济增长带来的环境污染、生态破坏、收入分配不公等成本。另外一味追求增长也忽略了休闲和人力资本，虽然西欧国家与美国相比GDP低，但是休闲的时间更多，幸福指数无法通过GDP来衡量。

3.GDP是流量指标并非存量指标。它反映了财富的创造部分而没有反映财富的积累。一国发动战争会导致GDP上升，自然灾害后重建家园也会导致GDP上升，但是战争和自然灾害却不能给老百姓带来生活水平的真正提高。

4.GDP是一个名义指标并不能代表真正生活水平。GDP是一个总数，有时候人口增加，生产自然也增加。但人均产值未必增加甚至减少；不同国家相同数字的GDP背后可能代表了不一样的生活水平。举例来说，由于美国的物价普遍高于中国，在中国月收入为1 000元的家庭比美国月收入为1 000元的家庭购买力要高。

5.人均GDP是一个平均指标，并不能代表大多数人的真正生活水平。如果一国十分富有，人均GDP很高，但是该国家的收入分配很不平均，即少数人拥有了这个国家大多数的财富和收入，那么这个国家大多数居民的真正生活水平还是比较低的。

GDP有助于了解一国的经济实力与市场规模，人均GDP有助于了解一国的富裕程度与生活水平。但许多重要的生活质量指标没有包括在内，用人均GDP来衡量生活水平还不是很全面。

【学思践悟】推动经济高质量发展，决不能再走先污染后治理的老路

2013年9月，习近平总书记在参加河北省委常委班子专题民主生活会时指出，河北结构失调，污染严重，群众意见大，要过结构调整的坎，爬转型升级的坡。你们河北省生产总值即便滑到第七、第八了，但在绿色发展方面搞上去了，在治理大气污染、解决雾霾方面做出贡献了，那就可以挂红花、当英雄！

“全国10个污染最严重城市河北占了7个。再不下决心调整结构，就无法向历史和人民交代。”习近平总书记严肃指出。

GDP“紧箍咒”就此解除。近年来，钢铁、煤炭、水泥产能巨大的河北，咬紧牙关，爬坡过坎，强力推进大气污染防治，在经济“体格”变大的同时，环境“气质”提升。

以往，我国一些地方经济发展方式粗放，在资源环境方面付出了沉重代价，积累了大量生态问题。

“小康全面不全面，生态环境质量很关键。”要提供更多优质生态产品以满足人民日益增长的优美生态环境需要。党的十八大以来，习近平总书记多次表示，不再简单以国内生产总值增长率论英雄，而是强调以提高经济增长质量和效益为立足点。

“我们在生态环境方面欠账太多了，如果不从现在起就把这项工作紧紧抓起来，将来会付出更大的代价。”2012年12月，习近平同志担任总书记后首次赴外地考察时，就告诫全党全社会。

近年来，在外部环境复杂严峻、经济面临下行压力的形势下，我国推进生态优先、绿色发展的决心依然坚定不移。

习近平总书记强调：“要保持加强生态文明建设的战略定力。保护生态环境和发展经济从根本上讲是有机统一、相辅相成的。不能因为经济发展遇到一点困难，就开始动铺摊子上项目、以牺牲环境换取经济增长的念头，甚至想方设法突破生态保护红线。”“推动经济高质量发展，决不能再走先污染后治理的老路。只要坚持生态优先、绿色发展，锲而不舍，久久为功，就一定能把绿水青山变成金山银山。”

既要金山银山，又要绿水青山，我国经济增长和污染物排放正逐步“脱钩”。

“近年来，我国实施污染防治攻坚战等一系列重大举措，污染防治取得了显著成效，空气、地表水环境质量已经显著改善。按照‘环境库兹涅茨曲线’的分析框架，对比发达国家环境改善历程，我国从总体上已经跨越了‘环境拐点’，环境质量稳中向好。”国务院发展研究中心资源与环境政策研究所环境政策研究室主任陈健鹏说，“我国正处在经济增长和环境保护‘再平衡’的重要阶段，也是生态环境保护和经济发展迈向

有机统一的新阶段。”

资料来源：刘毅，寇江泽．以习近平同志为核心的党中央高度重视生态文明建设 坚定不移走生态优先绿色发展之路［EB/OL］．［2020-05-14］．http://politics.people.com.cn/n1/2020/0514/c1024-31707966.html.

悟有所得

习近平总书记在党的二十大报告中深刻阐释人与自然和谐共生是中国式现代化的中国特色之一，对推动绿色发展、促进人与自然和谐共生单列专章做出战略部署，进一步丰富和发展了习近平生态文明思想，为新时代新征程生态文明建设提供了根本遵循。国有企业是中国特色社会主义的重要物质基础和政治基础，是实现高质量发展、推动生态文明建设、促进人与自然和谐共生的重要力量。国务院国资委和中央企业始终把保护生态环境、推动绿色发展作为重要使命责任，深入学习贯彻习近平生态文明思想，坚定贯彻新发展理念，协同推进降碳、减污、扩绿、增长，以企业高质量发展全方位助力经济社会绿色发展和美丽中国建设，全力为全面建设社会主义现代化国家作贡献。

习近平总书记强调：“新时代新阶段的发展必须贯彻新发展理念，必须是高质量发展。”“必须把发展质量问题摆在更为突出的位置，着力提升发展质量和效益。”

学习测试8-1

高质量发展是推动实现可持续发展的必然要求。高投入、高消耗、高排放粗放型增长，必定因能源、资源、环境等约束条件日趋紧张而不可持续。习近平总书记指出：“粗放型经济发展方式曾经在我国发挥了很大作用，大兵团作战加快了我国经济发展步伐，但现在再按照过去那种粗放型发展方式来做，不仅国内条件不支持，国际条件也不支持，是不可持续的，不抓紧转变，总有一天会走进死胡同。”高质量发展不简单以国内生产总值增长率论英雄，而以提高经济增长质量和效益为立足点，在质量变革、效率变革、动力变革的基础上建设现代化经济体系，必将促进我国资源节约型、环境友好型社会建设，走出一条生产发展、生活富裕、生态良好的文明发展道路。

任务二 计算国内生产总值

一、国内生产总值的计算方法

世界各国核算国内生产总值的方法不完全相同，其中主要有支出法和收入法两种，其中支出法又称产品流量法，收入法又称收入流量法或要素成本法。

1.支出法

这种方法是从产品的使用出发，把一定时期内购买各项最终产品的支出加总计算出该时期生产出的最终产品的市场价值之和。如果用Q_1，Q_2，…，Q_n代表各种最终产品的数量，用P_1，P_2，…，P_n代表各种最终产品的价格，则支出法表示的国内生产总值为：

$$GDP=P_1Q_1+P_2Q_2+\cdots+Q_nP_n$$

用支出法核算GDP，有以下四个组成部分：消费（C）、投资（I）、政府购买（G）和净出口（NX）。

消费（Consumption）是家庭除购买新住房之外用于物品和劳务的支出。比如家庭购买的汽车与家电等耐用品，以及食品和衣服等非耐用品，还有理发和医疗这类无形的东西。家庭用于教育的支出也包括在劳务消费中。

投资（Investment）是对用于未来生产更多物品和劳务的物品的购买。它是资本设备、存货和建筑物购买的总和，如厂房和住宅建筑以及机器设备等。投资包括固定资产投资和存货投资两大类。固定资产投资是指新厂房、新设备、新商业用房以及新住宅的增加。存货投资是企业掌握的存货价值的增加（或减少）。存货投资可能是正值，也可能是负值，因为年末存货价值可能大于也可能小于年初存货。

政府购买（Government Purchase）是指政府对商品和服务的购买支出，包括政府对国内生产的产品和服务、国外生产的产品和服务的购买。政府购买支出仅仅是政府支出的一部分，政府支出的另一部分为政府转移支付。在国内收入核算中，政府转移支付不计入国内生产总值，原因是政府转移支付只是收入的转移，而没有发生相应的产品和劳务的交换。

净出口（Net Export）等于外国对国内生产的物品的购买（出口）减国内对外国物品的购买（进口）。用X表示出口，M表示进口，净出口也可以表示为X－M。

用Y表示GDP，可以得到：

$$Y=C+I+G+NX$$

或者 $Y=C+I+G+(X-M)$，

也就是消费、投资、政府购买和净出口的总和等于GDP。

2.收入法

计算GDP的第二种方法被称为收入法，即通过把所有生产要素在生产中所得到的收入相加来计算GDP的方法。这些收入有：劳动所得的工资、土地所得的地租、资本所得的利息，以及企业所得的正常利润和政府的税收等。用收入法核算国内生产总值应包括以下项目：

（1）工资、利息和租金。从广义上讲，工资包括所有工作的酬金、补助和福利费(含必须缴纳的所得税和社会保险)。利息，指人们储蓄的货币资金在本期的净利息收入。它不包括个人间因借贷关系而发生的利息和政府公债利息。租金，主要指个人在出租土地等资产时的租金收入。

（2）非公司企业主收入。这里的业主是指不受人雇用的独立生产者，如医生、律师、农民等。他们的工资、利息、地租和利润往往混在一起作为业主收入。

（3）公司税前利润。包括公司所得税、社会保障税、股东红利以及公司未分配利润。

（4）企业转移支付和企业间接税。企业转移支付指公司企业对非营利组织的慈善捐款和消费者赊账。企业间接税指企业缴纳的货物税、销售税、周转税等。

（5）资本折旧。折旧虽不是生产要素收入，但它会冲减其他收入项目，所以也应将其计入国内生产总值。上述五项加总，即为GDP。

GDP用支出法和收入法两种不同的方法来核算，它们所得的结果是一致的。但在实际核算中经常会出现误差，因而在实际核算时要加上一个统计误差。

知识链接 8-2

国家统计局发布的季度GDP是以生产法为基础核算的结果。GDP核算的生产范围包括以下四个部分：第一，生产者提供或准备提供给其他单位的货物或服务的生产；第二，生产者用于自身最终消费或固定资本形成的所有货物的自给性生产；第三，生产者为了自身最终消费或固定资本形成而进行的知识载体产品的自给性生产，但不包括住户部门所从事的类似的活动；第四，自有住房提供的住房服务，以及有酬家庭服务人员提供的家庭和个人服务的自给性生产。生产范围不包括没有报酬的家庭和个人服务、没有单位控制的自然活动（如野生的、未经培育的森林的自然生长，公海中鱼类数量的自然增长）等。

知识链接 8-3

我国在GDP核算时，将所有可以在核算时获得的、适用的经济统计调查数据都用于GDP核算。资料来源主要包括两部分：

一是国家统计调查资料，指由国家统计系统实施的统计调查获得的各种统计资料，如农林牧渔业、工业、建筑业、批发和零售业、住宿和餐饮业、房地产业、规模以上服务业等统计调查资料、人口与劳动工资统计资料、价格统计资料等。

二是行政管理部门的行政记录资料，主要包括：财政部、人民银行、税务总局、银保监会、证监会等行政管理部门的相关数据，例如人民银行的金融机构本外币信贷收支情况、税务总局分行业的税收资料等。

二、实际国内生产总值与名义国内生产总值

国内生产总值（GDP）是一个价值指标，它的变动必然会受到产量和价格两方面的影响。为了准确地反映GDP的变化情况，特别是产量与价格各自变动对GDP的影响，需要区分名义GDP和实际GDP。

名义GDP是用生产物品和劳务的当年价格计算的全部最终产品的市场价值。实际GDP是用从前某一年作为基期的价格计算出来的全部最终产品的市场价值。名义GDP与实际GDP的计算举例见表8-1。

表8-1　计算名义GDP与实际GDP

	1989年的名义GDP	1999年的名义GDP	1999年的实际GDP
香蕉	15万单位×1元=15万元	20万单位×1.5元=30万元	20万单位×1元=20万元
上衣	5万单位×40元=200万元	6万单位×50元=300万元	6万单位×40元=240万元
合计	215万元	330万元	260万元

我们一起来看这个表格，在1989年，香蕉价格是1元一斤，衣服价格是40元一件，我们计算1989年的GDP是两种商品的价格与产量乘积加总，一共为215万元。十年过去了，在1999年香蕉价格涨到1.5元一斤，衣服价格涨到50元一件，两种商品产量也都有所增加，计算得到1999年的GDP为330万元。此时我们得到的是1989年和1999年的名义GDP。

假定我们以1989年为基年，用当年香蕉和衣服的价格作为以后年份的商品价格，也就是假定商品价格一直不变。通过计算我们可以得到，如果1999年香蕉价格依然是1元一斤，衣服价格依然是40元一件，1999年的实际GDP是260万元。与1989年的名义GDP比较，GDP增加了，这部分（260-215）数值的增加是由于生产量的增加，因为价格被固定在基年水平上。

由于实际GDP不受价格变动的影响，所以，实际GDP的变动只反映生产产量的变动。因此实际GDP也是经济中物品与劳务生产的一个衡量指标。

三、GDP平减指数

名义GDP既反映经济中生产的物品与劳务的数量，又反映这些物品与劳务的价格。与此相比，通过把价格固定在基年水平上，真实GDP只反映生产的数量。从这两个统计数字中，我们可以计算出GDP平减指数（GDP Deflator）。

GDP平减指数的计算如下：

$$\text{GDP平减指数} = \frac{\text{名义GDP}}{\text{真实GDP}} \times 100$$

GDP平减指数衡量相对于基年价格的现期物价水平，反映了价格的变动而不是产量的变动。通过计算我们可以知道从1989年到1999年，该国价格水平上升了26.9%。

刚才我们学习了经济学家如何用国内生产总值（GDP）衡量一个国家所生产的物品与劳务数量，那么经济学家如何衡量整体的生活费用呢？比如1990年的30元工资和现在的工资比较，我们需要找到一种把1元人民币变成有意义的购买力衡量指标的方法——编制消费者物价指数。在了解了如何编制消费者物价指数之后，我们就可以讨论如何运用物价指数来比较不同时点的1元人民币了。

微课8-2

GDP的计算

四、消费者物价指数CPI

消费者物价指数（Consumer Price Index，CPI）是用来监测生活费用随着时间的推移而发生的变动的指数。当消费者物价指数上升时，一般家庭必须支出更多的钱才能维持同样的生活水平。我们学习了如何用GDP平减指数来衡量价格水平的变动，消费者物价指数可以更好地反映消费者购买的物品与劳务的价格水平变动情况，反映生活费用水平变化。

消费者物价指数是普通消费者所购买的物品与劳务的总费用的衡量标准。国家统计局每月都在官网上公布并解读消费者物价指数。

国家统计局在计算消费者物价指数时，要使用成千上万种物品与劳务的价格数据。为了说明如何编制这些统计数字，我们假设消费者只购买四种物品——猪肉、衣服、白菜和牙刷。表8-2显示了国家统计局计算消费者物价指数的四个步骤。

表8-2 计算消费者物价指数

第一步：调查消费者，确定固定的一篮子物品				
4斤猪肉、1件衣服、10斤白菜和1根牙刷				
第二步：找出每年每种物品的价格				
年份	猪肉价格（元）	衣服价格（元）	白菜价格（元）	牙刷价格（元）
2020	18.5	50	1.7	10
2021	16.5	60	1.5	12
2022	10	90	2	15
第三步：计算每年一篮子物品的费用				
年份	一篮子物品的费用			
2020	18.5×4+50×1+1.7×10+10×1=151元			
2021	16.5×4+60×1+1.5×10+12×1=153元			
2022	10×4+90×1+2×10+15×1=165元			
第四步：选择一年为基年（2020年）并计算每年的消费者物价指数				
年份	消费者物价指数			
2020	151/151×100=100			
2021	153/151×100=101			
2022	165/151×100=109			

（1）固定篮子。确定哪些物价对普通消费者是最重要的。如果普通消费者买的猪肉比白菜多，那么猪肉的价格就比白菜的价格重要。因此，在衡量生活费用时就应该给猪肉更大的权数。国家统计局通过调查消费者并找出普通消费者购买的一篮子物品与劳务来确定这些权数。在表8-2的例子中，普通消费者购买的一篮子物品包括4斤猪肉、1件衣服、10斤白菜和1根牙刷。

（2）找出价格。找出每个时点上篮子中每种物品与劳务的价格。表8-2显示了三个不同年份的各个商品的价格。

（3）计算这一篮子东西的费用。用价格数据计算不同时期一篮子物品与劳务的费用。表8-2显示了对三年中每一年的这种计算。要注意的是，在这种计算中只有价格变动。通过使这一篮子物品与劳务相同（4斤猪肉、1件衣服、10斤白菜和1根牙刷），我们可以把同时发生的价格变动的影响与任何数量变动的影响区分开来。

（4）选择基年并计算指数。指定一年为基年，即其他各年与之比较的基准（在用指数衡量生活费用的变动时，基年的选择是任意的）。一旦选择了基年，指数的计算如下：

$$\text{消费者物价指数} = \frac{\text{当年一篮子物品与劳务的价格}}{\text{基年一篮子的价格}} \times 100$$

即用每一年一篮子物品与劳务的价格除以基年这一篮子物品与劳务的价格，然后再用这个比值乘以100，所得出的数字就是消费者物价指数。

在表8-2的例子中，2020年是基年。在这一年，一篮子物品的费用是151元。因此，各年的消费者物价指数等于各年的一篮子物品价格除以151元并乘以100。2020年的消费者物价指数是100（基年的指数总是100）。2021年的消费者物价指数是101。这意味着，2021年一篮子物品的价格是基年的101%。换个说法，基年价值100元的一篮子物品在2021年价值101元。同样，2022年的消费者物价指数是109，表示2022年的物价水平是基年物价水平的109%。

虽然我们通过例子将现实世界简化了，但是计算过程说明了国家统计局是如何计算消费者物价指数的，它每月统计成千上万的物品和劳务的价格数据，遵循以上步骤确定消费者的生活费用上升速度。

除了整体经济的消费者物价指数之外，国家统计局还计算一些其他物价指数。它计算的生产者价格指数（Producer Price Index，PPI）——衡量的是企业而不是消费者购买的一篮子物品与劳务的费用。由于企业最终要把成本以更高消费价格的形式转移给消费者，所以，通常认为生产者价格指数的变动对预测消费者物价指数的变动是有用的。

五、衡量生活费用过程中存在的问题

编制消费者物价指数的目的是衡量生活费用的变动。换句话说，消费者物价指数是要确定为了保持生活水平不变，收入应该增加多少。但是，消费者物价指数并不是生活费用的完美衡量指标。这个指数有三个受到广泛承认但又难以解决的问题。

第一个问题称为替代偏向。当价格年复一年地变动时，它们并不都是同比例变动的：一些物品的价格上升得比另一些快。消费者对此的反应是少购买价格上升相对较快的物品，多购买价格上升较慢甚或价格下降的物品。这就是说，消费者倾向于用那些变得不太昂贵的物品来替代。如果计算消费者物价指数时假设一篮子物品是固定不变的，就忽略了消费者替代的可能性，从而高估了从某一年到下一年生活费用的增加。

我们来看一个简单的例子。设想在基年牛肉比羊肉便宜，因此，消费者购买的牛肉比羊肉多。当国家统计局编制消费者物价指数时，一篮子物品中包括的牛肉就比羊肉多。假设下一年羊肉变得比牛肉便宜了，消费者自然是多买羊肉少买牛肉。但国家统计局在计算消费者物价指数时仍在使用固定的一篮子物品，实际上就是假设消费者仍然购买和以前同样数量而现在变贵的牛肉。出于这个原因，消费者物价指数所衡量的生活费用的增加就大于消费者实际感受到的。

第二个问题是新产品的引进。当引进了一种新产品时，消费者有了更多的选择，这就减少了维持相同经济福利水平的费用。假设让人们在提供各种物品的大商店的100元礼品券和物品价格相同、但选择范围有限的小商店的100元礼品券之间做出选择，大多数人会选择大商店的100元礼品券。实际上，可选择范围的扩大使每1元钱更值钱。这对经济进步同样适用。当引入新产品时，消费者就有更多选择，每1元钱也就更值钱了。但由于消费者物价指数基于固定不变的一篮子物品和劳务，它就没有反映出因新产品进入市场而引起的单位人民币价值的增加。

我们再来看一个例子。现在家庭投影仪受到追捧，消费者可以在家里看自己喜欢的电影了。虽然这不是在电影院首轮放映的电影的完全替代品，但在自家的房间看一部老电影是消费者的一种新选择。对于任何既定的单位人民币价值而言，家庭投影仪使人们的状况变好；反过来说，为达到同样的福利水平，消费者花费的人民币数量少了。一个完美的生活费用指数应该能够反映出家庭投影仪的引进所带来的生活费用的减少。但是，消费者物价指数并没有因家庭投影仪的引进而下降。最终，国家统计局真的修改了这一篮子物品，以便包括家庭投影仪，而且以后的指数也反映了家庭投影仪价格的变动。但是，与最初家庭投影仪引进相关的生活费用的减少从未反映在指数中。

第三个问题是无法衡量的质量变动。如果一种物品的质量逐年变差，那么，即使该物品的价格保持不变，1元钱的价值也下降了，因为你支付同样的货币量得到的东西变差了。同样，如果一种物品的质量逐年上升，1元钱的价值也就上升了。国家统计局尽其所能地考虑质量变动。当篮子里一种物品的质量变动时——例如，从某一年到下一年，当汽车整体技术升级、更舒适也更省油时，国家统计局就要根据质量变动来调整物品的价格。实际上，这是力图计算一篮子质量不变的物品的价格。尽管做了这些努力，但质量变动仍然是一个问题，因为质量是难以衡量的。

这个问题之所以重要，是因为许多政府计划是用消费者物价指数来调整物价总水平的变动的。例如，社会保障领取者每年补助的增加就与消费者物价指数相关。一些经济学家建议修改这些计划，例如，通过减少补助自动增加的数量纠正衡量中存在的问题。

六、GDP平减指数与消费者物价指数

我们已经学习了经济中物价总水平的另一个衡量指标——GDP平减指数。GDP平减指数是名义GDP与实际GDP的比值。由于名义GDP是按现期价格评价的现期产出，而实际GDP是按基年价格评价的现期产出，所以，GDP平减指数反映了相对于基年物价水平的现期物价水平。

经济学家和决策者为了判断物价上升的速度，既要关注GDP平减指数，又要关注消费者物价指数。通常，这两个统计数字说明了相似的情况，但存在两个重要的差别使这两个数字不一致。

第一个差别是，GDP平减指数反映国内生产的所有物品与劳务的价格，而消费者物价指数反映消费者购买的所有物品与劳务的价格。例如，假设由我国制造并生产的飞行器出售给外国买家的价格上升了，尽管这个飞行器是GDP的一部分，但并不是普通消费者购买的物品与劳务篮子中的一部分。因此，反映在GDP平减指数中的物价上升了，但消费者物价指数并没有上升。

再举一个例子，假设苹果公司提高了其手机的价格。由于苹果手机是在美国生产的，所以这批手机并不是中国GDP的一部分。但是中国消费者购买美国苹果手机，因此美国苹果手机是普通消费者一篮子物品中的一部分。像这批美国苹果手机那样，进口消费品价格的上升反映在消费者物价指数中，但并未反映在GDP平减指数中。

GDP平减指数和消费者物价指数之间第二个更微妙的差别涉及如何对各种价格进

行加权以得出一个物价总水平的数字。消费者物价指数比较的是固定的一篮子物品与劳务的价格与基年这一篮子物品与劳务的价格，而国家统计局只是偶尔改变这一篮子物品的构成。与此相反，GDP平减指数比较的是现期生产的物品和劳务的价格与基年同样物品和劳务的价格。因此，用来计算GDP平减指数的物品与劳务的组合自动地随着时间的推移而变动。当所有价格都同比例地变动时，这种差别并不重要。但是，如果不同物品与劳务价格的变动量不同，我们对各种价格加权的方法对于整个物价水平的变动就是至关重要的。

学习测试8-2

【思考与实践8-2】

登录国家统计局官网（http：//www.stats.gov.cn/），进入“数据”—“年度数据”—“国民经济核算”—“支出法国内生产总值”，对照支出法计算公式与数据内容，思考消费（C）、投资（I）、政府购买（G）和净出口（NX）对应哪些数据，并进行计算。

【拓展阅读8-1】

中国数字经济规模快速增长　占GDP比重近四成

2022中国数字经济创新发展大会7月8日在广东汕头开幕。会上发布的多份数字经济报告显示，2021年中国数字经济规模继续快速增长，数字经济已经由经济的组成部分转变为经济发展的引领力量。

根据中国信息通信研究院发布的《中国数字经济发展报告（2022年）》，2021年中国数字经济规模达到45.5万亿元，同比名义增长16.2%，占GDP比重达到39.8%。数字经济在国民经济中的地位更加稳固、支撑作用更加明显。

中国信息通信研究院副院长王志勤介绍，2002年到2011年，中国数字经济增速低于同期GDP平均增速，数字经济仅仅是国民经济的一部分。2012年以来，我国数字经济规模占GDP的比重不断提升，数字经济年均增速显著高于同期GDP平均增速，已成为支撑经济高质量发展的关键力量。

中国电子信息产业发展研究院发布的《中国数字经济发展现状与趋势洞察》显示，中国已经成为数据量最大、数据类型最丰富的国家之一。预计到2025年，中国数据总量全球占比将接近30%。

中国电子信息产业发展研究院院长张立说，数据显示中国的数字经济与实体经济融合成果逐步凸显。未来随着传统产业数字化转型，数字化效率提升业规模将进一步扩大，推动数字经济整体规模持续增长。

“整体来看，中国数字经济在保持规模高速增长的同时，正向基础更牢、结构更优、动力更足方向迈进。”张立说。

工业和信息化部电子第五研究所在会上发布了《中国数字经济发展指数研究报告》。该所副所长王蕴辉说，从数字产业化指标来看，通信产业是数字经济快速增长的重要因素。从数字基础设施指标来看，新基建、数据要素和相关辅助企业是高速增长的来源。此外，中国的数字人才指标也取得了快速增长。

资料来源：马晓澄，洪泽华. 中国数字经济规模快速增长　占GDP比重近四成［EB/OL］.［2022-07-08］. http：//www.news.cn/2022-07/08/c_1128817006.htm.

【项目小结】

在国民经济账户体系中，最为重要的是国民生产总值（GNP）指标和国内生产总值（GDP）指标，两个指标都是通过对一国国民经济在某一特定时期所生产的所有最终产品和服务的价值进行加总而获得的，差别仅体现在国外要素支付净额这一项上。

除了GNP、GDP指标外，国民收入总量指标还包括：国内生产净值、国民收入、个人收入及个人可支配收入。

测算国内生产总值可以用两种方式：（1）收入法；（2）支出法。这两种方法是对经济运行从不同角度进行的测算，其所得的GDP总值从理论上来说是一致的。

名义GDP是用生产物品和劳务的当年价格计算的全部最终产品的市场价值。实际GDP是用从前某一年作为基期的价格计算出来的全部最终产品的市场价值。GDP平减指数衡量相对于基年价格的现期物价水平，反映了价格的变动而不是产量的变动。

【项目训练】

一、名词解释

国内生产总值　国内生产净值　国民收入　个人收入　个人可支配收入

二、单选题

1.下列产品能计入当年GDP的是（　　）。

A.某人花10万元购买了一辆二手车

B.家务劳动

C.成衣设计工厂买入的布匹

D.某企业当年生产的没有卖掉的100万元产品

2.下列行为不会影响GDP的是（　　）。

A.你买了一辆2016年产的汽车

B.政府交通部门重新修建了公路

C.小兰购买了一张音乐CD

D.大学采购了一批新计算机

3.在等式GDP=C+I+G+NX中，NX代表（　　）。

A.出口 B.支出 C.出口减进口 D.进口减出口

4.今年的名义GDP总值大于去年的名义GDP总值，说明（　　）。

A.今年的物价水平比去年提高了

B.今年生产的物品和劳务的总量一定比去年增加了

C.今年的物价水平和产出水平都比去年提高了

D.以上三种说法都不一定正确

5.名义GDP和实际GDP之间的关系是（　　）。

A.名义GDP=实际GDP×GDP平减指数

B.名义GDP=实际GDP÷GDP平减指数

C.名义GDP=实际GDP×GDP增长率

D.名义GDP=实际GDP÷GDP增长率

三、多选题

1.以下说法正确的有（　　）。

A.GDP是市场交易指标

B.GDP是产出指标

C.GDP是存量指标

D.GDP并不能代表真正生活水平

E.人均GDP是一个平均指标，能够代表大多数人的真正生活水平

四、判断题

1.区分发展中国家和发达国家的最常用但并不完善的指标是人均GDP。

2.GDP即国内生产总值，是以领土为界定范围，而GNP即国民生产总值，是以国民为界定范围。

3.GDP平减指数反映国内生产的所有物品与劳务的价格，而消费者物价指数反映消费者购买的所有物品与劳务的价格。

4.GDP有助于了解一国的经济实力与市场规模，人均GDP有助于了解一国的富裕程度与生活水平。

5.GDP能够完全衡量一国生活水平或者福利水平的好坏。

五、综合实践

（一）分析讨论

1.说明核算GDP的方法并解释为什么这两种方式所得到的GDP是一致的。

2.说明国内生产总值、国内生产净值、国民收入、个人收入和个人可支配收入之间的相互关系。

3.为什么人均GDP或人均GNP不能完全反映一国的经济发展水平？

（二）模拟核算

表8-3列出了C国GDP的数据。

表8-3　C国2019年和2020年的名义GDP和GDP平减指数

年份	名义GDP（亿元）	GDP平减指数（上年=100）
2019	990 865	106
2020	1 015 986	102.2

a.2019年到2020年间名义GDP增长率是多少？（注意：增长率是一个时期到下一个

时期百分比的变动。）

b.2019年到2020年间，GDP平减指数的增长率是多少？

c.按2018年的价格衡量，2019年的真实GDP是多少？

d.按2019年的价格衡量，2020年的真实GDP是多少？

e.2019年到2020年间真实GDP增长率是多少？

f.名义GDP增长率高于还是低于真实GDP增长率？请解释。

项目九 失业与通货膨胀

学习目标

知识目标：

•理解失业、充分就业与通货膨胀等基本概念；

•理解失业与通货膨胀的类型、成因、影响及治理；

•能初步运用失业与通货膨胀理论分析现实问题。

能力目标：

•解读宏观经济形势及政策；

•分析政府在解决就业方面所采取的措施，对大学生的就业创业扶持。

素质目标：

•培养学生认真严谨的学习与工作态度及职业使命感；

•通过小组案例分析，培养团队合作精神、创新精神，以及分析问题解决问题的能力。

•增进学生对国家整体经济发展水平的了解，提高学生对中国经济发展新阶段的新规律的认识。

知识结构：

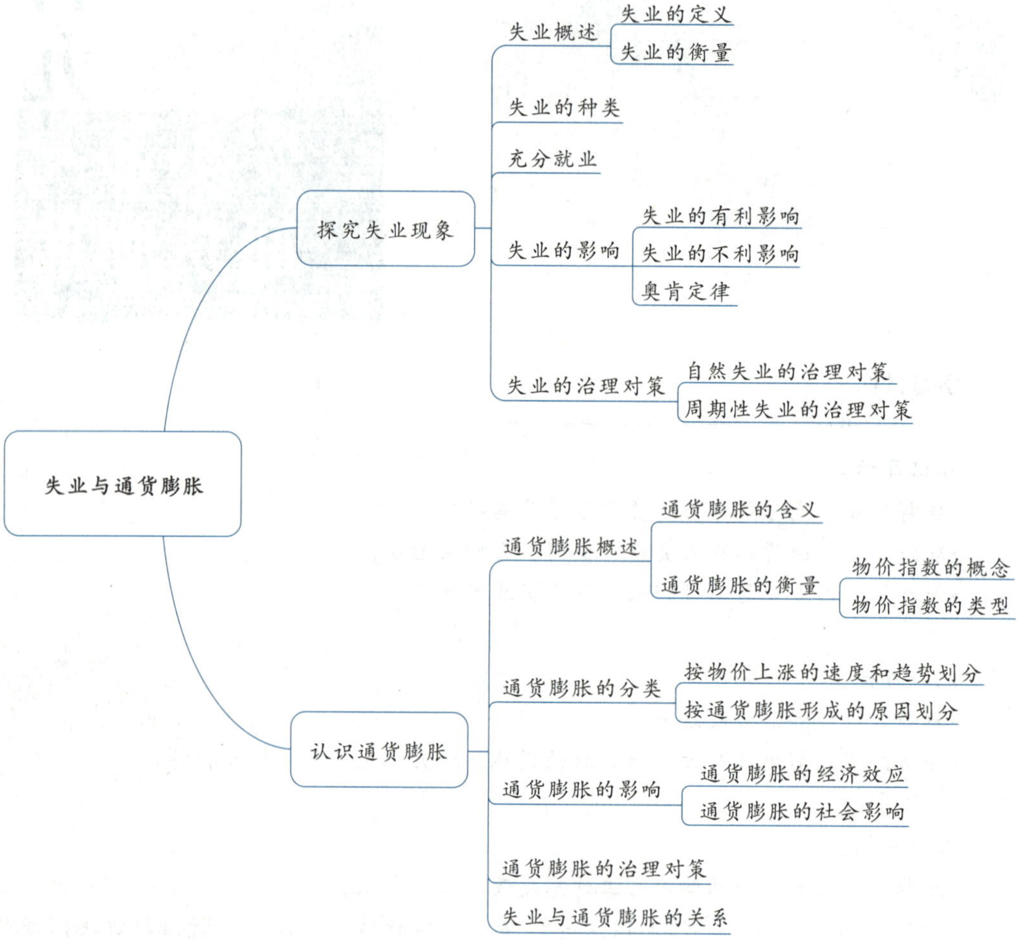

引入案例

招工“难”与“就业难”并存

就业是最大的民生。每年全国两会，高校毕业生就业都是代表委员们关心的热门话题。据教育部统计数据，2023 届全国普通高校毕业生规模再创新高，预计达 1 158 万人，同比增加 82 万人。和往年相比，今年高校毕业生的就业形势依然严峻，企业“招工难”和毕业生“就业难”并存的结构性矛盾仍然存在。

如今，就业市场上既有新生力量，也有新就业形态从业人员。对于职场新生力量 00 后来说，他们的择业自主意识更强、职业选择更加多元。而针对灵活就业、新就业形态的从业人员，应依法加强相关的权益保护。

大学生就业的“结构性矛盾”依然存在。今年的政府工作报告指出“突出做好高校毕业生就业工作”，切实解决这一关系到千家万户的民生关切。要高质量做好大学生就业工作，还面临诸多挑战。现状是高校毕业生总量再创新高，同时企业“招工难”和毕业生“就业难”并存的结构性矛盾仍然存在。究其原因，一方面是高校毕业生就业期望值越来越高，求稳趋势在增加，部分毕业生过度向往“体制内”工作岗位；另一方面，制造业、服务业普通工人难招，技术技能人才短缺，招聘过程中显示出来的地区差异也较为明显。

资料来源：佚名.“招工难”和“就业难”结构性矛盾仍然存在 大学生“就好业”需多方合力［EB/OL］.［2023-03-10］. http://henan.china.com.cn/m/2023-03/10/content_42288768.html.

【思考与实践 9-1】

（1）如何衡量失业？

（2）请同学们在互联网上查找 2022 年第一至第四季度部分城市公共就业服务机构市场供求状况分析，并根据该分析谈谈大学生应在哪些方面提高自身就业竞争力。

任务一　探究失业现象

一、失业概述

1.失业的定义

失业是指在法定年龄范围内具备工作能力，愿意工作但未得到就业机会，且在积极寻找工作的状态，即劳动的完全闲置状态。处于失业状态的劳动力称为失业者。

很多人会认为失业就是没有工作，但是要精准定义失业并非如此简单。例如，一个长期患病不能工作的人属于失业吗？一个领取退休金的老人算失业吗？一个每周日兼职工作 2 小时且正在寻找全职工作的人处于失业状态吗？根据失业的定义，失业人员有以下特点：

（1）在法定年龄范围内。目前，世界上多数国家法定工作年龄范围为 16~65 岁；我国法定工作年龄范围男性为 16~60 岁，女性为 16~55 岁。

（2）有劳动能力且愿意工作。丧失劳动能力或有劳动能力而不愿工作者，不计入失业。

（3）没有工作且在积极寻找工作。没有工作而不寻找工作者，不计入失业。

在我国，劳动者愿意从事更多的工作，但劳动时间少于法定工作时间，且劳动报酬低于当地最低工资标准，高于城市居民最低生活保障标准的情况，规定为“不充分就业”；收入低于当地城市居民最低生活保障标准的就业人员视同失业。

2.失业的衡量

最常用的失业状况衡量标准是失业率。失业率衡量了闲置的劳动产能，是反映一个国家或地区失业状况的主要指标。失业率与经济增长率具有反向的对应变动关系，其计算公式为：

$$失业率 = \frac{失业人数}{劳动力总人数} \times 100\%$$

其中，失业人数是指属于失业定义范围内的人数，劳动力总人数是全部就业人数与失业人数之和。

知识链接 9-1　　中国人力资源和社会保障部统计失业率

20世纪80年代初，我国开始建立登记失业制度。城镇无业者到政府劳动部门登记，处于就业安置等待期的劳动者登记为“待业”。1994年政府不再统一分配和安置就业，开始采用城镇登记失业率指标。

城镇登记失业率，是城镇登记失业人数占城镇从业人员与城镇登记失业人数总和的比重。其中，城镇登记失业人数是指有非农业户口，在法定劳动年龄内有劳动能力无业而要求就业，并在当地就业服务机构进行求职登记的人数；城镇从业人员不包括使用的农村劳动力、聘用的离退休人员、港澳台及外方人员。

城镇登记失业率由人力资源和社会保障部按季度进行统计和公布。这种方法得到的数据不一定能够准确反映失业的严重程度，但它仍是一个重要的宏观经济指标。因为失业率不仅在一定程度上反映了失业的严重程度，而且可以反映出失业的特点，从而有利于政府更准确地把握国家的就业状态。

二、失业的种类

1.摩擦性失业

摩擦性失业是指从一个工作到另一个工作的过渡之中所产生的失业。在一个动态经济中，各行业、各部门和各地区之间劳动需求是经常变动的，劳动者在交换工作时往往需要一个过程，处于这种正常流动过程中的失业我们称之为自然失业。

即使在充分就业状态下，由于人们从学校毕业或搬到新城市而寻找工作，或是从一个低薪酬的工作换到另一个高薪酬的工作，总会存在或短或长时间的工作周转。就单个劳动者而言，摩擦性失业是暂时的；就整个经济而言，摩擦性失业是长期存在的。

影响摩擦性失业的主要因素有：①劳动力流动性的大小。一般而言，摩擦性失业与劳动力流动性呈同向变化。影响劳动力流动性大小的因素主要有制度性因素、社会文化因素和劳动力的构成状况，如户籍制度及“父母在不远游”的传统思想会限制劳动力流动，而年轻人跳槽的频率相对较高等。②寻找工作的成本。一般而言，摩擦性失业与寻找工作的成本呈反向变化。寻找工作的成本主要取决于获得有关供求信息的成本、寻找工作的时间、失业者承受失业的能力及社会保障制度等因素。人们在生活有一定保障的条件下，就可能花更多的时间寻找工作，失业救济等社会保险制度及劳动力市场的完善服务都可降低人们寻找工作的成本。

2.结构性失业

结构性失业是指因技术进步或者市场需求发生变化而引起的经济结构变化所造成的失业。随着科学技术的发展，某些旧部门衰落或被淘汰，而新部门大量涌现，这样由旧部门排挤出来的劳动者要经过一段时期的培训和学习，才能适应新的工作，如果不接受培训或者学习，就有可能找不到工作。此外，由于人们生活水平的不断提高，消费者需求不断发生变化，从而导致市场需求发生变化。为了适应新的市场需求，企业就必须对自身产业结构或产品结构做出调整，在调整期，必然导致某些行业的劳动者失业。

影响结构性失业的主要因素有：①经济结构变化。随着技术进步及消费需求发生变化，经济的产业结构与地区结构发生变化，一些传统行业衰落，大量人员失业；而一些新兴行业蓬勃发展，缺少合格的技术人员。另外，由于各地区经济发展的不平衡性，一些地区因经济落后而存在失业，另一些地区则因经济快速发展出现“用工荒”。②劳动力供求信息的非对称性。由于信息的非对称性，导致劳动力的供给结构调整往往滞后并具有一定的盲目性，与需求结构难以完全一致，如一些大学生毕业即失业，与此同时，不少厂商却人才难觅。③雇主歧视用工。雇主歧视某类人，如种族、性别、年龄、学历等歧视有可能引起结构性失业。

3. 季节性失业

季节性失业是指由于某些行业生产的时间性或季节性变动所引起的失业。某些行业的生产具有季节性，生产旺季对劳动力的需求大，生产淡季对劳动力的需求小，这样就会引起具有季节性变化特点的失业。在农业、旅游业、建筑业中，这种类型的失业最为显著。这些行业生产的时间性或季节性是客观条件或自然条件决定的，很难改变。因此，这种失业也是正常的。

4. 周期性失业

周期性失业是指因经济的短期波动而造成的失业。周期性失业随经济扩张而下降，随经济衰退而上升。在经济繁荣阶段，整个经济对劳动力的需求大幅上升，众多失业者被迅速吸收，失业率下降；在经济衰退和萧条阶段，大量企业倒闭，幸存的企业也会减少产量，整个经济对劳动力的需求急剧减少，失业率大幅上升。周期性失业与经济波动的周期相一致，故称为周期性失业。

5. 自愿失业与非自愿失业

自愿失业是指劳动者因不愿意在现行工资水平下工作而造成的失业，如自动离职的摩擦性失业；非自愿失业是指劳动者愿意在现行工资水平下工作却找不到工作而造成的失业，如结构性失业、周期性失业。一般认为，自愿失业无法通过经济政策来调控解决，而非自愿失业则可通过经济政策来消除。

近几年在我国出现了一批青年自愿失业者，这部分青年失业，不能用劳动力供过于求、就业机会不足来解释，也不能用结构性失业来解释。一方面，有些行业和职业招工难；另一方面，城镇每年却有200多万青年失业。他们不惜延长失业持续时间，加大就业机会成本，在一般就业和理想就业之间进行苛刻选择。

6. 隐蔽性失业

隐蔽性失业是指未在官方的失业统计中反映出来的潜在失业。那些表面上有工作，而实际上对生产没有做出贡献的人，即为隐蔽性失业者，这些人的边际生产力为零。当经济中减少就业人员而产量仍没有下降时，就存在着隐蔽性失业。如一个经济中有3 000万工人，如果减少600万工人而国内生产总值并不减少，则经济中存在着20%的隐蔽性失业。隐蔽性失业广泛存在于发展中国家，尤其是农业部门。

微课 9-1

失业概述

【拓展阅读 9-1】

三一电气“裁员”风暴

据腾讯财经2012年7月11日报道（刘中盛），从2011年下半年开始，国内风电产业形势急转直下。行业龙头华锐风电2011年净利润同比下降72.84%。2012年第一季度持续低迷，降幅扩大至87.06%。而金风科技2011年净利润也同样下滑73.50%，2012年第一季度更是下降了97%。

在这种行业形势下，原本就未盈利的三一电气亏损严重。坚持自主研发和全产业链的发展战略，导致三一电气错过了成立后头两年的市场爆发，同时也带来了投资成本大、回收期过长的问题。这种依靠集团不断投入资金的发展方式，也带来集团层面的不同声音，甚至有出售三一电气部分股份的传言。

有关人士透露，除了张家口的产业园，其余的几个生产基地均在2012年上半年停工或很少开工，工人大部分已经解散。而张家口风电原有180个员工，除了4位“善后”工作者及部分管理层人员回归北京总部之外，剩余的100多个工人，只有20个左右转到了搅拌机公司，按此计算，“裁员”比例接近70%。“裁员”之所以加上引号，是因为这100多个工人大部分是主动离职，并非直接意义上的裁员。公司的“优劳优得”综合工资制，再加上风机叶片的订单稀少，没有活干，使得工人收入普遍降低一半甚至更多。大部分工人被逼无奈，主动离职。

此外，公司还采取了几个生产基地工人相互调动的办法，例如，吉林通榆的工人调往张家口，张家口的工人调往云南泸西。由于工人多为本地人，多数不愿背井离乡，不愿调动的工人则被停岗培训，只拿600元的基本工资，这也导致部分工人主动离职。

除了几个风电生产基地工人解散，北京总部大量的研发和管理人员也因停岗培训等被迫主动辞职。由于停岗培训只发基本工资，不再有绩效工资，更别提项目奖金，导致每月收入缩水近80%。另有部分员工在5月被正式裁员，拿到了离职补偿。

资料来源：刘中盛．三一裁员风暴样本：张家口风电就地解散［EB/OL］．［2012-07-11］. https：//finance.qq.com/zt2012/company1/test.htm.

【思考与实践 9-2】

1.根据案例分析涉及的失业类型，并说明理由。

2.开展辩论比赛，辩题为：随着我国经济不断发展，失业现象能否被消灭？

三、充分就业

在众多的失业现象中，摩擦性失业、结构性失业、季节性失业被称为自然失业，与经济运行周期及社会总需求无关，所以是相对稳定的。当所有失业都是摩擦性、结构性、季节性时，即不存在周期性失业时，我们可以认为经济达到了充分就业的状态。可以说，充分就业是指在现有工作条件和工资水平下，所有愿意工作的人都参加了工作的就业量。充分就业并非人人都有工作，而是消灭了周期性失业时的非自愿性失业状态。

充分就业与自然失业的存在并不矛盾甚至可以并存，实现了充分就业时的失业率称为自然失业率或充分就业的失业率。自然失业率的高低取决于劳动力市场的完善程度、经济状况等各种因素。自然失业率由各国政府根据实际情况确定，各国在各个时期所确定的自然失业率都不同。经济学家普遍认为4%～6%的失业率是正常的，此时社会处于充分就业状态。

四、失业的影响

失业的影响是多方面的，利弊并存。

1.失业的有利影响

在市场经济条件下，失业是劳动力的流动，有利于优化劳动力配置；失业对劳动者是一种外在压力，促进劳动者不断提高自身素质和技能，提高工作效率；失业为社会提供了必要的劳动力储备。

2.失业的不利影响

不论对个人、企业，还是对国家，失业会造成诸多损失。

（1）失业对个人和家庭的不利影响。失业在减少人们收入、降低人们生活质量的同时，还会影响人们的情绪和家庭和谐。心理研究表明，失业所造成的创伤不亚于亲友去世或学业失败，失业使人们的自尊心、自信心备受打击。

（2）失业对企业的不利影响。失业会使企业的人才资源流失。

（3）失业对国家的不利影响。失业是劳动力资源的闲置和浪费，当实际失业率超过自然失业率时，国内生产总值下降。失业使政府的财政收入减少，而失业救济等转移支付增加，加大了社会经济的运行成本。失业人员因生活窘迫、心理失衡等问题易出现酗酒、自杀甚至违法犯罪现象，是影响社会安定的重要因素。

3.奥肯定律

失业所造成的最大经济损失就是减少了国民收入。1962年，美国经济学家阿瑟·奥肯提出了著名的奥肯定律，说明了失业率与实际国内生产总值增长率之间的关系，这一规律表述为：失业率每增长1%，则实际国内生产总值降低2.5%；反之，失业率每降低1%，则实际国内生产总值增长2.5%。

理解奥肯定律应注意以下三个方面：

（1）奥肯定律表明了失业率与实际国内生产总值增长率之间呈反方向变动。

（2）失业率与实际国内生产总值增长率之间1∶2.5的关系是根据统计资料得出来的平均数，在不同国家或同一国家的不同时期并不相同。有关研究表明，我国1985—1999年间，失业率与实际国内生产总值增长率的对比关系为1∶2.9，即失业率每增长1%，实际国内生产总值降低2.9%；失业率每降低1%，实际国内生产总值增长2.9%。

（3）奥肯定律主要适用于没有实现充分就业的情况。在实现了充分就业的情况下，自然失业率与实际国民收入增长率的相关性就要弱得多，一般估算在1∶0.76。

五、失业的治理对策

失业的类型及根源不同，所采取的治理对策也不相同。

1.自然失业的治理对策

经济中的自然失业在所难免，有针对性的治理对策可有效地减少自然失业。

（1）完善劳动力市场，全方位提供就业服务。建立多种类多层次的就业服务机构，预测并发布劳动力供求走势，提供招聘信息，举办各类招聘会，开展就业指导，协助并加速劳动力的流动。

（2）加强职业技能培训。大力发展职业技术教育，开展职前培训、在职培训、转岗培训和创业培训，提高劳动者的就业能力。

（3）出台调控劳动力供求量的政策。主要措施有：①推迟就业年龄或提前退休年龄。延长人口受教育年限，从而延缓新增劳动力就业；或提前退休年龄，使劳动力提前退出劳动年龄人口，可有效地减少劳动力供给，减缓就业压力。②缩短就业者的劳动时间。此举既有利于吸收更多的劳动力就业，又能增加劳动者的休闲时间，提高劳动者的生活品质。国外许多企业对雇员实行“带薪休假”制度，我国实行的五天工作制及近年来推出的“清明节”“五一节”“端午节”“中秋节”等“小长假”制度，也有这方面的考虑。③降低工资指导线水平，以减少劳动力的供给并增加劳动力的需求，从而减少失业。④建立和完善社会保障制度。建立和完善失业保险制度及失业救济金制度，保障失业人口的基本生活，有利于减轻就业压力。⑤反对就业歧视。对于弱势群体出台就业扶持政策，如在我国，企业安置残疾人就业可享受增值税、营业税、企业所得税、房产税、城镇土地使用税等多项税收优惠政策。

2.周期性失业的治理对策

微课 9-2

失业的治理与对策

对于需求不足引起的周期性失业，一般采取扩张性财政政策和货币政策刺激总需求，增加就业。经济萧条时，可通过增加政府采购、政府转移性支付和公共工程，或者降低税率、减少税收以扩大市场中的货币供应量和降低利率等手段来刺激消费和投资需求，最终增加总需求，达到增加国民收入和提高就业率的目的。需注意的是，采取扩张性财政政策和货币政策刺激总需求时，可能会引起通货膨胀率上升和汇率的下跌。

周期性失业的治理还可采取组织创新、结构调整、放松管制、减免税收等供给管理政策。

【拓展阅读 9-2】

我国的失业原因及治理对策

失业是一个国家经济发展中的正常现象，近年来我国也出现了较为严重的失业问题。因此，要从我国实际出发，认真分析失业的原因，并采取有效的失业治理对策。

我国的失业问题不是单一因素造成的，而是许多因素合成的结果。我国失业的原因有以下几点。

（1）计划经济向市场经济体制过渡的转轨性失业。

在传统的高度集中的计划经济体制下，计划就业指标是考核企业经营好坏的重要指标，企业领导者具有强烈的“就业指标饥渴”，结果是企业员工日益增多，隐性失业问题越来越严重。随着市场经济体制的建立和完善，国有企业摆脱了就业指标的约束，追求利润最大化成为企业的最大目标，许多企业采取“减员增效，下岗分流”的措施，隐性失业逐渐显性化。

（2）产业结构调整导致的结构性失业。

发达国家经验表明，当一个国家的经济处于高速发展阶段时，必然伴随着产业结构的快速调整，夕阳产业不断被淘汰，朝阳产业不断涌现。这就要求劳动力的供给能够及时做出调整，否则，就会出现“失业”与“空位”并存的现象。目前我国正存在这种产业结构调整导致的结构性失业。农业、纺织业等传统的第一、第二产业劳动力供过于求，失业严重；大量新兴的第三产业劳动力则供不应求。

（3）经济周期波动引起的周期性失业。

自改革开放以来我国宏观经济也产生过波动，在经济紧缩阶段，由于有效需求不足、市场疲软，企业往往采取减员增效的措施，造成失业人口增加。例如，1997年发生的亚洲金融危机对我国外贸行业造成严重的不利影响，我国国内又面临通货紧缩和需求不足的严重局面，因此随后几年我国出现了失业问题。

（4）其他原因。

除了上述原因以外，劳动力市场的不完善、劳动力素质偏低、新劳动力大量增加等，都是我国失业问题的重要原因。

我国失业的治理对策有以下几点：

（1）提高经济活动水平，减少经济周期波动，促进经济持续稳定、健康发展。

改革开放以来，我国宏观经济经历了数次周期性的波动。经济周期波动是我国失业问题产生的重要原因。每当经济处于萧条阶段，市场有效需求不足，就业机会减少，失业就会增加。因此，政府必须深化改革，充分挖掘潜力，确保国民经济的持续稳定健康发展，避免经济大起大落。只有这样，才能形成社会经济发展与就业、再就业工作良性互动的局面。

据测算，在我国，国内生产总值每增加1个百分点，可创造80万个就业岗位。因此，如果我国经济增长率能够保持在8%左右，即可新增就业岗位640万个左右。

（2）实行有利于促进就业的财政政策和货币政策。

国家应继续实行有利于促进就业的财政、货币政策。财政政策方面，应继续加大公共项目的投资，这样既能直接创造就业机会，又能刺激经济需求，带动社会投资，从而间接促进就业；同时，要对下岗、失业人员自主创业和自谋职业，企业吸纳失业人员就业或减少裁员，给予一定的税收优惠。货币政策方面，应改革商业银行管理体制，完善对中小企业的金融服务，通过促进中小企业的发展发挥其吸纳就业的优势。

（3）实行有利于促进就业的产业政策。

在拓宽就业渠道、增加就业岗位的同时，为促进就业，我国应积极调整产业结构，实行有利于促进就业的产业政策。针对我国劳动力资源丰富，当前世界制造业从发达国家向发展中国家转移，国际上许多国家纷纷运用高新技术改造传统产业，大力发展新兴产业的现状，我国应大力发展就业容量大的劳动密集型产业，面向国际市场发展制造业，鼓励具有较高科技含量，又能吸纳较多劳动力就业的行业的发展。与此同时，要积极发展第三产业，作为今后扩大就业的主攻方向，使其成为吸纳就业的主要载体。

（4）大力发展乡镇企业、中小企业、非公有制经济，充分发挥其吸纳就业方面的优势和潜力。

发展乡镇企业可以充分利用农村丰富劳动力资源的优势，国家应当在政策、资金和技术等方面大力支持和促进乡镇企业的发展。同时，发展乡镇企业要与小城镇建设结合起来，扩大农村就业空间。中小企业一般侧重于劳动密集型的产业，吸收的劳动力相对要多，在扩大就业渠道、创造就业机会等方面具有大型企业无法替代的作用。而非公有制经济事实上已成为目前我国就业的一个主要增长点。因此，国家在发展国有大型企业、高新技术企业的同时，也要重视并加快中小企业和非公有制经济的发展，进一步创造有利于中小企业和非公有制经济生存和发展的环境，以增强其对劳动力的吸收能力。

（5）完善劳动力市场。

要建立统一、开放、竞争和有序的劳动力市场体系，实行国家政策指导下的市场就业方针。建立全国统一的劳动力市场，建立覆盖全国的劳动力信息网络，制定就业服务体系建设的整体规划，加强劳动力市场法规，促进公平就业。

（6）大力发展基础教育和职业技术培训，提高劳动力素质。

针对我国劳动力素质偏低的现状，要加强基础教育和职业技术培训，提高劳动者素质，以增强其就业能力。为此，要进一步深化教育体制改革，构建现代国民教育体系和终身教育体系，建设学习型社会，全面推进素质教育。同时，要加强职业教育和技术培训，把它作为预防失业和促进就业的重要内容。加强在职培训，推行职业资格认证制度，可以借鉴国外先进经验和做法，实行以初级和中级职业技术培训为主、高等职业培训为辅的方式。强化再就业培训，增强培训的针对性、实用性和有效性，帮助失业下岗人员掌握再就业的技能和本领。在此过程中，政府和相关部门、企业要加大教育和培训的投资。

（7）要加快建立和完善多层次的失业保障制度。

针对我国目前社会保障制度不健全的现状，国家应加快建立与我国经济发展水平相适应的社会保障制度。社会保障制度应从消极救济转向积极促进就业。通过把国外经验和我国国情有机结合，逐步建立起覆盖面广、可持续、促进发展的失业保障制度。要完善失业保险制度，建立范围覆盖全部职工，费用由国家、单位、个人三方合理负担，失业救济与再就业紧密结合，国家立法强制实施的失业保险制度，同时加强社会保险基金的管理和监督。要进一步强化最低生活保障制度建设，推进养老保险制度改革，充分发挥失业保障制度在促进就业中的积极作用。

【学思践悟】 就业优先　夯实民生之本

政府工作报告提出今年发展主要预期目标中，城镇新增就业1 200万人左右，城镇调查失业率控制在5.5%左右。习近平总书记指出，就业是最大的民生工程、民心工程、根基工程，是社会稳定的重要保障，必须抓紧抓实抓好。今年是全面贯彻落实党的二十大精神的开局之年，做好稳就业工作至关重要。要坚持以实施就业优先战略为引领，以高质量充分就业为目标，稳存量、扩增量、提质量、兜底线，全力确保就业局势总体稳定。

党中央高度重视就业工作，党的二十大对就业工作做出了一系列重要部署，为实现高质量充分就业指明了方向，也让做好今年的就业工作有信心、有底气。

经济持续恢复向好，为稳就业奠定坚实基础。从2023年前两个月的情况来看，就业市场平稳有序，好于预期，实现良好开局。随着我国经济逐步恢复，将带动就业需求扩大，为稳就业保就业奠定坚实基础。特别是交通物流、居民出行增加，将带动住宿、餐饮、旅游等服务业恢复，有利于吸纳更多就业。就业政策有力有效，为稳就业提供强大支撑。随着稳就业、保就业的政策红利持续释放，将为稳定和扩大就业提供有力支撑。认真落实政府工作报告要求，深入实施就业优先战略，探索建立就业友好型现代化产业体系。实施重点产业集群急需紧缺人才支持计划和制造业技能根基工程，实现经济发展与促进就业的良性循环。

落实落细就业优先政策，切实保障好基本民生。政府工作报告提出，落实落细就业优先政策，把促进青年特别是高校毕业生就业工作摆在更加突出的位置，切实保障好基本民生。代表委员表示，要坚持把稳就业作为重大政治责任，落实落细稳就业各项举措，全力以赴做好稳就业工作。着力抓好高校毕业生就业，稳定就业水平。今年高校毕业生规模达1 158万人，再创新高，促进就业的任务艰巨。应进一步完善毕业生就业创业的支持政策，从渠道拓展、岗位推送、见习培训、困难帮扶等多方面协同发力。着力促进重点群体就业，兜牢民生底线。重点群体稳，则就业大局稳。扎实做好农民工、下岗失业人员就业工作，是稳就业保就业的重中之重。

资料来源：李心萍，姜洁，黄福特，等．就业优先 夯实民生之本（持续增进民生福祉）[EB/OL].（2023-03-07）[2023-03-07] https://baijiahao.baidu.com/s?id=1759668518851505956&wfr=spider&for=pc.

悟有所得

学习测试9-1

就业是民生之本、稳定之基、和谐之源、团结之要。稳就业关乎我国经济长久发展和长治久安。全面贯彻落实党的二十大精神，要抓好就业这个最基本的民生。全力做好稳就业工作。促进就业工作是一项长期的工作，也是一项关注民生、为民谋福的崇高事业，确保就业局势持续稳定向好，也是我国经济和社会发展新阶段的必然要求。要以习近平新时代中国特色社会主义思想为指导，全面贯彻落实党的二十大精神，优先做好稳就业工作，坚定信心，团结奋斗，为全面建设社会主义现代化国家开好局、起好步。

任务二 认识通货膨胀

【案例引入】

不可思议的餐费

“什么？餐费为什么会这么贵呢？这比菜单上的价格要贵很多呀，你算了很多税进去吗？”“哪里，这根本没有算税，您在点菜后，菜价就涨了，难道我们的服务员没有告诉您吗？”在餐厅里，就餐的客人和餐厅老板争执了起来：“难道就在我吃饭中间的这点时间，价格就调整了？”“事实确实如此，因为通货膨胀，我们没有别的办法，只有随时调整价格。”

这真是一件不可思议的事情，物价上涨得如此之快，难道会快到点菜时的价格跟结账时的价格不同？万幸这不是发生在我们国家的事情，而是1982年某外国人到玻利维亚旅行时发生的事情。该外国人将此事记录下来刊登在《纽约时代》的专栏中。如果您不相信，我们来看下历史统计资料，当年的玻利维亚1年间的通货膨胀率达到了24 000%，也就是说物价以每天65.8%的速度上涨，如果每天营业10个小时，那么每小时的物价就以接近7%的速度上涨。照此，点菜的时候跟结账的时候价格怎能一样呢？

资料来源：郑甲泳. 10不如9大［M］. 徐涛，译. 北京：电子工业出版社，2006.

一、通货膨胀概述

1.通货膨胀的含义

通货是指处于流通中的纸币和铸币。关于通货膨胀，一般表述为：通货膨胀是指物价水平普遍而持续的上升。换句话说，通货膨胀就是单位货币的购买力（即单位货币所能购买的商品和劳务的数量）不断下降的现象，也就是一般人所说“钱不值钱了”的现象。

从通货膨胀的概念，我们可以看出它有以下几方面的特征。

（1）通货膨胀是指物价水平的普遍上涨。

通货膨胀不是指一种或几种商品的价格上涨，而是指物价水平的普遍上涨，即物价总水平的上涨。如果只是一种或少数几种商品的价格在上涨，我们不能断定就是发生了通货膨胀。比如，我们不能单从房价的上涨就推断发生了通货膨胀。

（2）通货膨胀是与纸币发行过多联系在一起的。

引起物价上涨的原因有很多，如资源短缺、结构失调和商品质量提高等，但仅仅是这些原因引起的价格上涨，不能算作通货膨胀，只有当纸币发行量超过了客观经济过程的实际需要量，才能称为通货膨胀。

（3）通货膨胀时期物价水平的上涨必须持续一定时期。

通货膨胀条件下的物价上涨必须持续一定时期。如果物价只是一次性、暂时性和季节性上涨，都不能称为通货膨胀。比如，节假日期间，宾馆、饭店的收费标准一般都会上升，我们不能就说是发生了通货膨胀。因为，节假日过后，这些收费标准都会由于客人的减少而降低。

【思考与实践 9-3】

某地农贸市场上各种商品的价格逢节即涨，节后回落，这是通货膨胀吗？

知识链接 9-2　　通货紧缩

通货紧缩是与通货膨胀相反的一个概念，是指因货币供应量少于流通领域对货币的实际需求量而引起的货币升值，从而导致商品和劳务的价格总水平持续下跌的现象，包括物价水平、货币供应量和经济增长率同时持续下降。长期的通货紧缩会抑制投资与生产，导致失业率升高并引发经济的衰退。萨缪尔森定义通货紧缩为价格和成本正在普遍下降。

2.通货膨胀的衡量

物价指数是衡量通货膨胀程度的基本指标。通货膨胀率是一定时期内物价指数的变动率。通货膨胀率的计算公式为：

$$通货膨胀率=\frac{报告期物价指数-基期物价指数}{基期物价指数}\times 100\%$$

公式中，基期物价指数是作为对比标准的那一时期物价指数，报告期物价指数是指所研究的那一时期物价指数。

例如，2012年5月我国消费者物价指数为103.0%，该数据以2011年5月为基期，基期物价指数为100%，则相应的通货膨胀率为（103.0%-100%）/100%×100%=3.0%。

（1）物价指数的概念

物价指数是表明某些商品的价格从一个时期到下一个时期变动程度的指数。物价指数一般不是简单的算术平均数，而是加权平均数，即根据某种商品在人们日常生活总支出中所占的比重来确定其价格的加权数的大小。比如，住房和食品，前者在人们的日常生活总支出中所占的比重大，它的价格变动情况在价格总水平中应占较大比重，其价格的加权数也就较大；后者在人们的日常生活总支出中所占的比重小，它的价格变动情况在价格总水平中应占较小比重，其价格的加权数也就较小。

物价指数需要用一个时期的物价作为基期物价，物价指数计算的就是报告期的物价比基期的物价变动了多少，用公式表示就是报告期物价水平与基期物价水平之比。

$$物价指数=\frac{报告期物价水平}{基期物价水平}$$

比如，去年的物价指数是100，去年为基期，今年的物价比去年上丌了10%，则今年的物价指数就是100×（1+10%）=110。

（2）物价指数的类型

由于统计的口径、方法和选择对象不同，反映物价水平变化的物价指数有很多种。根据其计算时所包含的商品品种的不同，通常有以下几种。

①消费者物价指数，简称CPI，又称生活费用指数、零售物价指数。它是衡量各个时期居民家庭日常消费的生活用品和劳务的价格变化的指标。它既可以作为通货膨胀的测定指标，又可以作为工资、津贴调整的依据。

世界各国都倾向于根据本国居民的消费习惯，选定一些有代表性的生活必需品和服务项目，并以此编制出物价指数来判断本国是否发生了通货膨胀。消费者物价指数能衡量消费品的价格变动，消费者比较关心这一指数，因此它是当今世界使用广泛的物价指数，我国目前也使用它来衡量通货膨胀状况。但是，这一指数只局限于统计居民家庭消费的商品和劳务，而把国家消费和集团消费排除在指数之外，这是它的主要缺陷。

【拓展阅读9-3】

我国居民消费者物价指数

我国居民消费者物价指数（CPI）涵盖全国城乡居民生活消费的食品、烟酒及用品、衣着、家庭设备用品及维修服务、医疗保健和个人用品、交通和通信、娱乐教育文化用品及服务、居住8大类、262个基本分类的商品与服务价格。数据来源于全国31个省（自治区、直辖市），500个市县，6.3万家价格调查点，包括食杂店、百货店、超市、便利店、专业市场、专卖店、购物中心以及农贸市场与服务消费单位等。CPI数据采用抽样调查方法抽选确定调查网点，按照“定人、定点、定时”的原则，直接派人到调查网点采集原始价格，经过汇总计算获得。

此项数据由国家统计局发布，可登录国家统计局官方网站获取。2020—2022年我国消费者物价指数见表9-1。

表9-1 2020—2022年我国消费者物价指数 （单位：%）

指标	2020年	2021年	2022年
居民消费价格总指数	102.5	100.9	102
食品烟酒	108.3	99.7	102.4
食品	110.6	98.6	
粮食	101.2	101.1	
菜	106.6	105	
畜肉类	138.4	82.8	
奶类	101	101.8	
干鲜瓜果类	91.6	102.1	
茶及饮料	100.6	101.1	
烟酒	101.3	101.5	
在外餐饮	104.7	102	
衣着	99.8	100.3	100.5
鞋类	99.2	99.8	
居住	99.6	100.8	100.7
租赁房房租	99.4	100.4	
水电燃料	99.3	101.8	
生活用品及服务	100	100.4	101.2
家用器具	98.2	100.8	
家庭日用杂品	100.5	99.9	
交通和通信	96.5	104.1	105.2
交通	95	105.3	
交通工具	97.8	99.5	
交通费	97.4	102.3	

续表

指标	2020年	2021年	2022年
通信	99.3	100.9	
教育文化和娱乐	101.3	101.9	101.8
教育	102.2	102.1	
教育用品	101.5	101.2	
教育服务	102.2	102.2	
文化娱乐	100.1	101.5	
文化娱乐服务	99.1	102.6	
旅游	101.1	101.4	
医疗保健	101.8	100.4	100.6
药品及医疗器具	101	99.5	
医疗服务	102.3	100.8	

资料来源：根据国家统计局网站相关资料整理.

②生产者价格指数（PPI），又称批发价格指数，它是衡量各个时期生产资料与消费资料批发价格变化的指标。如果已知基期的批发价格指数，再算出报告期的批发价格指数，即可看出其价格变动情况，从而判断是否发生了通货膨胀。批发价格指数代表的商品的范围较为广泛和详尽（如在美国就包含大约3 400种商品）而且有用，所以，一些经济学家认为批发价格指数最适合来衡量通货膨胀。由于批发价格指数与产品出厂价格紧密相关，因此它是厂家比较关心的价格指数。

【拓展阅读9-4】

我国工业生产者价格指数

我国工业生产者价格指数包括工业生产者出厂价格指数和工业生产者购进价格指数。工业生产者出厂价格指数反映工业企业产品第一次出售时的出厂价格的变化趋势和变动幅度；工业生产者购进价格指数反映工业企业的中间投入产品的购进价格的变化趋势和变动幅度。工业生产者出厂价格统计调查涵盖1 702个基本分类的11 000多种工业产品的价格；工业生产者购进价格统计调查涵盖900多个基本分类的6 000多种工业产品的价格。

工业生产者价格调查采取重点调查与典型调查相结合的调查方法。年主营业务收入2 000万元以上的企业采用重点调查方法；年主营业务收入2 000万元以下的企业采用典型调查方法。工业生产者价格调查涉及全国400多个城市的近6万家工业企业。2016—2022年我国工业生产者出厂价格指数见表9-2；2016—2022年我国工业生产者购进价格指数见表9-3。

表 9-2 **2016—2022年我国工业生产者出厂价格指数** （单位：%）

指标	2016 年	2017 年	2018 年	2019 年	2020 年	2021 年	2022 年
工业生产者出厂价格指数	98.6	106.3	103.5	99.7	98.2	108.1	104.1
生产资料	98.2	108.3	104.6	99.2	97.3	110.7	
采掘工业	95.4	120.7	108.8	102.4	94.8	134.4	
原材料工业	96.7	111.5	106.3	97.4	94.4	115.8	
加工工业	99	106.1	103.5	99.7	98.7	106.6	
生活资料	100	100.7	100.5	100.9	100.5	100.4	
食品类	100.6	100.6	100.5	102.7	102.9	101.4	
衣着类	100.9	101.2	100.8	101.1	99	99.8	
一般日用品类	100	101.3	101	100.4	99.7	100.5	

资料来源：根据国家统计局网站相关资料整理.

表 9-3 **2016—2022年我国工业生产者购进价格指数** （单位：%）

指标	2016 年	2017 年	2018 年	2019 年	2020 年	2021 年	2022 年
工业生产者购进价格指数	98	108.1	104.1	99.3	97.7	111	106.1
燃料、动力类	95.6	113	107.1	98.2	91.6	120.5	
黑色金属材料类	97.7	115.9	106.1	102.3	100.5	120.3	
有色金属材料及电线类	97.9	115.3	103.9	97.6	99.8	120.9	
化工原料类	97.6	108.4	104.6	94.8	92.7	115.1	
木材及纸浆类	99.7	106.2	105.4	97.5	98.1	105.6	
建筑材料及非金属类	97.6	108.6	110.5	104.2	100.5	105.5	
农副产品类	100.1	101.5	99.6	102.8	105.4	104.4	
纺织原料类	99.7	104	102.2	99.3	96.8	105	

资料来源：根据国家统计局网站相关资料整理.

③国内生产总值折算指数。它是衡量各个时期一切商品与劳务价格变化的指标。国内生产总值折算指数被定义为名义国内生产总值与实际国内生产总值的比值，即按当年价格计算的国内生产总值与按固定价格或不变价格计算的国内生产总值的比值。其计算公式为：

$$国内生产总值折算指数 = \frac{按报告期价格计算的报告期产值}{按基期价格计算的报告期产值} \times 100\%$$

例如，某国2010年的GDP按当年的现行价格计算为11 300亿元，而按1996年固定价格（或基期价格）计算则为6 890亿元，则2010年的GDP物价折算指数为11 300÷6 890×100% = 164%。也就是说，2010年与1996年相比，物价上涨了64%。

国内生产总值折算指数的统计范围包括一切商品和劳务，因此，它比消费者物价指数和批发价格指数更能全面反映社会物价总水平的变动趋势，西方国家大多由于上述原因采用国内生产总值折算指数反映通货膨胀。但需要注意的是，由于国内生产总值通常每年统计一次，因此，国内生产总值折算指数不能迅速反映物价总水平的变动情况。

二、通货膨胀的分类

从不同的角度，可将通货膨胀划分为不同的类别：

1.按物价上涨的速度和趋势划分

（1）爬行通货膨胀。一般是指物价上涨幅度在2%~3%之间，同时不存在通货膨胀预期的状态。西方经济学认为爬行通货膨胀对经济发展和国民收入增加都有着积极的刺激作用，并且将它看作是实现充分就业的必要条件。

（2）温和通货膨胀。这是指一般价格水平的上涨幅度在3%~10%之间。目前许多国家都存在着这种温和型的通货膨胀，它是一个危险信号，如不高度重视就有可能加速。

（3）奔腾式或加速式通货膨胀。这是两位数的通货膨胀，即一般价格水平上涨幅度为10%以上，100%以下。对于这种通货膨胀，政府必须采取强有力政策措施加以控制，以免对一国经济和人民生活造成不利影响。

（4）恶性通货膨胀。又称超级通货膨胀，是指一般物价的年上涨率为100%以上的通货膨胀，发生这种通货膨胀时，物价持续飞涨，货币体系崩溃，正常经济秩序遭到破坏，经济濒临瓦解。这种类型的通货膨胀通常很少发生。

2.按通货膨胀形成的原因划分

（1）需求拉动的通货膨胀，是指总需求过度增长引起的通货膨胀，即太多的货币追逐太少的商品和劳务。

需求拉动的通货膨胀，是从总需求的角度来分析通货膨胀的原因，把通货膨胀归因于对社会资源的需求超过了按现行价格所能得到的供给。由于总需求的过度增长，总供给相对不足，总需求超过总供给的能力，供不应求引起价格上升，从而导致通货膨胀。其实质在于，过多的货币支出追逐在充分就业条件下可以产生出来的有限的物品供给。

凯恩斯主义的经济理论，从强调实际因素对需求的影响的角度出发，认为社会总需求是由消费需求、投资需求构成的。在总需求中任何一个成分的增加，都会造成总需求的增加，当社会的生产能力已达到充分就业的状态时，总需求的膨胀就会产生膨胀性缺口，导致需求拉动的通货膨胀。凯恩斯主义者认为通货膨胀与失业不会同时存在，通货膨胀是在资源充分利用之后产生的。现代货币主义者对于需求拉动的通货膨胀着重是从货币因素的角度来进行说明的。他们认为，当货币供给量增加，引起社会总需求扩大时，需求拉动的通货膨胀就是货币因素引起的。

社会总需求由总消费、总投资、政府支出和净出口共同组成，其中任何一个构成因素的增加，都会造成社会总需求的增加，当需求过度时，就会引起需求拉动的通货膨胀。因此，需求拉动的通货膨胀可以表现在以下四方面：一是消费需求的膨胀，其中又可分为个人消费需求的膨胀和社会消费需求的膨胀。二是投资需求的膨胀，当银行利率较低时，企业家出于对市场的乐观预期，往往会乐于投资，因此容易造成投资需求膨胀。三是政府支出的膨胀，当政府增加财政支出时，不管是进行公共工程建设、政府购买，还是转移支付，最终都会导致社会总需求的增加。因此，政府支出的膨胀，极易引起社会总需求的膨胀。四是净出口的膨胀，净出口等于出口减去进口，也就是出口大于进口的部分。如果净出口为正，即出口大于进口，则意味着来自国外的净收入增加，国内需求随之增加。因此，净出口的膨胀必然导致社会总需求的膨胀。

（2）成本推动的通货膨胀，是指在资源尚未充分利用时因成本因素推进而引起的价格上涨。

成本推动的通货膨胀，是从总供给的角度分析通货膨胀的原因。它认为引起通货膨胀的原因在于成本的增加，成本的增加意味着只有在高于之前的价格水平时，才能达到与之前相同的产量水平（也就是说，由于成本的增加，厂商只有在高于之前的价格水平时，才愿意提供同样数量的产品），从而引起通货膨胀。

成本推动的通货膨胀根据成本增加的具体原因，主要分为三种类型：

① 工资成本推动的通货膨胀。工资是企业生产成本的主要部分，工资的提高自然会使生产成本增加，从而引起产品价格水平上升，导致通货膨胀。引起工资上升的一个很重要原因是在不完全竞争的劳动力市场上，工会往往会利用其拥有的垄断地位迫使雇主提高工资。当工资的增加超过生产率的增长时，单位产品的生产成本就提高了。为了维持原有的利润水平，企业必然要提高产品的价格。

② 利润成本推动的通货膨胀。在不完全竞争的市场上，处于垄断地位的企业往往控制着产品的销售价格，为了获取更多的利润，它们不是采取通过提高生产效率来降低成本的途径，而是利用提高产品价格的方式，使得产品价格的上升速度超过产品成本的增长速度，进而从中获利。这种方法同样提高了企业的生产成本，从而产生通货膨胀。

③ 进口成本推动的通货膨胀。原材料、能源等都是数量有限的资源，很多国家都需要进口。当这些进口的生产要素价格提高时，会促使国内生产成本上升。从开放经济的角度看，当一些重要的进口产品价格提高，就会引起某些以进口为主要投入的企业生产成本上升，从而使这些行业的产品的价格也随之上涨。当这些行业的产品价格上涨波及整个经济时，就形成了进口成本推动的通货膨胀。

例如，1973年，以中东产油国为主的石油输出国家以石油为武器，通过减少产量和出口量，迫使国际市场石油价格翻了两番，由此导致的成本推动的通货膨胀使美国在1973—1975年的物价水平迅速上升，失业率也从1973年的不到5%上升到1975年的8.5%。

（3）结构型通货膨胀，是指由于经济结构方面的因素而引起的通货膨胀。它是从社会各生产部门之间劳动生产率的差异、劳动力市场的结构特征和各生产部门之间收入水平的赶超速度等角度，来分析由于经济结构的特点而引起通货膨胀的过程。从经济结构的角度看，即使整个社会经济的总需求和总供给处于均衡状态，但由于经济结构方面的因素发生变动，如社会经济部门发展的不平衡，也会引起一般物价水平的上涨，从而导致通货膨胀。

在一个社会的经济中，社会各生产部门的劳动生产率存在差异，一些生产部门劳动生产率较高，生产扩张，需要更多的资源和劳动力；而另一些生产部门劳动生产率较低，生产收缩，资源与劳动力因需求减少而显得过剩。如果资源与劳动力能够自由而迅速地由劳动生产率低的部门转移到劳动生产率高的部门，结构性的通货膨胀就不会发生。但事实上现代社会经济结构的特点限制了劳动生产率低的部门的资源与劳动力向劳动生产率高的部门转移。这样，劳动生产率高的部门由于资源与劳动力的短缺，导致资源价格上升，工资上升。而劳动生产率低的部门尽管资源与劳动力过剩，其资源价格和工资并不会下降，特别是工资不仅不会下降，还会由于追求所谓“公平”在向劳动生产率高的部门“看齐”的过程中上升。这样，由于两类部门的成本增加，尤其是工资成本的增加而产生了通货膨胀。

（4）供求混合推动的通货膨胀

在现实生活中，很难分清通货膨胀究竟是需求拉动还是成本推动引起的，因为这两者可以互为因果。比如，最初由于政府增加支出造成总需求增加，引起需求拉动的通货膨胀；而工人出于对通货膨胀延续的担忧，会通过工会向企业施加压力，迫使企业增加工资，从而提高了企业的成本，引起成本推动的通货膨胀。物价、工资轮番上涨……如此反复。如果最初通货膨胀是由成本推动开始的，那么情形也是如此。为此，必须把总需求和总供给结合起来分析通货膨胀的原因。

供求混合推动的通货膨胀，就是把总需求和总供给结合起来分析通货膨胀的原因，认为通货膨胀的根源不是单一的总需求或总供给，而是这两者共同作用的结果。如果通货膨胀是由需求拉动开始的，即过度需求的存在引起物价上升，这种物价上升又会使工资增加，从而供给成本的增加又引起了成本推动的通货膨胀。如果通货膨胀是由成本推动开始的，那么成本增加会引起物价上升。这时没有总需求的相应增加，工资上升最终会使企业减少生产，失业增加，从而使成本推动引起的通货膨胀停止。只有在成本推动的同时，又产生总需求的增加，这种通货膨胀才能持续下去。

3.按对价格影响的性质差别划分

（1）平衡的通货膨胀。这是指各种商品（包括生产要素）的价格以相同比例上升。

（2）非平衡的通货膨胀。这是指各种商品和生产要素的价格上涨幅度不相同。

4.按人们对通货膨胀的预期程度划分

（1）可预期的通货膨胀，又称惯性通货膨胀。它是指一国政府、厂商和居民可以在一定程度上预期未来某时期将要发生的通货膨胀。

（2）不可预期的通货膨胀。它是指物价上涨的速度超出人们的预料，或人们对未来的物价变化趋势无法预测。这种类型的通货膨胀在短期内对就业与产量有扩张效应。

5.按经济运行的市场化程度或通货膨胀的表现形式划分

（1）公开型通货膨胀，又称开放型通货膨胀或物价型通货膨胀。它是指在市场机制充分运行条件下通货膨胀以物价上涨的形式公开表现出来。

（2）隐蔽型通货膨胀，又称抑制型通货膨胀或短缺型通货膨胀。这是指政府对价格进行某种形式的控制使得物价同市场供求脱离关系，过度需求不会引起物价水平的上涨或物价上涨有限而不足以反映过度需求的真实水平。在这种类型的通货膨胀中，通货膨胀不是以物价上涨，而是以商品短缺和供应紧张等形式表现出来。

微课 9-3

通货膨胀

三、通货膨胀的影响

通货膨胀既影响经济活动，又深刻地影响着社会的政治稳定。

1.通货膨胀的经济效应

通货膨胀对经济的影响主要表现为通货膨胀对收入和财富的再分配效应和产出效应。

（1）通货膨胀对收入和财富的再分配效应

在温和的通货膨胀情况下，通货膨胀对财富和收入分配没有太大影响，但如果发生了比较严重的、出乎意料的通货膨胀，比如，急剧或奔腾的通货膨胀，通货膨胀将会引起人们之间任意的财富和收入的再分配。具体体现在对以下三对主体的不同影响上。

①在债务人与债权人之间，通货膨胀将有利于债务人而不利于债权人。债务契约是根据债权人、债务人双方签约时的通货膨胀率来确定名义利率的。当发生了双方未预期到的通货膨胀（即比较严重的通货膨胀）以后，由于债务契约事先已经签订，无法更改，从而就使实际利率下降，因此债务人受益，而债权人则受损。比如，某人向银行贷款10万元用于购买小汽车，贷款利率为10%，则每年须向银行支付利息1万元。现发生了20%的通货膨胀，意味着现在的1元钱只相当于原来8角钱的购买力。虽然贷款买车的人每年仍须向银行支付1万元利息，但这1万元只相当于原来的8 000元了。换句话说，原来要支付1万元利息，现在只要支付8 000元就可以了。而对银行来说，本来每年可收回利息1万元，现在收回的只是相当于原来的8 000元。可见，通货膨胀有利于债务人而不利于债权人。通货膨胀实际上是靠牺牲债权人的利益而使债务人获利。这意味着通货膨胀将一部分财富从债权人手中转移到了债务人手中。

经济学家认为，这种财富分配有助于解释为什么政府总是倾向于发行过多的货币。因为，政府是一个巨大的债务人，向公众发行了巨额的国债，政府为筹集收入而印刷纸币，会增加货币供给，引发通货膨胀。当价格水平上升时，政府还本付息的负担减轻了，而公众的财富则被转为政府的收入。例如，假定你的实际财富为3 000元，可以买一台电脑，现在你把这3 000元用于购买1年期国债，这等于你的财富被政府用3 000元纸币收购了。如果1年后价格水平上涨了一倍，你手里的3 000元只能买一台显示器，你的实际财富只有一年前的一半，另一半财富成为政府的收入，这类似于对居民的征税，所以经济学家把政府通过发行货币而对人们财富的攫取部分称为通货膨胀税。实行浮动利率有助于减少通货膨胀的再分配效应。

②在企业与工人之间，通货膨胀将有利于企业而不利于工人。企业与工人间的工资关系从某种意义上说也是一种契约关系。工人为企业工作，企业支付工人工资。当发生了未预期到的通货膨胀（即比较严重的通货膨胀）以后，由于工人的工资不能迅速地根

据通货膨胀率进行调整，从而在名义工资不变或仅是略有增长的情况下使实际工资下降。实际工资的下降明显对工人不利，但有利于企业。这是因为工人实际工资的下降会使企业利润增加，而利润的增加是对企业有利的。比如，工人原来的工资够他过一种小康的生活，现在由于发生了比较严重的通货膨胀，工人工资的上涨赶不上物价的上涨，工人只能过上温饱的生活了。相反，企业的产品价格由于通货膨胀而上涨，相应增加了企业的利润。可见，通货膨胀有利于企业而不利于工人。类似的情况还有领取固定养老金的退休工人和养老基金之间，按合同内规定的固定租金获取租金收入的出租人和承租人之间，也会因通货膨胀而发生财富的再分配。把固定收入改变为浮动收入，如工资和养老金支付的指数化（即与价格指数挂钩）有助于减少通货膨胀的再分配效应。

③在政府与公众之间，通货膨胀将有利于政府而不利于公众。通货膨胀对政府与公众的不同影响体现在税收上。当发生了不可预测的通货膨胀（即比较严重的通货膨胀）以后，公众的名义工资会有所增加，随着名义工资的增加，达到纳税起征点的人数增加了，而原来已达到纳税起征点的人则进入了更高的税率等级，这样，政府的税收总额增加了；相反，随着公众纳税数额的增加，公众的实际收入在减少。因此，通货膨胀对政府有利而对公众不利。比如，某国个人所得税的纳税起征点是1 000元，某人的工资是800元，因此不用纳税。现在发生了比较严重的通货膨胀，这个人的工资涨到1 000元，进入纳税阶层，而原来已纳税的人则由于工资的上涨而进入了更高的税率等级，要交纳比原来更多的税。因此，政府的税收收入增加了。

需要注意的是，虽然从税收角度看，通货膨胀对政府有利，但通货膨胀给政府带来的负面影响远远超过政府从通货膨胀中得到的税收收入的增加，因此，世界上没有一个国家的政府喜欢通货膨胀。

（2）通货膨胀的产出效应

一般认为，从短期来看，温和的、未被预期的、需求拉动的通货膨胀能刺激产出增加，促进就业；成本推动的通货膨胀使产出减少，导致失业；恶性通货膨胀导致产出和就业下降，甚至经济崩溃。从长期来看，决定经济增长的是劳动、资本、自然资源及生产技术等实际因素，而不是价格水平，人们通过预期通货膨胀率调整各种名义变量，使各种实际变量保持不变，因此，由货币量变动引起的通货膨胀不影响产出水平。

2.通货膨胀的社会影响

通货膨胀使相当一部分人实际生活水平下降，加剧贫富差距，滋生对政府和社会的不满情绪，引起社会动荡。凯恩斯曾将通货膨胀的影响描述为：当通货膨胀来临时，货币的实际价值每月都产生巨大的波动，所有构成资本主义坚实基础的、存在于债权人和债务人之间的永恒关系，都变得混乱不堪甚至几乎完全失去意义，获得财富的途径退化到依靠赌博和运气的境地。

西方经济学家认为，通货膨胀给经济造成的影响本身并不严重，真正的严重性在于收入和财富再分配所导致的政治后果。特别是在恶性通货膨胀条件下，利益再分配引起社会各阶层的冲突和对立，经济停滞和混乱造成社会不安和动乱。

总之，通货膨胀有利有弊，其影响具有具体性和复杂性。从第二次世界大战后各国的情况来看，通货膨胀的弊大于利，借助于通货膨胀来发展经济决非上策。

四、通货膨胀的治理对策

严重的通货膨胀不利于经济发展和社会安定，治理通货膨胀、稳定物价是各国政府的重要任务。通货膨胀产生的原因不同，相应的治理对策也不相同。

1.控制货币供应量

货币供应量过多是引发通货膨胀最直接的原因。控制货币供应量，使货币的供应量与需求量相适应，可有效地抑制通货膨胀。主要手段有控制货币的发行量，采取紧缩性货币政策，提高法定存款准备金率和再贴现率，央行在公开市场上出售各种政府债券等。

2.抑制总需求

对于需求拉动的通货膨胀，抑制总需求是关键，通常采取紧缩性的财政政策与货币政策。采取紧缩性的财政政策，即减少财政支出与增加税收，通过削减政府预算与财政赤字，压缩政府购买，减少政府对商品和劳务的需求；通过减少政府转移支付，降低社会福利费用，减少居民可支配收入，抑制消费需求；通过增加税收，抑制厂商的投资需求和居民的消费需求。采取紧缩性的货币政策，即通过减少货币供应量，提高利率，抑制消费和投资需求。

3.增加总供给

增加总供给，特别是有效供给，是治理通货膨胀的根本之策。增加总供给的具体措施主要有：①采取扩张性的财政政策和货币政策，通过降低税率及利率等刺激厂商增加总供给；②改善产业结构，通过减免税收、给予财政补贴或提供低息甚至无息贷款等，支持短缺商品的生产；③鼓励技术创新，以提高资源利用率，降低成本；④减少或取消管制，鼓励竞争，增加有效供给。

4.指数化政策

微课 9-4

通货膨胀的影响与治理

指数化政策是指对交易中因通货膨胀而利益受到损失的一方给予一定补偿的政策，具体做法是定期按通货膨胀率来调整有关的名义变量值，以使其实际水平保持不变。指数化政策主要包括工资指数化和税收指数化等措施。

此外，对于成本推动的通货膨胀，还可采取对货币工资和价格管制的收入政策，如冻结工资和物价、规定工资和物价增长率标准、执行工资-价格指导线等，这些举措一般只在战争和严重自然灾害的特殊时期采用。

【拓展阅读 9-5】

我国的通货膨胀及治理对策

1.我国通货膨胀概况。社会总需求增长过快（特别是投资需求过度膨胀）历来是我国通货膨胀的重要原因。如在通货膨胀严重的1985—1988年，全国固定资产投资增长率分别为38.7%、18.7%、16.1%、18.5%，大大超过同期社会总产值、国民收入以及财政收入的增长。同期，通货膨胀率分别达到8.8%、6.0%、7.3%、18.5%，1988年12月更是高达26.7%，创下新中国成立以来最高纪录，结果导致1989—1991年长达三年的治理整顿。1992 年我国经济步入新的发展阶段，但下半年开始了开发区热和房地产热，到 1993 年更进一步发展为投资膨胀，投资膨胀的结果是推动投资品价格的大幅度上涨，结果又导致新一轮的通货膨胀。经过宏观调控，1996 年国民经济才成功实现软着陆。2003 年下半年以来我国又出现了局部的经济过热，部分地区和行业投资增长过快，物价上升的压力开始显现。党中央和国务院及时做出正确的判断，采取果断有力的宏观调控措施，取得了明显的成效，2006 年我国居民消费价格仅比上年上涨 1.5%。尽管如此，对通货膨胀还是不能掉以轻心。

2. 我国通货膨胀的治理。

① 运用适度从紧的财政政策。现行体制下，地方政府和国有企业在投资中占主导地位，而一些可盈利的行业又不准民间资本进入。一旦经济发展预期看好，一方面，地方政府为了追求本地区经济的高速增长，国有企业为了提高经营业绩，都会出现投资扩张的冲动；另一方面，现有投资体制对地方政府和国有企业两类主要投资主体都未能形成有效的约束，这种扩张冲动所引起的经济过热往往是造成我国社会总供求失衡的原因所在。因此，当经济出现过热苗头时，不能再用扩张性的财政政策去刺激，以免引起通货膨胀。此时，政府应采取适度从紧的财政政策，适当削减支出，减少政府公共工程支出和政府购买，减少不必要的转移支付，同时，可考虑鼓励民间资本适度进入公共领域。

② 运用适度从紧的货币政策。我国的通货膨胀，往往与货币信贷的过量发放有关。因此，为防止通货膨胀，应考虑实行适度从紧的货币政策。商业银行应严格控制信贷资金的发放。中央银行可考虑提高法定存款准备金率，并实行差别准备金率，提高再贴现和再贷款利率，以缓解货币供应和贷款的过快增长，并回笼过多的货币。由于我国货币政策比较缺乏独立性、操作空间太小、所用工具太少，因此，必须和财政政策等其他政策工具配合使用。特别需要注意的是，在运用财政政策和货币政策抑制通货膨胀时，一定要从实际出发，重点控制不合理的投资需求和消费需求，要“有保有压”，而不应该搞“一刀切”。

③ 深化体制改革。造成我国投资需求膨胀的深层次原因在于地方政府存在追求本地经济高速增长的倾向和现有投资体制的不合理。因此，一方面，地方政府必须改变传统的发展观和政绩观，不片面追求经济的高增长，不“唯 GDP 论英雄”；另一方面，必须加快投资体制改革，要充分发挥市场配置资源的基础性作用，实行政企分开，减少行政干预。确立企业在投资活动中的主体地位，自主投资，自负盈亏。合理界定政府投资职能，通过制定发展规划、产业政策，运用经济和法律手段引导社会投资。

④ 加快经济结构的调整。长期以来，我国的经济结构处于失衡状态，过多地发展重工业和加工工业，而忽视基础产业的发展，形成经济发展中的“瓶颈”，特别是农业和交通、能源、原材料等基础产业部门的发展严重滞后。农业发展的缓慢，导致农产品供求矛盾日益尖锐，引起农产品价格上涨；而交通、能源、原材料等基础产业部门的发展滞后，则引起基础工业产品价格的上涨。这种经济结构的严重失衡是导致我国通货膨胀具有结构性特点的重要原因。由于通货膨胀中的经济结构失衡，治理通货膨胀有赖于经济结构的调整。因此，必须针对我国经济结构中农业和交通、能源、原材料等基础产业部门发展滞后的现状，加快这些部门的发展。政府可以借助产业政策和有关的财政金融配套措施促进这个进程。

五、失业与通货膨胀的关系

失业与通货膨胀是困扰各国政府的两大经济难题，经济学家通过研究两者之间的关系得出了不同的结论。在经济发展的不同时期，经济学家的研究结论不同。这表明失业与通货膨胀之间的关系具有复杂性，经济理论在实践中得以不断发展。

1.凯恩斯的观点：失业与通货膨胀不会并存

凯恩斯认为，在未充分就业的情况下，总需求的增加只会使国民收入增加，而不会引起物价上升，即不会发生通货膨胀；在充分就业的情况下，总需求的增加无法使国民收入增加，而只会引起物价上升，即发生需求拉动的通货膨胀。这就是说，失业与通货膨胀不会同时存在。

凯恩斯对失业与通货膨胀关系的这种论述，适用于20世纪30年代经济大萧条时期的情况，但不符合第二次世界大战后各国的实际情况。

2.菲利普斯的观点：失业与通货膨胀交替变化

1958年，伦敦经济学院教授菲利普斯发表其成名作《1861—1957年英国的失业和货币工资变动率之间的关系》。该论文分析了英国1861—1957年的统计资料，其研究显示，失业率低的年份往往货币工资增长率高，而失业率高的年份往往货币工资增长率低，由此推导出著名的菲利普斯曲线（Phillips curve，PC）。菲利普斯曲线是指失业率与通货膨胀率之间存在负相关或交替关系。

菲利普斯曲线表明，在经济繁荣阶段，失业率低，而工资与物价水平高，通货膨胀率高；在经济萧条阶段，失业率高，而工资与物价水平低，通货膨胀率低。失业率与通货膨胀率呈反向变动的原因是：在经济繁荣阶段，厂商用工需求旺盛，失业率低，厂商间因用工竞争激烈而推动工资走高，通货膨胀率相应上升；在经济萧条阶段，厂商用工需求减少，失业率高，工人间因就业竞争激烈而推动工资走低，通货膨胀率相应降低。如图9-1所示，横轴表示失业率，纵轴表示通货膨胀率，PC表示菲利普斯曲线，它是一条向右下方倾斜的曲线。

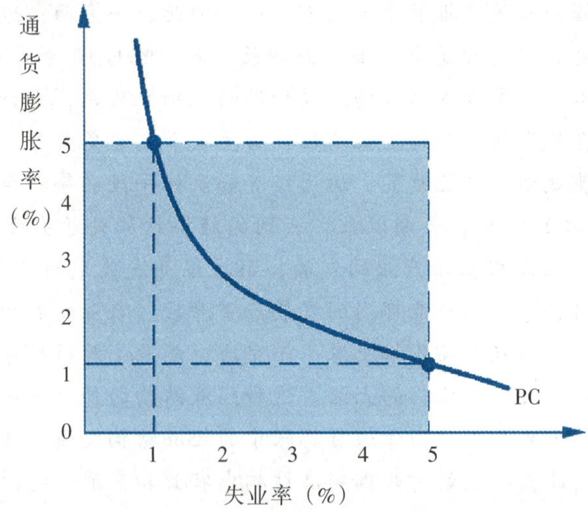

图9-1　菲利普斯曲线及其政策含义

失业率与通货膨胀率交替变化的关系意味着政策选择的两难性，即选择低失业率的政策目标要付出高通胀的代价，而选择低通胀的政策目标则要付出高失业率的代价。一般认为，图9-1所示阴影部分表示社会可接受的安全区域，临界点为（5%，5%）。临界点值因各国实际情况不同而异，如经济学家厉以宁提出现阶段我国宏观调控的临界点应定为（4%，4%）。当菲利普斯曲线处于安全区域时，政府无须干预；当菲利普斯曲线超出安全区域时，政府必须干预；当菲利普斯曲线向右上方平移，远离安全区域时，政府必须加大干预力度。

菲利普斯曲线所反映的失业与通货膨胀之间交替变化的关系基本符合20世纪五六十年代西方国家的实际情况。20世纪70年代末期滞胀的出现，使失业与通货膨胀之间的关系有了新的解释。

3.弗里德曼的观点：在长期内通货膨胀与失业不存在交替变化关系

弗里德曼提出了短期菲利普斯曲线（short-term Phillips curve，SPC）和长期菲利普斯曲线（long-term Phillips curve，LPC）的概念。在短期内，工人来不及调整通货膨胀预期，由于工资是按预期通货膨胀率制定的，因此当实际通货膨胀率高于预期通货膨胀率时，工人的实际工资会降低，从而使厂商利润增加，刺激投资，增加就业。因此，菲利普斯曲线在短期内是可能存在的，政府运用扩张性政策可以减少失业，即宏观经济政策短期具有有效性。

短期菲利普斯曲线并不是唯一的，随着人们预期通货膨胀率的改变而发生平移。如图9-2所示：预期通货膨胀率上升，短期菲利普斯曲线向右上方平移；预期通货膨胀率下降，短期菲利普斯曲线向左下方平移。此外，直接改变企业产品的成本和利润，会使经济中的总供给曲线出现移动，也会使短期菲利普斯曲线发生平移，如产品成本增加导致总供给减少会引起滞胀，使短期菲利普斯曲线从SPC_1向右上方平移至SPC_2。

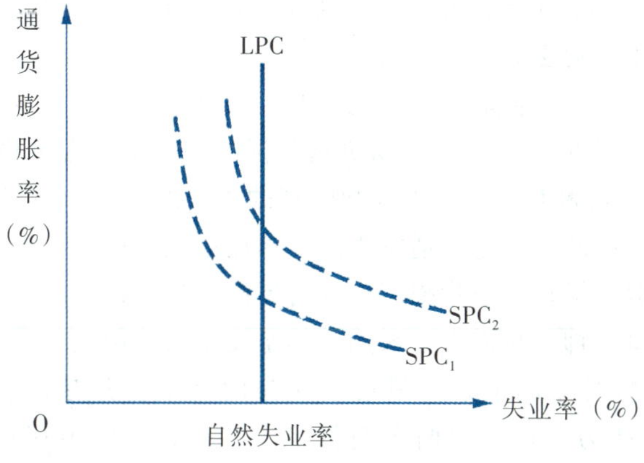

图9-2 短期和长期菲利普斯曲线

结论：短期菲利普斯曲线向右上方平移表明高通货膨胀率与高失业率并存，向左下方平移表明低通货膨胀率与低失业率并存。而同一条短期菲利普斯曲线上的不同组合点，则表明通货膨胀率与失业率之间交替变化关系。

从长期来看，工人会根据以往的实际经验不断调整自己的预期，使预期通货膨胀率与实际通货膨胀率达到一致，此时工人要求增加名义工资，而实际工资保持不变，因此通货膨胀不能减少失业。长期菲利普斯曲线是一条固定在自然失业率水平上的垂线，无论通货膨胀率怎样变动，失业率都不变，即通货膨胀率与失业率之间不存在交替变化关系，如图9-2中的LPC曲线所示。

结论：在长期内，货币政策只会影响名义变量，如物价水平和通货膨胀率等，并不会影响真实变量，如产量和就业等。扩大总需求的政策只会引起更高的通货膨胀，而失业率则保持不变。

4.理性预期学派的观点：失业与通货膨胀不存在交替变化关系

学习测试9-2

理性预期是指经济当事人为了避免损失和谋取最大利益，设法利用一切可以取得的信息，来对所关心的经济变量在未来的变动状况做出尽可能准确的预测。

以罗伯特·卢卡斯（Robert Lucas）、托马斯·萨金特（Thomas Sargent）、罗伯特·巴罗（Robert Barro）等著名经济学家为代表的理性预期学派认为，无论在长期还是短期，失业与通货膨胀之间都不存在交替变化关系。当经济政策发生改变时，人们会很快根据理性预期相应调整通货膨胀预期，使通货膨胀的预期值始终与实际值保持一致。因此，调节总需求的宏观经济政策是无效的。

【项目小结】

失业是指在法定年龄范围内具备工作能力，愿意工作但未得到就业机会，且在积极寻找工作的状态。失业率是失业人数占劳动力总数的百分比。根据失业产生的原因，通常可将失业划分为自然失业与周期性失业。对于自然失业，主要采取提供完善的就业服务、加强职业技能培训、出台调控劳动力供求量的政策等治理对策；对于周期性失业，治理对策是采用扩张性的宏观经济政策。

通货膨胀是指物价水平普遍而持续地上升。通货膨胀率是一定时期内物价指数的变动率，常用的物价指数主要有消费者物价指数（CPI）、生产者价格指数（PPI）和GDP平减指数。通货膨胀既影响经济中收入和财富的再分配，又影响经济的短期产出水平，更深刻地影响着社会的政治稳定。通货膨胀按形成原因不同，可分为需求拉动、成本推动、结构型、供求混合推动的通货膨胀。针对不同类型的通货膨胀，相应的治理对策主要有控制货币供应量、抑制总需求、增加总供给及指数化政策等。

关于失业与通货膨胀的关系：凯恩斯认为两者不会并存；菲利普斯认为两者交替变化；弗里德曼认为在短期内两者交替变化，在长期内不存在交替变化；理性预期学派则认为不存在交替变化。总之，不同的理论都有其存在的合理性及相应的政策。

【项目训练】

一、名词解释

失业 失业率 奥肯定律 通货膨胀 通货膨胀率 菲利普斯曲线

二、单选题

1.能判断某人满足失业条件的是（ ）。

A.目前没有任何工作 B.只要有就业的机会就能到岗

C.有工作的意愿 D.以上各项都正确

2.（ ）不属于失业者。

A.兼职人员

B.对薪水不满意而待业在家的大学毕业生

C.季节工

D.辞职后正在找新工作的人

3.菲利普斯曲线的基本含义是（ ）。

A.失业率和通货膨胀率同时上升 B.失业率和通货膨胀率同时下降

C.失业率上升，通货膨胀率下降 D.失业率的变动与通货膨胀率的变动无关

4.一般来说，菲利普斯曲线是一条（ ）。

A.向右上方倾斜的曲线 B.向右下方倾斜的曲线

C.水平线 D.垂线

5.对付需求拉动的通货膨胀的方法是（ ）。

A.人力政策 B.收入政策

C.财政政策和货币政策 D.节约能源政策

6.通货膨胀的实质是（ ）。

A.货币发行量超过了流通中商品的价值量

B.货币发行量过多引起物价水平的普遍持续上涨

C.货币发行量超过了流通中的货币量

D.以上各项都不正确

7.1921年，一名德国女子用马克纸币代替木柴，投入火炉中烧火取暖，因为这样比拿着马克去买木柴更划算一些。该通货膨胀属于（ ）。

A.爬行通货膨胀 B.温和通货膨胀

C.奔腾通货膨胀 D.恶性通货膨胀

8.垄断企业和寡头企业利用市场势力牟取过高利润所导致的通货膨胀，属于（ ）。

A.成本推动型通货膨胀 B.需求拉动型通货膨胀

C.结构型通货膨胀 D.输入型通货膨胀

三、多选题

1.从市场机制作用来看，通货膨胀可分为（ ）。

A.预期的通货膨胀 B.非预期的通货膨胀
C.放开的通货膨胀 D.抑制的通货膨胀
E.混合的通货膨胀

2.通货膨胀的不利影响体现在（　　）。

A.对储蓄者不利，各种形式的储蓄、存款的实际价值下降
B.对靠固定货币收入维持生活的人不利，工资实际下降
C.对债权人不利
D.对债务人不利

四、判断题

1.因不满工资待遇而不愿就业属于自愿失业。

2.某人在失业以后因就业信息闭塞而暂时找不到工作，这种失业是自愿失业。

3.物价上涨就是通货膨胀。

4.失业率是失业人口与总人口的比值。

5.充分就业就是实现人人都有工作。

6.物价上升就是通货膨胀。

7.结构性失业是由于正常的劳动力周转所造成的。

8.根据奥肯定律，失业率每高于自然失业率1个百分点，实际GDP将低于潜在GDP 2.5个百分点。

9.总体物价水平持续下跌的现象是通货紧缩。

10.抑制需求拉动型通货膨胀，政府应该减税。

五、综合实践

（一）分析讨论题

1.引起通货膨胀的原因主要有哪些?

2.失业的类型主要有哪些?

3.阐述奥肯定律的含义。

4.阐述菲利普斯曲线的含义。

（二）社会实践

同学们到近期召开的人才招聘会进行社会调查。了解一下近期企事业单位的用人需求及近期的热门岗位等信息，对你所读的专业就业现状及前景展开调研，并撰写成一篇调查分析报告。

项目十 认识国家调控政策

学习目标

知识目标：

•理解宏观经济政策的概念及目标；

•掌握财政政策和货币政策的基本内容及运用策略。

能力目标：

•能够正确解读现实中的各种宏观经济政策；

•能够分析各种宏观经济政策对经济的影响。

素质目标：

•增强学生对宏观经济政策理论与实践的理解，引导学生了解新时代我国宏观调控体系的变化；

•帮助学生树立正确的大局观。

知识结构：

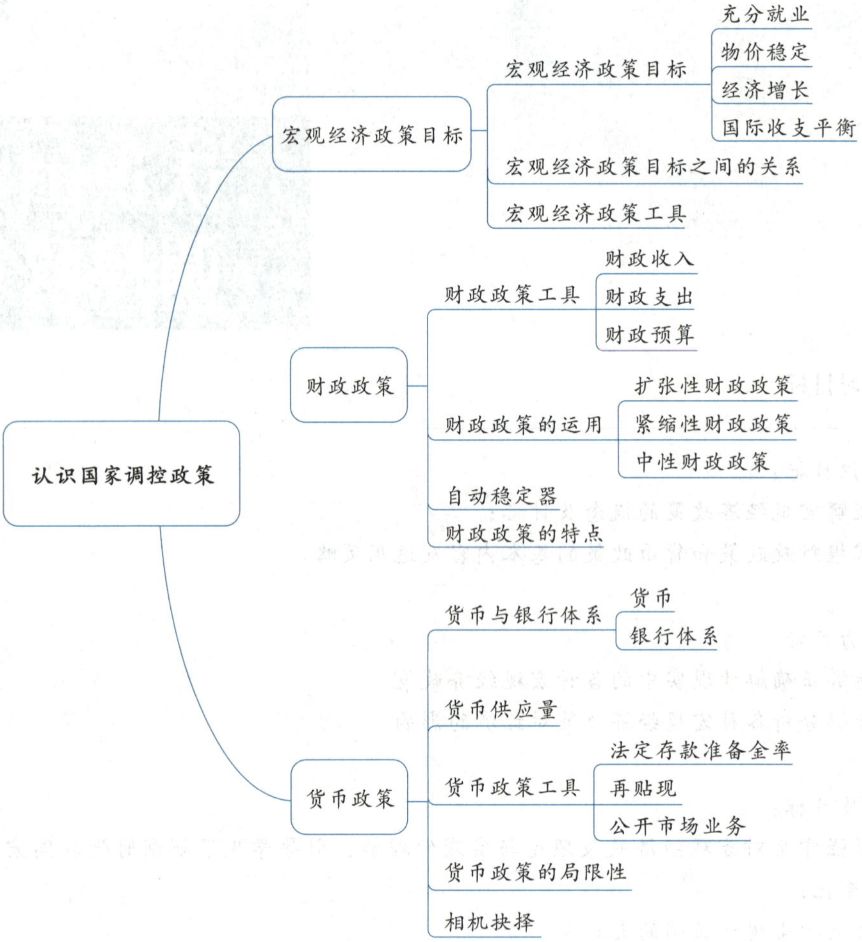

引入案例

2023年中国的宏观经济政策着力点

面对风高浪急的国际环境和艰巨繁重的国内改革发展稳定任务，我国经济社会发展大局保持稳定。当前，我国经济运行仍面临不少风险挑战，经济恢复基础尚不牢固，经济社会风险点增多。不久前召开的中央经济工作会议提出，2023年要推动经济运行整体好转，实现质的有效提升和量的合理增长，为全面建设社会主义现代化国家开好局起好步。

1. 财政政策适度扩张，赤字率或升至3%水平

2023年，稳增长的必要性进一步凸显。中央经济工作会议明确提出，突出做好稳增长、稳就业、稳物价工作。为此，宏观政策将加大调控力度，尤其是积极的财政政策有望适度扩张。在财政政策“加力提效”的总基调以及中央经济工作会议提到“保持必要的财政支出强度”的要求下，2023年财政赤字率有望小幅提升至3%的水平。一方面，适度扩张的财政支出强度可以有力支持产业、科技、社会政策，并支撑加大中央对

地方的转移支付力度以及做好基层“三保”的工作。另一方面，参考2018年中央经济工作会议在提出“加力提效”的部署后，2019年财政赤字率较2018年小幅提升0.2个百分点，因此2023年财政赤字率有望在2022年2.8%水平的基础上有所提升。与此同时，2023年财政政策还需兼顾好财政可持续发展以及地方政府债务风险可控。在新的一年，财政政策有望继续通过“准财政”工具等方式配合小幅提升的财政赤字率实现整体的财政适度扩张。

2. 货币政策仍将偏宽松，实体经济融资成本下降

展望2023年，随着经济逐渐企稳回升，以及中央经济工作会议提出“保持广义货币供应量和社会融资规模增速同名义经济增速基本匹配”的要求，在2022年较为宽松的流动性或逐步收敛，但仍将维持较充裕的流动性，从而继续支持经济恢复。

支持实体经济仍是2023年货币政策的重点工作。在当前有效需求不足的情况下，新的一年货币政策仍有必要进一步推动金融机构降低实际贷款利率，降低企业综合融资和个人消费信贷成本。因此，2023年降准、降息的窗口仍可能开启。在“精准有力”的政策部署下，结构性货币政策工具将发挥更大作用。人民银行可以通过加大再贷款、再贴现、贷款支持工具等结构性货币政策工具的力度来支持重点领域。尤其是针对小微企业、科技创新、绿色发展等领域的专项再贷款工具有望扩容，配合财政政策与产业政策支持经济高质量发展。

3. 财政货币政策加大联动

中央经济工作会议要求，加强各类政策协调配合，形成共促高质量发展合力。作为两大宏观经济调控政策，财政、货币政策将在2023年加强协调已成共识。在2022年发挥积极效用的政策性开发性金融工具有望在2023年进一步扩容。

在2022年，政策性开发性金融工具积极发挥“准财政”作用，配合专项债资金，重点补充重大项目资本金，有力支撑了2022年的基建投资增速。考虑到新的一年稳投资仍是扩大有效需求的重点方向，适当扩容政策性开发性金融工具来推动基建持续发力的必要性较强。同时，2023年积极的财政政策发力受到财政可持续以及地方债务风险约束，需要“准财政”工具予以配合财政政策扩张。此外，财政与货币政策的协调配合还将在财政贴息工具上有所体现。在新的一年里，财政贴息工具有望在支持范围上持续扩容，配合结构性货币政策工具为更多重要领域提供低成本资金。

资料来源：佚名. 2023年宏观政策十大看点来了［EB/OL］.［2023-01-03］. https://baijiahao.baidu.com/s?id=1753955971393119818&wfr=spider&for=pc.

【思考与实践10-1】

推荐以“政府工作报告”为关键词利用互联网搜索引擎搜索并阅读2023年和其他年度《政府工作报告》，看看各年宏观经济政策有何变化。

任务一　认识宏观经济政策目标

市场机制是不完善的。自市场经济产生以来，各国的经济就在繁荣与萧条中交替发

展。单纯依赖市场机制的自发调节，无法克服经济危机、失业与通货膨胀等问题，难以实现经济的平稳增长。政府有能力调节经济，纠正市场机制的缺陷，而宏观经济政策理论为政府干预经济提供了理论依据和决策指导。

宏观经济政策是指一国政府为了实现经济总体目标而制定的解决经济问题的指导原则和措施。宏观经济调控则是国家运用一定的宏观经济政策对各种宏观经济总量的变动进行调节和控制，使之达到总体经济目标要求。

一、宏观经济政策目标

一般认为，宏观经济政策应该同时达到如下四个目标：

1.充分就业

充分就业是宏观经济政策的首要目标。就业是民生之本，是民众维持生存和改善生活的基本前提与保障。充分就业是指包括劳动在内的各种生产要素都按其所有者愿意接受的价格全部被用于生产的一种经济状态。充分就业并不是指人人都有工作，而是维持一定的失业率，这个失业率要控制在大众所能接受的范围之内，一般为5%左右。较高的失业率不仅会造成社会资源的极大浪费，而且容易导致社会动乱和政治危机，因此各国政府一般都将充分就业作为优先考虑的政策目标。

需要注意的是，在经济学中，充分就业不仅指劳动这一生产要素的充分利用，还泛指全社会经济资源的充分利用。

2.物价稳定

在现实生活中，物价水平往往会受货币供应量、总需求、总供给、成本、预期等多种因素的影响而呈上升趋势。物价稳定不是指每种商品的价格或价格总水平保持固定不变，而是指价格总水平相对稳定，维持一个较低而稳定的通货膨胀率，一般为年通货膨胀率在3%以下。这种通货膨胀率既能为社会所接受，又不会对经济产生不利影响。在市场经济中，价格的波动是价格调节经济的具体形式，但价格的大起大落对经济十分不利。如物价大幅上升，会刺激盲目投资，导致重复建设、片面追求数量扩张、产能过剩、经济效益下降；而物价大幅下降，则会抑制投资，导致生产下降、物资短缺、失业率上升。因此，保持物价稳定是经济平稳运行的基本条件。

3.经济增长

经济增长是指一国实际国内生产总值或人均国内生产总值的持续增加，通常用实际国内生产总值增长率来衡量。经济增长是经济和社会发展的基础，是提高国民生活水平的重要条件。促进经济持续稳定增长，是政府宏观调控的重要目标。经济增长速度并不是越高越好，过高的经济增速不仅会付出高昂的环境和社会代价，也会因受资源及技术的约束而不可持续。一般而言，经济处于较低发展阶段的国家，经济增速较高；经济处于较高发展阶段的国家，经济增速较低。因此，经济增长目标应该是实现与本国国情相符的适度增长。

4.国际收支平衡

国际收支是在一定时期（通常为一年）内一国居民与世界其他国家居民之间全部经济交易的系统记录。国际收支平衡是指既无国际收支盈余，也无国际收支赤字的状态。

由于国际收支总差额意味着官方储备的增减，因而可以看作与货币供求相联系的一种货币现象，是一国货币供给的自动调节机制。根据货币供给量的变动，国际收支总差额又会进一步对其他宏观经济变量如汇率、利率、私人资本的流动、国内投资、生产以及进出口等产生重要的影响。国际收支平衡要求一国汇率基本保持稳定，同时进出口大致平衡、略有顺差或逆差。国际收支严重失衡会对一国经济发展产生不利影响，如过度的国际收支盈余易造成资源闲置，引发国际贸易摩擦；而过高的国际收支赤字，会给一国带来沉重的债务负担等。

应该说，四大目标在总体上是一致的，是经济持续稳定增长所必需的，但是以上四种宏观经济政策目标之间也存在矛盾。一是充分就业与物价稳定是矛盾的，根据短期菲利普斯曲线，失业与通货膨胀之间存在交替关系。二是充分就业与经济增长有一致的一面，也有矛盾的一面。经济增长一方面会提供更多的就业机会，有利于充分就业；另一方面经济增长中的技术进步又会引起资本对劳动的替代，相对地减少生产对劳动的需求，使部分工人，尤其是文化技术水平比较低的工人失业。三是充分就业与国际收支平衡之间也有矛盾。因为实现充分就业会引起国内生产总值增加，而在边际进口倾向既定的情况下，国内生产总值增加会引起进口增加，使国际收支状况恶化。四是在物价稳定与经济增长之间也存在矛盾。因为在经济增长过程中，通货膨胀是难以避免的。

【拓展阅读10-1】

2023年中国宏观经济政策目标

2023年《政府工作报告》提出，2023年我国经济社会发展的主要预期目标是：国内生产总值增长5%左右；城镇新增就业1 200万人左右，城镇调查失业率5.5%左右；居民消费价格涨幅3%左右；国际收支基本平衡，进出口促稳提质；居民收入增长与经济增长同步；粮食产量保持在1.3万亿斤以上；单位国内生产总值能耗和主要污染物排放量继续下降，重点控制化石能源消费，生态环境质量稳定改善。

二、宏观经济政策目标之间的关系

总体上说，宏观经济政策目标之间既相互统一又存在矛盾。从根本上说，各个目标之间是统一的，相互促进的。充分就业会促进经济增长；物价稳定是经济增长的根本；国际收支平衡有利于一国的物价稳定，有利于该国实现充分就业与经济增长。但各目标之间又常相互矛盾，具体表现在以下几个方面：

1.充分就业与价格水平稳定间的矛盾

一般来说，要实现充分就业，就要采取扩张的财政政策或货币政策，而这些政策的运用会增加财政赤字与货币供给量，从而会引起通货膨胀，二者常常不可兼得。

2.充分就业与经济增长间的矛盾

经济增长能带动就业水平的提高，但经济增长中的技术进步会导致部分低技能工人失业。

3.充分就业与国际收支平衡间的矛盾

实现了充分就业会带来国民收入的上升，在其他条件不变的情况下，会引起进口增加，使得国际收支不平衡。

4.价格水平稳定与经济增长间的矛盾

在经济增长进程中，尤其是在经济过热时，价格水平会有较大变动。

微课10-1

认识宏观经济政策目标

5.经济增长与国际收支平衡间的矛盾

经济增长常常伴随着大量商品的进口，而短期内出口不可能迅速增加，因此这常常会导致国际收支的不平衡。

正是由于各个目标之间存在着一些矛盾，各国政府常常面临两难的境地，因此在制定政策时，需要对各个目标之间进行协调。

三、宏观经济政策工具

宏观经济政策工具是为达到政策目标所采用的手段。政策工具有很多种，且各具特色，但往往都能达到相同的政策目标，可以有选择地运用。常用的宏观经济政策工具有需求管理、供给管理和对外经济管理等。

1.需求管理

需求管理是指通过调节总需求来达到一定政策目标的宏观经济政策工具。需求管理包括财政政策和货币政策。

凯恩斯主义理论认为，短期内在总供给既定的条件下，决定就业和物价的关键是总需求。需求管理通过调节总需求，实现总需求等于总供给，达到充分就业和稳定物价的目标。当总需求小于总供给时，整个经济会因需求不足而产生失业，政府应采取扩张性政策工具，刺激总需求增长，实现充分就业；当总需求大于总供给时，整个经济会因需求过度而出现通货膨胀，政府应采取紧缩性政策工具，抑制总需求，消除通货膨胀。

2.供给管理

供给管理是要通过对总供给的调节，以实现一定的政策目标的宏观经济政策工具。供给即生产，在短期内影响供给的主要因素是生产成本，特别是生产成本中的工资成本。在长期内影响供给的主要因素是生产力，即经济潜力的增长。因此，供给管理包括控制工资与物价的收入、指数化政策，改善劳动力市场状况的人力政策，以及促进经济增长的增长政策。

学习测试10-1

3.对外经济管理

对外经济管理是要通过对国际贸易、国际资本流动、劳务的国家输出和输入等的管理和调节，实现国际收支平衡的目标。对外经济管理政策主要包括对外贸易政策、汇率政策、对外投资政策和国际经济关系协调政策等。

任务二　理解宏观调控政策——财政政策

财政政策是一国政府为实现预期的经济社会发展目标，运用财政收入和财政支出来调节经济的政策。财政政策是政府干预经济的主要政策之一，制定和实施财政政策的过程也是国家进行宏观调控的过程。

一、财政政策工具

财政政策工具也称财政政策手段，是指政府为实现一定的政策目标而采取的各种财政手段和措施。财政政策工具包括财政收入、财政支出及财政预算。

1.财政收入

财政收入是指政府为履行其职能、实施公共政策和提供公共物品与服务而筹集的一切资金的总和。财政收入表现为政府部门在一定时期（一般为一个财政年度）内所取得的货币收入，是衡量一国政府财力的重要指标。财政收入主要包括税收和公债。

（1）税收

税收是政府为实现其职能，凭借其政治权力并按照法定标准，强制、无偿取得的财政收入。税收是政府组织财政收入的基本手段，是政府财政收入中最主要的组成部分，是调节经济的重要杠杆。凯恩斯主义理论认为，减税会刺激消费与投资，从而刺激总需求，而增税则会抑制总需求；供给学派认为，减税会刺激储蓄与个人工作积极性，从而刺激总供给，而增税则会抑制总供给。

税收促进财政目标实现的方式是灵活运用各种税制要素，主要表现为：适当设置税种和税目，形成合理的税收体系，从而确定税收调节的范围和层次，使各税种相互配合；确定起征点和税率，明确税收调节的数量界限；规定必要的税收减免和加成。因此，政府可以通过调整税率和增减税种来调节产业结构，实现资源的优化配置；可以通过累进的个人所得税、财产税等来调节个人收入和财富，实现公平分配。

【拓展阅读 10-2】

企业税费负担下降　活力不断增强

国家税务总局最新数据显示，2022年，税务部门组织税费收入31.7万亿元，为国家治理提供了坚实的财力保障。

在2022年超4.2万亿元的全国新增减税降费及退税缓税缓费中，涉及制造业近1.5万亿元，占比35%左右；餐饮、零售、文旅、交通运输等受疫情影响较重的服务业，获得支持超8 700亿元。从企业规模看，小微企业和个体工商户是受益主体，新增减税降费及退税缓税缓费约占总规模的四成；近八成个体工商户在2022年无须缴纳税款。“真金白银”有效缓解了企业经营压力，增强了市场主体活力，助力了制造业平稳运行，促进了新动能加速成长。此外，税务总局对10万户重点税源企业调查显示，2022年企业每百元营业收入税费负担下降2.7%。截至2022年末，全国涉税市场主体总量达到8 407万户，较2021年末增长6.9%。

2022年，面对复杂严峻的国内外形势和多重超预期因素冲击，我国强化宏观政策跨周期和逆周期调节，实施新的组合式税费支持政策、稳经济一揽子政策和接续措施，为助力稳住宏观经济大盘发挥了关键作用。2022年，全国新增减税降费及退税缓税缓费超4.2万亿元，这主要包括三部分：一是累计退到纳税人账户的增值税留抵退税款2.46万亿元，超过2021年全年办理留抵退税规模的3.8倍；二是新增减税降费超1万亿元，其中新增减税超8 000亿元，新增降费超2 000亿元；三是办理缓税缓费超7 500

亿元。

资料来源：佚名．聚焦2022中国经济年报：企业税费负担下降 活力不断增强［EB/OL］．［2023-02-01］．https：//new.qq.com/rain/a/20230201A07Q5G00.

（2）公债

公债是指政府凭借信用，通过发行债券或借款的方式而取得的收入，是政府财政收入的另一来源。发行公债是政府弥补财政赤字的普遍做法，比增税、增发货币等弥补赤字的方式更具优越性。公债是政府调控经济的重要政策工具，政府发行公债能扩大财政资金的来源，筹集重点建设资金，调节积累与消费比例，调节投资结构与产业结构，优化经济结构，增加财政收入和支出，刺激总需求。另外，公债是连接财政政策与货币政策最重要的纽带，是央行公开市场业务的基础。央行通过买卖公债能调节货币市场与资本市场的供求关系，影响货币供应量及市场利率水平，从而对经济产生扩张或紧缩效应。

当然，公债并非越多越好。2008年10月始于冰岛，其后蔓延至希腊、意大利、西班牙、匈牙利、葡萄牙、爱尔兰等国并在欧洲愈演愈烈的欧洲主权债务危机就是最好的证明。一般认为：政府未清偿债务总额占同年国内生产总值的比重，即公债负担率低于60%，国民经济是可以承受的；当年公债还本付息额占当年财政收入的比重，即偿债率不超过10%为正常；当年公债发行额占当年财政支出的比重，即公债依存度的国际警戒线为15%～20%。

【拓展阅读10-3】

创新国债发行模式助力乡村振兴战略

为充分发挥储蓄国债的普惠金融作用，缓解农村地区金融服务发展不平衡、不充分的问题，2018年以来，人民银行重庆营业管理部积极探索创新国债发行管理方式，送国债下乡，助力乡村振兴战略，取得较好效果。2018年上半年，重庆市农村地区发售国债6.7亿元，同比增长25.16%，较重庆市平均增速高出8.71个百分点，占重庆市发行总量的28.96%，同比上升9.26个百分点，2.13万人次购买了国债，同比增长20.56%，占重庆市购买人数的33.08%，同比上升8.36个百分点。

推行“切块+竞售”的发行模式。指导具备条件的工商银行重庆市分行、建设银行重庆市分行、重庆农村商业银行对三峡库区、武陵山区等25个远郊区县网点实行国债额度预先切块，建立T+1日保护销售机制，在确保国债销售完毕的前提下，努力满足偏远地区国债投资需求，真正实现送国债下乡。2018年上半年，重庆市共切块销售国债1.53亿元。

推动构建农村网点合作发行模式。2018年上半年，人民银行重庆营业管理部积极推动邮储银行重庆分行委托邮政公司地处三峡库区、大巴山区、武陵山区在内20个区县的578个代理网点发行储蓄国债2.29亿元，占同期邮储银行重庆分行发行总量的24.68%。

以国债下乡带动金融知识下乡。在重庆市创建9个“国债下乡示范乡镇”，26个“国债宣传服务站”，人民银行重庆营业管理部及辖内各分支机构联合承销银行、当地政府，开办32个村民理财课堂，送国债和相关金融知识进社区、进乡村、进院坝，引导农村居民树立正确的理财观念。4月9日，人民银行重庆营业管理部通过组织商业银行流动服务车下乡、制作宣传视频、编排文艺节目等形式，在38个区县1 123个乡镇承销点，集中统一开展“共享普惠金融东风·助力乡村振兴战略”主题宣传活动，引起强烈反响。

促进完善普惠金融指标。结合国债下乡，人民银行重庆营业管理部探索将人均购买国债金额、乡镇人均购买国债金额、乡镇国债发售金额比例、国债承销机构网点乡镇覆盖率等4项指标纳入《重庆市普惠金融指标体系》，督促金融机构进一步发挥国债的普惠作用，为国筹资、为民理财。

资料来源：杨洋. 创新国债发行管理方式 送国债下乡助乡村振兴见成效［EB/OL］.［2018-07-31］. http：//cq.sina.com.cn/finance/financial_info/2018-07-31/detail-ihhacrcc9885942.shtml.

（3）国有资产收益、收费收入及其他收入

政府取得财政收入的来源还有国有资产收益、收费收入及其他收入等。

国有资产收益是指政府凭借资产所有权所获得的经营利润、租金、股息、红利、资产占用费等收入的总称。

收费收入是指政府机关或事业单位在提供公共服务、实施行政管理或提供特定公共设施的使用时，向受益人收取一定费用的收入形式。收费收入包括使用费和规费。使用费是政府对公共设施的使用者按一定标准收取的费用，如对使用政府建设的高速公路、桥梁、隧道的车辆收取的使用费；规费是政府对公民个人提供特定服务或特定行政管理所收取的费用，如护照费、毕业证费、民事诉讼费、结婚登记费等。收费收入具有有偿性和不确定性的特点，是政府财政收入的辅助形式。

其他收入是指上述项目之外的收入，如捐赠收入等。

2.财政支出

财政支出是政府财政资金的分配和使用，包括政府购买和转移支付。

（1）政府购买

政府购买是指政府对商品和劳务的购买。政府购买性支出主要包括行政管理支出，国防支出，科技、教育、文化、卫生等事业支出和公共投资支出。

政府购买有商品和劳务的实际交易，直接形成社会需求和购买力，是一种实质性支出，是国民收入的一个组成部分。

（2）政府转移支付

政府转移支付是指政府单方面的、无偿的资金支付，包括社会保障和社会福利支出、政府对农业或部分企业的补贴、公债利息、上级政府对下一级政府的补助、国际援助捐赠支出等。

转移支付是一种无偿的货币性支出，是政府对现有收入的再分配，社会总收入并没有增加，但有利于实现社会公平。一般而言，由于转移支付不直接构成对商品和劳务的需求，形成的是潜在购买力，因此对总需求的影响是间接的。

3.财政预算

财政预算也称公共财政预算，是由政府编制，经立法机关审批，反映政府一个财政年度内收支状况的计划。财政预算反映政府活动的范围和方向，体现政府在特定时期所要运用的政策工具及所要实现的政策目标，具有法定性、精细性、完整性、时效性和公开性，是政府调节经济和社会发展的重要工具。

财政预算通过调整收支规模和收支差额发挥调节作用。收支规模决定政府投资和消费的规模，从而影响社会总需求和总供给；收支差额一般分为赤字预算、盈余预算和平衡预算三种情形，分别体现着扩张性财政政策、紧缩性财政政策和中性财政政策。总之，在市场经济条件下，当市场难以保持自身均衡发展时，政府可以根据经济运行状况，选择适当的预算总量或结构政策，采用预算手段调节国民收入的分配和再分配，调整经济结构，平衡社会总需求与总供给的关系，促进经济稳定增长。

【思考与实践 10-2】

查询财政收支数据和财政预算、决算

查询步骤：登录中华人民共和国财政部网站首页>政务信息>财政数据>单击所要查看项目的链接学习推荐：查询我国近五年财政收支数据，计算其差额，并分析财政收支总量及结构变化。

二、财政政策的运用

微课 10-2

财政政策工具

根据财政政策在调节国民经济总量方面的作用和影响不同，财政政策可分为扩张性财政政策、紧缩性财政政策和中性财政政策。财政政策运用的一般原则是“逆经济风向行事”，即在经济萧条时期，采用扩张性财政政策；在经济繁荣时期，采用紧缩性财政政策。

1.扩张性财政政策

扩张性财政政策也称积极的财政政策，是通过减税、扩大政府财政支出来增加总需求的政策。其具体措施为减税和扩大政府财政支出。

（1）减税

减税可增加个人可支配收入，从而促进消费增加；减税可增加企业利润，从而促进投资增加。因此，减税能刺激总需求增加。

（2）扩大政府财政支出

扩大政府财政支出的途径有增加政府购买、增加政府转移支付、实行赤字预算、发行公债等。政府购买是总需求的构成部分，增加政府购买就是增加总需求，同时还能刺激企业投资；增加政府转移支付既能促进个人消费增加，也能促进企业投资。因此，扩大政府财政支出能刺激总需求增加。

在经济萧条时期，总需求小于总供给，经济中存在大量失业，政府就要采取扩张性财政政策来刺激总需求，达到充分就业、稳定经济增长的目标。

【拓展阅读 10-4】

2023年中国财政赤字率的确定

2023年财政赤字率如何确定，将统筹考量经济增速、财政收支形势、财政政策力度和财政可持续性等因素。今年积极财政政策力度空前，担起稳经济重任。2023年财政政策又将如何抉择，在稳增长和防风险间做好平衡，备受关注。为了应对经济下行，需要加大财政刺激力度，发挥逆周期调节作用以提振经济，这在中国被称为积极财政政策。

自2008年国际金融危机后，中国一直采取积极财政政策，当然刺激力度不同，财政赤字率就是观察财政政策力度的一个重要指标，一般来说赤字率越高，赤字规模越大，这释放了明确积极信号，缓解财政收支矛盾，提振市场信心。

财政赤字率，即全国一般公共预算账本中财政赤字规模占国内生产总值的比重，在疫情暴发之前，中国官方口径的赤字率未突破3%，3%一直被当作心理上财政风险安全防线。

为应对2020年疫情冲击下经济下行财政减收的状况，积极财政政策显著加大力度，其中赤字率提高至3.7%的历史高位，2021年疫情得以控制后下调至3.2%，2022年进一步降至2.8%，重回3%以内，以增强财政可持续性。值得一提的是，2022年财政赤字率之所以能够下调，得益于动用央行等特定国有金融机构和专营机构上缴利润16 500亿元，弥补了当年财政赤字，因此实际积极力度跟2020年相当。

2023年财政赤字率如何确定，将统筹考量经济增速、财政收支形势、财政政策力度和财政可持续性等因素。从目前的市场上分析人士建言来看，多数观点预计明年赤字率将再次突破3%。

资料来源：第一财经. 2023年财政政策前瞻：赤字率将再破3%?［EB/OL］.［2022-11-27］. https://baijiahao.baidu.com/s?id=1750660098330702782&wfr=spider&for=pc.

2. 紧缩性财政政策

紧缩性财政政策是通过增税、减少政府财政支出来压缩总需求的政策。其具体措施为增税和减少政府财政支出。

（1）增税

增税会降低个人收入水平，从而减少消费；增税会降低企业利润，从而减少投资。因此，增税会抑制总需求。

（2）减少政府财政支出

减少政府财政支出的途径有减少政府购买、减少政府转移支付、实行盈余预算等。减少政府财政支出可抑制总需求。

在经济繁荣时期，总需求大于总供给，经济中存在通货膨胀，政府需采取紧缩性财政政策来抑制总需求，达到稳定物价的目标。

3. 中性财政政策

中性财政政策是指财政收支保持平衡，不对社会总需求产生扩张或紧缩影响的财政政策。中性财政政策并不意味着保守或停滞，我国所称“稳健的财政政策”即属于中性财政政策。其特点是：在总量上，财政收支基本平衡；在具体结构内容方面，则是“有松有紧”“有保有控”，如涉及诸如科技创新、教育、新能源、农业等薄弱领域，需要进一步加大投入力度，而在诸如水泥、钢铁、电解铝等行业，则需要进行控制。因此，中性财政政策注重规模与效益、速度与质量的统一，是具有可持续性的财政政策。

三、自动稳定器

自动稳定器也称内在稳定器，是指经济系统自身存在的，能减少各种因素对国民收入形成冲击的机制。这种机制能够在经济繁荣时期自动抑制总需求扩张，在经济萧条时期自动减缓总需求下降，政府无须采取任何干预措施。具有“自动稳定器”作用的财政政策，主要包括以下几种：

微课10-3

财政政策的运用

1.个人所得税的征收

在萧条时期，政府应该实行减税政策。经济萧条时期，个人收入减少了，个人所得税的征收额也就会自动减少。而在通货膨胀时期，政府应采取增税政策。经济繁荣时期，个人收入增加了，个人所得税的征收额也就会自动增加。

2.公司所得税的征收

与个人所得税征收有自动调节的作用一样，在经济萧条时期，由于公司利润减少，公司所得税的征收额会自动减少；在通货膨胀时期，由于经济繁荣，公司利润增加，公司所得税的征收额会自动增加。总之，公司所得税征收额的自动减少或增加，符合宏观财政政策的减税或增税的要求。

3.失业救济金的发放

失业救济金的发放是政府转移支付的一个项目。在经济萧条时期，政府应采取增加转移支付的政策。由于经济萧条，企业倒闭，工人失业增多，失业救济金就会自动增加，从而符合政府增加转移支付的要求。在通货膨胀时期，政府应采取减少转移支付的政策。出于经济繁荣，就业增加失业减少，随之失业救济金就会自动减少，从而符合政府减少转移支付的要求。

4.各种福利费的支出

各种福利费的支出主要是指政府对居民的各种补贴，如医疗卫生补助、教育补助、住房补助等。这些费用与经济形势有密切关系。在萧条时期，由于人们收入减少，生活困难加重，政府在这些方面的福利费用就会增加，这也就自动符合了政府应扩大支出的要求；相反，在经济繁荣时期，就业增加，人们生活有所改善，政府在这方面的支出就会自动减少，因此符合政府此时应减少支出的要求。

5.农产品价格的维持

很多国家政府为了维护农场主利益，实行农产品的维持价格政策。当农产品价格低于维持价格时，政府就按维持价格进行收购，这等于是对农场主进行农业亏损补贴。在农业危机时期，农产品严重过剩，农产品价格下降，政府的维持价格支出就会增加，因而自动符合了此时政府应增加购买支出，以扩大需求的意图。反之，在经济繁荣时期，由于价格上涨，政府的维持价格支出会自动减少，因而自动符合了此时政府应减少购买支出，以抑制总需求的目的。

财政政策的自动稳定器能自动发挥作用，调节经济，政府无须做出任何决策。它们已成为经济生活中的第一道防线，有助于减轻萧条或膨胀的程度，但不能改变萧条或膨胀的总趋势。它们对财政政策起到自动配合的作用，但不能代替财政政策。因此，仍需要政府根据经济发展的具体状况，运用财政政策来调节经济。

经济学家特别强调，财政政策的自动稳定器作用是十分有限的，它只能配合需求管理来稳定经济，而本身并不足以稳定经济。在萧条时期，它只能缓和经济衰退的程度，而不能改变经济衰退的总趋势；在通货膨胀时期，它只能抑制经济过分的高涨，缓和通货膨胀的程度，而不能改变通货膨胀的总趋势。因此，仅仅依靠某些财政政策的自动稳定器作用是不行的，政府必须采用更加有力的财政政策措施。

四、财政政策的特点

财政政策既有优点，也存在一定的局限性。

财政政策的优点主要表现为：财政政策可以直接刺激消费和投资，具有手段多、力度大和见效快的特点；在调节公平分配、调整经济结构、促进经济增长和充分就业、优化资源配置等方面，效果比较明显。

学习测试10-2

财政政策的局限性主要表现为：财政政策对经济运行发挥作用的过程主要是政府干预，因而这种调节作用容易对市场机制形成较大冲击，也难以提高资金的使用效率；财政政策的制定过程是一个经济决策和政治决策相结合的过程，政策实施起来灵活性相对较小；财政政策具有挤出效应。所谓挤出效应，是指增加政府投资对私人投资产生的替代效应，从而导致增加政府投资所增加的国民收入可能因为私人投资减少而被全部或部分抵消，如公债的发行增加了政府用以投资的财源，使国民收入增加，其实质是借用民间资金来投资，会相应减少民间用于投资和消费的资金，国民收入随之相应减少。

任务三　理解宏观调控政策——货币政策

货币政策，是指中央银行为实现既定的经济目标，运用各种工具调节货币供给和利率，进而影响宏观经济的方针和措施的总和。与财政政策一样，货币政策也是国家干预经济的重要政策，是需求管理的重要工具。

一、货币与银行体系

学习货币政策，有必要了解相关的基础知识。

1.货币

货币是人们普遍接受的充当交换媒介的特殊商品，是经济中人们经常用于向其他人购买商品和劳务的资产。

（1）货币的职能

在市场经济中，货币执行着计价单位、交换媒介、支付手段、价值储藏手段等多种职能。

①计价单位

计价单位是人们用来表示价格和记录债务的标准。货币是以一定的计量单位来衡量其他一切商品价值大小的尺度。如美国的货币计量单位为美元，欧洲大部分国家的货币计量单位为欧元，中国的人民币计量单位为“圆”（简化为“元”）。当你在商店购物或在理发店理发时，会看到每件商品或每项劳务都有价格标签，这正是货币在执行计价单位的职能。

②交换媒介

货币是商品交换的媒介，即买者需要用货币来交换所需商品。当买者在商场购买一双鞋时，这双鞋之所以能从卖者转移到买者那里并最终实现交易，是因为买者支付了等值的货币。当买者走进商场时，确信商场会为它出售的商品而接受他的货币，因为货币是人们普遍接受的交换媒介。

③支付手段

支付手段是随着商品交换过程中赊账买卖的出现而产生的。在商品赊销的情形下，货币不是直接作为商品交换的媒介，因为商品的买卖已经在没有交付货币的情况下完成了，支付货币只是为了偿还买者对卖者的欠账。货币的支付手段这一职能，促进了商品流通和生产发展，方便了人们的生活。但商品转移和货币交付在时间上的分离，容易形成错综复杂的债权债务关系。随着商品经济的发展，货币的支付手段职能逐渐超出商品交换的范围，如私人用货币缴纳税款、捐款，政府用货币向私人支付财政补贴等。这类货币支付都与商品交换无关，体现着货币的支付职能。因此，货币在实际价值单方面转移时就执行支付手段职能。

④价值储藏手段

货币是一种价值储藏手段，因为它可以保存并在以后用于交换商品和劳务。货币不是经济中唯一的价值储藏手段，住房、汽车、艺术品、股票、债券等都具有价值储藏职能。货币是最具流动性的资产，流动性是指一种资产兑换为经济中交换媒介的容易程度。币值越稳定，货币的价值储藏效果越好。当出现通货膨胀时，货币的购买力缩水，储藏价值蒸发。可以说，没有完全稳定的价值储藏手段。随着时间的推移，住房、汽车、艺术品、股票、债券等的价值会出现波动。

货币的多种职能之间存在着密切关系。计价单位和交换媒介是货币的两种基本职能，其他职能是在这两种职能的基础上逐步发展起来的。正是由于货币能执行交换媒介和支付手段职能，人们才愿意保存货币，从而使货币有价值储藏职能；而如果货币不具有价值储藏职能，它就不可以作为支付手段；同时，货币的价值储藏职能又提供了潜在的交换媒介和支付手段职能。

（2）现代货币的分类

现代货币包括以下几种具体形式。

①现金

现金是通用的交换媒介，包括纸币与铸币。其中：纸币称为法币，是政府强制流通的法定货币；铸币称为硬币，是币值微小的辅币，一般用金属铸造。

②存款货币

存款货币是指可以随时提取现金的商业银行的活期存款。活期存款可以随时转换为现金，也可以通过支票在市场上流通。存款货币和通货一样，流动性极强。存款货币的出现，将货币由有形货币扩展到无形货币，扩展了货币的概念。

③准货币

准货币又称亚货币或近似货币，是指能够执行价值储藏职能，并且易于转换成货币，但本身还不是货币的资产，包括商业银行的定期存款和其他储蓄机构的储蓄存款、股票、债券等金融资产。

④货币替代物

货币替代物是指能够暂时执行交换媒介职能，但不能执行价值储藏职能的金融工具，如信用卡。

2.银行体系

银行是依法成立的经营货币信贷业务的金融机构。当今各国都形成了一个规模庞大、分工明确的金融体系，大致由中央银行、商业银行、专业银行及非银行金融机构组成。其中，发挥主要作用的是中央银行和商业银行。

（1）中央银行

中央银行是一个国家金融体系的核心，是最高的金融管理机构。它统筹管理整个国家的金融活动，实施货币政策以影响经济。我国的中央银行是中国人民银行。一般认为，中央银行具有三种职能：①发行货币。中央银行代表国家发行本位币，独占货币发行权。②管理银行。中央银行集中保管存款准备金，办理全国商业银行间的清算，充当最终贷款者。③代理中央政府金融业务。代理国库，提供政府所需贷款，监督管理国内金融活动，实施货币政策，管理对外金融事务。因此，中央银行担负着调控国家宏观经济、管理金融行业和服务政府及金融机构的职责。

（2）商业银行

商业银行是指能够吸收公众存款、发放贷款、办理结算等的营利性金融机构。我国的商业银行主要有国有商业银行、股份制商业银行、城市商业银行、农村商业银行、中外合资银行等，如中国工商银行、中国农业银行、中国银行、中国建设银行、交通银行等是国有商业银行，上海浦东发展银行、招商银行、中信银行、中国光大银行、华夏银行、中国民生银行、广发银行、兴业银行、平安银行、恒丰银行、浙商银行、渤海银行等是股份制商业银行。

商业银行在一国经济中扮演着重要角色，其主要职能如下：

①信用中介

信用中介是商业银行最基本的职能。商业银行通过吸收存款动员和集中社会上的一切闲散货币资金，再通过贷款出借给资金需求者，从而成为货币资金的贷出者与借入者之间的中介机构。在这一过程中，私人的储蓄转化为厂商的投资，而银行则从存贷利差中获取收益。商业银行作为信用中介，克服了直接借贷在资本数量、借贷时间、空间、期限上难以协调，缺乏资信等种种局限，通过对货币资本进行再分配并充分有效地运用，加速了资本周转，促进了生产扩大。

②支付中介

商业银行除了作为信用中介融通货币资本以外，还执行着货币经营的职能。通过存款在账户上的转移代理客户支付、为客户兑付现款等，商业银行成为工商企业、团体和个人的货币保管者、出纳者和支付代理机构。

③信用创造

信用创造职能是在信用中介职能和支付中介职能的基础上产生的。信用创造也称货币创造，是指商业银行通过吸收活期存款、发放或收回贷款，实现社会货币供给的扩张或收缩。商业银行是各种金融机构中唯一能吸收活期存款、发放贷款、开设支票存款账户的机构。在支票流通和转账结算的基础上，贷款不断派生为活期存款，因为不提现或不完全提现，所以增加了商业银行的资金来源，最后在整个银行体系形成数倍于原始存款的派生存款，产生货币乘数效应。商业银行以自己的信贷活动创造和收缩活期存款。贷款派生存款，如果没有足够的贷款需求，存款贷不出去，就谈不上创造；相反，如果企业归还贷款，派生存款就会相应收缩。

中央银行发行的货币称为基础货币，也称高能货币，由银行体系的法定准备金、超额准备金、库存现金和银行体系之外的社会公众所持现金构成。基础货币通过商业银行系统的货币创造，实现货币供给的扩张与收缩。商业银行的货币创造能力与原始存款成正比，与法定存款准备金率成反比。

（3）专业银行

专业银行是指具有特定经营范围和提供专门性金融服务的银行，如融资性专业银行、投资性专业银行、政策性专业银行等。这类银行一般具有特定的客户。1994年，我国组建了三家政策性银行，即国家开发银行、中国进出口银行、中国农业发展银行，均直属国务院领导。

知识链接 10-1　　中国的政策性银行

政策性银行是指由政府创立、参股或担保，以贯彻国家产业政策和区域发展政策为目标，具有特殊的融资原则和特定的业务领域，不以营利为目的的金融机构。

我国于1994年相继建立了国家开发银行（1994年3月17日）、中国进出口银行（1994年4月26日）、中国农业发展银行（1994年11月8日）三家政策性银行。2015年4月12日，由央行会同有关单位提出的国家开发银行、中国进出口银行、中国农业发展银行改革方案获批。其中，国家开发银行被明确定位为开发性金融机构，而中国进出口银行、中国农业发展银行被明确定位为政策性银行。

政策性银行贷款利率较低，期限较长，有特定的服务对象，其放贷支持的主要是商业性银行在初始阶段不愿意进入或难以涉及的领域。例如，国家开发银行服务于能源、交通等“瓶颈”行业和国家需要优先扶持的领域，包括西部大开发、振兴东北老工业基地等，这些领域的贷款量占其总量的91%；中国进出口银行则致力于扩大机电产品和高新技术产品出口以及支持对外承包工程和境外投资项目；中国农业发展银行主要承担国家政策性农村金融业务，代理财政性支农资金拨付，专司粮棉油收购、调销、储备贷款业务等。

（4）非银行金融机构

非银行金融机构是指中央银行、商业银行及专业银行之外的金融机构，如保险公司、证券公司、信托投资公司、金融资产管理公司、财务公司、金融租赁公司、典当行等，这些机构承担着商业银行的部分职能。

二、货币供应量

货币供应量指一国的货币存量，是某一时点承担流通和支付手段的金融工具总和。为了测算、掌握流通中货币供应量的情况，从而有效地调控货币供应量，国际货币基金组织根据货币涵盖范围的大小和流动性的差别，把货币供应量划分为如下三个层次：

1.M0

M0是指流通于银行体系以外的现金，也就是居民和企业持有的现钞。它也称通货，包括纸币及铸币。M0流动性最强。

M0=流通中的现金

2.狭义货币M1

M1由M0和商业银行活期存款构成。其中，活期存款由于随时可以提取变现，其流动性不亚于现钞。M1代表了一国经济中的现实购买力，因此对社会经济生活有着最广泛和最直接的影响。许多国家都把M1作为调控货币供应量的主要对象。

M1=M0+商业银行活期存款

3.广义货币M2

M2由M1、定期存款和储蓄存款构成。M2不仅反映现实购买力，还反映潜在购买力。由于M2对研究货币流通的整体状况有着重要意义，近年来很多国家开始把货币供应量的调控目标转向M2。

M2=M1+定期存款和储蓄存款

一般来说，各国银行业务名称不尽相同，即使同一名称的业务内容也不尽相同，因此货币供应量统计口径不尽相同，只有M0和M1大体相同。在我国，M0为流通中的现金；狭义货币M1由M0和单位活期存款构成；广义货币M2由M1和准货币构成，其中准货币包括单位定期存款、个人存款和其他存款。

【思考与实践10-3】

查询货币供应量

查询步骤：登录中国人民银行网站首页>调查统计>统计数据>××年统计数据>货币统计概览>货币供应量>选择数据格式>查看货币供应量。

查询近五年货币供应量，分析其中的变化。

三、货币政策工具

微课10-4

货币与银行体系

货币政策是指政府或中央银行为实现宏观经济目标而采取的调节货币供给及调控利率的各项措施。货币政策的直接目标是利率，最终目标是总需求变动。它与财政政策的不同之处是：财政政策直接影响社会总需求的规模，中间不需要任何变量；而货币政策则通过货币当局货币供给量的变化来调节利率进而间接地调节总需求，是间接发挥作用的。

中央银行实施货币政策的一般性政策工具是法定存款准备金率、再贴现和公开市场业务。

1.法定存款准备金率

存款准备金是指金融机构为保证客户提取存款和资金清算需要而准备的在中央银行的存款。中央银行要求的存款准备金占其存款总额的比例就是存款准备金率，中央银行规定的存款准备金率被称为法定存款准备金率。例如，某时段我国大中型金融机构存款准备金率为16%，就意味着金融机构每吸收1 000万元存款，要向中央银行缴存160万元的存款准备金，用于发放贷款的资金为840万元；中央银行如果将存款准备金率降低到10%，那么金融机构的可贷资金将增加到900万元，加之货币乘数作用，货币量更多。可见，中央银行调整法定存款准备金率能够直接影响货币供给量，进而调节经济。当经济出现通货膨胀时，中央银行提高法定存款准备金率，以降低商业银行信贷能力，减少经济中货币供给量，进而利率会上升，达到抑制投资、降低国民收入与物价水平的目的；当经济出现衰退或萧条时，中央银行降低法定存款准备金率，商业银行产生超额准备金，提高了商业银行的信贷能力，货币供给量增加，利率下降，从而刺激投资，使经济走出衰退或萧条。

【拓展阅读10-5】

存款准备金率持续下调

法定存款准备金率的变动虽然不能直接改变基础货币的存量，但可以加大或减小商业银行可动用资金的比例，进而调节银行体系内流动性的充裕程度，最终通过乘数效应影响宏观货币供应量。自2010年以来，我国货币政策调控持续偏紧，法定存款准备金率被频繁使用，大型商业银行的法定存款准备金率一度升至21.5%的历史高位。但是，超高的法定存款准备金率毕竟是非常态之举。

为推动经济实现质的有效提升和量的合理增长，打好宏观政策组合拳，提高服务实体经济水平，保持银行体系流动性合理充裕，中国人民银行决定于2023年3月27日降低金融机构存款准备金率0.25个百分点（不含已执行5%存款准备金率的金融机构）。本次下调后，金融机构加权平均存款准备金率约为7.6%。

中国人民银行将坚决贯彻落实党的二十大、中央经济工作会议和全国两会精神，按照党中央、国务院决策部署，精准有力实施好稳健货币政策，更好发挥货币政策工具的总量和结构双重功能，保持货币信贷总量适度、节奏平稳，保持流动性合理充裕，保持货币供应量和社会融资规模增速同名义经济增速基本匹配，更好地支持重点领域和薄弱环节，不搞大水漫灌，兼顾内外平衡，着力推动经济高质量发展。

资料来源：佚名．中国人民银行决定于2023年3月27日下调金融机构存款准备金率［EB/OL］.［2023-03-18］. http：//www.gov.cn/xinwen/2023-03/18/content_5747329.htm.

2.再贴现

再贴现是指商业银行或其他金融机构为解决一时资金短缺，将贴现所获得的未到期票据，向中央银行转让的融资行为。因为商业银行转让的是未到期票据，所以中央银行要从票面面额中扣除一定的利息作为商业银行的融资代价。利息是按票面面额的一定利率计算的贴现日到票据到期日的利息，计算利息使用的利率就是再贴现利率。可以看出，再贴现实际上就是商业银行和中央银行之间的票据买卖和资金让渡的过程。再贴现的结果是，中央银行买进票据，支付货币，扩大货币供应量；贴现的商业银行融通了一定数量的资金，融通资金的多少则取决于再贴现利率的高低。现在商业银行可以拿客户借款时提供的票据来办理再贴现，也可以用中央银行同意接受的政府债券或经审查合格的商业票据作抵押品申请贷款，相应的贷款利率都称为再贴现率。

中央银行通过调整再贴现率来调节货币供给量的表现是：当经济出现衰退或萧条时，中央银行降低贴现率以鼓励商业银行向中央银行借款，这样商业银行的准备金增加，就可以扩大其信贷规模；同时商业银行的利率也伴随贴现率的降低而降低，进而刺激投资，提高国民收入水平。当经济出现通货膨胀时，中央银行提高贴现率以限制商业银行向中央银行借款，这样商业银行就要紧缩信贷，货币供给量减少；同时伴随贴现率的提高，商业银行的利率也会相应上升，进而抑制投资，降低国民收入和物价水平。

运用再贴现率调节货币供给量并不是一个理想的控制工具，因为其本身存在一定的局限性，主要表现在商业银行是否愿意到中央银行申请贴现，或者贴现多少，都是由其自身利益决定的，中央银行处于被动地位。另外，如果再贴现率随时调整，通常会引起市场利率的经常性波动，使企业或商业银行无所适从；再贴现率不随时调整，中央银行又无法灵活地调节市场货币供应量。因此，再贴现政策缺乏弹性。

3.公开市场业务

公开市场业务是指中央银行在公开的金融市场上买进或卖出有价证券，以增加或减少商业银行准备金，从而达到调节货币供给量的政策工具。公开市场业务是目前各国中央银行控制货币供给量最重要也是最常用的工具，和其他货币政策工具相比具有明显的优越性。其优越性主要表现为以下三点：

（1）灵活性

公开市场业务可以按任何规模进行，中央银行既可以大量也可以少量买卖有价证券，使货币供给量发生较大的或迅速的变化。

（2）主动性

公开市场业务操作的主动权在中央银行，中央银行可根据经济情况的需要自由决定有价证券的数量、时间和方向。即使中央银行有时会出现某些政策失误，也可以及时纠正，具有较强的弹性。

（3）前瞻性

一旦买进或卖出一定数量金额的证券，就可以根据货币乘数估计出货币供给量增加或减少的数量。

中央银行可以根据总需求状况有选择地买进或卖出有价证券。当经济出现衰退或萧条时，失业因总需求不足而增加，中央银行则买进有价证券。如果出售有价证券的是商业银行，其银行准备金将随中央银行支票的兑付而增加；如果出售政府债券的是社会公众，由此获得中央银行支票的个人或企业则把支票存入商业银行，增加商业银行的活期存款，因而商业银行的准备金也会增加。因此，中央银行买进有价证券最终会导致商业银行准备金的增加，商业银行信贷规模的扩大，在货币乘数的作用下，整个市场的货币供给量呈倍数增加。货币供给量增加会导致利率下降，投资需求增加，并通过投资乘数的作用引起总需求扩大，从而引起国民收入、就业及价格水平的相应提高。同时，中央银行买进有价证券，还将导致债券价格上涨，进而引起利率下降，也有利于投资，增加总需求。

当经济过热时，物价水平因总需求过量而持续上涨，市场上货币供给量过多，中央银行则在公开市场上卖出有价证券。如果买进有价证券的是商业银行，其银行准备金将随其给中央银行的付款而减少；如果买进有价证券的是社会公众，其存入商业银行的活期存款就会相应因提款购买而减少，商业银行的准备金也会减少。因此，中央银行卖出有价证券最终会导致商业银行准备金的减少，商业银行信贷规模减小，在货币乘数的作用下，整个社会的货币供给量呈倍数减少。货币供给量减少的结果与货币供给量增加的结果正好相反，最终导致投资需求下降，引起总需求的收缩，国民收入、就业与价格水平随之下降。同时，中央银行卖出有价证券，还将导致债券价格下降，引起利率上升，抑制投资，从而使总需求收缩。

【思考与实践 10-4】

中国的公开市场业务

请同学们通过互联网找一找中国公开市场业务的情况。

【学思践悟】 稳健的货币政策要更加注重灵活适度

2008年国际金融危机爆发后，美欧发达国家相继实施量化宽松货币政策，而中国的货币政策却一直保持稳健。新冠疫情对我国经济产生了冲击，有人主张我们也应实施宽松的货币政策。人民银行货币政策委员会提出，稳健的货币政策要更加注重灵活适度。

要跟踪世界经济金融形势变化，加强对国际经济形势的研判分析，加强国际宏观经济政策协调，集中精力办好自己的事。创新和完善宏观调控，稳健的货币政策要更加注重灵活适度，把支持实体经济恢复发展放到更加突出的位置。新冠疫情对我国经济的冲击总体可控，我国经济增长保持韧性，长期向好的基本面没有改变。稳健的货币政策体现了前瞻性、针对性和逆周期调节的要求，大力支持疫情防控、复工复产和实体经济发展，宏观杠杆率基本稳定，金融风险有效防控，金融服务实体经济的质量和效率逐步提升。贷款市场报价利率改革效果显现，贷款实际利率明显下降，人民币汇率总体稳定，双向浮动弹性提升，应对外部冲击的能力增强。要运用多种货币政策工具，保持流动性合理充裕，保持物价水平总体稳定。有效发挥结构性货币政策工具的精准滴灌作用，引导大银行服务重心下沉，推动中小银行聚焦主责主业，健全具有高度适应性、竞争力、普惠性的现代金融体系。下大力气疏通货币政策传导，继续释放改革促进降低贷款实际利率的潜力，引导金融机构加大对实体经济特别是小微、民营企业的支持力度，推动供给体系、需求体系和金融体系形成相互支持的三角框架，促进国民经济整体良性循环。进一步扩大金融高水平双向开放，提高开放条件下经济金融管理能力和防控风险能力。

资料来源：吴雨．央行：稳健的货币政策要更加注重灵活适度［EB/OL］．［2020-03-27］．https：//baijiahao.baidu.com/s？id=1662331078746637353&wfr=spider&for=pc.

悟有所得

金融资源是有限的。我国在制定宏观经济政策的过程中坚持把普惠性和突出重点结合起来，优化金融资源配置，把钱用在“刀刃”上，努力追求金融资源配置效益最大化。疫情冲击了既有的经济社会秩序，我国宏观经济政策制定将金融工作重点放在支持受疫情影响较大的领域。要按照党中央关于统筹推进疫情防控和经济社会发展工作的部署，坚持稳中求进工作总基调，推进金融供给侧结构性改革，精准落实疫情防控和复工复产各项举措，用结构性、功能性、差别化的政策举措，解决经济运行中的梗阻、痛点和难点问题，为把疫情造成的损失降到最低限度、奋力完成全年经济社会发展目标任务而服务。

四、货币政策的局限性

西方国家实行货币政策，常常是为了稳定经济、减少经济波动，但在实践中也存在一些局限性。

1.货币政策的制定与执行的时机有关

货币政策与财政政策一样，实施的基本原则也是“逆经济风向行事”，因此要取得良好的调节效果，就必须对经济运行的状况及总体发展趋势做出正确的判断。在现实经济生活中，宏观经济指标错综复杂，一方面加大了政府判断经济形势的难度，另一方面也使人们很难选择在最合适的时机执行特定的货币政策，从而就使货币政策的调节效果往往不够理想。

2.货币政策的作用有限

虽然货币政策在各国被普遍使用，但在现实中，由于各种因素的干扰，政策实施的效果往往难以达到预期目标。例如，人们对未来经济形势的预期有可能使货币政策难以获得理想的效果。在经济繁荣时，即使货币当局通过紧缩信用的方式提高了市场利率，但出于对未来经济形势乐观的估计，企业很有可能认为投资仍将取得可观的收益率，足以弥补提高了的投资成本。因此，即使利率提高，也不一定能在短期内将社会总需求降到合理的水平。而在萧条时期，即使中央银行扩大货币供给量，降低了利率，但如果企业认为经济前景不明朗，投资风险过大，或是商业银行认为企业经营环境恶劣，经营失败的危险极大，则对外贷款的规模也不会有明显的扩大。

【思考与实践 10-5】

中国现行的货币政策

查询步骤：登录中国人民银行网站首页>货币政策>货币政策工具>单击需要查看的子链接。

五、相机抉择

微课10-5

货币政策工具

相机抉择是指政府在运用宏观经济政策来调节经济时，可以根据不同的经济情况和各项政策措施的特点，机动地决定和选择某项或某几项政策措施进行调节，使各项措施有效地配合，以达到各项宏观调控的目的。

1.财政政策与货币政策的区别

财政政策与货币政策各具特点，其区别主要表现在以下几个方面。

第一，调节范围不同。尽管财政政策与货币政策都是需求管理工具，都是通过调节总需求来调节经济，但两者的调节范围不尽相同。财政政策不仅作用于经济领域，而且作用于非经济领域；而货币政策只作用于经济领域。

第二，调节方式不同。财政政策直接调节总需求，调节经济的方式具有较强的直接性；而货币政策通过货币供应量、利率等中间变量调节总需求，调节经济的方式具有较强的间接性。

第三，调控重点不同。财政政策与货币政策都对经济总量和结构进行调节，但财政政策更长于调整经济结构，而货币政策则偏重于总量调整。

第四，调控效果不同。当经济萧条时，人们对经济前景信心低迷，即使采用非常宽松的货币政策，也不愿增加消费与投资，而扩张性财政政策通过增加政府支出、减税显著地提振经济，因而财政政策对经济复苏的作用优于货币政策；当经济过热时，人们对经济前景信心高涨，紧缩性货币政策能有效抑制通货膨胀，货币政策对抑制经济过热的效果优于财政政策。

2.财政政策和货币政策的组合运用

在实践中，由于宏观经济问题十分复杂，单一的财政政策或货币政策往往很难起到良好的作用，因此通常将两者组合起来运用，以达到理想的调控效果。

常用的政策组合主要有如下几种情形：

（1）扩张性财政政策与扩张性货币政策组合

扩张性财政政策与扩张性货币政策组合也称“双松”模式，适用于经济萧条阶段。在经济萧条阶段，社会总需求严重小于总供给，政府采用扩张性财政政策在使总需求增加的同时会使利率上升，而配合采用扩张性货币政策则会抑制利率上升，以消除或减少扩张性财政政策的挤出效应，从而使总需求增加。

（2）紧缩性财政政策与紧缩性货币政策组合

紧缩性财政政策与紧缩性货币政策组合也称“双紧”模式，适用于经济过热阶段。在经济过热阶段，社会总需求严重大于总供给，政府采用紧缩性财政政策在使总需求减少的同时会使利率下降，而配合采用紧缩性货币政策则会抑制利率下降，从而使总需求减少。

（3）扩张性财政政策与紧缩性货币政策组合

扩张性财政政策与紧缩性货币政策组合也称“一松一紧”模式，适用于经济衰退阶段。在经济衰退阶段，政府采用扩张性财政政策刺激需求，采用紧缩性货币政策控制通货膨胀。使用这种政策组合会导致利率上升，产生“挤出效应”。

（4）紧缩性财政政策和扩张性货币政策组合

紧缩性财政政策和扩张性货币政策组合也称“一紧一松”模式。当经济出现通货膨胀但又不太严重时，可采用这种组合。一方面，用紧缩性财政政策抑制总需求；另一方面，用扩张性货币政策降低利率、刺激投资，以防止财政政策过紧而引起衰退。

学习测试10-3

当前，我国经济发展面临的环境更复杂、更严峻，可以预料和难以预料的风险挑战将更多、更大。我国发展仍处于重要战略机遇期，拥有巨大的潜力和不断迸发的创新活力，经济长期趋势向好。继续实施积极的财政政策和稳健的货币政策，有利于保障基本民生，改革完善县级基本财力保障机制，缓解困难地区财政运转压力；保持流动性合理充裕，有效缓解实体经济特别是民营和小微企业融资难、融资贵问题，防范化解金融风险，确保经济运行在合理区间，促进经济社会持续健康发展。

【项目小结】

宏观经济政策是一国政府为实现一定的总体经济目标而制定的相关指导原则和措施。宏观经济政策的目标是充分就业、物价稳定、经济增长和国际收支平衡。凯恩斯主义理论的宏观经济政策主要是财政政策与货币政策。

财政政策是政府为实现一定的经济目标，运用财政收入和财政支出来调节经济的政策。财政政策工具主要有税收、公债、政府购买、政府转移支付和财政预算等。根据对总需求调节方向的不同，财政政策可分为扩张性财政政策、紧缩性财政政策和中性财政政策。

货币政策是政府通过中央银行控制货币供应量来调节利率，进而影响投资和整个经济以实现宏观经济目标的行为措施。货币政策工具主要包括法定存款准备金率、再贴现率和公开市场业务。根据对总需求调节方向的不同，货币政策可分为扩张性货币政策、紧缩性货币政策和中性货币政策。

运用财政政策与货币政策的一般原则是“逆经济风向行事”，即在经济萧条时期，采用扩张性财政与货币政策；在经济过热时期，采用紧缩性财政与货币政策。政府在运用宏观经济政策调节经济时应相机抉择，根据具体的经济形势及各项政策措施的特点，灵活地选择适当的政策工具，以实现宏观经济政策目标。

【项目训练】

一、名词解释

财政政策　货币政策　法定存款准备金率　再贴现　公开市场业务

二、单选题

1.下列关于宏观经济发展目标及其衡量指标说法错误的是（　　）。

A.充分就业与经济增长　　B.物价稳定与通货膨胀率

C.国际收支平衡与国际收支　　D.经济增长与国内生产总值

2.当经济中存在比较严重的失业时，政府应当采取的财政政策工具是（　　）。

A.增加政府投资　　B.减少政府投资

C.增加货币发行量　　D.提高个人所得税

3.扩张性财政政策对经济的影响是（　　）。

A.缓和了经济萧条但增加了政府债务

B.缓和了经济萧条也减轻了政府债务

C.缓和了通货膨胀同时也增加了政府债务

D.缓和了通货膨胀同时也减轻了政府债务

4.经济过热时，政府应该采取（　　）的财政政策。

A.减少财政支出　　B.增加财政支出

C.扩大财政赤字　　D.减少税收收入

5.中央银行在市场中向商业银行大量卖出证券，从而减少商业银行超额存款准备金，引起货币供应量减少、市场利率上升，中央银行动用的货币政策工具是（　　）。

A.公开市场业务

B.公开市场业务和存款准备金率

C.公开市场业务和利率政策

D.公开市场业务、存款准备金率和利率政策

6.中国人民银行在公开市场上买进债券会导致（　　）。

A.货币供给量增加　　B.商业银行存款准备金增加

C.货币供给量减少　　D.商业银行存款准备金减少

7.通常认为，以下属于紧缩性货币政策的是（　　）。

A.提高再贴现率　　B.降低法定存款准备金率

C.增加货币供给　　D.中央银行买入政府债券

8.法定存款准备金率越高，则（　　）。

A.银行的贷款意愿越强　　B.货币供给量越大

C.越可能引发通货膨胀　　D.商业银行货币创造越难

三、多选题

1.经济萧条时政府应该（　　）。

A.增加政府购买支出　　B.减少政府财政支出

C.增加税收　　D.减少税收

E.增加转移支付

2.在经济萧条时期，政府实施货币政策时，应该（　　）。

A.增加商业银行的准备金　　B.由中央银行在公开市场卖出政府债券

C.降低存款准备金率　　D.降低再贴现率

E.提高存款准备金率和再贴现率

四、判断题

1.采用扩张性财政政策会缓和经济萧条，但同时会增加政府债务。

2.出于交易动机和谨慎动机的货币需求，既与收入有关，又与利率有关。

3.扩张性财政政策可以提高国民收入，降低利率。

4.扩张性货币政策可以降低利率，提高国民收入。

5.扩张性财政政策和扩张性货币政策有相同的政策效果。

五、综合实践

1.利用互联网查找当前我国所实施的宏观经济政策。（提示：查阅当年中央政府工作报告。）

2.运用所学理论分析当前我国宏观经济形势，解读宏观经济政策。

项目十一 经济周期与经济增长

学习目标

知识目标：

- 理解经济周期、经济增长、可持续发展的基本概念；
- 了解经济周期的阶段；
- 了解经济周期的主要理论；
- 掌握影响经济增长的因素；
- 了解经济增长的几个模型；
- 理解可持续发展理论。

能力目标：

- 培养学生独立思考问题、解决问题的能力；
- 培养学生资料收集与查阅以及团队协作能力。

素质目标：

- 正确认识客观规律和经济发展制度的中国方案；
- 培育大学生的民族自信心和自豪感。

知识结构：

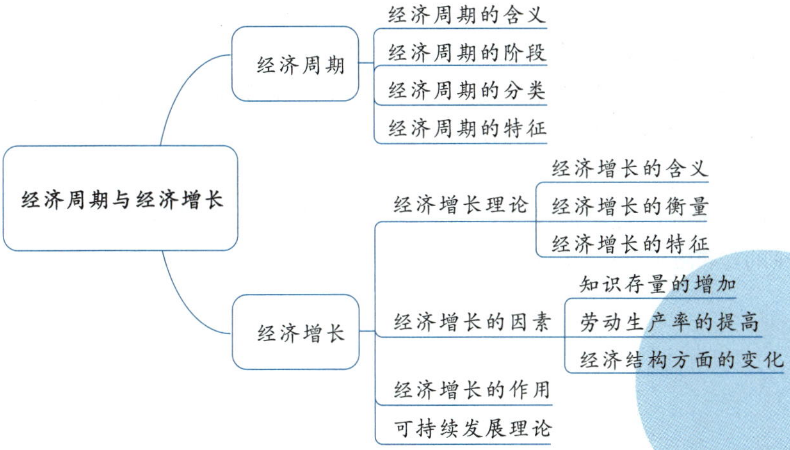

引入案例

1949年中华民族开启了实现伟大复兴的历史征程，从温饱不足迈向全面小康，从积贫积弱迈向全面繁荣富强。在中国共产党的带领下，全国各族人民团结一心、开拓进取。一个个人类发展奇迹凝聚成令人震惊的数字增长。中华民族实现从站起来、富起来到强起来的伟大飞跃，中国经济实现跨越式发展。数据显示，2010—2018年，中国经济年均增长7.8%，而同期世界经济的平均增速为3%。中国经济总量占世界经济总量的份额从2010年的9.2%提高到2018年的15.9%左右。

自1978年改革开放以来，中国经济进入高速增长阶段，2010年国内生产总值首次超越日本，成为世界第二大经济体。自2010年以来，中国经济增速持续放缓，随着“中国制造2025”战略的实施和“供给侧结构性改革”政策的稳步推进，中国经济结构不断优化，产业转型升级正在走向成长期，经济已进入高质量增长阶段。

【思考与实践11-1】

（1）什么是经济周期？经济周期是由哪些因素引起的？

（2）什么是经济增长？经济增长的引擎是什么？

（3）为什么要保持经济平稳增长？怎样保持经济平稳增长？

任务一　认识经济周期

一、经济周期的含义

经济周期又称商业周期或商业循环，是指总体经济活动的扩张和收缩交替反复出现的过程。经济周期可以用实际国内生产总值（GDP）的波动或国内生产总值增长率的波动来描述。因此，衰退不一定表现为实际国内生产总值绝对量的下降，只要国内生产总值增长率下降，即可称为衰退，故而在西方有“增长性衰退”之说。

对经济周期这一概念的解释，集中强调了以下几个要点。

第一，经济周期的中心是国民收入的波动，这种波动引起了失业率、物价水平、利率、对外贸易等的波动。所以，研究经济周期的关键是研究国民收入波动的规律与根源。

第二，经济周期是总体经济活动中不可避免的波动。

第三，经济周期都是有规律性的，即每个周期都是繁荣与萧条的交替，可以分为繁荣、萧条、衰退和复苏。但每一周期又都有自己的特点，在表现形式、时间长短、波动大小上并不完全一样。

所以，简单地说，经济周期就是国民收入及经济活动的周期性波动，即经济运行中周期性出现的经济扩张与经济紧缩交替更迭、循环往复的一种现象。

【拓展阅读 11-1】

金融危机是世界末日吗?

由美国次贷危机引起的华尔街风暴，渐次演变为全球性的金融危机。这个过程发展之快，影响之巨，让人们始料不及。大体上说，这个过程可以划分为三个阶段：第一阶段是债务危机，它是由于借了住房贷款的人不能按时还本付息而引起的。第二阶段是流动性危机，它是由于债务危机导致有关金融机构的流动性不够，无法满足债权人变现的要求而出现的。第三阶段是信用危机，它是由于人们对建立在信用基础上的金融活动产生怀疑而造成的。

2008年9月15日，继美国第五大投行贝尔斯登被兼并之后不足数月，拥有158年悠久历史的华尔街第四大投行雷曼兄弟控股公司，最终未能逃脱被次贷危机击溃的厄运，宣布申请破产保护，成为美国有史以来倒闭的最大金融公司。美国前五大投资银行，仅高盛公司幸免。以此为标志，国际金融危机全面爆发。英国的最大房贷公司HBOS也受了波及。这些发展说明即使贵为投资机构的龙头，也照样面临被断头的命运。传媒业也未能幸免，至2009年3月，因经济衰退加重和互联网带来的压力，美国已有33家日报申请破产保护。

【思考与实践 11-2】

根据案例，分析美国次贷危机会导致世界经济从此一蹶不振吗？并说明理由。

二、经济周期的阶段

经济周期可以分为两个大的阶段：扩张阶段与收缩阶段。收缩阶段常常短于扩张阶段，其振幅可能是收敛性的、发散性的或稳定性的。如果分得更细一些，经济周期可分为四个阶段：繁荣、衰退、萧条、复苏。其中繁荣与萧条是两个主要阶段，衰退与复苏是两个过渡性阶段。

可以用图11-1来说明这四个阶段的特点。

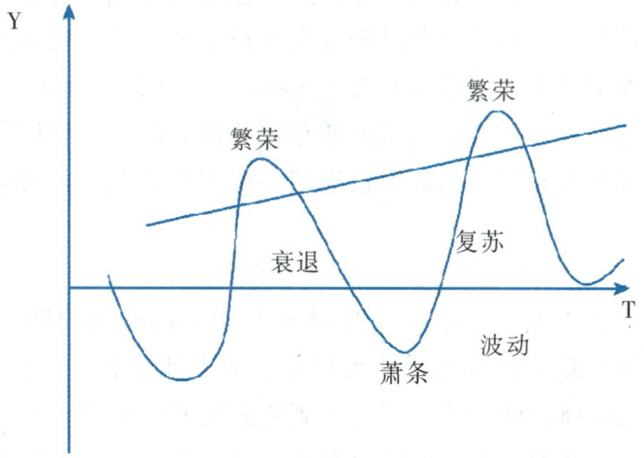

图11-1 经济周期的阶段

1. 繁荣阶段

繁荣阶段是国民收入与经济活动高于正常水平的一个阶段。其特征为生产规模迅速扩大，投资增加，信用扩张，价格水平上升，就业增加，公众对未来乐观。繁荣的最高点称为波峰，这时就业与产量水平达到最高；但股票与商品的价格开始下跌，存货水平高，公众的情绪正由乐观转为悲观。这是繁荣的极盛时期，也是由繁荣转向衰退的开始，波峰一般为1~2个月。

2. 衰退阶段

衰退阶段是从繁荣到萧条的过渡时期，这时经济开始从波峰下降，但仍未低于正常水平。

3. 萧条阶段

萧条阶段是国民收入与经济活动低于正常水平的一个阶段。其特征为生产急剧减少，投资减少，信用紧缩，价格水平下跌，失业严重，公众对未来悲观。萧条的最低点称为波谷，这时就业与产量跌至最低；但股票与商品的价格开始回升，存货减少，公众的情绪正由悲观转为乐观。这是萧条的最严重时期，也是由萧条转向复苏的开始。波谷一般为1~2个月。

4. 复苏阶段

复苏阶段是从萧条到繁荣的过渡时期，这时经济开始从波谷回升，但仍未达到正常水平。

在经济分析中，根据经济周期不同阶段的特点和经济统计资料，就可以确定经济处于周期的哪一个阶段，以便采用相应的政策来进行调节。

三、经济周期的分类

根据经济周期持续时间长短的不同，把它们分为三类：长周期、中周期、短周期。

1. 长周期

长周期即康德拉季耶夫周期，是指持续时间为五六十年的经济周期。这一划分是由苏联经济学家康德拉季耶夫在1926年所发表的《经济生活中的长波》中首先提出来的，熊彼特以此命名长周期。关于长周期是否存在及形成的原因，现在经济学家们仍然有热烈的讨论。康德拉季耶夫对资本主义国家价格与生产的变动趋势作了较为充分的分析，描述了长周期现象的存在，后来他把长周期存在的原因归结为耐用资本品的更新投资周期。有些经济学家（如熊彼特等）认为长周期的原因是重大创新所引起的产业结构的长期调整更新。

2. 中周期

中周期又称朱格拉周期，是指持续时间为9~10年的经济周期。1860年，法国经济学家朱格拉在其著作中系统地分析了这种周期，故以此命名。一些西方经济学家认为，朱格拉承认经济危机的周期性，使人们意识到要研究和应对这种经济波动，因此具有开拓性的贡献。朱格拉对这种经济周期的分析主要是货币分析——通货膨胀和通货紧缩的周期循环。

3.短周期

短周期又称基钦周期，是指持续时间为40个月左右的经济周期。这种周期的概念是美国经济学家基钦在1923年提出的，故以此命名。一般所说的商业循环，就是指的这种短周期。美国经济研究所对美国经济周期的实际情况进行了广泛的调查，所得出的结论是，如果以一个经济低谷到另一个经济低谷为一个经济周期，那么1854—1971年美国共出现了27次明显的经济周期，每一周期的平均持续时间是52个月。

四、经济周期的特征

根据现代经济学家的争论，要对经济周期有一个比较完整的理解，必须把握经济周期的以下特征。

1.总体经济活动

经济周期被定义为总体经济活动的波动，而不是某一个具体的经济变量的波动，如实际GDP。虽然实际GDP是测量总体经济活动最近似的单个指标，但是经济活动的其他指标如就业、价格水平和金融市场变量，对理解经济周期也是非常重要的。

2.扩张和衰退

在经济分析中，可以把经济周期划分为四个阶段：繁荣、衰退、萧条和复苏。衰退阶段是由繁荣转向萧条的过渡阶段，复苏阶段是由萧条转向繁荣的过渡阶段。也可以把经济周期划分为两个阶段：衰退和扩张。总体经济活动的下降称为衰退，如果下降比较严重，就称为萧条；总体经济活动的上升称为扩张。经济周期两个阶段相互交替的转折点，分别称为波峰和波谷。在经济到达波峰之后，经济开始下降；在经济到达波谷之后，经济开始增长。一般地，我们把总体经济从一个波谷到下一个波谷的时间内所经历的扩张和紧随其后的衰退，或者总体经济从一个波峰到下一个波峰的时间内所经历的衰退和紧随其后的扩张，称为一个经济周期。

3.规律性

经济周期是指总体经济活动的波动，并不是指几个部门或仅仅几个经济变量的波动，并且扩张或衰退总是同时在许多经济活动中发生。因此，要完整地反映整个经济的活动周期，就必须包括较多的经济指标，而且这些指标在经济周期中一般具有一定的规律性。

4.循环性

经济学家常常将经济周期称为“经济循环”。因为按照严格的定义，周期是指有规律的、可预测的现象或事件发生的时间间隔，或者说固定的时间长度。而我们定义的经济周期，并非周期性发生，既不是按照某一规律或某一时间间隔发生的，也并不总是持续一个固定的时间长度。但是，经济周期却是循环发生的，它总是按照“扩张—波峰—衰退—波谷”这一标准形态周而复始地出现。因此，我们可以说经济周期实际上并不具有周期性，但具有循环性。

5.持续性

经济周期的时间长短存在着较大的差别，有的经济周期可能不到一年，有的则长达几年甚至数十年。一旦经济衰退产生，总体经济将维持衰退一段时期，或者一年或者时间更长。类似地，一旦扩张开始，经济增长倾向

微课 11-1

认识经济周期

于持续一段时期。这种衰退之后进一步衰退的倾向，以及增长之后进一步增长的倾向，被称为经济周期的持续性。

【拓展阅读 11-2】

改革开放以后中国经济发展周期表

中国每隔几年经济就要热一次或冷一次，这就是经济周期呈现的一种现象。经济无论是热还是冷，通常都用国内生产总值增长率，也就是GDP增长率来表示。

我们观察一下1978—2007年中国经济增长率的变化情况。1978年是一个经济增长率比较高的年份，这一年的增长率是11.7%，我们把这一年叫作“经济周期的波峰”，就是经济增长率的最高点。下一个波峰是1984年，这一年的经济增长率是15.2%；再下一个波峰就是1992年，GDP增长率是14.2%；下一个是2007年，GDP增长率是11.9%。

每隔几年经济又冷一次，表现是经济增长率比较低，1978年以来第一个波谷年是1981年，这一年的增长率只有5.2%；第二个波谷年是1990年，这一年GDP的增长率只有3.8%；第三个波谷年是1999年，这一年的经济增长率是7.6%。

学习测试11-1

如果按波峰年计算，从第一个波峰到第二个波峰是第一周期，第二个波峰到第三个波峰是第二周期，第三个波峰到第四个波峰是第三周期。这样在1978—2007年的29年间，一共完成了三个周期，平均长度为9.67年。如果按波谷年计算，从1981年到1990年，到1999年，再到2009年，一共是28年的时间，也完成了三个周期，周期平均长度是9.33年。所以我们可以说，从改革开放以后到现在，中国经济大体上平均每隔9.5年就要完成一个周期，大体情况是这样的。

资料来源：张连城. 改革开放以后中国经济发展周期表［EB/OL］. http：//www.china.com.cn/fangtan/2008-11/26/content_17983745.htm？show=t.

任务二　理解经济增长

一、经济增长理论

1.经济增长的含义

经济增长指一个国家或地区生产的物质产品和服务的持续增加，它意味着经济规模的扩大和生产能力的提高，可以反映一个国家或地区经济实力的增长。

用库兹涅茨的话来说：“一个国家的经济增长可以定义为给居民提供种类日益繁多的经济产品的能力长期增长，这种不断增长的能力是建立在先进技术以及所需要的制度和思想意识相应调整的基础之上的。”

经济增长的定义包含以下三个内容：

第一，经济增长集中表现在经济实力的增长上，而这种经济实力的增长就是商品和劳务总量的增加，即国内生产总值的增加。如果考虑到人口的增加和价格的变动，也可以说是人均实际国内生产总值的增加。

第二，技术进步是实现经济增长的必要条件，即只有依靠技术进步，经济增长才是可能的。在影响经济增长的各种因素中，技术进步是第一位的。从历史经验来看，经济增长中有一半以上要归功于技术进步，生产率的提高中有80%来自技术进步。

第三，经济增长的充分条件是制度与意识的相应调整，即只有社会制度与意识形态适合于经济增长需要，技术进步才能发挥作用，经济增长才是可能的，即美国经济学家道格拉斯·诺斯强调的“增长的路径依赖”。我国改革开放以后经济的高速增长，说明了制度是经济增长的前提，资源和技术进步是经济增长的源泉。

现在我国主要是用国内生产总值（GDP）、国民生产总值（GNP）来测量经济增长。为度量经济增长，除了测算增长总量和总量增长率之外，还应计算人均占有量，如按人口平均的国内生产总值或国民生产总值及其增长率。拉动国民经济增长有三大要素，分别是投资、出口和消费。

如果一个国家的国内生产总值增长为负数，即当年国内生产总值比往年减少，就叫作经济衰退。通常情况下，只有当国内生产总值连续两个季度持续减少时，才被称为经济衰退。

2.经济增长的衡量

经济增长的核算通常依靠GDP、GNP等统计数据。基本方法一般以本年度的GDP总量对比往年的GDP总量，而得出经济增长的百分比。经济增长的衡量应注意：（1）国内生产总值增长中含有的物价上涨因素必须剔除；（2）应考虑人口变动因素；（3）以潜在GDP为标准，方可抽去总需求变动因素；（4）一些经济学家认为，不管是实际GDP还是潜在GDP作为衡量经济增长的标准都有缺陷。

3.经济增长的特征

库兹涅茨根据英、美、法等14个国家近百年的经济增长统计分析，总结出现代经济增长的六大特征。

第一，人均产量和人口的高增长率。这里实际包括了三个指标：产量增长率（即实际国民生产总值增长率）、人口增长率、人均产量增长率（即人均国民生产总值增长率）。经济增长中最显著的特点就是这三个增长率都是相当高的。

第二，由于技术进步，无论是劳动生产率还是其他生产要素的生产率都迅速提高。生产率的迅速提高归功于技术进步。

第三，经济增长过程中经济结构的迅速转变。经济增长使产业结构、产品结构、消费结构、收入分配结构以及就业结构等都得到不断的改善。经济增长使农业过剩人口转向城市和工业，促进了农业向非农业、工业向第三产业的转变。同时，经济结构的转变反过来又推动经济增长的步伐加快。

第四，社会结构和意识形态迅速转变。经济增长使僵化的社会结构变得较为灵活，传统的思想观念转变为增长、工业化、城市化、国际化等意识。

第五，经济增长不是某一个国家或地区的独特现象，而是世界范围内各国追求的目标。发达国家凭借其技术力量，通过各种方式向世界其他地方进行经济扩张，迅速影响其他国家。

第六，经济增长在世界范围内是不平衡的，发达国家与发展中国家的经济差距相当大，并且贫富差距可能在拉大，使得世界经济的增长受到限制。

【学思践悟】 中国为亚太经济可持续增长做出重要贡献

中国国家主席习近平出席2018年亚太经合组织（APEC）并发表题为《把握时代机遇 共谋亚太繁荣》的重要讲话，阐述中国在世界经济整体发展面临诸多风险和不确定性时作为亚太合作的积极倡导者和实践者的坚定立场。

世界前三大经济体美国、中国和日本均位于亚太区域内，这无疑是让亚太地区成为吸引全球关注的主要原因之一。世界银行公布的统计数据显示，2017年中国的GDP超过12万亿美元，日本的GDP为4.8万亿美元，美国则超过19万亿美元。中国作为最大的发展中国家，加入了亚太经济合作组织后，为亚太经济添加了活力，保证了亚太经济的健康发展。

中国已成为亚太地区甚至全球第一大进口市场。近年来得益于经济的持续快速增长，中国国内形成了巨大的商品市场，已成为东盟、日本等地区和国家重要的产品出口市场。首届中国国际进口博览会在上海开幕，吸引了172个国家、地区和国际组织，3600多家中外企业参展，40多万名境内外采购商到会洽谈采购，成交额达到578亿美元。

中国对外直接投资优化升级惠及亚太地区。近年来，中国对外投资规模和数量都不断扩大，行业分布覆盖的范围也更加广泛，投资主体和投资方式日趋多样化。根据统计数据，截至2016年末，中国对外直接投资分布在全球190个国家和地区，其中，对亚洲投资流量占总流量的比重最大，特别是对东南亚国家的投资力度较大。

中国积极推动区域互联互通网络建设，促进包容联动发展。自2013年提出“一带一路”倡议以来，中国和沿线国家的基础设施合作驶入了快车道。2017年，中国企业对沿线国家直接投资144亿美元，在沿线国家新签承包工程合同额达到1 443.2亿美元。从设施建设的类别来看，开通了中欧班列超万列，截至2017年5月，中国民航已与43个沿线国家实现空中直航，在港口和海上物流领域，中国已与东盟等沿线36个国家和地区分别签订了双边海运/河运协定。在跨境光缆领域，中国已与沿线12个国家建有34条跨境光缆和多条国际海缆。基础设施互联互通合作不仅让发展更加均衡、增长更可持续和包容，也有助于推进区域间的文化交流和民间往来。

展望未来，中国仍将不断深化伙伴关系，携手应对亚太区域内外的共同挑战，为亚太地区发展繁荣做出新贡献。

资料来源：杨凡欣．中国为亚太经济可持续增长做出重要贡献［EB/OL］．［2018-11-20］．https：//baijiahao.baidu.com/s？id=1617636182181011569&wfr=spider&for=pc.

悟有所得

中国国家主席习近平强调中国将坚定不移推动构建亚太命运共同体。我国将深化亚太经合组织平台合作，促进亚太经济复苏，推动区域经济一体化，为亚太乃至全球经济发展注入新动力。中国是亚太大家庭的一员，中国的发展起步于亚太，得益于亚太，也将继续立足亚太、造福亚太。中国经济同亚太经济相互依存、深度融合，中国已经成为许多亚太经济体的主要贸易伙伴和地区产业链供应链重要节点。当前，亚太经济体正面临全球金融环境收紧、地缘政治紧张以及气候变化等诸多挑战。可以肯定，坚定不移推动构建亚太命运共同体，中国将为亚太稳定繁荣做出更多贡献。

二、经济增长的因素

库兹涅茨运用统计方法对经济的增长因素进行分析，提出的经济增长因素有：

（1）知识存量的增加。知识存量的利用成为现代经济总量高速增长和生产结构迅速转变的源泉。

（2）劳动生产率的提高。以人均产值高增长为特征的现代经济增长的主要原因是劳动生产率的提高。

（3）经济结构方面的变化。发达国家经济增长时期的总体增长和生产机构的转变速度都比它们在现代化以前高得多，不发达国家经济结构变动缓慢，结构因素对经济增长的影响比较小。

最常见的分析是将经济增长的源泉归结于资本、劳动和技术进步。因为，经济增长指一国产出的增长，由此必然涉及生产函数的分析。经济学家用总生产函数表示一国的总产量与生产中使用的全部生产要素投入量之间的函数关系。常用的总生产函数就是

$$Y=Af(K, L)$$

其中，Y表示一国的总产出，A表示技术进步，K表示资本，L表示劳动。资本、劳动和技术进步这三项被视为经济增长的源泉。

（1）资本

经济增长中必然有资本的增加。现代经济学家认为，在经济增长中，一般的规律是资本的增加要大于人口的增加，即人均资本量是增加的。在经济增长的阶段，资本增加所做出的贡献还是比较大的。因此，许多经济学家都把资本积累占国民收入的10%~15%作为经济起飞的先决条件。第二次世界大战后西方各国经济增长的事实也表明，储蓄多从而资本增加的国家，经济增长率也会比较高，把增加资本作为实现经济增长的首要任务。但是，必须指出，一个国家经济增长所需要的资本，并不能仅仅依靠私人部门。有些项目的投资规模十分巨大，非私人企业所能承担；有些则具有很大的外部性，私人企业不愿意承担。这些项目多属于一个社会的基础设施，对于这些基础设施的建设，政府应该承担相应的责任。

（2）劳动

劳动指劳动力的增加，劳动力的增加又可以分为劳动力数量的增加与劳动力质量的提高，这两个方面对经济增长都有很重要的作用。劳动力的数量的增加主要来源于：第一，人口的增加；第二，人口中就业率的提高；第三，劳动时间的增加。而劳动力质量的提高则是文化技术水平和健康水平的提高，劳动力是数量与质量的统一。一个高质量的劳动力，可以等于若干个低质量的劳动力。一般在经济增长的初期，劳动的增加主要依靠劳动力数量的增加，而经济增长到了一定阶段，人口增长率下降，劳动工时缩短，就是依靠提高劳动力质量来弥补数量的不足。

（3）技术进步

技术进步在经济增长中的作用，体现在生产率的提高上，即同样的生产要素投入能

提供更多的产品。随着经济的发展，技术进步在经济增长中所做出的贡献越来越大。技术进步体现在科学技术、管理水平和企业家精神等方面。技术进步最终体现在新生产要素的采用、生产过程的改进和新产品以及新劳务的引入等。作为一个过程，技术进步不是按照一种机械的程序进行的。劳动和资本的投入，特别是劳动力质量的提高是技术进步的基础。但是实现技术进步，还需要企业家精神以及管理水平等方面的进步，为创新者提供自由、开放的环境和有效的激励。根据索洛的估算，1909—1940年间，美国2.9%的年增长率中由于技术进步而引起的增长率为1.49%，即技术进步在经济增长中所做出的贡献占51%左右。随着经济的发展，技术进步的作用越来越明显。

在传统经济理论中，技术进步常常被视为一个外生变量。随着经济增长理论的发展，内生的技术进步理论渐渐兴起。其基本观点是，技术进步本身就是经济体系的产出，各种新产品、新机器、新知识都是通过研究开发活动而产生的，这些研究开发活动同样是一种经济活动，也需要投入资本和劳动等生产要素，并获得收益。

【拓展阅读 11-3】

深化认识我国经济的巨大韧性和潜力

党的十九届四中全会提出，我国国家制度和国家治理体系具有多方面的显著优势，其中一个重要方面，就是“坚持全国一盘棋，调动各方面积极性，集中力量办大事的显著优势”。新冠疫情发生后，在党中央集中统一领导、统一指挥下，中央应对疫情工作领导小组及时研究部署工作，中央指导组积极开展工作，国务院联防联控机制加强统筹协调，各级党委和政府积极作为，形成了抗击疫情的强大合力。各地各部门各司其职、协调联动，紧急行动、全力奋战；各地调派医务人员，迅速集结、驰援武汉；企业加班加点生产，疫情防控物资全国统一调度。实践证明，党中央对疫情形势的判断是准确的，对各项工作的部署是及时的，采取的举措是有力有效的。防控工作取得的成效，再次彰显了我国国家制度和国家治理体系的显著优势。正如习近平总书记所强调的：“正是因为始终在党的领导下，集中力量办大事，国家统一有效组织各项事业、开展各项工作，才能成功应对一系列重大风险挑战、克服无数艰难险阻，始终沿着正确方向稳步前进。”

这种巨大的韧性和潜力，源于化危为机的能力。中华民族历史上经历过很多磨难，但从来没有被压垮过，而是愈挫愈勇，不断在磨难中成长、从磨难中奋起。其中关键的一个经验，就是我们善于变压力为动力、化危机为契机。从现实看，很多传统行业受到疫情冲击，遇到了较大的困难，不少企业在建项目受影响，复工复产困难，订单交付难度加大，经营成本负担加重，特别是中小微企业的生存和发展面临严峻挑战。但也要看到，此次疫情也“倒逼”出一些新业态新模式新产品，智能制造、无人配送、在线消费、医疗健康等新兴产业展现出强大的成长潜力，呈现出改造提升传统产业、培育壮大新兴产业的契机。从新业态的角度来看，在线教育、在线审批、网上招聘、云端签约、“屏对屏”开会等方式提高了工作效率；从新消费的角度来看，依赖“指尖消费”的“宅经济”方兴未艾，生鲜配送企业的业务量在不断增加，活跃的线上消费成为备受关注的方向；从新投资的角度来看，传统投资通常关注“铁公机”等基础设施建设，未来更多的投资则可能向物联网、互联网、云计算、大数据、人工智能和5G等方面的基础设施建设倾斜。这些都会不断拓宽我国经济发展的空间，进一步增强我国经济的韧性和潜力。

这种巨大的韧性和潜力，源于完善和强化“六稳”的务实举措。确保“六稳”，对于保持经济运行在合理区间、推动经济高质量发展，具有重要意义。尤其是当前，统筹推进新冠疫情防控和经济社会发展工作任务艰巨，必须紧扣“六稳”要求，采取务实举措。一段时间以来，各级党委和政府切实维护正常经济社会秩序，确保疫情防控一线医疗物资的供应，确保城乡居民生活必需品的供应，保障城乡居民用能需求。同时，在确保疫情防控到位的前提下，推动非疫情防控重点地区企事业单位复工复产，抓好在建项目复工和新项目开工，恢复生产生活秩序。特别是全面强化稳就业举措，并根据就业形势变化调整政策力度，减负、稳岗、扩就业并举，抓好社保费阶段性减免、失业保险稳岗返还、就业补贴等政策切实落地。一系列政策措施为我们努力实现全年经济社会发展目标任务，奠定了良好基础。还要看到，这次疫情暴露出我国经济社会发展中还存在着一些短板，围绕补短板展开的相关工作，本身就是确保“六稳”进而推动经济高质量发展的有力推手，是把我国发展的巨大潜力和强大动能充分释放出来的有力举措。

这种巨大的韧性和潜力，源于我国丰富的宏观经济政策手段。我们统筹推进疫情防控和经济社会发展工作，加大宏观政策调节力度是其中的重要一环。一段时间以来，我国的宏观政策重在逆周期调节，其节奏和力度旨在对冲疫情影响，防止经济运行滑出合理区间。一方面，积极的财政政策更加积极有为，已经出台了财政贴息、大规模降费、缓缴税款等政策，还在继续研究出台阶段性、有针对性的减税降费政策，加大对一些行业复工复产的支持力度，帮助中小微企业渡过难关。另一方面，稳健的货币政策更加注重灵活适度，把支持实体经济恢复发展放到更加突出的位置，强调要用好已有金融支持政策，适时出台新的政策措施。总而言之，我国宏观经济政策手段丰富、各有所长，在实际操作中亦注重加强统筹、协调配合，能不断夯实推动经济高质量发展的基础，我国经济的巨大韧性和潜力也将在今后的发展进程中更充分地展现出来。

资料来源：高惺惟. 深化认识我国经济的巨大韧性和潜力［EB/OL］.［2023-03-26］.http://theory.people.com.cn/GB/n1/2020/0326/c40531-31648674.html.

三、经济增长的作用

1.经济增长的好处

（1）经济增长可以普遍地提高人们的生活水平。一国全体社会成员的平均生活水平，主要取决于人均国民产出水平。要提高社会成员的生活水平，不能依靠缩减人口规模，只能依靠经济增长。

（2）经济增长可以促进收入分配的平等。在经济增长中，可以对国民产出的增量进行分配，以较小的阻力促进收入分配的平等。

（3）经济增长可以促进生活方式的转变。在经济增长过程中，随着人们平均收入水平的提高，其生活方式可以向更高层次发展。

（4）经济增长可以增加国家的实力，提高国家和民族在国际上的地位。

2.经济增长的代价

经济增长也需要付出一定的代价。

（1）经济增长需要一定的工作时间，这意味着人们闲暇的减少。

（2）经济增长可能会造成环境的恶化。

（3）经济增长还可能带来一些社会问题，比如城市拥挤、犯罪率上升等。

正因为经济增长存在着两方面的不同影响，促使经济学家对经济增长的研究投入很多的精力，经济学家开发出很多经济增长模型以试图分析哪些因素决定了经济增长，如何才能实现经济增长，多高的增长率比较合适等问题。

3.经济增长与经济发展

经济增长与经济发展这两个概念有无区别，经济学家各有各的看法。有的把这两个概念并列起来，有的似乎在应当用“发展”一词的地方却使用了“增长”一词，有的则在指出它们某些区别时，又说这两个词可以交换使用。例如，美国发展经济学家雷诺兹就认为经济增长和经济发展可以视为“互相替代使用的两个名词”。不过，在传统的西方发展经济学中，一般是将经济发展定位为结构的改变，并认为这是发展中国家经济学的研究课题；将经济增长定义为产出的增加，并认为这是发达国家经济学的研究课题。

微课 11-2

经济增长和经济发展的决定因素

经济发展是指随着经济增长一同出现的经济结构、社会结构甚至政治结构的变化。发展的内在含义包括三个基本组成部分或核心价值，即最低生活需要、自尊和自由。它们代表了所有人和社会追求的共同目标，与人类的基本需求相联系。因此，经济发展比经济增长具有更广泛的含义，除包含经济增长的内容外，还包括经济结构方面的变化，如产业结构、就业结构、收入结构、消费结构、人口结构的变化等。此外经济发展还包括生态平衡、生活状况的改善，以及贫困落后状态的改善和消除等一系列社会经济生活中质的变化。这两个概念既有联系又有区别。

四、可持续发展理论

可持续发展是人类对工业文明进程进行反思的结果，是人类为了克服一系列环境、经济和社会问题，特别是全球性的环境污染和广泛的生态破坏以及它们之间的关系失衡而做出的理性选择。

1.可持续发展的定义

可持续发展一词最早见于1962年美国海洋生物学家蕾切尔·卡森（Rachel Carson）的著作《寂静的春天》。1972年，联合国人类环境研讨会议正式提出可持续发展的概念。1987年，联合国世界环境与发展委员会发布报告——我们共同的未来，将可持续发展定义为：“既能满足当代人的需要，又不对后代人满足自身需要的能力构成危害的发展。”1992年6月，联合国在巴西里约热内卢举行环境与发展大会，明确提出把可持续发展作为人类迈向21世纪的共同发展战略，首次将可持续发展由概念落实为全球的行动。

我们可从以下三个方面理解可持续发展的定义：其一，要使同代内所有人都获得平等的发展机会，特别是应优先满足贫困人口的基本需要；其二，要使当代人和后代人都获得同等的发展机会；其三，要使人类和自然界享有同等的生存和发展机会，做到人与自然和谐统一。

可持续发展的核心是发展，可持续发展鼓励经济增长，而不是以环境保护为名取消经济增长。但可持续发展不仅重视经济增长的数量，更追求经济发展的质量；可持续发展强调环境保护和改善，要求经济建设和社会发展要与自然承载能力相协调，将人类的发展控制在地球承载能力之内；可持续发展强调以改善和提高人类生活质量为目标，追求社会进步。可持续发展包括生态、经济和社会三个方面的可持续发展，这三者之间相互关联且不可分割。生态可持续发展是基础，经济可持续发展是手段，社会可持续发展是目标。人类共同追求的应该是自然、经济和社会复合系统的持续、稳定、健康发展。

2.经济可持续发展

经济可持续发展以"低消耗、低污染、高效益"为主要特征，实施清洁生产和文明消费。从增长方式来说，集约型经济增长方式就是可持续发展在经济方面的体现。集约型经济增长方式是指依靠技术创新，提高劳动者素质和资金、设备、原材料的利用率等实现经济增长的方式。自可持续发展概念诞生以来，与之相关的新经济理念不断涌现，如生态经济、循环经济、低碳经济、知识经济、绿色经济等，新型经济正在世界范围内不断发展。在我国，发展新型经济已被写入社会经济发展规划和政府文件，成为政府政策支持的重点对象，而且取得了不俗的业绩。2002年党的十六大把"可持续发展能力不断增强"作为全面建成小康社会的目标之一。经济可持续发展是以保护自然资源环境为基础，以激励经济发展为条件，以改善和提高人类生活质量为目标的发展理论和战略。它是一种新的发展观、道德观和文明观。

【拓展阅读11-4】

我国经济将保持平稳健康可持续发展

2021年，面对复杂严峻的发展环境，我国经济发展和疫情防控处于全球领先地位，全年经济社会发展主要目标任务较好完成，"十四五"实现良好开局。虽然当前外部环境更趋复杂严峻和不确定，国内发展面临多年未见的需求收缩、供给冲击、预期转弱三重压力，但支撑发展的有利因素和条件仍然不少，我国经济发展韧性强、潜力大、前景广阔、长期向好的特点没有变，完全有基础有条件、有信心有能力保持经济平稳健康可持续发展。

从发展基础看，综合国力继续显著提升，2021年经济总量超过114万亿元，产业体系完备的优势持续彰显，人民生活持续改善，社会保持和谐稳定，抗风险、抗冲击能力进一步提高。

从要素条件看，着力解决供给领域要素短缺问题，能源原材料供应保障显著增强。煤炭优质产能释放，价格明显回落，电力供应平稳有序。2021年集成电路产量较上年增长33.3%，汽车芯片供应力度逐渐加大。

从内生动力看，加快促进形成强大国内市场，构建新发展格局迈出新步伐。消费增长潜力巨大。传统产业加速向数字化、网络化、智能化方向延伸拓展，新兴产业蓬勃发展，区域重大战略和新型城镇化建设积极推进，投资需求不断激发。重点领域改革深入推进，对外开放持续扩大。

从政策支撑看，强化跨周期和逆周期宏观调控政策有机结合，宏观、微观、结构、科技、改革开放、区域、社会“七大政策”组合效应持续释放。宏观政策仍有较大空间，政策储备工具较多，有能力保持经济平稳运行。

资料来源：安蓓．“有基础有条件、有信心有能力保持经济平稳健康可持续发展”——国家发展改革委有关负责人谈当前经济形势［EB/OL］．［2022-02-06］．https：//baijiahao.baidu.com/s？id=1723998900748095970&wfr=spider&for=pc.

3.经济可持续发展的新理念

（1）生态经济

生态经济是指在生态系统承载能力范围内，运用生态经济学原理和系统工程方法改变生产和消费方式，实现经济发展与环境保护、物质文明与精神文明、自然生态与人类生态的高度统一和可持续发展的经济模式。生态经济作为一种科学的发展观，是一种全新的经济发展模式。以生态经济为基础的生态文明是人类社会继农业文明和工业文明之后的又一大进步。

生态经济学将生态学和经济学相结合，围绕着人类经济活动与自然生态之间相互作用的关系，研究生态经济系统的结构、功能、规律、平衡、生产力及生态经济效益，生态经济的宏观管理和数学模型等内容，旨在促使社会经济在生态平衡的基础上实现持续稳定发展。

【拓展阅读 11-5】

“死而复生”戴家湖见证城市生态文明回归

20世纪50年代一湖碧水，60年代一池煤灰，80年代一座“黑”山，21世纪初一堆垃圾……“百湖之城”武汉恐怕再难找出一个与青山区戴家湖相同命运的湖泊，它由湖变山，又由山变湖，再变成垃圾堆，最终蝶变成一座美丽的公园。死死生生，悲喜交集。戴家湖的演变轨迹，是我们发展理念逐步转变的缩影。在那个“先生产后生活”的年代，曾经一切让位于工业生产。但进入新的发展阶段，我们意识到永续发展的重要，生态文明建设就成了不二选择。

“生态优先、以人为本”，戴家湖公园秉承这一设计理念，通过营造城市公园景观、城市运动空间、生态自然景观，建成集生态防护、景观观赏、休闲健身、文化展示、公共服务和防灾避险等多功能于一体的综合性公园，使红钢城、工人村、青山镇地区的20多万居民不仅不再吃黑灰，还拥有了一个新的生态休闲娱乐区。

“过去为了发展，我们牺牲了戴家湖。现在同样是为了发展，我们要找回戴家湖。”青山区相关负责人说，工业城区的转型发展，要践行“绿水青山就是金山银山”的绿色发展理念，再不走“先污染，后治理”的老路。

资料来源：佚名．“死而复生”戴家湖见证城市生态文明回归［EB/OL］．［2018-07-18］．https：//baijiahao.baidu.com/s？id=1606309085599228628&wfr=spider&for=pc.

（2）循环经济

循环经济即物质闭环流动型经济模式，本质上是一种生态经济，是实现生态经济理念的现实途径。它与传统经济有着本质区别。

传统经济是一种“资源—产品—污染排放”单向流动的线性经济，其特征是高开采、低利用、高排放。在这种经济中，人们高强度地把地球上的物质和能源提取出来，然后又把污染大量地排放至水系、空气和土壤中，其对资源的利用是粗放的和一次性的，通过把资源持续不断地变为废物来实现经济的数量型增长。

循环经济倡导与生态环境和谐的经济发展，要求按“资源—产品—再生资源”的反馈式流程进行资源配置，以消解长期以来资源消耗和经济需求的尖锐冲突。循环经济遵从“减量化、再利用、再循环”的原则，以实现三个层面的物质闭环流动。其中：在企业这一小循环的层面上，推行清洁生产，依靠技术进步，减少产品和服务中物料和能源的使用量，实现污染物排放的最小化；在区域这一中循环的层面上，按照工业生态学的原理，建立或形成企业间有共生关系的工业生态园区或虚拟园区，通过产业的合理组织，实现园区内生产污染物低排放甚至零排放，使资源得到充分利用；在社会这一大循环的层面上，通过对废旧物资的再生利用，实现物质和能量的循环。

循环经济观在强调循环生产的同时，还提倡绿色消费，主要表现为选择未被污染或有助于公众健康的绿色产品；崇尚自然、追求健康，在追求生活舒适的同时，节约资源和能源；在消费过程中注重对垃圾的处置，以免造成环境污染。

【拓展阅读 11-6】

让循环经济既“循环”又“经济”

实现经济建设与生态文明建设有机结合，增强可持续发展后劲，循环经济是重要抓手和突破口。党的十九大报告指出，要推进绿色发展，建立健全绿色低碳循环发展的经济体系。近年来，依托政策指引和日益成熟的绿色循环技术，越来越多的循环经济产业园成为各地探索绿色发展的新引擎，逐步被纳入城市发展规划。

循环经济，又称“静脉经济”。就像人体的血液经过动脉为身体各部分输送养分和能量，经过静脉回收再流回心脏参加下一轮循环一样，循环经济有机协调当今世界发展所遇到的两个共同难题——垃圾过剩和资源短缺，通过废弃物收集、再利用和无害化处置，把传统的“资源—产品—废弃物”的线性经济模式改造为“资源—产品—再生资源”的循环经济模式，使自然生态系统进入良性循环状态。

让企业内部的循环经济和外部的环保产业结合起来，构建起循环经济产业园，被称为继工业园区和高新技术园区之后的第三代园区。这样的园区，根据不同废物性质和处置方法的不同进行合理规划和布局，并将园区作为整体，统一考虑外围的环保隔离带，不仅把经济生产对生态系统的影响降到最低，而且与单独设置各种废物处置项目相比，还大大节省了土地资源。

目前，我国循环经济尚处于起步阶段，循环经济产业园建设也没有规范化、标准化、规模化的发展模式，缺乏制度保障和法律政策支持在一定程度上延缓了循环经济的发展。部分技术应用不成熟、节能改造成本高、盈利模式不清晰也带来“循环不经济”的问题，使得企业对推动循环经济发展的动力明显不足。

工业节能对社会节能影响巨大。大力推行循环经济，以最少的资源消耗和环境代价谋取最大的发展效益，实现经济社会的全面、协调和可持续发展，无疑具有很强的现实必要性。当前，要进一步改变循环经济普及面窄、深度不够、产业链条不长的局面，一方面，要进一步建立完善政策法规体系，发挥财税等政策杠杆撬动作用，通过相应的激励和约束机制，优化与循环经济发展息息相关的外部环境；另一方面，要深入推进创新驱动发展战略，推进产学研深度融合，合力攻关资源节约和综合利用、产业链延伸和产业融合等方面的关键技术，加大公共技术创新平台建设，完善创新人才培养引进机制，促进企业不断向着再生资源的高值化利用努力，从而实现再生资源从“有”到“优”的高质量发展，真正让循环经济实现既“循环”又“经济”，成为推动绿色发展的新引擎。

资料来源：孙敏. 让循环经济既“循环”又“经济”[EB/OL].［2019-08-16］. https：//baijiahao.baidu.com/s? id=1641071897736588527&wfr=spider&for=pc.

（3）低碳经济

低碳经济是一种以能源的清洁开发与高效利用为基础，以低能耗、低排放、低污染为基本特征的经济模式。低碳经济的核心是新能源技术和减排技术创新、制度创新以及人类生存发展观念的转变，它是实现生态经济理念的又一重要途径。

实现低碳经济的主要方式有：第一，节能，如发展节能技术、推广使用节能产品、培养节能意识；第二，发展可再生能源和绿色能源，如太阳能、风能、潮汐能、生物能、地热能等；第三，碳的利用和捕捉，如植树造林、碳固化、碳封存等；第四，低排放，如优化能源结构、调整产业结构、发展洁净煤技术、改变生活和消费方式等。

【拓展阅读 11-7】

低碳经济下的“造纸革命”

2010年全国人大、政协“两会”将采用一种环保型的纸张，这种纸以石头为原材料。而比代表委员们更早体验这种全新技术的是北京史家小学的学生们。在他们眼里，这种用“石头纸”制成的作业本，不仅比平常的作业本更利于书写，还防水抗卷曲。

在吉林省延边朝鲜族自治州政府和地球卫士（大连）石头纸科技股份有限公司联合举办的发布会展示现场，记者看到十几种以“碳酸钙”为主要成分的纸张、笔记本、垃圾袋、购物袋、防尘罩、雨衣。

与传统纸张相比，石头纸系列产品具有安全、环保、无毒；防水、防雾、防油、防虫；耐撕、耐折、抗拉强度高、耐破坏强度高；几何尺寸稳定、印刷清晰度高、效果好；环保可降解和价格较可替代产品更加便宜等特点。

传统造纸技术需要砍伐大量的木材和使用大量的水，在生产过程中排放污水和有毒有害物质，对环境和人类健康造成了严重的危害。尽管很多造纸企业在环保方面已经做了许多努力，但始终改变不了造纸行业在生产过程中砍伐树木、浪费水资源的现实。地球卫士石头纸技术在整个生产过程中无须用水，无须添加强酸、强碱、漂白粉及众多有机氯化物，比传统造纸工艺省去了蒸煮、洗涤、漂白等几个重要的污染环节，从根本上杜绝了造纸过程中因产生“三废”而造成的污染问题。

资料来源：吕翎. 点石成纸——低碳经济下的“造纸革命”[EB/OL].［2010-01-28］. http：//www.beijingreview.com.cn/zgsy/txt/2010-01/28/content_242689.htm.

（4）知识经济

早在1962年，经济学家弗里兹·马克卢普（Fritz Machlup）就提出了“知识产业”的概念。马克卢普认为，科学本身就是一项典型的知识生产活动，科学生产的知识可以被看成提高未来生产率的一种投资。从另一角度分析，科学知识又作为社会生活的消费品之一而受到部分社会成员的偏好，人们投资它是为了获取知识进而为己所消费。知识仍然是一项投资，它作为社会中间产品而为人们所使用。1990年，联合国教科文组织提出“知识经济”这一概念。1996年，经合组织发表了题为“以知识为基础的经济”的报告，该报告将知识经济定义为建立在知识的生产、分配和使用（消费）之上的经济。其中所述知识，包括人类迄今为止所创造的一切知识，最重要的部分是科学技术、管理及行为科学知识。

知识经济是与农业经济、工业经济相对应的一个概念。它以知识和高素质的人力资源为基础，以信息技术为平台，以创新为动力，以教育、文化和研究开发为先导产业，以高新技术产业为经济的支柱产业，是产业结构高度化的经济形态。

知识经济的兴起对投资模式、产业结构、增长方式及教育的职能与形式产生深刻的影响。在投资模式方面，信息、教育、通信等知识密集型高科技产业的巨大产出和展现出的骤然增长的就业前景，将导致对无形资产的大规模投资；在产业结构方面，电子贸易、网络经济、在线经济等新兴产业快速发展，同时农业等传统产业将越来越知识化，产业结构的变化和调整将以知识的学习积累和创新为前提，在变化的速度和跨度上将显现出跳跃式发展的特征；在增长方式方面，知识可以低成本地不断复制并实现报酬递增，使经济增长方式可能走出传统经济依赖物质资源的模式。这不仅使长期经济增长成为可能，还使经济活动都伴随着学习、教育融入经济活动的所有环节；同时，知识更新的加快使终身学习成为必要，受教育和学习成为人一生中最重要的活动之一。

（5）绿色经济

学习测试11-2

绿色经济是以生态经济和知识经济为基础，以经济与环境的和谐和可持续发展为目的，建立和发展起来的一种新的经济形式。中国绿色经济系统理论的创建者和实践者——北京工商大学世界经济研究中心主任、遂宁绿色经济研究院院长季铸教授认为，绿色经济是以效率、和谐、持续为发展目标，以生态农业、循环工业和持续服务产业为基本内容的经济结构、增长方式和社会形态。

【项目小结】

经济周期是指总体经济活动的扩张和收缩交替反复出现的过程。一个典型的经济周期通常可细分为四个阶段和两个转折点，四个阶段分别是衰退、萧条、复苏、繁荣，两个转折点分别是波峰和波谷。

经济增长指一个国家或地区生产的物质产品和服务的持续增加，它意味着经济规模的扩大和生产能力的提高，可以反映一个国家或地区经济实力的增长。

可持续发展是既能满足当代人的需要，又不对后代人满足自身需要的能力构成危害的发展。经济可持续发展的新理念有生态经济、循环经济、低碳经济、知识经济、绿色经济等。

【项目训练】

一、名词解释

经济周期　经济增长　经济增长率　可持续发展　经济可持续发展

二、单选题

1.经济波动周期的四个阶段依次为（　　）。

A.扩张、波峰、衰退、波谷　　B.波峰、衰退、波谷、扩张

C.波谷、扩张、波峰、衰退　　D.以上各项都对

2.20世纪50~60年一次的经济周期称为（　　）。

A.基钦周期　　B.朱格拉周期

C.康德拉季耶夫周期　　D.库兹涅茨周期

3.经济增长的标志是（　　）。

A.失业率的下降　　B.先进技术的广泛应用

C.社会生产能力的不断提高　　D.城市化速度加快

4.GDP是衡量经济增长的一个极好指标，是因为（　　）。

A.GDP以货币表示，易于比较

B.GDP的增长总是意味着已发生的实际经济增长

C.GDP不仅可以反映一国的经济实力，还可以反映一国的经济福利程度

D.以上各项都对

5.为提高经济增长率，可采取的措施是（　　）。

A.加强政府的宏观调控　　B.刺激消费水平

C.减少工作时间　　D.推广基础科学及应用科学的研究成果

6.根据现代关于经济周期的定义，经济周期是指（　　）。

A.GDP上升和下降的交替过程

B.人均GDP上升和下降的交替过程

C.GDP增长率上升和下降的交替过程

D.以上各项都对

7.当某一经济处于经济周期的萧条阶段时，（　　）。

A.经济的生产能力增加，因而存货增加

B.总需求逐渐增长

C.总需求小于总供给

D.总需求超过总供给

8.投资（资本品）之所以重要，是因为（　　）。

A.投资可以给新加入劳动力队伍的人提供机器设备使他们可以进行生产

B.投资可以为现有工人提供更多的机器设备，从而提高他们的生产率

C.投资可以为新技术提供设备

D.以上各项都对

三、多选题

1.经济增长的三因素分解法，是运用生产函数，把经济增长按照（ ）三个因素进行分解，计算三个因素对经济增长的贡献份额。

A.劳动投入　　B.生产技术　　C.资本投入

D.全要素生产率　　E.劳动生产率

2.具体来看，决定经济增长的基本因素包括（ ）。

A.劳动生产率　　B.资本的效率　　C.劳动的投入数量

D.资本的投入数量　　E.经济发展水平

四、判断题

1.在经济周期的收缩阶段，失业率上升。

2.经济增长的标志是社会生产能力的不断提高。

3.当人口和资本不变时，经济增长主要是由于技术进步引起的。

4.经济周期可能像天气一样变化无常。

5.在其他条件不变的情况下，若工人使用更好的机器设备和接受培训，那么单位投入的产出会增加。

五、综合实践

1.利用互联网查阅有关资料，判断我国经济目前所处经济周期的具体阶段。

2.了解你所在地区生态农业或循环工业的发展情况，写一篇调查报告。

3.在同学中开展绿色消费调查，写一篇调查报告。

项目十二 探究行为经济学

学习目标

知识目标：

- 理解非理性行为及行为经济学的定义和基本假设；
- 掌握直觉思维含义及对选择的影响；
- 掌握直觉思维主要表现：启发式偏差、框架效应含义和表现形式；
- 掌握前景理论核心内容，掌握参照依赖、损失厌恶含义和表现形式；
- 掌握心理账户理论的内容，理解心理核算的基本原理。

能力目标：

- 能够运用启发式偏差、框架效应原理，分析和解释非理性经济行为和现象；
- 能够运用前景理论进行简单的营销设计，解释现实中的经济现象；
- 能够运用心理核算理论解释经济行为和现象；
- 能够运用行为经济学理论，开展简单的行为经济学实验。

素质目标：

- 培养独立思考和实践理性思维。

知识结构：

- 探究行为经济学
  - 认识非理性行为
    - 了解行为经济学
      - 传统微观决策的颠覆
      - 什么是行为经济学
    - 直觉思维
      - 认知繁忙
      - 认知懒惰
      - 调整不足
    - 启发式偏差
      - 什么是启发式偏差
      - 代表性偏差
      - 可得性偏差
      - 锚定效应
    - 框架效应
      - 什么是框架效应
      - 框架效应的应用
  - 探究前景理论
    - 什么是前景理论
      - 前景理论概念
      - 确定性效应
      - 反射效应
      - 损失厌恶
      - 参照依赖
    - 参照依赖
      - 参照点的选择：现状参照、目标参照
      - 参照依赖的几种现象：交易偏见、比例偏见、完整性偏见、诱饵效应
    - 损失厌恶
      - 禀赋效应
      - 损失厌恶三要素
  - 理清你的心理账户
    - 认识心理核算
      - 心理核算概念
      - 心理核算的过程
    - 心理账户
      - 不同收入来源的心理账户
      - 不同数量收入的心理账户
      - 不同支出类别的心理账户
    - 心理计算
      - 心理计算的含义
      - 心理计算的行为原则：收益分开原则、损失整合原则、整合小失大得、分离小得大失
      - 心理计算的决策：交易效用、支付隔离

引入案例

你的选择是“你”的选择吗？

器官捐献是一个人在生前同意将器官无偿地捐给另一个素不相识的人，使其重获新生。由于这一切都在捐献者逝世后进行，因此捐献者从这种极度利他的行为中获得不到什么实际的利益。也正因此，器官捐献率在各个国家的情况都不尽乐观，为此，一些激进人士甚至希望立法将死亡后的人体器官纳入到公共财产的范畴，以期改善器官捐献中供者极度短缺的现状。然而一组来自欧洲的数据引起了人们注意。

这组数据统计了欧洲各国人口中，签署器官捐献知情同意书的比例分别如下：丹麦4.25%，德国12%，英国17.17%，荷兰27.5%，瑞典85.9%，比利时98%，波兰99.5%，葡萄牙99.64%，法国99.91%，奥地利99.98%，匈牙利99.997%。

从上面的这组数据，你看出了什么？统计结果呈现出极其显著的两极分化。前4个国家的同意率都不高，最高的荷兰也只有略多于1/4的人同意捐献器官。然而在这4个国家之后，器官捐献的同意率急转直上，瑞典达85.9%，比利时达98%，波兰、葡萄牙、法国、奥地利、匈牙利等国家基本上是100%全民同意！在这些国家里到底发生了什么？是什么因素让这些国家有如此高比例的人同意捐献自己的器官呢？

一些人可能会觉得，器官捐献率的天壤之别，这其中文化地理、宗教信仰、经济教育水平等起着很重要的因素。英国和法国教育、经济水平相当，可英国仅有17%的人同意捐献器官，而法国却接近100%；另一组比较则更能说明问题，德国和奥地利接壤，也同为德语国家，然而德国只有12%，奥地利却近100%，说明以上这些因素还不足以解释。

会不会是宣传的作用呢？在荷兰，全国对器官移植进行了大规模的宣传，每个家庭都能收到寄来的关于器官捐献的信件，在电视、广播中也时常能看到、听到宣传广告，甚至还有一档极具争议的综艺节目，让着急等待器官捐献的患者选择想要谁做他的供者。做了这么多活动想必钱也花了不少，然而荷兰器官捐献的同意率却只有27.5%，与邻国比利时一比就相形见绌：人家没花过一分钱做宣传，器官捐献的同意率却高至98%。

原因究竟出在哪里？当研究者排除了以上这些因素外，他们将目光聚集在一个极其细微的环节上，那就是人们签署的那张器官捐献的知情同意书。所有这些差别的根源就在于，在那些低同意率的国家中，知情同意书有一项是这么写的：“如果您想参与器官捐献计划，请在这里画√。”

而在同意率高的国家中，知情同意书里只有一个地方不一样，那就是：“如果您不想参与器官捐献计划，请在这里画√”。

所以，器官捐献率的高低之差，就在知情同意书中的那一个词：“想”和“不想”。这是两种不同的“默认选项”，第一种默认的情况是所有人都不参与器官捐献计划，因此参与者需要做出行动改变——“画√”，在这种情况下，人们会不自觉地接受默认选项，因为在潜意识里这被看作是推荐的方案，而“画√”做出改变则选择需要费力气，付出认知、情绪和行为上的投入，以换取改变默认选项后的收益。

同样地，在第二种默认选项中，默认的情况是所有人都在器官捐献计划内，这也是默认的推荐，不捐献才需要人们去做决定和做出行动改变，而这需要花费人们更多的精力。也正因此，在两种情况下，“画√”的人都是少数，而接受“默认选项”则是大多数人的决定。

“默认选项”除了能够拯救生命、影响人们对器官捐献的选择，它还在时时刻刻影响着我们生活的其他方面，下次你在填保险单、选择互联网隐私或缴纳养老金时，你或许就能再次碰见它，体会到它对于人们做决定过程深刻且潜移默化的影响。

资料来源：塞勒 R，桑斯坦 C. 助推［M］. 刘宁，译. 北京：中信出版社，2018.

【思考与实践 12-1】

仔细想一想，你在生活中的哪些决策是受到其他因素影响而做出的。

任务一　认识消费者决策中的非理性行为

一、了解行为经济学

（一）传统微观决策的颠覆

传统经济学有一个重要的假设前提，即经济人假设，这一假设是传统经济学理论的基石，如果没有这块基石，传统经济学的大厦会不复存在。经济人假设一般包括三个特征：完全理性、完全自利和完全意志力。

完全理性是指，人具有完备的、单一的或内在一致的偏好，具有无懈可击的计算能力和判断能力，在面临不确定性时，可以利用所有信息在多种可能的选择中做出最佳决策。

完全自利是指，人们在从事经济活动中，追求的是个人利益，通常没有促进社会利益的动机，但“他经常促进了社会利益，其效果要比他真正想促进社会利益时所得到的效果为大”（亚当·斯密《国富论》）。

完全意志力是指，人们具有完全的自我控制能力，能够严格地、无偏地按照最优化的条件行动，不会受到其他任何因素的干扰。

上述三个特征的内在逻辑是：完全理性是对思维能力的假设，是思维理性；完全自利是目标理性；完全意志力是实践理性。

但人毕竟是社会中的人，现实中的行为和决策出现非理性的现象比比皆是。你可以看到，很多人因为“双 11”活动商品折扣而购买了许多并不必需的商品；你或你的朋友，肯定也参加过肯德基等快餐店推出的饮品“第二杯半价”活动，比如：一杯 12，两杯 18，一次买了并不能喝完的两杯饮品；你也一定体验到，面对商家捆绑销售时，本来你只需要买一件东西时，却因为正值促销，所付的钱比单买这两种东西时少，你却同时购买了另一件你可能并不需要的商品；你也能够在生活中感受到利他主义、社会意识、公正的追求等非物质、非经济的现象存在。

建立在经济人假设上的传统的经济学理论，无法解释那些非理性的经济行为和现象。因此，有经济学家将心理学与经济学相结合，用于经济分析，推动了行为经济学的发展。

（二）什么是行为经济学？

1.行为经济学的定义

行为经济学并没有一个明确而统一的概念。行为经济学创始人之一的理查德·塞勒和哈佛大学经济学教授穆莱纳桑在“行为经济学”的工作论文中给行为经济学所下的定义是：一门研究有限理性的市场中经济现象的学科，是经济学和心理学的有机结合。

2.行为经济学的基本假设——社会人假设

区别于传统经济学的经济人假设，行为经济学的基本假设认为人是“社会人”，认为人是有限理性、有限自利和有限意志力的。

（1）有限理性

行为经济学认为，由于信息不完全和人的认知特点制约，使得人远不能达到经济人假设所设想的完全理性。

①信息不完全

一是由于信息过于复杂，超出了社会人认知的能力范围，在决策时不可能获取所有信息，也不可能对获取的信息都进行完全计算和考量；二是信息意义模糊，无法进行成本收益比较，在决策时难以计算出全部决策产生的结果和分布概率，从而更多按照现有的认知规律进行决策。

②认知特点的制约

从认知特点来看，人们往往采取多种不同于理性选择的决策方式。由于受认知系统结构的制约，人们在决策时往往采用启发式决策，并受到框架效应和其他认知偏差的影响。

（2）有限自利

人类在具有自私特征的同时，也同样具有利他和公正的一面，在很多情况下，常常表现出相当多的利他行为。

（3）有限意志力

在经济实践中，人们往往知道何为最优解，却因为自我控制等原因，无法做出最优并坚持选择。例如，大多数人有时会吃得太多、喝得太多、花钱太多，而锻炼、储蓄和工作则太少。吸烟的人都知道吸烟不好，但是想抽烟了，哪怕是肺病专科大夫也控制不住。还有，人们都会拖延。个体一方面具有努力追求最优化的理性倾向，也具有不努力追求最大化的非理性倾向。所以，追求最优化原则只能是某些人在某些条件下采取的特定的行为特征。

微课12-1

什么是行为经济学？

二、直觉思维

行为经济学家丹尼尔·卡尼曼在他的著作《思考，快与慢》中认为，人们的认知由两个系统构成，一个是直觉思维系统（快系统），依赖直觉的、无意识的思考，运行起来速度快；另一个是推理思维系统（慢系统），需要主动控制的、有意识进行的思考，需要保持足够的专注力，主动控制。

人们在经济活动中的非理性行为的产生，重要的原因是直觉思维系统在决策中占优，主要原因有认知繁忙、认知懒惰和调整不足。

有一道菜叫作“春潮涌动”，听名字就能感觉这道菜比较有生机，其本身却也正是如此，想要吃这道菜，绝对也事先做好心理工作，因为它的原材料是蛆虫。蛆虫富含高蛋白，营养价值非常高，很多地方已经将人工养殖的蛆虫作为食材端上了桌，比如在江苏，这道春潮涌动就是十分有名的菜肴，当地人非常喜欢。其做法大多以油炸为主，炸好后撒上佐料，吃的时候又香又脆。可即便如此，一想到它的原材料是用蛆做的，都免不了让人心里不舒服，当然也不得不承认，菜名取得还是十分有诗意的。

（一）认知繁忙

由于认知主体决策的紧迫性、复杂性等造成认知系统加工负荷过高，导致认知主体处于一种繁忙状态。此时，在进行决策时，认知系统往往会走捷径，采用直觉思维系统进行判断，由此导致直觉思维系统相对推理思维系统占优。

（二）认知懒惰

由于主体缺乏自觉性动机，疏于用推理思维系统来检验直觉思维系统的认知结果，使得推理思维系统的监控不足，推理思维系统无法纠正直觉思维系统的非理性偏差，从而导致直觉思维系统占优。

微课 12-2

直觉思维

（三）调整不足

人们在决策过程中，直觉思维系统运行速度快，先得出结论，随后推理思维系统再对结论进行调整。但是，由于上述两种原因的存在，常常导致推理思维系统对直觉思维系统的调整不足，从而直觉思维系统占优。

【学思践悟】 调查研究是谋事之基、成事之道

解决实际问题，必须进行全面深入的调查研究。习近平总书记深刻指出“调查研究是谋事之基、成事之道”，多次强调“要在全党大兴调查研究之风”。

没有调查就没有发言权，没有调查就没有决策权。党的十八大以来，以习近平同志为核心的党中央高度重视调查研究工作，将深入调查研究作为开展工作、出台政策、制定战略的“先手棋”。中央八项规定的第一条，便是改进调查研究。

党的二十大报告提出：“弘扬党的光荣传统和优良作风，促进党员干部特别是领导干部带头深入调查研究，扑下身子干实事、谋实招、求实效。”当前，世界百年未有之大变局加速演进，不确定、难预料因素增多，国内改革发展稳定面临不少深层次矛盾躲不开、绕不过，各种风险挑战、困难问题比以往更加严峻复杂，迫切需要通过调查研究把握事物的本质和规律，找到破解难题的办法和路径。对广大党员、干部而言，只有通过深入细致的调查研究，才能把握快速变动的实际，出实招、见实效。在全党大兴调查研究，坚持党的群众路线，坚持实事求是，坚持问题导向，坚持攻坚克难，坚持系统观念，必将汇聚攻坚克难、勇毅前行的强大力量。

新时代新征程，大兴调研之风、注重调研实效，矢志不渝、笃行不怠，我们就一定

能多察实情、多解难题，努力创造不负时代、不负人民的实绩。

资料来源：李浩燃. 调查研究是谋事之基、成事之道［EB/OL］.［2023-03-28］. https://baijiahao.baidu.com/s? id=1761588326063542300&wfr=spider&for=pc.

悟有所得

“没有实践就没有发言权”“实践出真知”是先人总结出来的正确结论。从行为经济学的角度看，人的思维和行为会出于自身的原因而产生“惯性”，以往的经验往往会影响事情的判断和决策。但环境会发生改变，事物会随着时间而变化。所以，习近平总书记强调要加强调查研究，在二十大报告里也提出了要深入开展调查研究。从经济学角度看是破除“非理性思维”，以事实为依据，将事业干得更好。

在信息极度发达的数字时代，各种渠道获取的海量信息纷乱复杂，我们也要在调查中实践，破除“非理性思维”，存菁去芜，保持独立思考的习惯和实践性思维，在实践调查的基础上推动工作发展。

三、启发式偏差

由于直觉思维系统在人们日常决策中常常占据优势地位，所以导致了行为往往会背离传统经济学关于经济人的假设，其表现形式主要有两个，一个是启发式偏差，一个是框架效应。

（一）什么是启发式偏差

行为经济学家丹尼尔·卡尼曼和阿莫斯·特沃斯基的研究认为，当人们对复杂模糊、不确定的事件进行决策时，由于缺少行之有效的方法，直觉思维系统往往占优，比如：依赖过去的经验，得到启示，进行决策，但有时会导致决策偏差，称为“启发式偏差”。

（二）启发式偏差的表现形式

启发式偏差的表现主要有代表性偏差、可得性偏差和锚定效应。

1.代表性偏差

在进行判断和决策时，我们经常依据以往同类事件经验形成的直觉，默认某些事情有特别的特征而进行判断决策，但事实并不总是这样，这就是代表性偏差。

【拓展阅读 12-1】

熟人靠得住吗？

情形1：一个和你关系非常好的客户，告诉你A市场的价格竞争非常激烈，是一个价格导向型的市场，你认为这个客户不会骗你，相信了，因此在制定市场策略的时候以低价作为导向。这种做法，就是一种代表性偏差，客户可能真的没有骗你，但是他仅仅只是市场上的其中一员，他只能代表自己而没有办法代表市场，然而启发性偏差的存在却往往让我们把这个代表无限放大，而忽略样本数量与真实数量的差距。

情形2：当某个客户拖欠货款的时候，你第一个反应是看客户过往的付款记录，记录显示一切良好，因此你心里想，客户的信用记录良好因此应该没有问题。但是，客户当前拖欠货款和过往付款记录良好之间，并没有因果逻辑，甚至连相关性都不一定有，说不定客户突然破产了呢？说不定客户之前的良好记录就是为了今天骗你的货物呢？假如我们单纯因为客户过往的良好记录，而不去做客户现在的征信调查的话，后果可能就会非常严重。

2. 可得性偏差

可得性偏差，指人们往往根据认知上的易得性来判断事件的可能性，也指人们往往根据事件在脑海中呈现的轻松程度来判断事件发生的概率，由此造成的决策偏差。

在判断决策时，人们最容易想到的通常是过去经常发生的事件或近期发生的不寻常事件，并认定这些容易感觉到或回想起的事件更常出现，但这些信息也可能对判断是不重要的或不够的，自然也会导致判断上的偏差。丹尼尔·卡尼曼认为“人们倾向于依据从记忆中提取问题的容易程度，来评估问题的相对重要性，而容易程度在很大程度上取决于媒体的报道程度。”（《思考，快与慢》，丹尼尔·卡尼曼）。

微课 12-3

启发式偏差

例如：被鲨鱼咬死，或者是被天上掉下来的飞机零件砸死，两种事件，哪一个可能性更大呢？几乎所有的人都认为，被鲨鱼咬死的可能性更大。为什么呢？因为日常生活中，我们经常看一些关于鲨鱼的电影，也听到诸多鲨鱼伤人的案例。所以，认知中自然会有这样的反应，给出一个基本的判断。事实上，死于被飞机零件砸中的案例，是被鲨鱼咬死案例的30倍。是不是觉得很不可思议？有一种颠覆了你认知的感受？

一件事的难忘程度和它发生的可能性之间并没有真正的联系。而且事实往往恰恰相反。不寻常的事件比寻常的事件更引人注目，受到更多的关注。因此，很多时候我们高估了不太可能发生的事情的可能性，而低估了有可能发生的事情的可能性。

3. 锚定效应

锚定效应最早由丹尼尔·卡尼曼提出，是指当人们需要对某个事件做定量估测时，会将某些特定数值作为起始值，起始值像锚一样制约着估测值。通常来讲，人们在做决策时，思维往往会被获取的第一信息左右，就像沉入海底的锚一样，把你的思维固定在某处。

人们在进行判断时常常根据一些典型特征或过去的经验对事件进行判断，同时易受他人的影响，从而确定某个锚定值，而判断和决策的调整也通常围绕该锚定值，导致在判断中常常过分夸大或缩小事件的发生概率，出现非理性倾向。

【思考与实践 12-2】

绝大多数商场的服饰，长年打折出售，那为什么不降低标价按原价出售呢？

【拓展阅读 12-2】

你在逛超市的时候，看到了一个陌生的方便面品牌，和旁边你非常熟悉味道的方便面相比，1包贵了1块钱，这个时候你可能很自然地认为：嗯，这个品牌应该味道更高端，也更好吃。这就是在你的思维中，存在着“一分价钱一分货”的想法，“锚定”了你熟悉的方便面。但事实上，价格贵说不定是成本没控制好呢？说不定是给超市买手的回佣更多呢？而且品牌是否更高端是一个非常复杂的问题，好不好吃我们也得吃了才知道，但是大脑就是倾向于把复杂模糊难以判断的事情，通过简单的价格对比来得出结论。

【拓展阅读 12-3】

饭店菜价的“学问”

你想过饭店实际赚钱的菜品有哪些吗，是那些贵的还是那些便宜的呢？奢侈品店里放的那些“天价”商品有多少是真的想要卖出去的呢？如果你仔细观察，可能会发现同一页菜单里的几个菜品可能类似，但价格却相差很大。奢侈品店里会放着一些“天价”商品，如果仔细观察，你可能会发现，那些“天价”商品并不是很多，但很可能分散在各个柜台，在你看到这些“天价”商品后，再看旁边的商品，是不是觉得价格很“亲民”？

四、框架效应

在《庄子·齐物论》中有这样一个故事：“狙（jū）公赋芧（xù），曰：‘朝三而暮四。’众狙皆怒。曰：‘然则朝四而暮三。’众狙皆悦。”

说的是，宋国有个狙公，养了很多猕猴，他能理解猕猴的意思，猕猴也懂得狙公的心意。狙公由于缺少粮食，要给猴子限食。于是说：“给你们橡子，早上三个，下午四个，够了吗？”所有的猕猴们都发怒得跳起来。他过一会儿又说：“那早上四个，下午三个，够了吗？”所有的猕猴都很高兴。其实，给予猕猴的食物总量并没有什么不同，只是因为表述不同而导致的结果不同。这种现象产生的原因就是行为经济学中的“框架效应”。

（一）什么是框架效应

框架效应（Framing effect）是指，对一个客观相同的问题，不同的表述或者措辞方式会影响人们的偏好或选择。

框架效应的本质是一种认知偏差，尽管实际上得失的期望值完全一致，但会因为表述方法是以损失或收益为不同主体，影响决策主体做出不同的选择。我们之所以将之称为框架效应，是指人们做出不同选择的根本原因在于人们的思维会受到不同框架（Framing）的影响。同一个问题（或同一事物）可以用两段话这样的不同框架来表达。一段话中有积极因素或词语，或者有受人喜欢的词语，我们就说它是积极框架；另一段话中有消极因素或词语，或者有受人厌恶的词语，我们就说它是消极框架。一般而言，人们更喜爱用积极框架描述的事物。

比如，现在有两盘牛肉，一盘牛肉上面的标签上写着：75%瘦肉，另一盘牛肉上面的标签写着：25%肥肉，结果多数人会选择标有75%瘦肉的牛肉（因为人们喜欢“瘦肉”，厌恶“肥肉”）。但实际上两盘牛肉的材质完全是一样的，有75%的瘦肉就会有25%的肥肉，有25%的肥肉就会有75%的瘦肉。

（二）框架效应的应用

在现实生活中，框架效应的应用也比比皆是。例如，京东商城和淘宝商城经常在双十一或者大型节假日推出满 199 减 100 的优惠，铺天盖地的宣传说的都是满 199 减 100，却不会说不到 199 没有优惠。这就是一种倾向于收益的措辞，对消费者起到的是积极正面的影响。让顾客感觉自己占了大便宜。这也是利用框架效应左右人们的选择。

【思考与实践 12-3】

政府想借由减少税收的方法促进消费。有两种可以选择的做法，一种是减税 10%，直接削减税收水平；另一种是退税 10%，就是在一定时间后退还纳税人税款，你认为哪一种方法更利于促进消费呢？

从金钱的绝对数额来看，减收 10% 的税和返还 10% 的税是一致的，但在实际刺激消费上的作用却有着巨大的区别。因为人们总会感觉减收的那部分税款是应得的，所以进一步扩张消费的动力和愿望并不强烈，但是退还的税款对人们来说就近似一笔计划考虑外的额外收入，能刺激人们进行更多的消费。显然，对政府来说，与减税政策比较，退税所能获得的成效要好得多。

微课 12-4

框架效应

学习测试 12-1

任务二　探究前景理论

一、什么是前景理论

（一）前景理论概述

前景理论，也称展望理论或视野理论，丹尼尔·卡尼曼和阿莫斯·特沃斯基教授提出，将心理学研究应用在经济学中，以“有限理性”为前提，解释个人在不确定情况下的决策行为。前景理论认为，通常情况下概率和价值评估等主观判断、决策行为依赖于有限的可供利用的数据，这些依据直观推断与经验规则得到的信息会产生系统性偏误。

（二）前景理论的主要内容

1. 人的决策阶段

前景理论认为，人的决策过程分为两个阶段，即编辑阶段和评估阶段。第一阶段为编辑阶段，对随机事件的发生以及对事件结果和相关信息进行收集整理。在这一阶段，为进行更好决策，需要对获取的信息进行处理，主要有编码、合并、分割、删除、简化和占优检测。

第二阶段为评估阶段，对事件结果进行评估和决策。在经过对信息进行编辑之后，决策者会运用所有掌握的信息进行前景估测，并进行决策选择最优前景。

2.前景理论基本结论

（1）确定性效应

确定性效应是指，多数人在决策过程中，面对确定性收益的时候都是风险规避的。即面对获利状态时，往往小心翼翼、厌恶风险、喜欢见好就收，害怕失去已有的利润。比如“一鸟在手，胜于二鸟在林”说的就是这个道理。

你对下面情形做出选择：假设现有两种彩票，分别是“100%概率获得10 000元”和“50%概率获得20 000元，50%概率什么也没有”，你会选择什么呢？根据研究，多数人都会选择前者，因为10 000元是确定性的收益，不存在风险。

（2）反射效应

反射效应是指，多数人在决策过程中，面对损失时会呈现风险偏好的倾向。之所以称之为反射效应，是与确定性效应相对应，就像是它的映像和反射。大多数人处于亏损状态时，会极不甘心，不愿意面对亏损，而愿意承受更大的风险，并试图以博好运来挽回损失。

比如“一不做，二不休”“破罐子破摔”等词语，真实反映了这种心理状态。

想象一下，你持有的股票开始下跌，如果现在抛出去会损失10 000元；但若继续保留，有50%的概率会继续下跌，损失20 000元，或者有50%概率股市回转，不产生损失。你会如何选择呢？据研究，在两者中作选择时，大部分人会选择后者，因为抱有侥幸心理，此时呈现风险偏好。

（3）损失厌恶

损失厌恶是指大多数人对损失比对收益更敏感，面对同样的亏损时的痛苦感，要大大超过面对同样的盈利时的快乐感。

比如，在加油站A，每升汽油卖5.6元，但如果以现金的方式付款可以得到每升0.6元的折扣；在加油站B，每升汽油卖5.0元，但如果以信用卡的方式付款则每升要多付0.6元。

显然，从任何一个加油站购买汽油的经济成本是一样的。但大多数人认为：加油站A要比加油站B更吸引人。因为，人们总是喜欢“收益”，厌恶“损失”，加油站A是与某种“收益”（有折扣）联系在一起的，而加油站B则是与某种“损失”（要加价）联系在一起的。

再比如，有一家卖瓜子的店生意特火，问起玄机，老板说：在称量时，别人家是先抓一大把，称时再把多的拿掉；而我家是先少抓一点，然后再添足称。“拿掉”容易给人缺斤短两的心理暗示，而“添点”则让人感到分量给得很足，所以人们更喜欢“添点”，而厌恶“拿掉”。

（4）参照依赖

微课12-5

前景理论

参照依赖是指，大多数人对得失的判断往往根据参考点决定。前景理论认为，价值载体是财富或福利的变化而不是最终状态，即影响我们决策的往往是我们能够感知到的评价变化或差异，而不是评价绝对的量值。所以，相同的福利绝对值变化，由于参照点的不同，可能会产生完全不同的决策结果。老子所说的“不患寡而患不均”，所谓不均，就是由于参照点的不同，产生的对比落差。

比如，在给定的温度下，一个对象通过触摸可能会被认为是热的也可能被认为是冷的，这取决于我们之前已经适应的温度。同样地，10 000元钱对一个富裕家庭来说不算什么，但对于一个偏远山区的穷困家庭，它是一笔巨大的财富，这取决于它们目前的资产状况。

二、参照依赖

在行为经济学认为，参照依赖是指个体在决策时是基于某个参照点对得失价值进行判断，在参照点之上，个体感受为收益，反之感受为损失。损失和收益的感知取决于参照点的选择。

（一）参照点的选择

人们在决策时，参照依赖随处可见。比如中国的俗语“宁做鸡头，不做凤尾”，就是选择低起点作为参照点，从而获得相对优势的收益。就参照依赖的现象来看，人们的收益往往是基于参照点所产生的相对收益，而并非绝对收益。所以说，幸福或不幸是一种感受，选择不同的参照点，会产生不同的主观感受。比如，一个刚刚损失了一半身家的亿万富翁，和一个刚刚身家翻倍的农民工相比，前者的幸福感不会因为其总财富仍远远高于后者而更高。因此，参照点的选择，对于决策是至关重要的。

参照点的选择可以是在决策前已经存在的，比如：我们为自己未来5年做规划，其参照点可以是我们自己现在的生存状态；参照点也可以是事先想象或虚拟的，通过预防后悔的方式，在决策前影响人们的心理，从而影响决策，比如：要做出是否花费半个月的生活费，观看你的偶像演唱会的决定，虽然去看演唱会可能影响你下个月的生活质量，但你可能想“如果不去看，下次演唱会不知道什么时候还有，自己可能会后悔”，最终决定去观看；此时你的参照点是想象或虚拟出来的后悔感，现实中并没有发生。

1.现状参照

现状参照，是指人们在决策时将现实存在的状况作为参照点，任何基于现状的改变都会被视为损失或收益，人们更倾向于维持现状。比如中国的成语“因循守旧”“近朱者赤，近墨者黑”都是将现状作为参照点而产生的现象。

2.目标参照

目标参照，是指在很多情况下，人们进行决策的参照点并非现状，而是想象或虚拟的目标、对未来的期望等。目标参照对于现实的决策具有重要的影响，比如清晰、明确、具体的目标会对你现在行为产生具体而有针对性的指导。当参照目标设定后，人们会将现状与目标进行对比，没有实现的部分会被视为损失，促使人们更加努力地去实现目标。由于损失规避效应，人们处于风险偏好状态，会更加努力实现目标；而当目标实现后，人们会将现状视为收益，从而产生安于现状的现象，确定性效应使人们在面对收益时规避风险。

（二）参照依赖的几种现象

参照依赖影响着人们的决策行为，在不同的参照点下，使人们的选择出现偏差。同时，在人们的长期生活和认识中，会形成基于不同环境的参照系，一旦形成便具有一定的稳定性，从而也影响着人们的决策。

1.交易偏见

交易偏见，是指由于商品的参考价格和商品的实际价格之间差额的存在，人们在决策时做出非理性的交易决策。

通常人们在交易中会因为参考价格存在和影响，在交易决策过程中过多地考虑参考价格和商品实际价格（原来的价格和现在的价格）之间的差额，并从差额中获得满足感，差额越大，获得的满足感越大，从而做出并不理性的交易决策。

【拓展阅读 12-4】

有一对夫妻去商场，打算买一套冬被，在前期考查中知道商场中有三种款式可供选择：普通双人被、豪华双人被和超大号豪华双人被。考虑到实用性，两人打算买豪华双人被。到了商场，发现正在搞促销活动，所有款式的被子售价一律为500元，而这三款被子原价分别为550元、650元和750元。

【思考与实践 12-4】

如果你是那对夫妻中的一人，你会买哪种被子呢？请你做出你的选择：

A.普通双人被　　B.豪华双人被　　C.超大号豪华双人被

事实上，这对夫妻选择了超大号豪华双人被。结果用了几天，他们发现超大豪华被很难打理，放在床上有点过大并会落到地上，非常不方便。

这是典型的交易偏见，我们绝大多数人都会像这对夫妻一样，在面对参考价格与实际价格差额时，常常会做出非理性的选择，背离了我们进行交易的初衷与实际需求。

知识链接 12-1　　交易中的参照系

行为经济学研究表明，人们在对事物进行分析判断时，会选取参照水平作为一个参考依据。在日常生活中，人们更多地采用相对度量的方法来认识世界，即先确定一个“标杆”，然后通过对比要度量的事物和标杆来获得对该事物的信息和认识。这个标杆在认识过程中起到了至关重要的作用，行为经济学称该标杆为“参照系”。

想象一下，你在购物时是否会受到商店装修、商品包装、服务水平、销售地点的影响？一瓶农夫山泉在旅游热景点卖5元钱你是否觉得贵呢？在你家楼下的小超市卖5元呢？在五星级酒店卖5元呢？同样的商品、同样的价格，你交易的感受是不同的。这就是我们所形成的参照系影响了我们的交易感受。

2.比例偏见

参考价格和实际支付价格之间的差额是“交易效用”的源泉，实际支付价低于参考价越多，你越觉得这是一笔合算的交易。

即使在绝对差额一样的情况下，不同的相对差额也会产生不同的“交易效用”，影响你的消费决策。比如把20元的东西还价还到15元，一定要比把125元的东西还价到120元更加有成就感。我们看看下面的两种情形，请做出你的选择。

情形1：

假设某天你在A商店看到一个售价100元的闹钟，你当时正缺一个闹钟，觉得这个样式和功能都很不错，想将之购入囊中。正在你打算付款时，你的一个好朋友碰巧路过商店，他得知你要买这个闹钟后告诉你，他刚从不远处的B商店过来，在那里这一款完全相同的闹钟正在搞促销活动，售价为80元。你知道从A商店到B商店骑车需要10分钟，此时你会不会掉头去B商店购买呢？请给出你的答案，并说明原因。

情形2：

假设有一天你在C商店看到一款心仪已久的名表，售价为6 600元。你正打算付款购买时，你的一个好朋友碰巧路过商店，他得知你要买这款手表后告诉你，他刚从在不远处的D商店过来，在那里也有一款完全相同的名表，售价为6 580元。你知道从C商店到D商店骑车是10分钟路程，此时你是否会去D商店购买呢？请给出你的答案，并说明原因。

根据调查，对于大多数人来，在情形1下会选择去另一个价格低的商店购买，而在情形2中，大多数人不会选择花10分钟去价格低的地方购买。从经济学的角度来看，虽然同样是价格便宜20元，但相对原价的比例来说，情形1的比例要远远大于情形2的比例。这就是比例效应的作用。

3.完整性偏见

完整性偏见，是指人们更倾向于对完整或者趋向完整的事物给予更高的估值，从而做出非理性决策的现象。

芝加哥大学的奚恺元教授曾经做过这样的实验：冰淇淋A一杯有7盎司，装在5盎司的杯子里面，看上去快要溢出来了；冰淇淋B一杯有8盎司，但是装在了10盎司的杯子里，所以看上去杯子很大，里面却还没装满。此时，两份冰激凌摆在你面前，你更愿意为哪一杯付更多的钱呢？听起来似乎是8盎司的那一杯冰淇淋值更多的钱才对，但如果分别呈现两杯冰淇淋的话，更多人选择了“为7盎司的冰淇淋付更多的钱”。这说明人们更喜欢完整的、整齐的东西，实际上这是人们长期所形成的一种参照系，从而对决策产生影响。

4.诱饵效应

诱饵效应，是指人们在面对几个选项进行决策时，新选项（诱饵）的设置，会使原有的某个选项得以突出，显得更有吸引力，从而影响人们决策的现象。

微课12-6

参照依赖

比如，某个卖场里的帽子和毛衣是摆放在一起的，标签上标出的价格分别是：帽子49元；毛衣299元；帽子+毛衣299元。

这实际上是买毛衣送帽子，但为什么要摆出帽子和毛衣的单价来作比较呢？其实，商家是精明的，实际上，毛衣299元只是一个用于对比的“诱饵”，突出了第三个选项的价值。消费者通过对比，会获得更大的满足感，这比单纯的买毛衣送帽子更有吸引力。

【拓展阅读 12-5】

《经济学人》杂志曾发布过这样一个广告：

《经济学人》网站	征订
观点 世界 商业 金融与经济 科技 人物 书籍与艺术 市场与数据 娱乐	**欢迎光临** 《经济学人》征订中心 请选择你想订阅或续订的方式： □**电子版**：每年 59 美元 包括《经济学人》杂志网站全年所有在线内容及 1997 年以来各期《经济学人》在线内容浏览权 □**印刷版**：每年 125 美元 全年各期印刷版的《经济学人》 □**印刷版加电子版套餐**：每年 125 美元 全年各期印刷版的《经济学人》加全年《经济学人》杂志网站所有在线内容及 1997 年以来各期《经济学人》在线内容浏览权限

在大多数人看来，在电子版每年59美元和印刷版每年125美元之间，好像没什么可比性。但是，在印刷版125美元和印刷版加电子版套餐125美元之间还是比较好比的，那就是，同样花125美元，人们肯定要买套餐。有人可能要问，都知道125美元的套餐更为划算，为什么还要单列一个印刷版125美元呢？在这里，印刷版125美元就是一个诱饵，它的存在是为了促使125元印刷版加电子版套餐更容易卖出去。

所以当你去超市购物时，看到摆在货架上的同品牌饮料2升装与2.5升装居然同样定价为5元，而且摆放位置就挨在一起，你就会明白是为什么了：其中的一个，只是“诱饵”。

资料来源：艾瑞里 D. 怪诞行为学［M］. 赵德亮，译. 北京：中信出版集团，2022.

三、损失厌恶

损失厌恶是前景理论的重要结论，人们对待同等收益和损失的感受是不同的，损失带来的负面心理感受更大。

由于损失厌恶的存在，人们对风险偏好并不一致。当涉及收益时，人们表现为风险厌恶，也就是说用户更加保守，希望获得收益；当涉及损失时，人们则表现为风险寻求，也就是用户更倾向于冒险，避免产生损失。最为典型的就是炒股用户的心理，当股票上涨的时候，用户想的是套现离场，落袋为安。而一旦被套牢，用户更倾向于死扛，不舍得割肉，因为一旦卖出就意味着产生了真正的损失，所以很多人甘愿冒更大风险，希望有朝一日股票能够涨回来。

（一）禀赋效应（Endowment effect）

损失厌恶产生的原因，在于“禀赋效应”，它是指对于同一件物品，一旦人们拥有这个物品或可能将要拥有，相对于未拥有的人而言，会给出更高的评价。简单地说就是，因为拥有而喜欢。

中国有句话叫“敝帚自珍”，就是这个道理，人们往往因为在自己所拥有的事物里面倾注了感情，而对它格外珍惜，哪怕这件物品在外人看来已经是破旧的，自己仍然爱惜。（汉·刘珍《东观汉记·光武帝纪》：“帝闻之，下诏让吴汉副将刘禹曰：‘城降，婴儿老母，口以万数，一旦放兵纵火，闻之可谓酸鼻。家有敝帚，享之千金。禹宗室子孙，故尝更职，何忍行此！’”）

在现实应用中，很多商家为了促销，都提供“7天不满意包退”“7天无理由退货”等服务，如果不满意在规定时限内可以随时退货。这是商家充分利用了禀赋效应的原理，因为一旦收到货物，它在你心里的价值就会上升，与此前付出的金额相比，你可能认为“买得非常值”，退掉它的痛苦会大过退回的金额，大部分人是不会退货的。很多视频网站/APP的会员服务也是一样，都有1个月的免费试用期，试用期到了后不续费的话，就会得到停用服务的“损失”，于是客户便可能续费接着用下去。

【拓展阅读12-6】

宜家的秘密

宜家整个卖场的布置就像一个很漂亮、很温馨的家，里面陈设的所有家具你都可以摸，可以坐，甚至可以睡在上面。当我们沉迷于这个过程时，接触过的家具都感觉像自家的一样，在不知不觉之中已落入宜家为我们设置的“心理所有权”陷阱，最后我们都会毫不犹豫地下单，将这些家具和用品买走。广告、套餐、试吃、试穿等活动，乃至网上购物的“购物车”都是商家对禀赋效应的典型应用。

（二）损失厌恶三要素

由于禀赋效应的存在，在决策中很难克服损失厌恶，人们会厌恶损失那些自己拥有且有价值的东西。所以损失厌恶产生的前提有三个关键要素，分别是拥有、价值和损失。首先是拥有，没有拥有，也就谈不上损失，也就不会存在损失厌恶。当然，这里的拥有不一定指绝对拥有，它可以是暂时的拥有，甚至可以是虚拟的拥有（比如，当你暗恋一个异性时，会出现“情人眼里出西施”现象，虽然对方可能并不一定喜欢你，但你就是觉得她什么都好）。其次是价值，所拥有的东西，必须有一定价值。没有任何价值的东西，谁也不会在意失去，例如我们丢掉的那些生活垃圾，并不会引发任何不愉快。最后是损失，在前两个前提下，只有面临损失，才能激发损失厌恶的心理，提高对所拥有东西的珍惜程度。

在现实社会中，一些商家会将损失厌恶的理论应用于市场营销、产品设计、商务谈判等方面，主要就是针对损失厌恶三要素，创造反向心理，即创造拥有感、营造价值感、制造损失感。当然，在某些场合，也可以通过降低拥有感、减少价值感、消除损失感，来降低产生损失时的负面情绪。

微课 12-7
损失厌恶

学习测试 12-2

任务三　理清你的心理账户

一、认识心理核算

假设你今天要买10支笔，家门口的便利店卖5元1支，而同样的笔，一条街以外的文具店只卖4元1支。那么，你会选择在门口的便利店买还是在更远的文具店买呢？假设你今天要买一件皮衣，家对面的商场价格为1 000元，而同样款式的皮衣，一条街以外的服装店只卖990元。那么这一次，你又会选择在哪里买呢？

在第一种情形下，很多人会选择去更远的文具店买，而在第二种情形下，大多数人却不愿意为这点钱多走一条街。同样是能节省10块钱，人们的选择却大相径庭，为什么会这样呢？这就涉及行为经济学的另一个内容：心理账户理论。

（一）心理核算概念

心理核算理论是行为经济学家理查德•塞勒提出的，是指“个人和家庭用来组织、评估和保留财务活动记录的认知操作的集合”（《选择、价值与决策》）。塞勒认为，个人和家庭与企业一样，需要记录、汇总、分析和报告交易结果和财务事宜，主要目的是记录钱用在了哪里，并控制好支出，而心理核算就是从事上述行为的方法。心理核算也同会计核算原则“有借必有贷、借贷必相等”一样，需要讲求“心理平衡”。人们在进行心理核算时，实际上就是对各种选择的损失-收益进行估价，称之为“得与失的构架”，人们在心理核算的过程中并不是追求理性认知上的效用最大化，而是追求情感上的满意最大化，情感体验在人们的现实决策中起着重要作用。

（二）心理核算的过程

人们进行的心理核算，与财务、会计核算类似，其流程包括三个阶段：第一阶段，心理开户，即将损失或者收益合并到某个账户中；第二阶段，心理计算，对损失或者收益进行心理标记和收支分析；第三阶段，心理销户，对心理账户结算并进行关闭。

微课 12-8
心理核算

比如：小明买彩票中了1万元，他把这1万元的收益划分到了“奖励账户”上（心理开户）；小明想，这是意外之财，应该与朋友同乐，尽情消费，于是他请朋友去五星级酒店吃饭，并且点了3 000元的酒，平时从来都没去过这么高级的酒店，也没买过这么贵的酒，而这一顿饭刚好1万元（心理计算）；虽然这次花了这么多钱，真正地奢侈了一把，但小明认为是值得的，虽然以后小明花钱再也没有这么大手大脚过（心理销户）。

由于消费者心理账户的存在，个体在做决策时往往会违背一些简单的经济运算法则，从而做出许多非理性的消费行为。

根据调查，大多数人对已经支付的心理账户会尽可能多地进行消费。因为，人们在每一个具体的心理账户中已经支出了一笔钱，如果不去消费完，就会认为这笔交易做得太亏，钱就白花了。

【思考与实践 12-5】

我们考虑下面情形：

情形 1：你去旅游，买票进入景点后，发现旅游景点人山人海，你会如何做？

A. 门票都买了，还是继续逛完景点。B. 人太多了，不逛回家了。

情形 2：你吃海鲜自助餐，会有什么样的心态呢？

A. 我要吃饱、吃撑、吃到扶墙。B. 我吃饱了就行。

二、心理账户

心理核算需要在"心理账户"中进行。心理账户，指人们在开展经济活动时，会在心里建立多种不同的账户，并将现实中客观等价的支出或收益划分到不同的账户中，各个账户里面的钱，一般都不会互相转换，即具有非替代性。心理账户的典型分类包括：

（一）不同收入来源的心理账户

人们通常根据收入来源的不同，将资金划分至不同的心理账户，不同收入来源的资金在各账户间通常不会转换。

例如，我们会把工资划到"辛苦钱"的工作酬劳账户；把年终奖作为一个"惊喜"，划到奖励账户；彩票中奖的钱则划分到"天上掉馅饼"的幸运之财账户中；等等。

【拓展阅读 12-7】

孙老师是一位大学教授，在工作之余，利用休息时间在外面兼职讲课，获得与工资相当的收入。对于这份收入，孙老师觉得是"额外收入"，虽然在外兼职所付出的辛苦并不比正常上班少，但消费起来非常大方，把它当作是对自己和家人的奖赏。这实际上是孙老师将不同时间收入划分到不同的账户中，在支出时有不同的心理感受。

（二）不同数量收入的心理账户

不同数量收入的心理账户，是指针对不同数量的收入，人们会有不同的消费态度来对待，建立不同的心理账户。

比如，对很多人来说，如果年终奖发放的是1万元，也许会迅速地将其消费掉；然而如果年终奖发了10万元，很大概率人们并不会考虑将这笔钱迅速消费，而是考虑将其存入银行或者进行投资。

【拓展阅读 12-8】

B是一名大学生，平时周末会去做一些兼职，工资不高，通常是日结现金，所以每次领了工资放不到几天就花掉了，原本计划攒钱去旅游，然而按照这种情况下去，B发现钱根本存不起来。后来，由于兼职的公司制度发生改变，工资不再日结而是月结。B虽然有些不满，但时间一长，B发现去旅游的钱居然攒起来了。

为什么仅仅日结转换为月结工资，就可以让B从分分钟花掉钱到攒够去旅游的钱呢？

因为无论是日结工资还是月结工资，实际上B的收入并没有增加，但是在B的心里，这笔钱被他分到了不同的账户里。日结工资时，每次的金额比较少，B会想着反正也没多少，没有必要存起来，通常就会把它们放在零用账户中，表示这笔钱是随时可以享用的。但是工资变成月结，金额数量变大，B就会想着存起来以后需要这笔钱去旅游，继而将它们放在旅游账户中，表示这笔钱是不能随时动用的。时间一长，自然而然地就存起来了。

这个例子很好地说明：人们会根据获得收入的多少采取不同的态度，而把这些钱放入不同的账户中，才会出现小钱大花、大钱小花这样的现象。

资料来源：佚名．一个10元等于两个5元吗？［EB/OL］．［2017-12-03］．https：//www.jianshu.com/p/42c677a08e71.

（三）不同支出类别的心理账户

人们会从支出的角度出发，为不同类别的消费设立心理账户，不同账户的支出会受到账户预算的约束。

微课 12-9

心理账户

例如，小明平时好喝几口啤酒，但都是喝10元以下的平价啤酒，很少喝某款价格50元的啤酒。有一天，喜欢的女孩儿要来家里做客，她也是啤酒爱好者，小明毫不犹豫地买了一打（12瓶）50元的高端啤酒。同样是买啤酒，为啥小明突然大方了呢？因为对于小明来说，买10元的啤酒喝是日常基本预算，和正常消费（如吃饭买水果）的价格预算是一样的，但自己喝50元的啤酒简直浪费又奢侈。然而，喜欢的女孩儿来家里做客，这个啤酒的就属于社交预算甚至是找女朋友的预算了，所以大方地买一打高端啤酒来招待喜欢的女孩儿。

【拓展阅读 12-9】

你今天晚上准备去看一场演唱会（现场买票），票价1 000块，但临出门的时候你却发现，你丢了1 000元的购物卡，这个时候你是否还会去看演唱会呢？

同样是去看一场演唱会，你昨天已经买好了门票，结果临出门时发现门票丢了，如果想去的话，只能再花1 000元买一张票，那么你是否会选择去看演唱会呢？

研究人员通过多次实验发现，在第一种情况下，大部分的参与者会选择仍然去看演唱会；而在第二种情况下，大部分的参与者却会选择不去看演唱会。

同样是损失了1 000元，选择却大相径庭，这是为什么呢？

因为，在我们的心中，去听看演唱会和去购物所花的钱分属于两个不同的账户。在第一种情况下，购物卡丢了是购物账户的事情，而我们给演唱会账户的预算一般并不会因此而改变，所以，大部分人选择仍然去听；而第二种情况，看演唱会的支出来自娱乐消费账户中，而我们确实已经支出了，所以大部分人会选择不看了。

三、心理计算

（一）心理计算的含义

理查德·塞勒认为“人们在进行各个账户的心理计算时，实际上就是对各种选择的损失和获益来进行估价的，这个估价行为就被称为‘得与失的构架’”。他还提出了“人们在心理运算的过程中并不是盲目追求理性认知上的效用最大化，而是追求情感上的满意最大化”。

所以，心理计算就是人们在进行决策时，将各种选择的收益和损失进行评估和衡量，然后做出心理上最优的选择。

（二）心理计算的行为原则

1.收益分开原则

收益分开原则，是指人们对收益为正的多个事件，倾向于分开评价，以获得更大的效用。

例如：“谁会更开心？是赢得两场赌局，分别获得50美元和25美元奖金的那个人；还是赢得一场赌局，获得75美元的那个人？”64%的受试者回答是那个赢得两场赌局的人会更开心。（《选择、价值与决策》）

中国有个词“细水长流”也同样说明这个道理。所以，假如你想送朋友两件礼物，一套衣服和一个健身器，最好分两次送。每次送一件礼物所带来的心理体验比一次送两件礼物的心理体验高。

2.损失整合原则

损失整合原则，是指人们对于产生损失的多个事件，倾向于不合并评价，以减小损失效用。

【拓展阅读 12-10】

为什么大部分网络卖家都包邮？

你一定知道网络平台上，大多数商家销售产品都是包邮的，商家为什么不降低售价，单独收取运费呢？

其实，对于商家来说，包邮既是一种薄利多销的经营，也是一种低价引流的手段，这都是基于消费者行为心理研究而做出的营销策略。根据调查，两件质量相同的商品，第一件，包邮60元；第二件，商品50元，邮费10元，共计60元，多数参与调研的人选择了前者。

原因是，由于损失厌恶效应的存在，商品本身价格和邮费价格都是消费者购买商品的支出（损失），将二者一次性支付（整合），所产生的损失效用，相比于分别支付更低。所以在购物的时候，消费者宁愿选择价格高包邮的商品，也不愿意去选择不包邮但价格低的商品，即使二者的实际支付没有差别。

除了包邮之外，包送到家、包安装等等，都是同样的道理。商家这样做的目的，一方面是增加主产品的价值，另一方面，也给了消费者一种“只要我买了产品，就可以免费享受接下来的一系列配套服务”的错觉。

资料来源：佚名．全球最大包邮区是怎么炼成的？背后这个被低估的“垃圾”，竟藏着百亿商机［EB/OL］．［2021-11-11］．https：//www.xianjichina.com/news/details_283803.html.

3.整合小失大得

整合小失大得，是指当同时存在损失和收益时，人们更倾向于把小的损失和大的收益整合评价，以获得更多的效用。

当多个事件存在小的损失和大的收益时，如果将之整合，会得到正的收益。相互抵消的部分，如果单独评价，由于损失厌恶，同样数额的损失带来的负效用，要大于收益带来的正效用。

4.分离小得大失

分离小得大失，是指当同时存在大的损失和小的收益时，人们更倾向于把大的损失与小的收益分开评价，以减小损失效用。

根据塞勒的研究，随着损失的增加，人们对单位损失的敏感性会降低，即损失的边际影响减小。所以，当面临同时存在的大损失和小收益时，将二者分开，相同数量的收益获得的正效用大于相同数量损失产生的负效用，从而使得总效用损失减少。

（三）心理计算的决策

1.交易效用

塞勒认为，消费者从一次购买之中得到两种效用：获取效用和交易效用。获取效用指相对于物品价格所获得的价值，类似于“消费者剩余”，是成本-收益的分析。交易效用是一笔交易被认知到的价值，是指支付金额与参考价格（即消费者愿意支付的正常价格，或者说是消费者的期望价格）之间的差额”。

交易效用可能是正的，也可能是负的。正的交易效用，会使人们获得快乐感，从而促进交易；负的交易效用，会给人带来痛苦感，从而阻止人们进行交易。

2.支付隔离

支付隔离，是指人们的支付和消费并不同时发生，由于相隔时间较长，在进行消费时，对已经支付的款项不再进行考虑的现象。

常见的支付隔离有：

（1）一次预付款，一次或多次消费，比如：你加满了一箱油，在开车时，就很少去考虑自己出去一次要花多少钱；如果是打车，可能每次的支付都能看得见，也许会控制自己的打车费用。所以买车与打车哪个更划算呢？

（2）多次分期付款，多次消费。当人们有预算约束时，很多人愿意分期付款购买耐用品。实际上，当你决定购买商品时，虽然是分期付款，这笔支出已经发生，分期支付稀释了一次付款的感受，并且由于你未来消费时，不会考虑已经支付的成本，预期未来的消费大于等于支付的钱数，因此将心理账户评估为正余额。

（3）一次性延迟付款，多次消费。典型的模式是信用卡消费，将消费和支付脱钩，一是支付时间晚于购买，二是支付与购买是分开的。支付的延迟促进了有预算约束的人的消费，使得支付在消费时并不明显。同时，在信用卡还款时，所有的购买账单是在一起的，就单个商品而言，每一项都不会太显眼，减少了人们对每一个商品分别支付的痛感。

【拓展阅读12-11】

会员卡中的行为心理学

很多商家会推出付费会员卡策略，预先充值一定金额成为VIP会员，并给予消费一定的折扣优惠。这种预先的支付，可以使人们对购买和消费的感觉分开，减少了消费时的痛苦。例如，健身房的年费制度，一次性收取全年费用，并非按次收费，这就让消费者在健身的时候没有花钱的感觉，同时觉得经常去健身是非常划算的。

微课12-10

心理计算

学习测试12-3

【项目小结】

行为经济学以社会人为假设，认为人是有限理性、有限自利和有限意志力的，主要原因包括直觉思维、启发式偏差和框架效应；以社会人为假设前提，行为经济学研究研究在复杂的、有限理性的市场中投资、储蓄、价格变化等经济现象，是经济学和心理学的有机组合。前景理论是行为经济学的重要内容，以“有限理性”为前提，解释个人在不确定情况下的决策行为，其基本结论包括：确定性效应、反射效应、损失厌恶、参照依赖。心理账户理论是行为经济学的核心理论之一，认为人们在心里依据不同的标准建立不同类别的心理账户进行行为决策管理，不同的心理账户有不同的记账方式和心理运算规则，这种心理记账的方式和运算规则常常包含着非理性因素，与传统经济学并不相同，会以非预期的方式影响着决策，使决策违背最简单的理性经济法则。

【项目训练】

一、名词解释

直觉思维　启发式偏差　框架效应　确定性效应　反射效应　损失厌恶　参照依赖　交易效用　诱饵效应　完整性偏见　比例偏见　禀赋效应　心理账户

二、单选题

1.有很多人如果得到年终奖1万元，会迅速地将其消费掉；然而如果年终奖发了10万元，却不会考虑将这笔钱迅速消费，而是考虑将其存入银行或者进行投资，原因是（　　）。

A.不同类型的心理账户在起作用

B.不同数量的心理账户在起作用

C.不同用途的心理账户在起作用

D.不同来源的心理账户在起作用

2.某天，A先生开车上班路上发生剐蹭，损失500元；由于处理交通事故，耽误了时间，上班迟到，被罚款200元，以下描述正确的是（　　）。

A.A先生应该合并评估自己的损失

B.合并或分离评估的结果是一样的

C.A先生应该分离评估自己的损失

D.以上都不对

3.大部分商场的服装商品会打折销售，而大部分消费者也愿意购买打折商品，这种现象反映了（　　）。

A.比例偏见　　B.交易偏见　　C.完整性偏见　　D.诱饵效应

4.厂商有时会将运费内化在商品价格中，再通过"免运费"的方式来促销，这是由于（　　）。

A.有利于消费者货比三家　　B.消费者不愿意感受多次损失

C.避免多次支付　　D.这样价格更优惠

5.在传统经济学框架下，对风险选择的讨论主要基于（　　）。

A.价值函数模型　　B.风险态度模型　　C.期望效用模型　　D.框架模型

6.区别于传统经济学的经济人假设，行为经济学的基本假设认为人是（　　）。

A.社会人，是有限理性、有限意志力和有限自利的

B.社会人，是完全信息、有限自利的

C.社会人，是完全信息、完全意志力、完全自利的

D.社会人，是有限自利、完全意志力的

7.人们的认知由两个系统构成，其中一个依赖直觉的、无意识的思考，运行起来速度快，被称作（　　）。

A.直觉思维系统　　B.推理思维系统　　C.慢系统　　D.前端思维系统

8.一个和你关系非常好的客户，告诉你A市场的价格竞争非常激烈，是一个价格导向型的市场，你认为这个客户不会骗你，就相信了。这种现象属于（　　）。

A.可得性偏差　　B.代表性偏差　　C.锚定效应　　D.晕轮效应

三、多选题

1.心理核算的过程包括（　　）。

A.心理开户　　B.心理核算　　C.心理销户　　D.心理平衡

2.个体会根据（　　）建立不同的心理账户。

A.资金的数量　　B.资金的用途　　C.资金的位置　　D.资金的来源

3.以下说法正确的有（　　）。

A.人们对于意外之财的估值偏低

B.不同心理账户的资金是可以替代的

C.相比大额收入，小额收入更容易被消费出去

D.人们不愿意支出未来收入

4.信用卡会显著提高消费意愿是因为（　　）。

A.信用卡的事后支付可以减少消费者的损失

B.信用卡为消费者提供了一个归并多次损失的途径

C.信用卡为消费者提供了一个归并多次收益的途径

D.信用卡的事后支付可以减少损失带给消费者的负效用

5.在花了一大笔钱办理健身卡之后，我们会在起初的一段时间频繁地光顾健身房，这是由于（　　）。

A.当损失发生于收益之前时，个体将会尽快地追取收益，以使收益与最初的损失归并评估

B.缓解由损失厌恶带来的冲击

C.当损失发生于收益之前时，个体乐于将所有损失归并起来评估

D.当损失发生于收益之后时，个体乐于将所有损失归并起来评估

6.个体选择的参照点有（　　）。

A.现状　　B.其他人的状况　　C.历史值/习惯值　　D.预期值

7.以下不存在禀赋效应的情形有（　　）。

A.能够轻易地以更低的价格获得替代品　　B.持有商品是为了转卖

C.货币交易市场　　D.所有权交易市场

8.人们在经济活动中非理性行为产生的重要原因是直觉思维系统在决策中占优，主要原因有（　　）。

A.认知繁忙　　B.认知懒惰　　C.调整不足　　D.决策失误

9.关于可得性偏差，以下说法正确的有（　　）。

A.事件发生的显著程度也会影响事件在人们脑海中的可得性程度

B.人们会依照高效率搜索事件进行判断，而忽视事件本身的客观性

C.人们会明显高估自然的联想物同时发生的概率

D.在可得性偏差的影响下，人们往往认为容易得到例子的集合比不容易得到例子的集合规模更大，发生的概率更高

10.关于框架效应，以下说法正确的有（　　）。

A.当个体的选择依赖于问题的展现方式时，我们将其称为框架效应

B.框架效应导致了人们在同步决策问题中对“优势性”的违背

C.对选择的方式进行诱导能够影响人们所作的选择

D.框架效应是普遍存在的

四、判断题

1.大多数人会消费完已经支付的商品，并且会尽可能多地进行消费。原因是，人们在每一个具体的心理账户中已经支出了一笔钱，如果不去消费完会认为这笔交易做得

太亏。

2.心理核算也同会计核算的“有借必有贷、借贷必相等”一样，需要讲求“心理平衡”。

3.消费者的心理账户，通常遵循理性的原则，从而使得个体在做决策时做出的选择都是符合经济性原则。

4.人们在进行心理核算时，实际上就是对各种选择的损失-收益进行估价，称为“得与失的构架”，人们在心理运算的过程中并不是追求理性认知上的效用最大化，而是追求情感上的满意最大化，情感体验在人们的现实决策中起着重要作用。

5.人们倾向于把不同的资金分配到独立的心理账户中，并根据其所在的账户分别做出决策。但是，不同心理账户的资金是可替代的。

6.人们会从支出的角度出发，为不同类别的消费设立心理账户，不同账户的支出会受到账户预算的约束。

7.事后支付会鼓励人们消费。

8.使用信用卡可以淡化购买的成本。同时，信用卡账单将多项商品价款加总在一起，每件商品的价款不再显眼。

9.交易效用可能是正的，也可能是负的。

10.损失厌恶是指大多数人对损失比对收益更敏感，面对同样亏损时的痛苦感，要大大超过面对同样盈利时的快乐感。

11.前景理论认为，影响消费者决策的往往是消费者购买商品的绝对价值，而非相对价值。

12.根据前景理论，在股票市场处于亏损状态时，大多数人会极不甘心，倾向于承受更大的风险，以博好运来挽回损失。

13.对于大多数人来说，在决策过程中，面对确定性的收益的时候都是风险规避的。

14.个体在消费的同时得到获得效用和交易效用，其中，获得效用类似于消费者剩余。

15.在消费决策中，人们更倾向于对完整或者趋向完整的事物给予更高的估值。

16.诱饵效应，是指人们在面对几个选项进行决策时，由于新选项（诱饵）的设置，会使原有的某个选项变得突出，显得更有吸引力，从而影响决策的现象。

17.根据禀赋效应原理，人们通常会对他人拥有的物品给出更高的评价。

18.商家的“免费试用”“七天无条件退货”等促销策略是运用了个体的禀赋效应。

19.在行为经济学中，通常认为人们对待同等收益和损失具有相同的感受，因此无论是收益还是损失给消费者带来的心理感受是相同的。

20.行为经济学是研究具有现实心理特征的个体配置稀缺资源行为的科学。

21.行为经济学假设经济活动的参与人都是理性的且具有完全信息。

22.在传统经济学框架下，确定条件下的个体选择遵循“效用最大化”原则。

23.人们在决策过程中，直觉思维系统运行速度快，先得出结论。

24. 在进行决策时，认知系统往往会走捷径，采用推理思维系统进行判断，由此导致推理思维系统占优。

25. 人们在经济活动中非理性行为产生的重要原因是直觉思维系统在决策中占优。

26. 行为经济学认为，现实中的个体使用各种直觉推断法来形成概率判断，这有可能带来各种偏差。

27. 代表性偏差是指，对X的概率判断主要是依据X在多大程度上体现了Y的特点。X越能体现Y的特点，X属于Y的概率就越高。

28. 锚定效应是指人们倾向于认为，越容易回忆起的事件，它再次发生的概率也越高。

29. 在锚定效应下，个体对新信息的反应是不充分的，个体会被初始信息过分地锚定住。

30. 连续抛掷硬币八次均正面向上，人们相信第九次抛掷硬币出现反面向上的概率更大，这是一种认知偏误，是代表性偏差导致的结果。

31. 表达的方式会形成一种框架，使得同样的事物在一种框架下是损失，在另一种框架下是收益。

32. 对选择的方式进行诱导能够影响人们所作的选择，这种运用框架效应来诱导人们决策的现象被称作“诱导效应”。

33. 框架效应的本质是一种认知偏差，尽管实际上得失的期望值完全一致，但会因为表述方法是以损失或收益为不同主体，影响决策主体做出不同的选择。

34. 框架效应的发生时常与“损失厌恶”有关。

五、综合实践

（一）案例分析

现象1：我们在网络购物时，大多数网络商家销售产品都是包邮的，只有少部分的商家单独收取运费。

现象2：家用电器、家具等产品的商家，一般都提供免费送货、包安装等服务，以此吸引消费者。

请思考和分析：

1. 为什么网络商家不降低售价，同时收取运费呢？

2. 那些提供免费送货、安装的商家，为什么能够吸引消费者？

（二）制订营销方案

小明开了一家首饰店，店面位于太原街的温州商城，主要经营低价首饰，进货渠道是温州小商品批发城。开业以来，销量一直不理想，也尝试了多种方法，但收效甚微。

请你利用行为经济学所学内容，为小明制订一个营销方案，目的是提升产品销量，增加利润额。

要求：

1.写明具体措施及措施制定的依据；

2.营销措施符合实际，具有可操作性；

3.按照惯常的营销方案格式，写出完整的方案。

参考文献

［1］高鸿业．西方经济学［M］．8版．北京：中国人民大学出版社，2022.

［2］萨缪尔森 P A，诺德豪斯 W D．经济学［M］．萧琛，译.17版．北京：人民邮电出版社，2004.

［3］梁小民．高级宏观经济学［M］．北京：北京大学出版社，2004.

［4］斯蒂格利茨．经济学［M］．北京：中国人民大学出版社，2000.

［5］厉以宁．西方经济学［M］．北京：高等教育出版社，2002.

［6］尹伯成．西方经济学简明教程［M］．上海：复旦大学出版社，2002.

［7］曼昆 N G．经济学原理［M］．梁小民，梁砾，译.7版.北京：北京大学出版社，2015.

［8］李东，张玉双，李坤，等．经济学基础［M］．天津：南开大学出版社，2020.

［9］薛兆丰．薛兆丰经济学讲义［M］．北京：中信出版社，2018.

［10］弗兰克 R．牛奶可乐经济学［M］．闾佳，译.北京：北京联合出版公司，2017.

［11］丘丽云．经济学基础［M］．北京：人民邮电出版社，2018.

［12］杨洁，喻文丹．经济学基础［M］．3版．北京：人民邮电出版社，2019.

［13］付兵，胡明琦，王竹．经济学基础［M］．杭州：浙江大学出版社，2018.

［14］冯瑞．经济学基础［M］．北京：高等教育出版社，2019.

［15］邓先娥，袁芬．经济学基础［M］．北京：人民邮电出版社，2022.

［16］杨卫军，陈昊平．经济学基础［M］．北京：北京理工大学出版社，2016.

［17］陈福明．经济学基础［M］．北京：高等教育出版社，2011.

［18］王乾宇，杜凤莲．行为经济学［M］．北京：经济科学出版社，2019.

［19］卡尼曼 D，特沃斯基 A．选择、价值与决策［M］．郑磊，译．北京：机械工业出版社，2018.

［20］塞勒 R．“错误”的行为［M］．王晋，译．北京：中信出版社，2018.

［21］艾瑞里 D．怪诞行为学［M］．赵德亮，译．北京：中信出版社，2022.

